U0557220

社会政法研究系列

另一只 看不见的手

社会结构转型

ANOTHER INVISIBLE HAND：
THE TRANSFORMATION OF SOCIAL STRUCTURE

李培林　著

社会科学文献出版社
SOCIAL SCIENCES ACADEMIC PRESS (CHINA)

出版说明

　　社会科学文献出版社成立于 1985 年。三十年来，特别是 1998 年二次创业以来，秉持"创社科经典，出传世文献"的出版理念和"权威、前沿、原创"的产品定位，社科文献人以专业的精神、用心的态度，在学术出版领域辛勤耕耘，将一个员工不过二十、年最高出书百余种的小社，发展为员工超过三百人、年出书近两千种、广受业界和学界关注，并有一定国际知名度的专业学术出版机构。

　　"旧书不厌百回读，熟读深思子自知。"经典是人类文化思想精粹的积淀，是文化思想传承的重要载体。作为出版者，也许最大的安慰和骄傲，就是经典能出自自己之手。早在 2010 年社会科学文献出版社成立二十五周年之际，我们就开始筹划出版社科文献学术文库，全面梳理已出版的学术著作，希望从中选出精品力作，纳入文库，以此回望我们走过的路，作为对自己成长历程的一种纪念。然工作启动后我们方知这实在不是一件容易的事。对于文库入选图书的具体范围、入选标准以及文库的最终目标等，大家多有分歧，多次讨论也难以一致。慎重起见，我们放缓工作节奏，多方征求学界意见，走访业内同仁，围绕上述文库入选标准等反复研讨，终于达成以下共识：

　　一、社科文献学术文库是学术精品的传播平台。入选文库的图书必须是出版五年以上、对学科发展有重要影响、得到学界广泛认可的精品力作。

二、社科文献学术文库是一个开放的平台。主要呈现社科文献出版社创立以来长期的学术出版积淀，是对我们以往学术出版发展历程与重要学术成果的集中展示。同时，文库也收录外社出版的学术精品。

三、社科文献学术文库遵从学界认识与判断。在遵循一般学术图书基本要求的前提下，文库将严格以学术价值为取舍，以学界专家意见为准绳，入选文库的书目最终都须通过各该学术领域权威学者的审核。

四、社科文献学术文库遵循严格的学术规范。学术规范是学术研究、学术交流和学术传播的基础，只有遵守共同的学术规范才能真正实现学术的交流与传播，学者也才能在此基础上切磋琢磨、砥砺学问，共同推动学术的进步。因而文库要在学术规范上从严要求。

根据以上共识，我们制定了文库操作方案，对入选范围、标准、程序、学术规范等一一做了规定。社科文献学术文库收录当代中国学者的哲学社会科学优秀原创理论著作，分为文史哲、社会政法、经济、国际问题、马克思主义等五个系列。文库以基础理论研究为主，包括专著和主题明确的文集，应用对策研究暂不列入。

多年来，海内外学界为社科文献出版社的成长提供了丰富营养，给予了鼎力支持。社科文献也在努力为学者、学界、学术贡献着力量。在此，学术出版者、学人、学界，已经成为一个学术共同体。我们恳切希望学界同仁和我们一道做好文库出版工作，让经典名篇，"传之其人，通邑大都"，启迪后学，薪火不灭。

社会科学文献出版社
2015 年 8 月

社科文献学术文库学术委员会

（以姓氏笔画为序）

作者简介

李培林　中国社会科学院副院长、中国地方志指导小组常务副组长、学部委员、研究员、博士生导师、《社会学研究》编委会主任。兼任国务院学位委员会委员、国家社科基金评审委员会社会学组召集人、国家"十三五"规划专家委员会委员。主要著作有:《中国社会结构转型:经济体制改革的社会学分析》(1995)、《村落的终结》(2004)、《和谐社会十讲》(2006)、《李培林自选集》(2010)、《社会转型与中国经验》(2013)、《社会改革与社会治理》(2014) 等。

内容提要

人们一般认为，就影响中国资源配置和经济发展的力量而言，存在着两只手：一只是有形的手——政府干预，另一只是无形的手——市场调节。本书的一个基本论题，就是阐述社会结构转型也是社会资源配置的重要机制，它的运行法则既不同于市场这只看不见的手，也不同于政府这只看得见的手。由于中国社会目前正处在一个快速结构转型的时期，同时中国经济处于含义更加广泛的非平衡状态，研究社会结构转型的规则和影响力尤为重要。在整个社会转型时期，结构转型作为一种无形的巨大力量，将以它特有的方式规定着社会发展的趋势和资源配置的方向，这种力量用国家干预和市场调节都是无法概括的。在一般的发展过程中，这种力量只是一种潜在的推动力。而在新旧两种体制、两种结构的转换过程中，这种力量的作用日趋明显。作者运用大量经验资料和调查数据，从社会分层、企业组织、就业和乡村工业化等方面，深入阐述了中国社会结构转型的过程、机制、规则和学理。

Abstracts

It is generally believed that there are two hands influencing resource allocation and economic development in China. One is the visible hand of government intervention, while the other is the invisible hand of market regulations. A basic proposition of this book is that the structural transformation of society is also a vital mechanism for allocation of social resources. The function of structural transformation of society is different from both the visible hand of the government, and the invisible hand of the market. To study the regulations and impacts of transformation of social structure is particularly important in China, as the society is in a period of rapid structural transformation, and the economy is experiencing a wider range of non-equilibrium state. In the transition period, structural transformation, as an invisible yet tremendous power, shapes the trend of social development and the direction of resource allocation in its own way. This power cannot be categorized as either government intervention or market regulations. In the general development process, this power is only a sort of potential driving force, and in the rapid structural transitional period, its power becomes more evident. Based on abundant empirical materials and survey data, the author analyzes the process, mechanism, rules and logics of the structural transformation of the Chinese society from various aspects, including social stratification, enterprise organization, employment and rural industrialization.

初版前言　我的研究理路

　　社会科学文献出版社的谢寿光社长建议我整理出版自己的文集，但我对此一直非常迟疑，总感到已发表的文章达不到出版文集的分量，而且时过境迁，自己对以前发表的东西总是觉得不太满意。但在谢社长的一再催促下，我想通过整理文集，厘清自己的研究理路，对于自己把握好今后学术研究的定位，也是有好处的。

　　这里选出的是近十几年来发表的 18 篇文章，其中有 7 篇发表在《中国社会科学》，有 6 篇发表在《社会学研究》，还有几篇发表在《中国社会科学辑刊》和《中国人口科学》等刊物。

　　这些文章中的有些观点、看法、判断和解释，在今天看来可能很值得商榷，但我无意做任何的改变，因为它们记录着我的研究和学术思想的真实轨迹。

　　《另一只看不见的手：社会结构转型》曾被《中国社会科学》1992 年第 5 期作为头篇文章发表，它随后获得"第一届全国青年社会科学成果奖"三个一等奖之一（经济学、法学、社会学）。尽管今天看来理论上有很多欠缺，但它对于推动把社会结构转型作为社会学研究的主题、对于推动确立一种新的发展观，是发挥了作用的。

　　《新时期阶级阶层结构和利益格局的变化》发表在《中国社会科学》1995 年第 3 期。那个时候关于这个论题存在着很大的争议，不仅有学术上的争议，政治上也有很大的争议。由于《人民日报》用半版转发这篇文章的内容，使我处于争论的旋涡，尽管不少人认为文章能够直面重大的现实问题，并提出有解释力的论证，但批评的意见也很激烈。一派认为这是"海归派"用西方的理论和概念解读中国的现实，另一派认为这是"粉饰现实"的虚假乐观主义，这些并非都是学术层面的批评，当时给我造成了心理上的压力。但我坚持认为，尽管改革以来利益格局的变化存在很多难解之结，但中国绝不能走回头路。进入 21 世纪以后，情况发生了变化，虽然改革方向上的共识逐步形成，而贫富的分化并没有按照预期的那样出现开始缩小的转折点，而是加速扩大。我的看法也有了改变，开始认为贫富差距的继续扩大会造成很多人对改革预期的转变，从而成为中国发展的潜在风险。于是我写了《中国贫富差距的心态影响和治理对策》一文，这是我在利益格局分析上的一个判断的转折。

　　《老工业基地的失业治理：后工业化和市场化——东北地区 9 家大型国有企业的调查》作为《社会学研究》1998 年第 4 期的头篇文章发表。当时我一直期望，中国经济的新增长点在 20 世纪 90 年代中期从珠江三角洲转向长江三角洲之后，能够继续北移，从而带动东北的重新崛起。但随后的西部大开发战略的实施，使振兴东北老工业基地的战略推迟实行。不过这项从就业问题入手的研究，却获得了一个意外的推动扩大教育的政策效果。这篇文章的最后一部分关于"扩大教育、推迟就业、缓解失业"的政策建议，通过一定渠道反映上去，得到当时中央领导人的批示，促进了中国高等院校连续数年扩大招生政策的实施。现在看来，尽管高校扩招中也出现了种种问题，但这个决策对于提高中国在全球化过程中人力资本的竞争力还是利大于弊的。

在我的研究理路中，我一直期望自己保持对"真实世界"的"问题意识"。这种"问题意识"，一是现实层面的，就是努力解读和回答那些重大的实践问题；二是学术层面的，就是注重那些具有知识积累意义的前沿问题。读者可以从《国有企业社会成本分析——对中国10个大城市508家企业的调查》（《中国社会科学》1999年第5期）、《网络化：企业组织变化的新趋势——北京中关村200家高新技术企业的调查》（《社会学研究》2003年第2期）、《走出生活逆境的阴影——失业下岗职工再就业中的"人力资本失灵"研究》（《中国社会科学》2003年第5期）、《巨变：村落的终结——都市里的村庄研究》（《中国社会科学》2002年第1期）等文中，看到我在探索学术问题的持续努力。我不敢说自己取得了什么学术成就，但我确实从没懈怠，这种力量不是来自对什么学术声望的追求，也不是来自对完成课题的压力，而是一个学者内心深处的对"真实世界"的问题关怀。

我是1987年从法国巴黎第一大学获得博士学位后于次年回国的，我很庆幸自己作为一个研究社会发展的学者能够身处中国的大变革时期，因为自己生于斯、长于斯的祖国发生的千年未有之变局，发生的社会结构之巨变，是对自己学术研究热情的极大的、持续的刺激。那种急切地想揭示发展规则和洞察未来趋势的渴望，是我留在国外的那些朋友们难以感受到的，我希望他们能够理解我的选择。

中国目前的经济已经进入新一轮的快速增长周期，在这样一个关键的发展时期，中央关于"五个统筹"（统筹城乡发展、统筹区域发展、统筹经济社会发展、统筹人与自然和谐发展、统筹国内发展和对外开放的要求）的科学发展观的提出，在学界和广大人民群众中引起极大的反响，因为这是人们一直在期盼的一个新的发展战略和社会政策选择。

这个新的坚持以人为本，全面、协调、可持续的发展观，可以说是一个重大的战略思想，它是建立在中国正在"和平崛起"的经验基础上。正是"中国经验"的基础,使科学发展观具有重大理论意义。

为什么这么说呢?对社会学来说,协调发展本身并不是什么新思想,社会学建立的160多年来,经典的社会学家都在反复地重申这个主题:协调、秩序、进步等。在社会科学中,社会学的追求"协调"、经济学的追求"均衡"、法学的追求"公正"、政治学的追求"合作",都是一贯的学科理念,与科学发展观的基本原则是一致的。但在现实社会中,并不存在绝对的协调、均衡、公正和合作,绝对化的协调、均衡,就会沦为缺乏激励和活力的平均主义。所以在很多情况下,发展的突破和超越,恰恰是打破原有的所谓协调和均衡。中国的改革开放,引入市场机制,打破"大锅饭",让一部分人先富起来,都是要破除绝对的平均主义,增加激励,加快发展的速度,甚至是实现超常规的发展。然而,这种超常规的发展也带来新的问题,就是新的失调和失衡,在某些方面可以说是严重的失调和失衡。正是在这种背景下,我们说科学发展观里的重要价值,它的内涵的精髓,来自"中国经验"的基础。

现在的一个现象是,国外的多数学者比国内的学者似乎更看好中国的发展,国外学者中尽管也有说"中国即将崩溃""中国增长有水分"的一派,但更多的是认为中国的超常规发展将打破现有的世界经济政治格局,无论是提出"中国的奇迹""中国正在崛起"的还是提出"中国威胁论"的,都是认为中国的崛起是不可遏制的趋势。而且他们从过去历史上国家力量对比发生重大变化带来国际均势失衡的经验出发,很担心中国的崛起会使世界经济政治格局产生难以预测的结果。但国内的学者接触现实生活问题比较多,他们的经验感受远远超出 GDP 的增长率,他们反而更容易对那些诸如中国的就业、收入分配、城乡差距、社会保障、腐败等难点问题忧心忡忡。

中国是一个人口大国,13 亿人口和几百万或几千万人口是不同的量级。很多事物的通行发展规则,放在 13 亿人口的基数上都会发生新的变化。对于人口小国来说的彰显成就，除上 13 亿人口也许算不上什么，而任何微小误差乘上 13 亿人口，可能就是天大的问题。比如 GDP 的增长率，由于中国目前每年仍净增长 800 多万人，中国的人均 GDP 只有日本的约 1/30，所以中国经济增长 8%，只相当于日本增长 2%，因此尽管有"崛起的中国、沉没的日本"的说法，我们自己也不要昏了头地飘飘然。艾滋病、出生婴儿性别比失调这种看似不大的问题，对 13 亿人口的中国来说，都有可能演变成大问题。

"中国经验"的重要性在于，它将来肯定会改写现代化和全球化理论的很多假设，会修改社会科学各门学科的一些既有规则，至少从我的专业角度来看是这样。这是因为一个 13 亿人口大国的超常规发展，提供了很多超出我们一般所说的"常态社会"的新经验。

长期以来，社会学的主流，就是研究"常态社会"，即认为在常态的情况下，社会的变迁是按照一定的既有规则进行的，即便是社会的变革和转型，也是长期变化积累的结果。社会学的主流思想，是坚信人的理性力量和社会发展的有序性，认为在社会发展领域不存在无法追寻因果关系的"裂变"和"突进"。所以，即便是专门研究社会问题的"越轨社会学""灾难社会学"等，也都是从"常态社会"的角度来考虑。社会学以往对失业、人口过多、贫富差距、贫困、疾病、犯罪、教育短缺、社会保障不足、环境污染等社会问题的研究，也都是从"常态社会"的假设出发，把这些社会问题视为"常态社会"秩序的"失范"而已。

而且，很长一个时期以来，国际社会学界也被一种乐观主义的情绪所笼罩，从贝尔（D. Bell）的《后工业社会的到来》、托夫勒（A. Toffler）的《大趋势》到卡斯特（M. Castells）的《网络社会的兴起》，都在描述一种信息社会的令人振奋的前景。人们一直相信，我们对自然的征服和对社会的控制，将是一路凯歌的，新的技术进步将会自然地解决我们百思不得其解的那些问题。当然，国际社会学中过去也一直存在着悲观主义的危机学派，特别是 20 世纪 60 ~ 70 年代，正当西方发达国家陶醉于高增长、高消费的"黄金时代"时，罗马俱乐部发表了《增长的极限》研究报告，一些学者从人口激增、资源短缺、环境污染和生态破坏的角度，发出惊世骇俗的警告。近年来也有从文化角度提出预警的，如亨廷顿（S. Huntington）的《文明的冲突与世界秩序的重建》、福山（F. Fukuyama）的《大分裂：人类本性与社会秩序的重建》。但这类危机的判断，常常被学术界主流排除在"规范研究"之外，总认为类似的危机预言，虽然轰动一时，但总是时过云散，因为人类的理性战无不胜，煤没有了我们有石油，石油没有了我们还有核电。直到德国著名社会学家贝克（U. Beck）和英国著名社会学家吉登斯（A. Giddens），通过"规范研究"提出"风险社会"（Risk Society）理论，国际社会学界才开始认真地思考，我们是不是真的面对一个新的不同于传统"常态社会"的"风险社会"。但国内社会学界，由于大家集中关注快速的经济增长和社会开放中的发展问题，还没有来得及反思"风险社会"理论对认识中国发展阶段变化的意义。

"中国经验"这个概念，对真正理解科学发展观的重大意义非常重要。只有从"中国经验"出发，我们才能真实地了解中国发展中诸多社会风险的临界点在哪里，这些临界点单凭既有的规则是推论不出来的，不顾前提条件和约束单从原则推论出的结论往往会是虚假的。比如说贫富差距问题，规则中有一条是差距随发展先扩大后缩小的库兹涅茨（S. Kuznets）"倒 U 形"曲线，因为其他国家发展到一定阶段（如人均 GDP 1000 美元），会出现人口增长停滞、劳动力紧缺，劳工的谈判和讨价还价能力大为增强，从而致使劳动力相对收益增长、资本相对收益下降，但中国有劳动力无限供给的特殊情况，所以近十年来在资本和技术收益都大大提高的同时，农民工非技术工作的工资几乎没有什么变化，农民工的权益也必须由政府出面来加强保护，中国的贫富差距仍然呈现快速加大的趋势。再比如粮食问题，十几年前国外就有"谁来养活中国"的说法，中国耕地每年也的确都在大量减少，而人口每年还在大量增加，但这么多年过去了，粮食没有发生短缺，粮价在没有大幅度增加粮食进口的情况下也没有飞涨。什么原因呢？数亿人的消费结构变化会改变很多问题，水产品、蔬菜、水果、奶制品的大量增产，使城市人均年消费粮食从20年前的150公斤下降到今天的不到80公斤。我并不是说中国的粮食安全问题不重要，但在我看来对中国粮食安全的最大威胁是"谷贱伤农"造成的抛荒，而不是农民的种植结构变化。再比如艾滋病防治问题，以前中国对这个问题缺乏正视，甚至有点"家丑不可外扬"似的，现在中国政府公开向艾滋病宣战了，因为SARS危机的教训让我们认识到，在中国这样的人口密集大国，虽然84万艾滋病病毒感染者对于中国来说成人感染率不到1%，但我们并不清楚到什么临界点时它就会以超出常规的几何速度扩散。中国的人口总量对一些既有规则的改变，增加了中国发展中社会风险的"突发性""不确定性""难以预见性"。

只有建立在"中国经验"基础上的理论，才是真正的中国理论，才会产生它独有的学术魅力和影响世界的"中国学派"，而这个"中国学派"，将探索一条中国走向"现代和谐社会"的新路。这条新路对国际意味着，中国的崛起自然会带来世界经济政治格局的一些变化，但这种变化是对世界和平、稳定、进步的贡献，而绝不会是威胁；这条新路对中国自身意味着，中国决心走经济发展和人口、资源、环境相协调的道路，走中国的社会主义市场经济道路，走有社会活力的共同富裕道路，坚决防止经济、社会、自然的重大失调，坚决防止一切权贵资本主义倾向。

李培林

2005年1月于北京

目　录

社会转型研究

社会分层研究

企业组织研究

就业研究

乡村研究

Contents

Social Transformation

Social Stratification

社会转型研究

另一只看不见的手：社会结构转型

经过十几年的改革开放，中国已进入一个新的社会转型时期。转型的主体是社会结构，转型的标志是：中国社会正在从自给半自给的产品经济社会向有计划的商品经济社会转型；从农业社会向工业社会转型；从乡村社会向城镇社会转型；从封闭半封闭社会向开放社会转型；等等①。本文试图对这一问题从理论上做进一步的阐述。

人们一般认为，就影响中国资源配置和经济发展的力量而言，存在着两只手：一只是有形的手——国家干预，另一只是无形的手——市场调节。实际上，由于中国社会目前正处在一个结构转型时期，并且中国经济处于含义更加广泛的非平衡状态，因而对于中国来说，还存在着第三只手，即另一只看不见的手，这就是社会结构转型。从一定意义上说，在整个社会转型时期，结构转型作为一种无形的巨大力量，将以它特有的方式规定着社会发展的趋势和资源配置的方向，这种力量用国家干预和市场调节都是无法概括的。在一般的发展过程中，这种力量只是一种潜在的推动力，而在新、旧两种体制的转换过程中，这种力量的作用日趋明显。

---

① 参见陆学艺、李培林主编《中国社会发展报告》，辽宁人民出版社，1991。

一　社会转型的概念界定

（一）社会转型是一种整体性发展

在描述一个国家的现代化过程时，"增长"和"发展"这两个概念常常被交替使用。在很多场合，它们是可以互相替代的。然而，这两个概念之间存在着一些基本的区别，代表着两种发展观。

经济增长指的是国民生产总值或国民收入的提高。只要一个国家的商品产量和劳务量相对于人口增长来说提高了，就可以把它看作经济增长了。第二次世界大战结束后，世界进入一个相对和平的发展阶段，大多数国家的发展重点转移到经济建设方面来，在理论上也形成了以经济增长为核心的发展观，这就是我们现在常说的"传统发展战略"，这一战略的主旨就是以国民生产总值或国民收入的数量增长为目标。这个时期在理论上出现了较有影响的哈罗德－多马增长模型、罗宾逊增长模型、贫困恶性循环论、大推进理论等。联合国在第一个发展十年（1960～1970年）中，也规定了不发达国家的基本发展目标是国民生产总值增长率不低于6%。1969年应世界银行的要求提出的皮尔逊报告以及1970年联合国第二个发展十年所提出的廷伯根报告，也都代表了这种传统发展观，即认为经济的增长是发展的捷径，只要把蛋糕做得大一点，就可以有更多的剩余分配，从而最终消除贫困现象。此外，西方发达国家为了在殖民体系崩溃以后继续享有传统的原料供应基地和商品销售市场，也运用各种手段把第三世界纳入发展资本主义经济的轨道，并希望西方发达国家的经济增长效果能够有"示范效应"。基于这种背景，在整个20世纪50年代和60年代，西方理论界存在着普遍的"增长热"，报纸、广播和政治演讲中充满了各种关于经济增长的词汇。

但是，到 70 年代初，资本主义国家开始出现"滞胀"的困难局面。不可再生的资源大量消耗，片面增长带来环境的日趋恶化，受害更多的是发展中国家。战后几十年的实践表明，单纯的经济增长并没有真正消除贫困，而且由于发展的畸形，造成贫富悬殊、利润外流、债台高筑、资源短缺、环境污染严重、城乡差别进一步拉大等。平民教育、社会福利、医疗保健、生态环境、社会公平等社会进步因素都被当作经济增长的代价牺牲掉了。在此情况下，曾经一度在欢快的气氛中十分响亮和时髦的"增长"一词，似乎突然蒙上了悲观的色彩。

"无发展的增长"这句名言大概是对以上状况的精辟概括。它表明，"社会发展"是一个整体的概念，应该包括经济增长在内的人民生活、科技教育、社会保障、医疗保健、社会秩序等各个方面，其中经济社会结构的转型是发展的最本质内容。

（二）社会转型是一种特殊的结构性变动

在描述社会转型的理论中，"传统"是一个被用滥了的术语。它往往被作为一种社会结构的类型，与落后的、不发达的、静止的状态相联系，从而带有贬义。与传统相对应的另一端是现代社会，一切先进的、发达的、动态的特征都被归于这种类型。所以说，在西方古典的现代化理论中，把社会结构的类型分成对应的两极是一种"通病"，如梅约的身份社会和契约社会；斯宾塞的军事社会和工业社会；迪尔凯姆的"机械团结"社会和"有机团结"社会；莱德弗尔德的民俗社会和都市社会；韦伯的前现代社会和现代社会；贝克的宗教社会和世俗社会；等等。所有这些社会类型二分法学说最终得到一种经典的概括，社会被归结为"传统"与"现代"两种基本类型，两者之间似乎存在着一条难以逾越的门槛，只有一朝跨过才能进入现代社会。

事实上，在所有这些理论中，人们对"传统"的界定往往是十分含糊的。西方现代化理论家们习惯于把西方发达国家作为现代社会的理想类型，然后从这种类型的反面去推导传统社会的特征，似乎传统与现代之间是泾渭分明的，而在所有那些被称为"传统"的东西中，最具有传统特征的又是价值观、行为规范、心理状态、信仰等非经济因素或非物质文化。近30年来，东方一些国家的现代化道路对这种"思维定式"提出了严峻挑战，如东亚和南亚的一些国家和地区虽然已经达到发达或较发达的水平，但其民族精神、人际关系、组织管理方式和文化氛围等都还是很"传统"的，被称为"东方特色"。与此同时，一些拉美国家和中东石油输出国，虽然建起了外观非常现代化的城市，有豪华的宾馆和出售高级奢侈品的商店，甚至人均收入也比较高，但人们仍普遍认为其并不属于现代化国家。

由此我们可以看出，真正决定一个国家是否实现现代化的因素并非与自身文化传统的完全决裂，而是社会结构的转型，因为如果从深层意义上来理解，传统本身就是一个蕴含着过去、现在和未来的动态积淀过程。古典现代化理论家由于在理解社会结构的含义时偏重于狭义的文化和囿于西方的发展模式，所以他们的某些结论往往背离了他们的初衷。

我们说社会转型是一种特殊的结构型变动，这有三层含义：一是指它不仅意味着经济结构的转换，同时也意味着其他社会结构层面的转换，是一种全面的结构性过渡；二是指它是持续发展中的一种阶段性特征，是在持续的结构性变动中从一种状态过渡到另一种状态，正如美国哈佛大学教授、世界银行顾问钱纳里在提出"结构转换"概念时所说的，"在描述经济发展的过程时，我们试图用从一种状态到另一种状态的转换这个概念，取代欠发达国家与发达国家之间的二分法概念"①；三是指它是一个数量关系的分析概念，是由一组结构变化的

————————

① 〔美〕钱纳里等：《发展的格局》，李小青等译，中国财政经济出版社，1989，第147页。

参数来说明的，而不仅仅是一般的宏观描述和抽象分析，关于这一点，我们在下面将做更加深入的探讨。

（三）社会转型是一个数量关系的分析概念

事实上，把数量分析引入对结构性变动的考察，这标志着人们对结构问题的一种重新发现。

注重社会结构和事物的空间安排，这是人类的一种古老的兴趣。但直到进化论出现以前，在社会科学领域，人们对社会结构的探索仍主要是一种静态研究。社会学的创立使人们把对社会结构的研究与社会过程联系起来，即在研究社会运行过程中考察社会结构的变动。但是，那时人们的主要关注点是探索历史表象背后的统一规律。亚当·斯密在经济领域发现的那只"看不见的手"，无疑是这种努力的重要结果，同时也为推动这种努力打了一针兴奋剂。但自此以后，人们对"统一规律"（如结构变动的三段式逻辑）的探索都没有超出抽象分析和经验观察的局限性。

直到 20 世纪 60 年代末 70 年代初，人们才在社会领域对结构问题重新有所发现。这种重新发现的标志之一，就是把数量分析引入对经济社会结构的考察。诺贝尔经济学奖获得者西蒙·库兹涅茨在 1966 年推出《现代经济增长》一书。他通过对大量历史统计数据的模型分析，对经济增长中的产值结构、产业结构、收入分配结构、消费结构、国际依赖关系等诸方面的变动，都进行了多国之间的比较研究。特别难能可贵的是，作为一个经济学家，他还对与社会结构的经济特征相联系的非经济特征（如人口格局、政治结构、文化特征、社会整合程度等）尽可能地进行了数量分析[1]。另一位诺贝尔经济学奖获得

---

① 参见〔美〕西蒙·库兹涅茨《现代经济增长》，戴睿、易诚译，北京经济学院出版社，1989。

者阿瑟·刘易斯提出的二元经济论，从另一个方面引起人们对结构问题的重新关注，他从研究"劳动力剩余经济"入手，考察了"传统经济部门"和"现代经济部门"的相互联系①。他用结构分析方法建立的二元经济模型，已成为人们分析发展中国家结构变迁和转型的重要理论框架之一，这种理论框架对于研究发展中国家的城乡关系、劳动力转移、收入分配结构等具有特殊的意义。

事实上，把数量分析引入对经济社会结构的考察是对传统－现代二分法的一个有益补缺，因为它可以使我们更清晰地看到经济社会结构不同层面的变动时序和具体的变动轨迹。在这方面的研究中，更具代表性的是钱纳里的研究。他正是通过经济增长长周期的数量分析在理论上把结构转变和工业化过程紧密地联系起来。早在70年代初，钱纳里根据掌握的统计资料，对100个经济发展程度不同的国家在战后20年（1950～1970年）中的经济结构变动趋势进行了数量分析。他以人均国民生产总值为标准，把发展过程分为从人均100美元到人均1000美元9个阶段，然后考察每一阶段上经济社会的10个方面共27个相关变量的变动趋势，以期了解处于不同发展阶段的国家所具有的结构变动特征。这10个方面被分成三大类：一是积累过程，包括投资、政府收入和教育；二是资源配置过程，包括国内需求构成、生产结构和外贸结构；三是人口变化及分配过程，包括劳动力构成、城市化、人口变化和收入分配②。

从60年代初开始，社会学家也在探索以数量指标考察社会结构的变动。那些描述现代化社会结构特征的数量指标，一般被称为社会结构转型的临界点。美国斯坦福大学社会学教授 A. 英克尔斯在对亚洲、非洲和拉丁美洲6个不同类型发展中国家进行大量抽样调查后，

① 参见〔美〕阿瑟·刘易斯《二元经济论》，施炜等译，北京经济学院出版社，1989。
② 参见〔美〕钱纳里等《发展的格局》，李小青等译，中国财政经济出版社，1989，第9页。

提出了现代化国家结构特征的 10 项指标。这个指标体系除选用了一些主要经济指标外，还包括了成人识字率、大学生占人口比重、人口净增率、平均预期寿命等一些公认的重要社会指标，从而反映了社会发展观在近几十年中发生的深刻变化[①]。

从以上我们对社会转型的概念界定中可以看到，社会转型的主体是社会、结构，它是指一种整体的和全面的结构状态过渡，而不仅仅是某些单项发展指标的实现。社会转型的具体内容是结构转换、机制转轨、利益调整和观念转变。在社会转型时期，人们的行为方式、生活方式、价值体系都会发生明显的变化。

二 中国社会结构转型的特点

社会结构转型并非社会主义社会发展中的特有现象，而是现代化过程中的一个过渡性阶段。但是由于中国社会在历史背景、文化背景、资源背景等方面的特殊性，中国社会结构的转型表现出若干不同于一般发展进程的特点。

（一）结构转型与体制转轨同步进行

社会结构转型和经济体制改革如此密切地联系在一起，这在其他国家的现代化过程中是很少见的。中国目前的社会结构转型，原因是多方面的，但最直接的动因是经济改革，这是确定无疑的。

首先，经济改革和对外开放促成各种新要素的产生和导入。在体制要素方面，建立起以公有制为主、多种经济成分并存的新所有制结构，改革了原有的高度集权的组织体制，使生产管理体制、流通体制、金融体制、财税体制、价格体制、分配体制、外贸体制等都发生

[①] 参见 Inkeles and Smith，*Becoming Modern*，Harvard University Press，1974。

了深刻的变化。在规范要素方面，初步建立起与商品经济相适应的规范体系。这特别是指引入了市场竞争机制，市场的扩大使资源的流动性显著增强，以职业分化为主体的各种社会分化成为必然趋势，并随之产生各种新型经济－社会组织和职业群体。新的规范体系已不再是以管严管死为内在要求，而是以资源的合理流动为前提。在技术要素方面，改革开放以来，我国已引进各种先进技术两万多项。在社会变迁中，技术是一切新要素中的主导要素。因为技术的发明创造所改变的，并不仅是生产能力，它还会使人们的整个生活方式和行为方式都发生变化。关于这点，只要看看近十几年来家用电器的迅速普及给人们的生活带来的变化就会一目了然。在观念要素方面，商品观念、效益观念、时间观念、法制观念和社会参与观念等的形成，使人们的总体价值观念迅速变动，极大地改变了人们的思维方式。

在拥有广播、电视、电影、广告、报纸、书刊、电话、传真、电脑、网络等现代信息传播手段的社会中，这些新要素的产生和导入得到迅速的传播、扩散和生长，从而使社会结构在各个层面都发生或快或慢的变化。

然而，这还只是问题的一面。从另一面来看，在体制转轨过程中，由于旧的传统体制已被打破，社会现实在一些深层次上发生变化，过去的某些社会整合方式已不再适应现实的要求，而新的社会体制尚未完全建立起来，新旧两种社会体制、秩序规范和机制的并存交替局面将会持续一个较长时期，由此而产生的各种摩擦、矛盾和冲突会在一定时期内表现得异常激烈。另外，体制改革的过程从根本上说也是利益格局调整的过程。在这种调整过程中，多数人会从改革中获益，但也有一部分人会暂时失去一些利益，放权分权的过程会使一些组织和个人失去原有的权力；在收入水平普遍提高的情况下，一部分人通过劳动先富裕起来，会使另一部分人的相对收入地位下移。加之在利益格局调整过程中由于体制不完善而产生的利益分配不公等现象，都会使利益差距拉大的同时伴随着各种利益摩擦和冲突。与此同时，在结构转型时期，各种结构性要素都处于变化之中，具有极大的流动性、过渡性和不稳定性。城乡之间、地域之间、行业之间、经济层面与社会层面之间、物质层面与精神层面之间，都会出现发展的不平衡和不协调。最后，功能分化的加强和持续，社会流动的增加，社会晋升渠道的多样化，这些都使人们的身份和角色处在一种变动的状态，从各个层面上表现出一种"模糊性"。这种"模糊性"往往使个人和组织丧失对自身角色及其角色规范的认同，陷入经常性的角色冲突中，如企业所陷入的作为行政主管部门下属和市场竞争主体的矛盾，乡镇企业工人所呈现的农民户籍身份和工人职业身份的矛盾，等等。

总之，在结构转型和体制转轨同步进行的情况下，结构冲突、角色冲突与体制摩擦、机制摩擦、利益摩擦等互相交织在一起，互相牵制，增加了结构转型的难度，也使情况更加复杂化。人们在处理各种冲突中，往往顾此失彼，投鼠又忌器。

（二）政府和市场的双重启动

在中国社会结构的转型过程中，政府和市场表现为两种不同的推动力量，但是这两种力量的巧妙结合，的确是世界现代化过程中的一个范例。我们在前面已指出，经济改革和对外开放是中国社会结构转型的最直接动因，由于改革开放极大地促进了生产力的发展，所以也可以说它是最根本的动因。从政府的作用来看，经济体制改革是由党和政府发动的。1978年党的十一届三中全会确定将工作重点转移到经济建设的轨道上来，并随之颁布了一系列的改革措施。1987年党的十三大提出建立有计划商品经济新秩序，制定了一整套的改革方案，改革开放始终表现为一个倡导、宣传、试点、推广的过程。另一方面，从市场作用来看，由于改革是以市场为取向的，改革直接表现为市场作用的扩大。在调节供求关系和资源配置方面，市场已逐步成为主要的力量，而且市场已不是作为个别、单一的因素介入经济社会生活，而是逐步发育成一个完整的体系。在消费品、中间产品和基础产品方面建立的商品市场以及在资金、劳动力、土地、技术、信息等方面建立的生产要素市场，已经使市场的作用扩展到整个经济领域。市场机制一旦导入，市场体系一经建立，就成为一种不可抗拒的外在力量，不以人们的主观意志和愿望为转移，从而使结构转型成为一种不可逆趋势。

我们发现，在中国社会转型的过程中，政府力量和市场力量的巧妙结合，得益于三方面的条件：一是顺乎民心民意。改革开放从根本上说是反映了广大人民群众的实际要求，而且"包产到户""家庭联产承包责任制""乡镇企业"这些改革中出现的新生事物都是人民群众在求生存、求发展过程中的伟大创造。二是坚持使大多数人获益的原则。尽管改革是复杂的利益格局的调整过程，很多方面的利益差距会拉大，但由于坚持使大多数人从直接的经济增长中获益，普遍地改善和提高人民的生活水平，从而使经济改革获得广泛的支持，也大大增强了人们对结构转型和体制变动的经济承受能力和心理承受能力。三是顺应结构转型的历史潮流，坚持在实践中探索和不断总结经验，调整政策。政府主动地不断"纠偏"，取消那些与市场机制作用相抵触的做法，政府干预不再作为一种超经济的强制力量，而是作为对市场的有效补缺。

在目前世界各国的发展中，政府与市场的相互作用已越来越成为人们谈论的主题①。在这些谈论中有两种较为流行的观点，一是政府干预和市场调节的二分法，这实际上是把两者有形或无形地对立起

---

① 世界银行的专家们在 1991 年《世界发展报告》的绪论中说："发展的核心问题也是本报告的主题，是政府与市场的相互作用。"（中国财政经济出版社，1991，第 1 页）

来，看成两种相互背离的力量，主张市场决定论的一方往往把政府干预斥为国家强制，而主张政府干预的一方又把完全的市场竞争斥为放任主义；另一种与此相联系的流行观点认为，发达国家的现代化经验表明，市场是经济持续发展唯一可依靠的力量，政府的干预越少越好，政府只应当管理那些在市场之外或市场无法决定的事情。

毋庸否认，竞争性的市场是迄今为止人类发现的有效地进行资源配置和从事生产的合理方式。但是，市场不能在真空中运转，它需要只有政府才能提供的法律和规章制度体系。另外，任何市场都是有缺陷的，市场不可能在一切领域的一切方面都起到自发调节作用。政府的很多作用是市场无法替代的，如基础设施和教育投资、减少贫困、控制人口、保护生态环境等，这在几乎所有的国家都是由政府主要负责的。在中国，政府干预的必要性除了因为市场的不完善和法律体系、体制的不完善，还因为一些特殊的情况，一是非均衡的经济和不平衡发展同时并存，矛盾交织在一起，不能单靠市场协调；二是社会关系中血缘、地缘、宗族等情感因素仍起重要的联结作用，尚未建立商品经济所要求的以"事由"为根据的普遍契约关系；三是中国实行的是渐进式的改革，在探索过程中政策调整始终是必要的力量，法律和体制的完善也要有一个过程。

重新考虑国家的作用是发展理论的新课题。这里的关键是国家如何干预，也就是说什么是"有效干预"。从中国改革的经验来看，有效干预的前提是有利于充分发挥市场的调节作用，换句话说，要求企业转换机制，政府要首先转换职能。国家干预应主要体现在利用税收、信贷、利率、汇率等经济杠杆进行宏观调控，而不是直接干预微观经济活动。此外，在不应当由企业负责和不能完全依靠市场的领域，如在福利事业、社会保障、教育、科研、医疗保健、环境保护、消除地区贸易壁垒、控制收入差距等方面，政府应发挥更大的作用。最后，在维持社会秩序稳定、打击犯罪、搞好精神文明建设、铲除公平竞争的障碍和建立社会主义商品经济新秩序等方面，也应主要依靠政府和法制的力量。

（三）城市化过程的双向运动

根据中国第四次人口普查的统计数据，1990 年全国市镇人口占总人口的比重是 26.23%，这个比重水平不但远远低于高收入国家（75% 以上）和中等收入国家（50%～60%），也低于低收入国家的平均水平（1988 年为 35%）。从表面上看，这个比重水平与改革以来大大加速的职业分化和城市化进程是不相符的。但实际上，它反映了中国城市化道路的一个独有特点，即城市的扩展辐射与农村自身城市化的双向运动。

按照世界各国城市化的一般规律，城市化过程一般分成三个阶段：第一个阶段表现为农村人口的大量外流，向城市集中，城市数量、城市人口和城市地域规模都迅速扩大，城市成为国家整个经济发展的主体，城市聚集效应明显。第二个阶段表现为城市郊区化和城市群区的形成。在这个阶段，富人和中产阶级为了躲避城市中心拥挤、嘈杂、污染和昂贵的地价，纷纷把住宅迁往郊区，使郊区生活繁荣起来，一些原来毗邻的城市也随之连成一片，形成城市群区，如美国洛杉矶城市群区、日本东京－横滨城市群区等。第三个阶段表现为所谓的"逆城市化"趋势，这个阶段城市人为追求乡村的恬静生活和清新空气，纷纷在乡村建立第二住宅，乡村生活获得惊人的复兴，但乡村中的大多数人都已不是以农业为职业①。这三个阶段的一个共同特点，就是城市的扩大和向乡村的辐射。

但在中国，城市化过程却表现出它的特殊性。城市化不仅表现在

---

① 〔法〕孟德拉斯：《农民的终结》，李培林译，中国社会科学出版社，1991，第 301～308 页。

城市的扩大和向乡村的辐射，更主要的趋势是乡村自身的城镇化，形象一点说，城市化趋势具有"农村包围城市"的特点。一方面，改革以来乡镇企业迅猛发展，农村的剩余劳动力绝大多数都靠乡镇企业吸收，劳动力的转移主要表现为农业人口外流，而不是农村人口外流，即所谓"离土不离乡，进厂不进城"。这就使农业劳动者比重的减少和城市人口比重的增加并非同步。统计上的"农业人口"更主要的是一个户籍概念，而不是一个职业概念。在一些经济较发达的地区，很多名义上的"村"甚至"乡"都不再是以农业为主，80%以上的劳动力都是从事非农产业，生活也已十分城镇化，但他们仍然属于"乡村"；另一方面，改革以来在各类规模的城市中，乡村中的镇发展得最快，"镇"人口在全国城镇人口中的比重已由20世纪80年代初的30%上升到目前的50%左右，而镇的发展主要是依靠乡镇企业的经济支持和乡村中各种非农产业的专业化、社会化和集中化。总之，镇是被纳入乡村社会并作为乡村社会的网络中心而存在的，因而从一般意义上说，镇的发展首先属于乡村的发展。此外，中国有相当多的城市往往本身就是城乡接合体，特别是那些近若干年来由县升格为市的地方。在那儿，乡村区域并不表现为城市郊区，而是城市被纳入乡村社会网络并成为乡村发展的中心。就是农村中"离土又离乡"的那一部分人口，他们季节性的或全年到城市从事建筑业和各种第三产业，但他们的"根"，也就是中国传统意义上的"家"仍在农村，在统计上和户籍上，他们的身份仍是"农民"。

中国城市化过程之所以形成双向运动的特点，主要有三个方面的原因：一是中国的改革是从农村开始的。改革以来最巨大、最显著的社会结构转变发生在农村，农村的发展快于城市，而且更加灵活、更加多样；二是事实上的城乡壁垒（如限制人口流动的户籍制度，城市居民的粮食和副食供应制度、住宅制度、教育制度、医疗制度、就业制度、社会保障制度、劳动保护制度等）依然存在，从而使乡村地区的城市化更多地表现为自身的结构转变；三是由于中国人口负担过重，在城市基础设施（如交通、水、能源、住宅等）和生活服务设施尚不完善的情况下，大城市的人口承载能力不高，极大地限制了城市的拓展和辐射能力。

中国城市化双向拓展的特点为存在二元结构的发展中国家提供了另一种城市化道路的类型。它使中国避免了因农村人口在短时期内大量外流而带来的乡村荒芜、社会震荡以及种种由此引发的社会问题，减少了城市的人口压力，促进了乡村生活的繁荣，但城市化中心的分散和城乡的相对分离也造成环境污染在乡村地区的扩散和城市聚集经济效益的受影响，特别是农村剩余劳动力的转移受到极大限制。

（四）转型进程中发展的非平衡

"发展的非平衡"与"经济的非均衡"是完全不同的两个概念，前者是指发展过程中各地区各领域之间的不平衡状态，尤其是指结构转型过程中的失衡状态；后者则是经济学中的专门概念，是相对于瓦尔拉斯均衡而言的，特指在市场不完善和价格不能自行调节供求关系的情况下达到的经济均衡。这两种情况在中国都表现得比较突出，并相互交织在一起，但比较起来，发展的不平衡对中国结构性转型的制约更大。

中国发展的不平衡首先表现在地域上。中国地域辽阔，自然条件相差很大，长期以来在发展水平上就存在东部、中部、西部之间的"梯度发展格局"，富庶地区多在东部，而贫困地区多集中在西部。改革开放以后，东南沿海地区率先对外开放，建立经济特区、沿海开放城市和经济技术开发区，对外开放分成不同层次的格局与原有的梯度发展格局大致吻合。由于十几年来沿海地带的发展速度明显高于内陆，特别是大大高于西部，从而拉大了东部和西部的差距，从某种意义上说，更加强化了原有的梯度发展格局。

发展的不平衡更表现在城乡之间。城乡壁垒的存在和城乡相对隔离的状态明显地反映了中国的城乡二元结构。虽然改革开放以来农村发生了巨大变化，农民生活水平显著提高，农民向非农产业的转移和向城市的流动冲击着原有的城乡二元结构，但城乡二元格局依然存在，而且城乡差距在某些方面有进一步拉大的趋势。随着各种非农产业的迅速发展，农业本身越来越成为最不经济的产业，城镇居民家庭人均生活费收入与农民家庭人均纯收入之间的差距越来越大，农业份额比重越大的区域往往也就是经济越不发展的区域。加之贫困落后的农业区域对劳动力的依赖和社会保障的欠缺，人口的增长往往更快，从而进一步加剧了发展的不平衡。

发展的不平衡还表现在产业结构方面。从 20 世纪 80 年代初开始，发达国家已出现明显的从资本密集型产业向技术密集型产业转移的趋势，因为技术密集型产业的利润率一般都大大高于平均利润率。我国虽然在许多领域拥有高新技术并处于领先地位，但在总体应用领域，仍以劳动密集型产业为主，少数高精技术部门和绝大多数技术落后、劳动密集部门的并存，是反映发展不平衡的一个重要方面，我国每年研究出一万多项科技成果，但能得到应用的只占 20%～30%。

发展的不平衡也表现为经济发展与社会发展的不平衡。由于改革主要是在经济领域进行的，社会改革相对滞后。较之经济的发展，科技、教育和社会保障等方面的发展远远不能满足结构转型的需要。这种滞后的影响在改革初期并不明显，随着改革的深入，社会发展滞后造成的一些深层次问题逐步暴露出来。

最后，中国作为一个人口大国，人均自然资源会始终处于相对短缺的状态，结构转型也会受到某些不可超越的条件限制，从而使转型时期持续得更长一些。特别是人口的重负，将越来越成为结构转型的巨大障碍，在许多方面会改变常规的转型过程。研究和分析中国社会发展的任何问题，都不能忽视人口重负的影响。

三　结构转型的力量所在

在整个社会转型时期，结构性变动会成为不同于政府干预和市场调节的第三种力量。事实上，人们已经越来越清醒地认识到，所谓发展，就是社会结构的成功转变，而这种转变一经启动，由于它所带来的明显利益和效果，便会造成一种不可逆趋势和巨大的推动力量，同时也形成一种无形的压力。

（一）结构转型形成的不可逆趋势

乡镇企业十几年来的发展，是说明结构转型形成的不可逆趋势的一个很好的例证。乡镇企业是在中国城乡相对分离的环境中顺应工业化的潮流而成长起来的特殊产物。它在发展的初期，就被人们称为"野孩子"。一个"野"字，体现出它的强大生命力。这种生命力之强大，习惯被描述为"异军突起"。十几年前还无足轻重的乡镇企业，现在不仅成为农村经济的主要支柱，而且也成为国民经济的主要支柱之一。但是，对于乡镇企业，长期以来一直有不同的认识，特别是前一个时期，曾刮起一阵贬低乡镇企业的风，一时间乡镇企业似乎成为万恶之源："与国有企业争原料"，"造成社会总供给与总需求的失衡"，"挖社会主义的墙脚"，"腐蚀党政干部"，"败坏社会风气"，等等，很多地方出现了砍乡镇企业和拿乡镇企业"开刀"的现象。但是，在1990年，乡镇企业在市场疲软、经济效益普遍下降和自身有所压缩的情况下（据估计，实际从业人员比上年减少约1000万人），其总产值仍达到8461.6亿元，上交国家税金410亿元，分别比上年增长13.9%和19.0%。1991年，全国乡镇企业产值突破了10000亿元大关，达到11611.8亿元，连续数年以每年增长1000多亿元产值的速度发展。这种发展势头是难以逆转的，因为乡镇企业已成为振兴农村经济的必由之路（占农村社会总产值的 59.2%），是发展农业的重要经济支柱（用于以工补农建农资金 86.5 亿元，用于支援农村各项建设资金 162.8 亿元），是农村剩余劳动力转移的主要渠道（吸纳 22.3% 的农村劳动力），是增加国家财政收入的重要来源（上交税金占国家税收的 15.2%），是提高农村家庭生活水平的可靠保证，是出口创汇的一支生力军（约占我国创汇的 1/5），同时也是城市工业配套产品和社会消费品的主要供应者之一。[①] 总之，乡镇企业的发展业已成为整个社会结构转型中不可或缺的一环。

另一个很好的例证是第三产业的发展。第三产业比重的大幅度提高是结构转型的基本要求之一。现在，发达国家第三产业占国民生产总值的比重在 60% 以上，中等收入国家在 50% 左右，低收入国家平均在 35%～40%，而我国还不到 30%（1991 年为 26.8%）。在 20 世纪 80 年代末期，很多人把当时出现抢购风和高通货膨胀归咎于所谓的"经商热"或"全民经商"。甚至至今仍有不少人认为，第三产业不创造价值，发展第三产业只是把工业利润转移到流通领域和其他方面，让个体户和"倒爷"们发了横财。这实际上是一种非常偏执的看法。首先，"第三产业"是一个非常宽泛的概念，它主要包括三大类行业：一是金融、保险、邮电、外贸、航空、铁路等经济要害部门；二是直接与生活消费有关的商业、饮食业、服务业、住宅、公共交通、文化娱乐、教育、医疗卫生、广播电视、新闻出版等行业；三是咨询、信息、技术服务、旅游等新兴服务行业。这些行业有些虽然不直接创造价值，却参与了价值的实现，是价值创造中不可缺少的一环。其次，在目前的发达国家和大多数发展中国家，第三产业就业人数占社会就业人数的比重一般是高于或相当于其产值占国民生产总值的比重，而我国第三产业是以 18.8% 的就业人数实现了 26.8% 的国

---

① 本文中凡未注明出处的数据均来自历年《中国统计年鉴》。

民生产总值（均为 1991 年数字），第三产业的就业人数比重大大低于其产值比重；与此同时，我国有 1 亿多农村剩余劳动力和几百万城镇待业人员在寻找就业出路，发展第三产业实在是既利国又利民。可"八五"计划第一年，第三产业增长速度只有 5.3%，既低于计划要求（"十年规划"和"八五"计划要求，平均每年第三产业增长 9%，农业增长 3.5%，工业增长 6.5%），也低于当年国民生产总值实际增长 7% 和工业实际增长 14.2% 的速度。最后，我国正在从温饱走向小康，消费结构发生显著变化，消费取向呈多样化，此外，随着从产品经济向商品经济的转变和市场力量的显著增强，金融、保险、信息、房地产、技术服务等行业变得更为重要，第三产业亟须更快地发展。总之，第三产业的发展也是一种结构转型的大势所趋。

与第三产业的发展相关的另一个有争议的问题是农民的进城谋生。据比较保守的估计，全国进城谋生的农民有上千万人，在农闲季节，人数还要更多。在很多报刊甚至研究专著中，他们都一度被冠以一个带有贬义的称号——"盲流"，因为他们造成"交通拥挤""城市超载"甚至"犯罪率升高"。其实"盲流"不盲，他们完全是顺应乡村社会向城镇社会、农业社会向工业社会的转型趋势，进行有目的、有方向的流动。他们承担起很多城市人不屑于做的脏、累、重的工作，促进了市场的繁荣。对他们要加强管理，引导和制定行为规范是一回事，对这种流动趋势的判断则是另一回事，两者不可混为一谈。

总之，乡镇企业和第三产业的发展、农民进城以经济手段谋生，如此等等，都是结构转型形成的不可逆趋势，不管人们的主观意志和看法如何，它们必然会冲破各种框框的限制，为自身的发展开辟道路。顺应这种趋势、把这种发展纳入正常轨道并积极地加以促进的地区，就会从中获得更多的利益；反之，如果只是一味地"堵"，就会在这种发展的冲击下不知所措，从而加剧结构性冲突甚至引发社会震荡。

（二）结构转型造成的变革压力

我们知道，国有企业的改革目前呼声很高，在体制上有了新的突破。一些地区的国营商业企业实行了"四放开"（放开价格、工资、经营范围和用人制度的管制），国营工业企业正在被推向市场，并在积极筹划、试点股份制，即以改革产权制度、组织人事制度、劳动就业制度和工资分配制度作为转变企业机制的突破口。国有企业在经过几年的改革探索之后能够迈出这具有决定意义的一步，显然是由于变革压力的存在。

然而，变革的压力来自哪里呢？比较明显的答案是来自政府干预：党和国家领导人一再强调要搞活大中型企业，邓小平同志南行之际再三督促加快改革开放的步伐，国务院布置了一系列深化企业改革的措施，国家体改委发布企业改革的重点方面，等等。看来，能够把企业"推向市场"的似乎首先是政府。另一种答案是变革的压力来源于市场：近几年我国的消费市场、生产要素市场和劳务市场都已基本形成并更加完善，国家牌价和市场价的差距大大缩小，有效供给能力显著增强，短缺经济下国有企业的垄断优势丧失，市场已逐步从卖方市场转向买方市场，特别是在市场疲软和国家信贷紧缩的情况下，国有企业经济效益的持续下降，迫使企业除改革之外已没有其他退路。这两种答案看来都是很有道理的。然而，也应当看到，一方面，国有企业转换机制与政府转换职能是同一个过程，因为这实际上是要求把不应当由政府来管的事情交给企业自主决定，同时把不应当由企业承担的事情交给政府和社会来管，所以说，政府和企业一样，也面临着变革的压力；另一方面，市场体系也是企业的行动系统，没有企业的积极参与，市场本身是很难充分地发挥自发调节作用的。此外，即使是那些产品适销对路和经济效益较好的国有企业，也仍然强烈地感受到变革的压力。由此可见，变革的压力还有另外的一个来源，这就是经济社会结构的转型。

我国从乡村社会向城镇社会的转变中，农村存在着的大量富余劳动力顺应这一趋势，迂回地绕过城乡壁垒的阻隔，投入乡镇企业和小城镇的建设。乡镇企业借助农村低价劳动力的优势和在夹缝中生长的应变能力，迅速壮大起来，成为强大的竞争力量，使国有企业明显地感受到这种潜在的压力。而国有企业尽管有较好的设备和较高的技术水平，但在劳动密集型企业仍占主体的情况下，劳动力的管理费用却并不像人们想象的那么便宜。如果考虑到各种福利费用、非生产性开支以及就业不足和劳动效率低下等因素，这种判断的理由就更加充分。国有企业在劳动就业制度方面的最先突破，即对来自农村的临时工的大量雇用，这实际上已经反映了结构转变的压力。

在我国从封闭半封闭社会向开放社会的转变中，利用这一趋势而迅速兴起的"三资"企业也很快显示出实力，成为国有企业又一个有力的潜在竞争对手，也再一次使国有企业感受到变革的压力。这次，竞争对手主要凭借的不再是低价劳动力和夹缝中生长的应变能力，而是技术实力、产品质量和出口导向。它们一只眼盯着国际市场，另一只眼也盯着国内巨大的潜在市场，在中国最有利的经济地带站稳了脚跟。那种国有企业一经"合资"便"模样"大变的现象不能不令中国企业界人士"痛定思痛"。

以上所分析的现象都还属于那种明显的事实，似乎还不足以显示结构性压力的潜在特性。我们可以把目光从企业改革的热点转向静悄悄的农村改革。在建立农业生产服务化体系的过程中，一些地方又试图把这一体系纳入行政轨道。它们以社会统筹的方式向农民征集资金，用于建立和资助农业服务组织，然后以无偿和低偿的形式向农民提供服务。但这并没有受到农民的欢迎，因为农民觉得他们被"统筹"的费用高于他们受到的"照顾"。相反，那些农业服务组织比较健全、受到农民欢迎并发展迅速的地区，都是使农业服务组织成为经济实体。这些经济实体与农业经营者及其家庭的主要关系是商品交换。它们以农业服务规模操作的优势减轻了分散经营的劳务和费用负担。这两种做法表面看起来只是资金流动渠道的不同，实际上却有本质的区别，后者顺应了结构转型要求的社会组织从伦理化到契约化的转变和经济组织从行政化到市场化的转变，因而必然具有更广阔的发展前景。

（三）结构转型对中国的特殊意义

在以往人们对于结构转型的分析中，尽管人们注重的是收入增长和结构变动的相关关系，也就是随着经济增长和收入水平的提高，经济社会结构究竟发生了哪些本质的变化，而且出于慎重，一般都尽量避免在经济增长和结构转变之间做因果判断。但是，这些研究实际上仍有意无意地隐含着一个基本假设，即经济增长是结构变动的真正原因，结构转换只是被当作经济增长的一种自然结果来看待。我们从前面的分析中可以看到，结构转变绝不仅仅表现为经济增长的结果，它本身就是一种社会变革的推动力量。它使结构性发展成为一种不可逆趋势，而且在体制改革时期，结构转变会成为一种无形的变革压力，影响微观经济领域中行为模式的变动。此外，我们对结构转型的关注，除了它本身所具有的力量外，还因为它对于中国这样的发展中国家来说，具有特殊的意义。

第一，如果把发达国家和发展中国家做一个比较，我们就会看到，在目前发达国家的经济增长中，主要的贡献来源于科学技术水平的提高，而不是资本、原材料和劳动力的投入。在发达国家经济增长的诸因素中，科技进步所占的比重在 20 世纪初为 5% 左右，到 20 世纪中叶上升到 40%，70 年代进一步上升到 60% 以上，目前某些发达国家已高达 70%～80%；而我国 1952 年至 1982 年的 30 年，技术进步对经济增长的贡献率仅为 19%，近若干年，这一比例有较大提高，但也只达到约 30%。虽然尽快提高科技水平是迅速发展生产力的关键之一，但就目前的情况来看，相对于发达国家来说，在中国这样的发展中国家，生产要素的流动、劳动力转移和资源再配置是更重要的增长因素，因而结构性变动的意义更为突出。

第二，与上面的分析相联系，我们可以看到，结构转变对于经济和社会发展的重要性在不同的国家中是不一样的，一般来说，这种重要性是随发展水平而变动的，这已为近年来许多著名经济学家对现代化过程中结构变动的长周期数量分析所证明。换句话说，在现代化的过程中可以划分出一些不同的阶段，在各个阶段都有特定的具有特殊重要性的增长要素。越是发展水平较低的国家，结构变动的重要性越大，而处在结构转型期的国家，结构变动的力量和成效就更为明显。

第三，在经济发达的国家中，由于早已完成现代化过程中的结构转型期，市场也比较完善，资源再配置和结构变动的余地相对来说都较小。而我国正处于结构转型时期和体制转轨时期，虽然旧的体制已被打破，但新的体制并未完全建立起来，结构的非平衡和要素市场的非均衡现象都非常突出，然而，这正说明结构变动的余地更大。在这种双重的非平衡中，结构转变对经济增长将起到更大的推动作用。

第四，发展中国家都面临着发展战略转变或发展战略调整的问题，即从追求单纯的产值增长转向追求全面的社会结构转变，从单纯追求经济增长的速度转向同时追求经济增长的效益和关切增长的结果，从内向型经济（进口替代）转向外向型经济（出口导向）。在这个时期，实行不同发展战略的国家，结构转变的时间、顺序和速度也不同。从一些新兴工业国的经验看，结构转变和利用先进科学技术是经济加速发展的两个主要因素。目前中国的产业结构、就业结构、城乡结构这三个基本的结构层面都处于快速的变动时期，发展战略的调整如果能优先考虑这种结构变动的需要，那么结构转变形成的加速力量就会更加明显。

　　从以上分析中可以看出，深入探讨中国社会结构转型的特点与规律性，并把经济和社会发展中出现的种种问题、矛盾、冲突和摩擦放在社会结构转型这个大背景中加以考察，不仅可以使我们获得一个新的研究视角，提高工作的自觉性，克服盲目性，避免一切可以避免的失误，而且对于我们深入理解邓小平同志提出的建设有中国特色的社会主义的理论，指导改革开放与现代化建设的实践，都有重要的意义。

原载《中国社会科学》1992 年第 5 期

再论"另一只看不见的手"

我在《中国社会科学》1992年第5期的一篇文章提出[1]，社会结构转型是既不同于市场调节也不同于国家干预的"另一只看不见的手"，它所形成的变革和创新力量会在很大程度上影响资源的配置状况和社会的发展方向。本文试图对这一命题在理论上做进一步的阐述，分析社会结构转型如何通过家庭、企业组织、社会潜网等基本结构要素影响资源配置，并考察一下这种资源配置方式可能的逻辑基础。

一　家庭的资源配置

家庭是社会的细胞和社会结构的最基础单位，这种基础地位并没有因现代科层组织的发展和家庭的核心化（夫妻和子女组成的三角家庭取代传统大家庭）而丧失。在一般人看来，家庭主要是一个生活单位，是世代继替的场所，但在传统社会中，家庭几乎具备社会的各种经济功能，在家庭自给自足的生产、分配和消费中，不需要银行、商店、工厂和政府。尽管现代社会已将家庭的许多经济功能分离出去，

---

[1]　李培林：《另一只看不见的手：社会结构转型》，《中国社会科学》1992年第5期。

由更有效率的专门机构承担,"但在一切社会,包括现代的市场经济社会,家庭仍然对相当大的经济活动——一半以上的经济活动——承担责任"。① 家庭行为广泛涉足诸如消费、储蓄、财产继承、投资、债务、赡养等各种经济领域,家庭的结构形式和内部关系影响着很大一部分资源的配置。正如美国著名家庭社会学家古德(W. J. Goode)所说,"人们常常忘记现代家庭也是一个经济单位,即使它已不再是一个农作单位。"② 作为生产和经营单位的中国农村家庭,其经济功能就更为明显了,2亿多个农户就是2亿多个资源配置单位。

在家庭的资源配置中,主要不是依靠供求关系、法律制度或行政指令,而是亲缘关系、伦理规范、家庭制度等非经济因素起着重要作用。当农村中社会化大生产的条件尚不成熟时,家庭的资源配置方式有其存在的经济合理性,因为我们基本上可以假定,家庭资源配置中的交易成本相对较少,它既不需要讨价还价,也不需要签订契约,监督的成本也很少,家庭成员之间存在一种亲属性默契,伦理规范同时也是经济行为的规范。我们知道,在我国的乡镇企业和东南亚新兴工业国家或地区的中小企业中,有相当一部分(特别是由第一代创始人领导的企业)具有浓厚的家族色彩,但在初期发展阶段,这似乎并没有成为组织效率的障碍。究其原因,就是缺乏现代素质的农民建立现代科层制规范的成本是很高的,而把现成的家族伦理规范移植到企业中,可以大大降低组织成本,刚刚转变成工人的农民对这种规范有遵从的习惯,监督成本也较低。但是,当这些企业发展到一定阶段时,往往会出现各种纠纷、摩擦和冲突,组织成本就会成倍增加,这时,企业的组织创新就是不可避免的了。

---

① 〔美〕加里·S. 贝克尔:《家庭经济分析》(1981),彭松建译,华夏出版社,1987,第227页。

② 〔美〕威廉·J. 古德:《家庭》(1964),魏章玲译,社会科学文献出版社,1986,第14页。

　　家庭中的资源配置也不同于企业，它并不是遵从完全出于经济目的的安排。在农村家庭中，有时甚至在家庭、邻里之间，经济交换和社会交换往往交织在一起，难以截然分开。美国芝加哥大学经济学教授、1992 年诺贝尔经济学奖得主 G. S. 贝克尔曾把成本效用理论成功地运用于解释家庭生育行为，他认为孩子的成本是决定父母生育行为的关键变量。他的一个著名假设是：如果孩子的净成本是正值，即父母投入的各种抚养费以及占用的时间带来的成本高于孩子可能提供的收益，则对孩子的需求就会降低。反之，如果孩子的净成本是负值，即父母的投入低于收益，则对孩子的需求就会升高。[①] 人口的"逆淘汰"现象（文化素质高的家庭生育率远低于文化素质低的家庭生育率）以及发达国家和发展中国家生育率的反差或许是这一假设的一个佐证。但是，中国学者对中国农村不同收入层和不同发展地区的家庭生育行为的实证研究表明，家本位社会和个人本位社会的生育逻辑是不同的，中国农村家庭的代间取予是一种"不平等的交易"，情感满足和继替责任的考虑远重要于经济交换的考虑。[②] 这种分析实际上可扩展对家本位社会中其他家庭行为的研究，包括经济行为。家庭对资源的配置也有负面的影响。古德认为，"在中国的家庭制度下，所有的儿子都能平等地继承财产，因此，家庭的资本往往不能完整地保存下来。在日本正如在英国一样，由一个儿子（往往是长子）来继承全部财产。因此，财产可以积累，一个人就能更容易地做出投资的决定"[③]。进入 20 世纪 80 年代以后，中国农村的家庭结构也出现了核心化趋势，家庭作为生产经营单位变得更加分散，限制了农村规模经济的发展。家庭经营中往往也没有簿记制度，难以对一切经济行为进行

[①] 参见〔美〕加里·S. 贝克尔《家庭经济分析》（1981），彭松建译，华夏出版社，1987，第 104 ~ 127 页。

[②] 李银河、陈俊杰：《个人本位、家本位与生育观念》，《社会学研究》1993 年第 2 期，第 87 ~ 96 页。

[③] 〔美〕威廉·J. 古德：《家庭》（1964），魏章玲译，1986，第 266 页。

精确的算计，这就为各种非经济因素影响家庭资源配置留下充分的余地。不过，家庭之所以能够作为一种资源配置形式存在，正是由于在一定条件下它比市场配置节约交易成本。

二 企业组织的资源配置

马克思在 19 世纪 60 年代就指出，在资本主义发展初期，其基本矛盾具体表现为"个别工厂中生产的组织性和整个社会中生产的无政府状态之间的对立"[①]。在这里，马克思的论述实际上已经表明，企业组织和市场是两种不同的资源配置方式，只不过马克思更为关注的是这一矛盾的政治经济学意义。

20 世纪 30 年代，美国经济学家科斯在一篇当时还不太引人注意后来却成为新制度经济学派理论基础的文章（《企业的性质》）中指出，企业和市场是两种可以相互替代的协调生产的手段，"在企业之外，价格运动协调着生产，在企业内部，这些市场交易不存在了，与这些交易相联系的复杂的市场结构让位于企业家作为协调者对生产的调节"[②]。企业的产生和对市场的替代是因为在一定条件下企业的资源配置更为"经济"，可以节约市场的交易成本。同样，企业不可能无限扩张甚至把整个社会变成一个"大工厂"，是因为企业的资源配置和生产协调也有组织成本，这样，单个企业组织规模的边界就是由该企业的组织成本与其他企业组织成本的比差以及与市场交易成本的比差来决定的。

小艾尔弗雷德·钱德勒（A. D. Jr. Chandler）在 1977 年也表达了类似的看法，他认为现代企业组织把以前由几个经营单位进行的活动及其市场交易内部化，从而使管理协调这只"看得见的手"替代了亚

---

① 《马克思恩格斯全集》第 25 卷，人民出版社，2001，第 402 页。
② Coase, R. H., "The Nature of the Firm", *Economica*, Nov. 1937, p. 388.

当·斯密的"看不见的手",但企业组织的管理协调之所以有效,主要取决于新技术的采用和市场的不断扩大。[1]

市场是靠供求关系来配置资源的,企业是靠科层制的职阶系统来配置资源的,这是两种不同的资源配置方式。在企业内部,职阶系统的有效性表现为令行禁止、操作程序化。如果企业的职阶系统不能充分有效,那么企业的资源配置成本也会随之大量增加。对同样一项物品或劳务转移,当企业的组织成本高于市场的交易成本时,市场就会替代企业组织,反之,企业组织就会替代市场。这种边界是一种"自然"的边界,而不是"人为"的边界。技术水准高、市场占有率高的企业,企业组织的扩张往往是经济的,而对于劳动密集型的、市场狭小的企业,中小组织规模或许更为经济。

在高度集中的计划经济体制下,国有企业成为行政体系的附属物,这实际上是人为地扩大企业组织,要在整个社会建立一个"巨型企业",其结果必然是成本很高且缺乏效率。现在要求国有企业理顺产权关系也好,实行股份制改革也好,或者是实行企业三项制度改革和利税分流也好,其目的都是要把企业变成直接面对市场的具有独立经营自主权的法人主体,实际上也就是把企业组织的边界限制在"经济的"范围内。但确立建立社会主义市场经济体制的目标后,人们往往容易忽视的是,即使把企业"推向市场",也不能解决一切问题,还必须下大力气降低企业的组织成本。企业的总成本是生产成本和组织成本之和。过去我们往往只注重生产成本,而忽视了组织成本,组织成本实际上只不过是市场交易成本的内部化,是交易成本的转化形态。国有企业中下级与上级的讨价还价(没有真正的老板)以及权力中心分散造成的相互扯皮和多方制约,往往使企业的组织成本很高,

---

① 〔美〕小艾尔弗雷德·钱德勒:《看得见的手——美国企业的管理革命》(1977),重武译,商务印书馆,1987,第1~8页。

因而在市场上缺乏竞争力也就是不难理解的了。

当然,在不存在充分的市场竞争和真实的平均利润率的情况下,区域性贸易壁垒和地方保护主义往往会使一些组织成本绝对量较高的企业在区域内的相对量却并不高,至少一些粗放经营的乡镇企业与农业比较是这样,因而这些在开放的市场中会被淘汰的企业,在某一区域内的存在和发展也仍有其经济上的理由。

不管怎样,企业组织是一种既不同于市场也不同于国家干预的资源配置手段,企业组织的转型和创新也是实现资源优化配置的途径之一。

三 社会潜网的资源配置

"社会潜网"这个概念指的是在经济生活和社会生活中协调人们行为的各种非制度化的规则,它基本上有两种情况:一种是从制度化规则的发生学意义上讲的;另一种是从体制转轨和结构转型的意义上讲的。

从制度化规则的发生学来看,在一种通过法律确立的交易制度和文字契约形成之前,人们的交易活动也不是毫无规范可言的,因为人们从现实生活中认识到,针对每一特例情况具体解决个别交易中的摩擦、矛盾和冲突,其成本往往是很高的,因而需要建立一种相对来说比较普遍运用且能为多数人认同和遵从的规范,这些规范在初期常常表现为习惯法、礼俗、默契、口头民约甚至乡规、族规、帮规,这就是我们说的社会潜网的第一种情况。但是,由于这些非制度化的规则适用的普遍性有限,特别是在出现违约情况后往往要通过非制度化方式解决,其代价和成本也是很高的,这样就产生了制度化的需要,制度从本质上说是资源配置中出于节约成本目的的一种安排。

体制转轨和结构转型是从一种制度化结构向另一种制度化结构的过渡,这种过渡虽然表现在社会结构的宏观层次上,但它却发生在个体行动的微观层次上。当原有的体制不再适用于新的交易活动,而新的交易活动又被证明是更为经济有效时，这些交易活动就一次又一次地突破原有体制的限制，通过无数次的重复在原有体制之外，建立起一套被我们认为有效的但实际上并不符合现有法律或无法可依的行为规范，这就是我们所说的社会潜网的第二种情况。在体制转轨时期出现的大量灰色交易，甚至地下交易活动，有相当一部分是靠社会潜网来规范的。在制度化过程中，这类活动有一部分因危害了体制过渡的稳定性而被淘汰和限制，也有一部分则成为新体制的生长点。

制度化规则由于体现的是法律意志，因而最能表现为国家干预，而社会潜网则是一种既不同于市场也不同于国家干预的资源配置形式。当然，"制度"这个词在社会科学的使用中，其含义是有很大差别的，很多情况下它并不单指法律制度，也包括礼俗制度。新制度经济学家们虽然研究的主要是执行经济功能的制度化规则，但他们对制度的定义却是十分宽泛的，在很多情况下也包括了属于社会潜网的行为规则，涉及社会、政治和经济等各方面，如管束结婚和离婚的规则，支配政治权力的配置使用的法律规则，以及确立由市场或政府来分配资源和收入的规则。[①] 戴维斯（L. Davis）和诺斯（D. North）则对"制度环境"与"制度安排"做了区别，认为"制度环境"是"一系列用来建立生产、交换与分配基础的基本的政治、社会和法律基础规则"，而"制度安排"是"支配经济单位之间可能合作与竞争的方式的一种安排"，它可能是正规的、长期的，也可能是非正规的、暂时的。[②] 拉坦（V. W. Rutian）则直截了当地指出，"制度"的概念包括了组织、制度与组织之间的区分是一种"无差别的区分"。[③] 这

---

① 〔美〕T. W. 舒尔茨：《制度与人的经济价值的不断提高》（1968），载《财产权利与制度变迁》，上海三联书店，1991，第 253 页。

② 〔美〕戴维斯、诺斯：《制度变迁的理论：概念与成因》（1970），载《财产权利与制度变迁》，上海三联书店，1991，第 270～271 页。

③ 〔美〕V. W. 拉坦：《诱致性制度变迁理论》（1928），载《财产权利与制度变迁》，上海三联书店，1991，第 329 页。

些经济学家提出的一个很有启发意义的思想，就是制度也是经济增长的变量，而不是某种"自然状态"或给定的"外生因素"。

与这些经济学家不同的是，我们更为关注的是那些被称为社会潜网的非正规的制度或非制度化的行为规则。其实在现实生活中大量起作用的是这一类行为规则，因为政府的理性、人的理性都是有限的，再精细完备的法律规章也不可能对所有的交易活动都有精确的规定，特别是在体制转型时期更是如此。

社会潜网对资源的配置往往是通过更加广泛的社会交换来实现的，权力、地位、声誉、人情等都可能作为稀缺资源或特殊等价物参与这种交换，因而需要有一种能够把市场交换包含在内的更广泛的社会交换理论来说明各种交换规则。

从以上对家庭、企业组织和社会潜网的分析中看到，它们都体现为既不同于市场也不同于国家干预的"另一只看不见的手"的力量，而且可以从它们对资源的配置方式上概括出一些共同的特点：①它们存在的经济理由都是对交易成本的节约；②在这种资源配置方式中，各种非经济因素起着重要作用；③以它们的变动为内容的社会结构转型会形成一种不可逆趋势和产生变革、创新的驱动力。

四　规范性理论的逻辑基础

要想把"社会结构转型是另一只看不见的手"这样一个假设纳入规范性理论体系，那就不能不为它寻找逻辑基础。如果我们留心一下近十几年来诺贝尔经济学奖获得者们的研究成就，就不难发现，目前经济学研究的前沿问题显示出一种新的趋向，即把经济学研究的规范性方法扩大到那些传统的非经济领域，如教育、家庭生育和婚姻行为、法律诉讼、制度变迁、伦理规范、组织决策甚至意识形态等。这无疑是一个重要的挑战：如果经济学的研究在这些领域获得成功，那么社会学、法学、政治学的很多已有结论都要重写或修订。但这同时也是对经济学本身的挑战。把对经济行为的说明扩大到对整个社会行为的说明，需要对影响社会行为的各种非经济因素做出解释，这是否会动摇经济学规范性理论的逻辑基础？

19 世纪末，当古典经济学家创立规范性理论体系时，他们也想如同物理学那样，寻找经济生活中在现象背后支配人们一切行为的普遍规律，因而需要找到类似牛顿力学中"第一推动力"那样的"一只看不见的手"，作为经济学规范性理论体系的逻辑起点，而寻找这个逻辑起点最符合逻辑的方法就是从人们经济行为的目的中去寻找。亚当·斯密认为："各个人都不断努力为他自己所能支配的资本找到最有利的用途。固然，他所考虑的不是社会利益，而是他自身的利益，但他对自身利益的研究自然会或者毋宁说必然会引导他选定最有利于社会的用途。"[1] 接着他就阐述了那段著名的、成为古典经济学基石的话：在"自然秩序"下，每个人"由于他管理产业的方式目的在于使其生产物的价值能达到最大限度，他所盘算的也只是他自己的利益。在这里，像在其他许多场合一样，他受着"一只看不见的手"的指导，去尽力达到一个并非他本意要达到的目的。也并不因为事非出于本意，就对社会有害。他追求自己的利益，往往能使他在真正出于本意的情况下更有效地促进社会利益"。[2] 亚当·斯密的意思是很明确的，人是理性的经济人，他的行为受自身利益的驱使，这属于不证自明的公理：经济人从自身利益出发展开的激烈竞争，会使生产成本降到可能的下限，并使产出最大化，从而达到社会稀缺资源的最优配置。这样，就可以以"个人本位"作为

---

① 〔英〕亚当·斯密：《国民财富的性质和原因的研究》（1880，旧译《国富论》），郭大力、王亚南译，商务印书馆，1981，第 25 页。

② 〔英〕亚当·斯密：《国民财富的性质和原因的研究》（1880，旧译《国富论》），郭大力、王亚南译，商务印书馆，1981，第 27 页。

逻辑起点，建立起从"一只看不见的手"经自由竞争达到经济最优状态的整个逻辑演绎体系。亚当·斯密在建立经济学规范性体系的逻辑起点时，主要是从生产者的角度考虑问题，因而这个逻辑起点常被称为"利润最大化假定"，但是当人们以此来解释个人的消费行为时，就遇到了一些困难。消费者选择某种商品并不是为了获得利润，为了消费而买和为了转卖而买的行为目的是不同的。消费目的是一个个人偏好问题，商品的使用价值并不是对所有的人都一样的，有些人从吸烟中得到快乐，另一些人则认为这无异于慢性自杀，消费者所追求的是个人需要的满足。这样，消费者从对某种商品和服务的占有、使用或消费中得到的快乐和满足就被定义为这种商品或服务的"效用"。但是，效用并不像利润那样可以进行精确计量，所谓"效用量"只是表示商品效用的顺序性排列以及因消费品数量不同而发生的效用变化，不过这已经足够了，因为这已经使人们可以从"效用最大化"的逻辑起点去建立关于基数效用和边际效用的一整套规范性消费理论。亚当·斯密的逻辑在这里得到重要补充，新古典主义经济学家已不是仅从生产者的角度去考察资源的配置状态，而是从生产者的利润最大化追求和消费者的效用最大化追求两个方面去研究供应和需求形成的市场均衡。

不仅如此，现代经济学家为了使经济学的规范性理论体系具有更广泛的逻辑基础，试图把效用最大假定的解释范围从消费领域扩大到整个经济活动，用"效用最大化"替代"利润最大化"来作为整个经济学理论的逻辑起点。这样，人们对自身利益的追求就被解释为人们根据自己所面对的约束来做出反映一系列欲望、期望、偏好的选择，而且是追求做出的选择越多越好。[①]

[①] 参见 Becker G. S. , *The Approach to Human Behavior*, Chicago：University of Chicago Press，1976。

五 不真实的暗含假定

随着经济生活发生的变化，利润最大化逻辑的两个明显预设前提，即在"自然秩序"下完全的竞争和均衡的市场，受到了现实的挑战。垄断的产生和经济危机的出现表明，完全的竞争和均衡的市场只是一种现实中少有的理想状态，现实中更多存在的是不完全的竞争和非均衡的市场，市场的价格信号系统也会出现失灵和误导。凯恩斯经济学和非均衡经济学对利润最大化逻辑的这两个预设前提的修订使经济学获得了巨大的进步。

然而，利润最大化逻辑还存在着两个不真实的暗含假定。

第一个暗含假定是明确界定的产权。这就是说，在产权界定明确的情况下，经济行为者都会理性地进行成本－收益计算，对资源进行最有价值的使用，个人追求利益最大化的结果也使整个社会的利益最大化。在这里，产权被视为交易活动中不变的既定条件，国家和法律只是保护私有产权和自由竞争的工具，家庭和企业只是投入、产出的计算机器。然而，由于外部效用的存在，产权的明确界定有时并不是那么容易。所谓外部效应包括两种情况：一种是对外部造成损害而引起的是否需要赔偿的问题，经典的例子是工厂排放的烟尘污染了空气所引起的纠纷，这里需要界定究竟是工厂有权排放烟尘，还是周围居民有权享受清新空气。另一种是从外部得到好处而引起的是否需要付费的问题，经典的例子是养蜂者的蜜蜂，采集了邻居苹果园主的果树花蜜而引起的纠纷，这里谁要向谁付费呢？如果人们对自己行为的外部效应没有成本的限制（赔偿或付费），又怎么会通过自由竞争而使资源得到合理配置呢？所以说，产权安排会影响资源的配置、产出的构成和收入的分配，而产权安排不是不变的既定条件，而是通过交易中的合约形成的，产权的结构往往是多重的，而不是单一的。

第二个暗含的假定是完全无摩擦的交易或交易的零成本。这意味着成本只发生在生产过程中，而不发生在交易过程中，只要每个生产者都是以可能的最低成本从事生产，那么通过自由交易和竞争就会实现资源的最佳配置。但实际上，任何一项市场交易的实现，都要经过讨价还价、议定合约、监督合约的执行，以及获得各种有关的市场信息等，这些都是有成本费用的，有时，一种商品的交易成本，甚至会高于其生产成本。正是由于交易成本的存在，才会有旨在降低交易成本的不同于市场的资源配置形式，如家庭、企业组织、社会潜网、制度等。

现代经济学已对亚当·斯密提出的经济学规范理论的逻辑起点增加了许多条件限制，对利润最大化逻辑的一些预设前提和暗含的假定做了重要的修订。那么，是不是说利润最大化假定已经没有什么意义了呢？绝对不是。这个假定在完全竞争条件下对企业经济行为的考察，就如同物理学中在"真空"条件下对物质运动的考察一样，只有获得这样一种纯粹的形式，才会有在增加各种条件限制以后，对经济行为的更为深入的研究。从逻辑上说，这就是理论从抽象上升到在思维中再现丰富具体的过程。

六　利他主义和成本计算

利润最大化逻辑实际上还面临着两个更为根本的挑战，即对其"理性人"和"经济人"的假定提出的质疑。现代决策理论和管理学说的研究成果表明，由于现实经济生活的"复杂性"以及日趋"复杂化"，人们不可能掌握有关这种复杂性的完备信息，也没有对这些信息进行精确筛选并据此做出最优选择的无限的理性能力。从这种意义上说，人的理性是有限的，人们的经济决策也只能是从各种可供选择的方案中选择符合其经济目标的方案，然后在符合其经济目标的方案中再选择成本最低的一种。由于理性的有限性，对理性的新的理解只能是人们面对各种制约所能做出的可能选择，资源配置的最优状态实际上也只能是一种相对合理的状态。同时，理性的有限性还意味着政府的理性也是有限的，政府也不可能掌握关于复杂经济生活的完备信息，更难以把这些在量上趋于无限大的信息快捷地处理完毕，并把结果反馈到无数的经济行为者那里，因而也就无法对市场做出灵敏的反应。这样，一方面，政府需要把微观经济决策分散化，以降低信息成本和提高对市场反应的灵敏度；另一方面市场配置会被企业组织配置替代以降低交易成本，由此而奠立了既不同于国家干预也不同于市场调节的"另一只看不见的手"的逻辑基础。也就是说，在一定条件下，家庭、企业、社会潜网等是较之市场和国家干预更为节约成本的资源配置方式，这就是"另一只看不见的手"存在的经济合理性和必然性。

然而，关键的问题在于，我们在前面分析家庭、企业组织、社会潜网的资源配置方式时曾指出，它们的共同特征之一就是各种非经济因素起着重要作用，一些传统上认为只会对资源配置有负面效应的因素，如亲缘地缘关系、职阶系统、礼俗、道德规范等，在一定条件下也发挥正面的效应，在节约交易成本方面与市场有替代关系。但是，这种结论显然对利润最大化原则关于"经济人"的假设提出了重要挑战：人们在其经济行为中把追求自身利益（或利润）作为唯一或首要目标的原则是否普遍有效？在利润目标以外对其他目标的追求，在经济上是理性的还是非理性的？某些利他主义行为是否也在事实上会是节约成本的选择，从而促进资源的合理配置？

经济学家们在涉足传统的非经济领域并用经济学的方法来解释这些领域中人们的行为时，显然意识到了这种危险：市场交易和生产竞争中的利己性假定无法解释一切社会交换行为。贝克尔认为，利他主义不仅可能在利己主义失败的地方引导出有效率的行为，而且可以在利他主义者处于劣势的条件下有意义地改变行为，"利他主义在市场交换中不是共同的，而在家庭中却是更为普遍的，因为利他主义在市场上是没有多少"效率"的，而在家庭里，却是更为有效的"，"即使利他主义只限于家庭，它仍将是全部资源中直接配置的那很大一部分"。他还指出，"在过去200年的时间里，探索利己主义经济效应的复杂模型已经大大发展了，这200年内，经济科学已经按照亚当·斯密的思想反复被推敲过了。现在已经知道的在不同的市场条件下利己主义配置资源的方法实在是太多了。然而，不幸的是对利他主义的同样复杂的分析模型却一直没有被提出来"[1]。诺斯在以新的理论框架分析经济史中的产权、国家、意识形态等问题时也发现，个人效用函数远比新古典经济理论迄今为止体现的简单假定复杂得多，"意识形态是种节约机制"，"如果没有一种明确的意识形态理论或知识社会学理论，那么，我们在说明无论是资源的现代配置还是历史变迁的能力上都存在着无数的困境"，"一个有关制度变迁的动态理论如果限于严格的对个人主义的、有理性目的的活动的新古典式约束，我们就无法以此来解释从古代犹太人顽强的斗争到1935年通过社会保障法其间所发生的大多数现实变化"[2]。

看来，经济学家们已经试图对他们普遍接受的"效用最大化"假定做出新的、内容更为广泛的解释，以便从这个逻辑起点出发建立的规范性理论体系，能够包容经济学对传统的非经济领域的最新研究成果。博尔丁（K. Boulding）已经明确地指出：

如果企业为了其他任何事情而牺牲"利润"（不管它们怎样衡量），它们或者是特权，或者是良好的公共关系或劳资关系，

① 〔美〕贝克尔：《家庭经济分析》，芝加哥大学出版社，1976，第217、222、227~228页。
② 〔美〕D. C. 诺斯：《经济史的结构与变迁》，刘瑞华译，上海三联书店，1991，第51、53、64页。

一个宁静的生活，流动性，安全感，或是你所拥有的一切，那么很明显这些不能使利润最大化。如果不能使利润最大化，它必须使"效用最大化"。这是一个简单地表明你所做的最好就是你所想的更为明确的方式，这很难说是不真实的，但是除非有些内容被倾注到空洞的效用函数中去，否则它也是少有助益的。[①]

这就是说，对于涵括了许多并非纯粹的经济因素或非经济因素的效用函数，必须用经济学可以接受的语言来表达，并尽可能计量化，它才能对于说明最优化问题具有真实的意义。然而，这样做显然是要把经济学家们分析的那些并非出于纯粹利己目的的行为当作经济行为的一种特例，但这会因为非经济因素的难以计量化而遇到许多难以克服的理论困难。如果我们变换一下思路，把经济行为作为社会行为的一种特例，把经济交换作为社会交换的一种特例，那么完整的理论体系的建立也许较为容易一些。但目前看来，无论是经济学本身，还是社会学、法学和政治学，都还没有为这样一种规范性理论体系奠定逻辑基础的能力。尽管如此，从前面的分析中可以看到，我们关于"另一只看不见的手"的假设，已经可以从现有的经济理论体系中找到它的逻辑基础。

在社会结构转型和建立社会主义市场经济新体制的过程中，研究"另一只看不见的手"的运作机制是有重要的现实意义的。尽管市场是迄今为止人类所发现的最有效的资源配置手段，但绝不能制造市场经济的新神话，以为市场就可以解决经济生活中的一切问题。相反，市场经济越发展，我们越是应当注意研究市场调节可能出现的"误区"和固有的"缺陷"。

---

① 菲吕博腾、配杰威齐：《产权与经济理论：近期文献的一个综述》（1972），载科斯等著《财产权利与制度变迁》，上海三联书店，1991，第203页。

参考文献

J. 科尔曼，1992，《社会理论的基础》（1990，上、中），邓方译，社会科学文献出版社。

P. 布劳，1988，《社会生活中的交换与权力》（1964），华夏出版社。

张春霖，1991，《企业组织与市场体制》，上海三联书店。

史晋川、夏海舟，1991，《配给制与灰市场》，载陈昕主编《公有制经济运行的理论分析》，上海三联书店。

时宪民，1993，《体制的突破》，中国社会科学出版社。

李培林等，1992，《转型中的中国企业：国有企业组织创新论》，山东人民出版社。

原载《社会学研究》1994 年第 1 期

中国社会结构转型对资源配置方式的影响

　　我在 1992 年《中国社会科学》第 5 期发表的《社会结构转型：另一只看不见的手》一文中提出，社会结构转型是既不同于市场调节也不同于国家干预的"另一只看不见的手"，它所形成的变革和创新力量会在很大程度上影响资源的配置状况和社会发展的方向。1994 年年初，我又在《社会学研究》第 1 期发表了《再论"另一只看不见的手"》，对前文的命题在理论上做了进一步的阐述，并努力从规范性理论体系的框架出发为这一命题建立逻辑基础，认为社会结构的一些最基本的实体要素（如家庭组织、企业组织以及社会潜网等非正规制度）是一种特殊的资源配置形式，它们的形成受各种历史的、文化的和其他非经济因素的影响，而不是仅仅受"个人利己心"或"利润最大化"法则的支配，这只"手"的存在意味着要对经济学某些既定的暗含假设和前提做出新的修订。在本文中，当我们试图对中国经济体制改革的分析进行理论上的总结时，我们毫不掩饰自己的理论企图，即跳出目前在西方十分盛行的个体主义方法论解释模式的束缚，建立一种新的解释框架，来说明中国经济体制改革和中国经济成长的过程。

一　个体主义方法论的局限

现代经济学中的市场自由竞争理论有一个重要的逻辑推论基础，它出自英国古典经济学家亚当·斯密的一个重要思想：在"自然秩序"下，受"一只看不见的手"的驱动，每个人从"利己心"出发追求自己的利益，会达到并非他本意要达到的目的，即更有效地促进社会的利益，"他对自身利益的研究自然会或者毋宁说必然会引导他选定最有利于社会的用途"。① 这个思想蕴含的逻辑是，经济人从自身利益出发展开的竞争，会使生产成本降到可能的下限，并使产出最大化。这个以"个人本位"作为逻辑起点建立起来的经济法则被称为"利润最大化"假定。这显然是一个从个体主义方法论出发强调经济领域中个人"利己心"的合理性的法则。

与此同时，自卢梭以来的政治学传统和自迪尔凯姆以来的社会学传统都强调"社会契约"和"社会秩序"的主题。卢梭认为"社会契约"是人类追求社会平等的产物，通过社会契约限制个人"嗜欲的冲动"，使个人"服从人们为自己所规定的法律"，才是"更高级的自由"。② 迪尔凯姆则认为，"社会秩序"是不能还原为个人行为并且独立于个人而存在的"社会事实"，无论它是以法律还是习俗的形式出现，这种强制的约束力总是在社会利益受到侵犯时发挥作用，它凌驾于个人之上，引导着个人需求，所以，"应当从先于它产生的社会事实中，而不是在个人意识的状态中去寻找影响社会事实的决定性因素"。③ 在方法论上发展了迪尔凯姆这一思想的美国著名社会学家默顿

---

① 〔英〕亚当·斯密：《国民财富的性质和原因的研究》，郭大力、王亚南译，商务印书馆，1981，第25、27页。
② 〔法〕卢梭：《社会契约论》，何兆武译，商务印书馆，1982，第30页。
③ Durkheim, E., *Les Rèegles de la Méthode Sociologique*, Paris：P. U. F., 1956, pp. 3 – 13、110.

进一步指出："社会结构对违反规范的人比对顺从规范的人施以更确切的压力。"① 这些理论显然是对"私利即公益"假设的否定，它提出的重要命题是，社会的协调运转（姑且作为社会学意义上的"福利最大化"假设）需要建立在强制性私欲约束基础上的"社会秩序"，而这种社会秩序是现实中群体利益协调的结果。

以上作为不同学科逻辑基础的这两个几乎相反的命题，存在着明显的"理论上的矛盾"，在解释这种矛盾时简单地否定其中的任何一个都是十分轻率的。

为了避免使这种理论争论伦理化，有必要把方法论上的个体主义（individualism）与伦理学所说的利己主义（egoism）相区别，前者的假设是"私利即公益"，后者则直接意味着损人利己或"拔一毛而利天下，不为也"。按照法国社会学家布东的界定，与方法论上的个体主义相对立的概念是整体主义（holism），在经济学派上与方法论的个体主义相联系的往往是强调自由放任主义的主张。② 但是，这种争论又不能完全回避伦理学问题，因为任何经济秩序都必须具有道义上的合理性，与一定社会的价值观相衔接。

个体主义作为一种现代社会科学的方法论原则首先是由德国社会学家韦伯（M. Weber）提出的，经过奥地利籍英国哲学家波普尔（K. R. Popper）的论证，特别是奥地利籍美国经济学家哈耶克（F. V. Hayek）极具争辩性的论述，现在已经成为社会科学中影响广泛的一种方法论原则。波普尔提出有名的"自由主义剃刀"原则：即"国家是一种必要的罪恶，如无必要，它的权力不应增加"。③ 哈耶克则认为，"我们在理解社会现象时没有任何其他方法，只有通过对那

---

① Merton, R. K., *Social Theory and Social Structure*, New York: Free Press, 1968, p. 186.

② Boudon, R., "L'individualisme méthodologique", *Encyclopaecdia Uiversalis-Symposium: Les Enjeux*, Paris: Eucyclo. Uni. France S. A., 1985, p. 644.

③〔英〕波普尔：《猜想与反驳》，傅季重等译，上海译文出版社，1986，第499页。

些作用于其他人并且由其预期行为所引导的个人活动的理解来理解社会现象"，而那种把社会理解为独立于个人的整体的理论是一种"理性主义的假个人主义"，它一方面假定个人以正式契约的形式将自己的特定愿望与他人达成一致，另一方面假定社会过程受人类理性的控制，"真正的个人主义"在这两个关键点上与"理性主义的假个人主义"形成鲜明对照。① 哈耶克由于与缪尔达尔（C. Myrdal）一起获得1974 年诺贝尔经济学奖而使他的方法论观点广为流行，但是，他的论述中也存在着明显的个人偏见：一是把问题政治化，认为理性主义的假个人主义是社会主义或集体主义的思想源泉；二是把问题不恰当地与哲学本体论上的复杂争论进行简单的联系，认为真正的个人主义是哲学上"唯名论"的必然结果，而集体主义的理论根源是"唯实论"，属于"本质先于存在"的理论传统；三是把问题民族化，他强烈抨击了以法国为代表的欧洲大陆国家的理性传统，特别是笛卡儿的理性主义、"百科全书派"的代表卢梭和重农主义者，却高度赞赏了富有经济学传统的"英国个人主义"。②

我们在这里要提出的问题是，个体主义方法论在解释中国这样一个"家庭本位"或"集体本位"社会的社会结构变迁和经济成长过程时，是否存在着理论上的局限？换句话说，当西方学者从个体主义方法论出发，面对中国经济高速增长中出现的"家庭利他主义扩展"、乡镇企业"无私有化的进步"、"地方政府与企业的合作"等问题时，的确感到了困惑。

现在看来，个体主义方法论在解释改革以来中国的社会结构变迁和经济成长过程时，至少在以下几个方面忽略了一些变量：

---

① 〔英〕哈耶克：《个人主义与经济秩序》，贾湛等译，北京经济学院出版社，1989，第 4~11 页。

② 〔英〕哈耶克：《个人主义与经济秩序》，贾湛等译，北京经济学院出版社，1989，第 4~11 页。

——个体主义方法论往往把"自然秩序"当作既定的东西，或者认为经济秩序是市场选择的"自然结果"，忽略了在经济秩序的形成中，个人以及群体利益的冲突和协调、道德的自律性利他主义和法律的强制性利他主义都起着重要的作用。

——经济生活中不存在"唯一的上帝"，组织结构是一种既不同于市场调节也不同于政府干预的资源配置力量，组织内部不是市场交易的天下，也不是执行政府指令的场所。

——利他主义同样是各种市场条件下的一种资源配置方式，正如另一位经济学诺贝尔奖得主贝克尔（G. S. Becker）所说的，利他主义不仅可能在利己主义者失败的地方引导出有效率的行为，而且可以在利他主义者处于劣势的条件下有意义地改变行为，"即使利他主义只限于家庭，它仍将是全部资源中直接配置的那很大一部分"。[①] 而在中国，家庭的资源配置比发达的市场经济国家占据更大的份额。

——个体主义者并没有说明无数的目的各异的个体行动是如何整合成一种共同的结构变动趋势，他们只是假定个人追求私利冲动的自由发挥会在客观上起到有利于社会整体的作用，主观地假定局部的失败会从整体的成功中得到补偿，没有看到作为联结个体行动和社会结构的中介的家庭、组织、非正规制度等，不可能是个人私利冲动"自由发挥"的结果。

——个体主义者声称他们找到了一种从"私利"出发可以自由、自发地过渡到"公益"的机制和制度，主观地排除了现实中的利益冲突也会破坏社会协调运行机制从而使整体福利下降的可能性，这样他们在极力批判"必然规律"的信念时，又提供了另一种虚假的"必然性"。

[①] 〔美〕贝克尔：《家庭经济分析》（1981），彭松建译，华夏出版社，1987，第217、227页。

——社会发展观的转变使社会发展具有了与经济增长不尽相同的内涵，而当个体主义者把经济学的"福利最大化"原理推广到对其他社会领域（群体生活、政治运作、法律诉讼等）的分析时，他们对"福利"的理解并没有包括保证人类长期生存和持续发展的诸多条件。

当然，个体主义方法论也有许多十分宝贵的、不能忽视的思想，在这里我想指出两点：一是对个人的发展冲动力量的创造性给予了充分的重视，强调了个人作为独立利益主体的合理性，使利益驱动法则走出一般的道德评价的局限；二是主张市场秩序只能在个人自愿交易的过程中出现，正像布坎南（J. M. Buchanan）所说的，"秩序"是产生秩序的"过程"的结果，不是也不可能独立于"过程"，[①] 从而克服了整体主义方法论脱离个体的社会互动来考察"秩序"和"结构"的缺陷。但它所克服的整体主义的缺陷并不能掩盖或抵消它本身存在的缺陷。

二　群体意识和群体生活规范

群体是人类生存和生活的最基本形式，从家庭、部落、组织、社区一直到社会，不管人类是在原始的、野蛮的还是文明的状态下生活，某种群体形式总是人们实现"福利最大化"的必要条件。某些个人离群索居、过隐士般的生活或许是可能的，但人类却不可能离开任何群体形式而生存和发展。文化孤岛上的鲁滨逊经济作为一种虚构的抽象模型不能说没有理论的价值，但如果认为离开群体生活也会有经济关系，那就如同把真空里的羽毛放到空气里，会失望地发现它竟飘不起来。

在某些情况下，个人利益和群体利益是一致的，这时个人对私利

[①] 〔美〕布坎南：《自由、市场和国家》（1988），吴良健等译，北京经济学院出版社，1989，第74页。

的追求也可以表现为一种"客观利他主义",即对群体和社会有益的,对个人也有益。例如,大家一起推着一辆重载的车子爬坡,其中每个人都想比其他人更省一些力气,但每个人又都清楚地意识到,如果谁一缓手,车子滑下来就会把大家都碾死,所以在死亡和卖力之间,每个人都会选择卖力,这样,群体的利益也就成了个人的利益。这个例子虽然十分简单,却是在群体和自然之间的对抗以及群体和群体之间的对抗中常常会有的情况。

然而,在更多的情况下,群体的利益是不可能与所有群体成员的利益一致的,最大的可能性是,群体利益作为广而言之的社会利益,只与部分社会群体成员的利益一致。对于这种情况,经典经济学给予了乐观主义的回答,认为通过市场的"自然法则",每个社会成员对个人利益的专一追求会转为对整体社会利益的贡献。这很类似于社会达尔文主义的自然选择理论:自然竞争、适者生存。只不过前者为了与群体道德价值观衔接,还假定部分成员在竞争中的利益丧失会从整体利益的获得中得到补偿,这样就又把群体利益和个人利益没有任何冲突当作了前提。

实际上,在群体生活的运转中,总是以这样或那样的形式存在着某种保护弱者的机制,这是群体生活之所以可能的必要条件,也是群体道德规范的基础。道德是一种内在的法,一种非正规制度,它要求"自律性的利他主义",或者说"个人利益的让渡"。在群体生活中,"自律性的利他主义"是一种节约成本的机制,因为监督和强制都是有成本和代价的。已经有很多的研究结果表明,在家庭的生产、分配和消费中,利他主义往往比利己主义更有"效率"。[①]家庭制的小企业作为资本积累的起点获得的广泛成功似乎也说明了这一点。当然这并不是说自律性利他主义在经济生活中是普遍有效

---

① 〔美〕贝克尔:《家庭经济分析》,彭松建译,华夏出版社,1987,第196~221页。

的，在市场交易中，利己主义或者扩大了的利己主义是更为普遍的。在家庭的演变中，家庭结构从传统社会的大家庭到现代社会的核心家庭的变迁，意味着家庭的许多功能已经被一些更有效率的现代组织取代，如银行、学校、社会保险公司等，而这些组织的效率并不依赖家庭式的自律性利他主义。但这并不能证明，自律性利他主义一旦走出家庭就完全失去了"效率"功能，中国的很多乡镇企业在发展的初期采取了家族式的管理，尽管这种管理方式存在着许多弊病，但它在企业发展的一定阶段，的确在节约监督和强制成本方面呈现出明显的"效率"。

然而，在市场竞争中，道德自律毕竟是非常脆弱的。在现代社会的群体生活中，强制性的利他主义是必不可少的，经济生活也概莫能外。因为我们的群体生活面对的一个重要的生存状况，就是资源的稀缺性，对资源的占有，是经济生活和市场竞争的核心内容。在没有强制性利他主义或者强制性利他主义失效的情况下，竞争的无度和无法必然会导致个人以及群体之间的激烈对抗，在特殊的情况下甚至会导致民族之间的仇杀和国家之间的战争。在过去的历史上，通过仇杀和战争来获得资源成为经济生活中通过市场竞争占有资源的一种经常性的补充。其实，任何市场秩序，包括在个人利益驱动机制下形成的那些"自然秩序"，都是以强制性利他主义为基础的，只不过人们在进行"纯粹的经济分析"时，往往把这种秩序作为一种给定的不变量，而不是经济过程的函数。所谓"强制性利他主义"，并不是道德提倡中的"理想的利他主义"，不是要求人们在市场竞争中"无私忘我""先人后己"或"主观为他人，客观也为自己"，而是要求人们在追求个人利益时不损害公众利益。方法论的个体主义曾假定在市场机制下这两者是完全一致的，但实际上并非如此。制造假冒伪劣产品的企业行为是一个典型的例子。对个人或企业来说，制造假冒伪劣产品显然是受"利润最大化"机制的驱动，是出自"正常的"市场竞争条件下"降低成本、增加收益"的考虑，在企业没有真正的产权收益刺激和经济核算约束的情况下，是不会有这种冲动的。只不过制造假冒伪劣产品者在降低自己生产成本时采取了"内部成本外部化"的形式，即把自己的一部分生产成本转嫁到消费者或其他企业身上。即便是从总体上计算，其他人的损失可能会低于制造假冒伪劣产品者获得的高利润收入，也就是说并不影响总体经济上的"利润最大化"，这种行为对经济生活也是极为有害的，因为它的示范效应成为市场公平竞争的巨大障碍，从而大大增加了建立公平竞争秩序的成本。从这种意义上说，强制性利他主义也是一种节约成本的机制。当我们说市场经济是法律经济时，这是题中应有之义。另一个典型的例子是生产经营中个人或企业的偷漏税行为，在任何市场经济制度下，遵循"利润最大化"原则的真正市场主体都会有自发的偷漏税倾向，因为这是增加利润的一种十分明显的甚至十分有效的手段。对于任何政府来说，杜绝偷漏税行为都是一件非常困难甚至从理论上说也是不可能的事，因为用于检查、调查取证以及庞大税检人员的费用，可能会大大超过通过检查偷漏税而增加的税收，况且付出高成本增加的税收能否更有效地提供福利增量同样是不确定的；换句话说，按照个体主义方法论者的计算逻辑，从总体经济的"利润最大化"来说，偷漏税行为并非一定是有害的。然而，任何市场经济的国家都不惜在建立严密的税收体系上的花费（这里并不涉及什么样的税率合理的问题），西方最流行的谚语之一就是，"人生只有两件事无法逃脱：死和税"。建立高成本的税检体系之所以可能，是因为这种强制性利他主义的成本可以从税罚惩戒效应和对竞争秩序的维护中得到足够的补偿。

经济生活也是一种群体生活，而群体生活的协调运行有赖于群体意识和群体生活规范的存在，如果说"群体意识"主要以"自律性利他主义"为基础，那么"群体生活规范"则主要是以"强制性利他主义"为基础，这种强制性在某些情况下可能会表现为暴力强制，但在现代社会则主要是法律强制。

三　社会互动与社会网络变动

社会互动有许多种形式，譬如摩擦、冲突、妥协、合作等。对于经济生活来说，最基本的社会互动形式是交换。在资源稀缺的情况下，每一个市场上的竞争者都利用自己手中的资源通过交换来达到他的获益目标。这种交换过程是形成交易规则的基础动力，有些经济学家往往把市场交易视为按既定规则进行的活动，其实在"日常经济生活领域"，不按一定成规进行的交易活动是大量的，而且这一类的活动往往能够有意义地改变交易规则。交易规则实际上类似于一种"游戏规则"，它是在游戏的过程中形成的，并常常伴随着游戏的发展而调整，并不完全是出自人们的理性设计。对于亿万人求生存、求发展的内在冲动，无论多么精确完善的理性计算都难以说明他们真正合理的变动曲线。中国经济加速发展的生动过程有力地说明，无论是政治家还是学者，对这种发展冲动的创造力所能产生的"意想不到"的结果常常估计不足。但是，如果因此而认为无数个人的寻利行为会在完全"自发地自由发挥"中产生经济秩序，那就过于理想化了。

经济生活只是人类社会生活的一部分，人们的寻利动机或寻利行为也并不都表现为对利润和金钱的追求。现代心理学的研究表明，人类的需要从生存、安全、自尊、荣誉一直到自我实现和自我发展，可以画出一条上升的曲线。为了满足这些需要，人们可能会利用自己的一切初始资源（知识、体力、技术、人际关系甚至美貌等）去获得工具性的报酬，如金钱、财富、权力、地位等，而这些又反过来被作为资源去获得更大的利益和满足。金钱和财富之所以会成为更富有刺激的寻利目标，除了它与现时生活状况的改善具有更紧密的联系外，还因为在资源的社会交换中它往往成为更具有通用交换价值的东西，但这种情况并不是一种普遍法则。换句话说，社会网络（社会博弈规则）是在诸多社会资源的交换过程中形成的，而很多社会资源的价值是不能够用货币单位来计算的，所以就会出现一些特殊的交换形式，如依附与支持、赠予与赞赏等。

在体制转轨时期，"体制外"是一块广阔的领域，也是社会"日常生活"最为活跃的区域，然而并不因为是"体制外"就没有活动规则，恰恰相反，这里是新的规则产生的源泉，只不过这些规则往往是以"非正式"的形式出现和存在，即我们所称的"社会潜网"。"社会潜网"又经过无数次的重复、试错和社会选择才形成较为稳定的社会网络，这是创立一切新体制的必然中介过程。

社会网络是在个人和群体的社会互动中形成和定型的，但社会互动并不总是通过"互惠"的社会交换完成，而且"交换"这种经济生活中最通用的关系远远不能概括社会生活中互动关系的全部内容。群体之间的利益摩擦和利益冲突是社会网络变动的重要影响力量，从而也是社会的结构变动和体制变动的重要影响力量，在"日常生活"领域，这种互动形式甚至比互惠的交换更为普遍。尽管群体利益的摩擦和冲突往往起始于个人利益的摩擦和冲突，但个人层面的社会互动很难直接对社会结构发生作用，相对于体制来说，个人的影响力在大多数情况下是微不足道的，但个人行为一旦转化为群体的、阶层的或组织的行为，情况就完全不一样了。"民工潮"所反映的就是一种利益的摩擦和冲突形式：农民离开土地进城，是为了得到他们在农村得不到的资源，即以等量但不等质的劳动获得更高的报酬以及城市里的机会和生活待遇。他们以体制外的创业活动在现有城市体制薄弱的边缘营造了"都市里的村落生活"，但随之也带来了一些城市舆论的抱怨，如交通更加拥挤、卫生状况下降、社会秩序恶化、管理出现混乱等。城市人并不把这些视为伴随服务项目的增多和商品供应的丰富而付出的代价，而是将其视为一种"单方面的利益受损"，这种舆论的增强会导致摩擦和冲突的加剧，从而根据力量的对比和冲突的强度而产生三种可能的结果：一是在冲击下，现有城市体制扩展对摩擦和冲突的容纳能力，把进城的农民无差别地纳入城市管理体系；二是强化现有城市管理体制，尽量压缩和限制农民进城渠道以及活动的规模和范围；三是"民工潮"成为一种堵不住的"洪流"，远远超越了现有城市体制的容纳能力，这时就不得不进行根本性的体制创新。所以说，任何体制创新都不是理论研究人员在工作室里进行理性设计的结果，他们只不过是在为解决利益的摩擦和冲突选择一种具有现实可能性的"妥协结果"。

"地方保护主义"是另一种摩擦和冲突的互动形式。A 地区的银行根据当地行政指令扣押了 B 地区一家企业的货款，作为他们长期拖欠债务的偿付，于是 B 地区的检察院同样根据当地行政指令拘留了 A 地区一家相关企业的经理，因为他们也同样存在着没有根据合同偿付债务的问题。发达地区的人们认为，区域发展差距和收入差距是正常的，资金、技术、劳力和其他社会资源向发达地区流动符合市场竞争规则，因为那里可以实现更高的增长率和利润率，从而使整体福利增长得更快；而欠发达地区的人们则认为，发展和收入差距的拉大主要根源于不平等的竞争起点，即政策待遇和国家初始资金支持上的差别，发达地区的高收入中有一块是转移了的欠发达地区的利润，从而使欠发达地区为发达地区和整体的经济增长付出自己利益受损的代价。这种摩擦和冲突由于成为组织的行动而变得对社会结构的变动更具影响力，也因此而变得更难以通过一种强制性力量获得解决。但是，不管这种摩擦和冲突强化到什么程度，出现了什么样的激化状态以及这种状态持续多长时间，在社会"群体生活规范"的约束下，最后的结果总是出现一种具有现实可能性的妥协形式，而且必然是以双方的"利益让渡"为基础，并经过一种社会网络的中介状态才可能走向制度化。

无论在怎样一种现实的"公平分配"社会，社会的整体福利都不可能与所有社会成员保持均匀的关系，而一定是与部分占据着更有利的资源位置的成员保持着更紧密的关系。换句话说，伴随着整体福利的增长，一部分人的巨大获益同时也会产生另一部分人的利益受损和相对的利益位置下降，帕累托式的"福利最大化"是一个可以靠近但不可能完全达到的目标。所以说，在社会生活中，特别是在体制转轨时期，个人以及群体之间的利益摩擦和冲突是难以避免的，因此，首先必须考虑到这些摩擦和冲突可能会有意义地改变社会运行规则，包括经济运行规则；其次必须在社会核算中把摩擦和冲突的激化可能产生的社会成本考虑进去，从社会核算而不仅仅是经济核算的角度考虑"福利最大化"问题。

通过妥协实现利益让渡只是"强制性利他主义"的一种形式，而通过暴力实现利益让渡在现实社会中也不是不存在的。总之，在群体生活中，包括经济秩序在内的社会秩序是不可能从个人寻利冲动的自由发挥中自发地生长出来的，而且也不可能建立一种理想的机制，使所有人的这种冲动都对整体福利具有积极的意义，因为这种冲动尽管在很多人那里是福利的源泉，但在另一部分人那里则可能是利益冲突的因由或只是廉价的激情。

四　法人结构对资源的配置

亚当·斯密在阐述由"一只看不见的手"所引导的"利润最大化"原则时，曾强调是在"自然秩序"下。可惜以后对这一理论的发展都没有展开对"自然秩序"的研究，而是把关注点放在如何有效地刺激个人寻利的冲动，从而有意无意地把"自然秩序"作为预先给定的东西或固定不变的东西，而不是作为伴随着交易关系成长而形成的历史产物以及经济增长和社会发展的函数。而且，很多关于"利润最大化"或经济"最优状态"的纯粹经济分析，都为个人的寻利行为假定了一种不具有任何"外部性"的封闭系统。在这种封闭系统中，这些经济学家又假定了两种可能出现的结果：一是在自愿的互惠交易中，大家都能获益，而且没有任何一方的利益受损，这就是所谓的"帕累托最优"；二是在激烈的市场交易的竞争中，一些人获益，但也有另一些人的利益受损，而且，如果没有至少一方的损益，其他人也不可能获益，不过局部的损益可以从整体的增益中得到更多的补偿，这就是所谓的市场竞争均衡，也是一种假定的市场竞争的最优状态，这里虽然部分地承认了个人寻利行为的"外部性"，却又假定它可以列入系统内部的成本收益核算并引导出有利的结果。

把经济行为从理论上抽象出来作为一种纯粹的状态进行分析是可能的也是必要的，但在现实当中，没有脱离整体的社会生活和群体生活的经济行为。大部分社会行为都是处在一种开放的系统中，具有明显的"外部效应"。砖瓦厂利用钢厂废渣制造建筑材料，这是一种"正外部效应"，因为在生产创利的同时也为钢厂处理了垃圾，这就如同养蜂者的蜜蜂到果园主的果园里"无偿地"采蜜，在采蜜的同时也"无偿地"传授了花粉，这样，个人主义的主观寻利行为也引导出客观的"利他"结果。抽烟者的吸烟（在这里我们不考虑吸烟对身体有害的生理学问题，仍作为实现个人追求效用的寻利行为），不付赔偿地损害了周围其他人的健康，这是一种"负外部效应"，就如同工厂的烟筒冒出的二氧化硫污染了环境却不负任何责任一样，这样，个人主义的主观寻利行为就引导出了客观的"损人"结果。这两种"外部性"的成本和收益在市场的经济核算中往往是不被考虑或者被忽略了的，但是，如果我们不是仅仅从经济增长而是从更广泛的社会发展来衡量社会进步和人类福利，那么为建立一种"社会最优状态"（如不存在"最优"，至少是"次优"或"合理"状态）而进行的社会核算，则必须把社会行为的"外部效应"带来的成本和收益考虑进去。否则把一切社会行为（包括经济行为）的负外部效应所带来的社会成本都交给社会福利去偿付，而社会福利费用又不列入市场的经济核算，税收的税率和税额也没有社会核算的依据，这样，经济核算就失去了它的真实意义。

其实，社会结构并不是完全没有克服社会行为"负外部效应"的自身机制，家庭、企业组织以及由非正规制度构成的"社会潜网"等，它们作为资源的基础配置单位或群体生活规范，都在市场约束失效或约束弱化的地方发挥着遏制社会行为"负外部效应"的作用。作为生产经营单位的家庭中的伦理规范，作为竞争主体的企业中的组织制度，以及构成底层生活秩序的社会潜网中的"游戏规则"，等等，从某种意义上说和在一定的前提下都是谋求"协作"的收益、降低交易的摩擦成本、克服竞争的负面外部效应的有效形式。这种结构力量是在长期群体生活的"过程"中磨合而成的，是"另一只看不见的手"，它可以引导个人的寻利行为朝着不损害他人利益的方向转化，并在竞争中出现摩擦和冲突时有意义地将其导向妥协或协作，从而在很大一块日常生活领域中替代市场调节或政府干预的角色。

随着现代社会的发展，法人的成长越来越削弱了自然人对社会结构变动的影响，原来社会缩影在家庭中的那些功能，如生产、分配、消费、教育、储蓄、投资、保障等，已经越来越被公司、学校、银行、福利机构等法人组织所取代，由法人关系构成的法人结构越来越成为社会结构的主要内容。而且，这种变化使传统的"家国一体"的同构性推理以及"治大国"如"烹小鲜"的比较政治学分析都失去了实质性意义。

法人作为独立的行动主体和抽象的法律实体，产生了一些全新的、使自然人感到陌生的东西，它把私人关系与法人关系分离开来，法人的资源和利益可不等同于组成法人的自然人所拥有的资源和利益，法人行动也不是自然人行动的简单集合，法人的行动目标可以完全不同于其成员的个人行动目标。"个人的寻利冲动可以自发地促进整体利益"这种假设已越来越不适于对法人内部关系的分析。伴随着法人的成长而完善起来的，是一整套关于刺激、奖励、控制、监督、制衡、惩戒的现代微观权力系统。在现代社会里，法人占据和掌握着社会资源的绝大部分，成为资源配置的一种独立形式，在法人组织内部，既没有市场，也没有政府，而且，这"另一只看不见的手"越来越表现为一种制度化的力量，对社会结构的变动发挥着至关重要的影响。

中国正处在社会结构转型和经济体制转轨的两个转变时期，一方面是从农业社会向工业社会的转型中，旧的伦理人情关系和新的法律契约关系在交叉地发挥作用，同时又由于没有首尾一贯的逻辑而相互抵消着"有效性"，从而出现了一些规范的"断裂点"和"真空地带"；另一方面是从高度集中的计划经济体制向新型的市场经济体制的转轨中，两种运行机制的并存导致经常发生短兵相接，形成体制摩擦和冲突，从而使市场调节犹如失去支点的杠杆和困在笼子里的鸟，而政府干预又不得不受到"上有政策，下有对策"的压力而最后"软着陆"。在这种情况下，由家庭经营体系的重建、企业组织的创新、社会网络的变动所形成的结构力量更为显著地发挥了资源配置的替代作用，成为促进资源合理配置和影响社会发展实际进程的"另一只看不见的手"。

关于市场竞争和政府干预，人们已经设计了无数的理论模型和解释框架，但是对于这"另一只看不见的手"的运行机制，迄今为止我们还知之甚少，特别是对于它在经济体制转轨中的特殊作用的考虑，还被淹没在那些关于传统主题的思考中。

五　中国经济高速成长的体制要素

西方学者在分析中国近十几年经济的高速成长时，有两种倾向。

一种倾向是采用东亚经济分析模型，因为在东亚国家发展过程中，很容易找到一些有共性的东西，如高储蓄率、高投资率、外向型经济政策、丰富的人力资源、政治上的稳定、注重教育、共同的文化背景和历史渊源等。但是，这种分析模型也存在着一些脆弱点：第一，当用这种分析走向去寻找诸如儒家传统、储蓄偏好、经营能力甚至使用汉字、用筷子吃饭等文化特征时，就陷入了一片茫茫迷雾之中，一切结论似乎都难以找到现代科学所要求的确切依据，至多也不过是在重复韦伯（M. Weber）从新教伦理中探求资本主义根源的老路。而自从布罗代尔（F. Braudel）从"日常生活"入手揭示15～18世纪的生活世界、市场经济和资本主义以来，人们对那种同构比较方法产生了越来越多的疑虑。第二，把自由主义的经济模型导入这种分析后，产生了一系列的困难，除中国香港之外，东亚的其他国家和地区都存在着不同于西方的政府角色，企业的组织结构也存在明显的差异，特别棘手的是，如何解释东亚国家和拉美国家在经济成长中形成的鲜明对照。第三，这种分析往往不能充分地考虑体制变量，而中国近十几年的经济高速成长与经济体制的改革密切相关，这是在东亚其他国家和地区的发展过程中不曾有过的一种特殊性。

所以，西方更加注重制度分析的学者更倾向于把中国与东欧和原苏联国家进行比较，将其放在"体制变革"的模型里进行分析，因为它们有一个共同的体制起点，即过去都是实行社会主义的计划经济体制，近十几年中体制变革又都是社会生活的主题，因而体制变革结果的不同可以合乎逻辑地从变革方式的差异中得到解释。这些学者似乎并不注重体制变革中政治体制的明显差异，在他们当中的一些学者看来，这说明不了实质性问题，他们甚至认为中国实际的底层经济生活比东欧和原苏联国家更加"资本主义化"和"自由化"，因为中国从来就没有建立起像苏联那样坚固的高度集权的"统制经济"。他们的关注点更集中在体制变革的程序差异上：一方是从政治体制变动入手，另一方是从经济体制改革开始；一方是将矛盾的中心一开始就集中在大城市，另一方是改革从最广大的农村起步；一方是首先解决所有权问题，另一方是首先放权让利；一方是突变式体制易帜，另一方是渐进式的体制调整；一方是动外科手术的"休克疗法"，另一方是舒筋活血、退热祛寒的"中医疗法"；等等。但是，这种分析方法也有一些脆弱点：一是容易忽略那些最一般的经济增长因素，如投资、技术、产业结构、对外贸易等；二是把体制变革的"程序"单纯地作为理性设计的结果，而实际上这种"程序"是社会结构条件和各种社会力量互动的必然产物，并不是一种历史的偶然选择；三是不可避免地暂时舍弃被比较双方在发展程度和文化背景上的差别。

那么，除了那些对所有的经济成长都适用的最一般增长要素以外，在中国近十几年的经济高速成长中，究竟有哪些起着特殊作用的要素呢？经济体制改革究竟通过什么样的形式推动了社会的发展？又在哪些方面可能会对已有的现代化理论提供新鲜的经验呢？笔者认为，经济成长最富有启发性的体制要素可以大致概括如下。

——体制的适度弹性是非常重要的，一方面它可以使蕴藏在无数人内心深处的生存发展冲动释放出巨大的能量，从而产生我们在正常情况下往往低估了的创造性；另一方面它给体制的适时调整留下了充分的余地，可以让时间和实践去修订和弥补理性设计的欠缺。

——农业由于它的自然生长周期和季节属性，可能是最不适宜用工业的方式"组织起来"的生产部门，机械化操作的发展也很难从根本上改变这种特征。今后以农业中介组织为中枢构成的农业供销和服务系统仍然会是以家庭经营为基础的，在相当长的一个发展阶段，家庭仍然是农业资源配置中的一种节约成本的经济形式，在人多地少的情况下，农民提高收入的主渠道可能是兼业而不是规模经营。

——充分利用发展中国家结构变动弹性大、收益高的特点，使体制转轨与社会结构的转型相配合，不断从产业结构、就业结构和城乡结构的转变中获得较高的收益，从而形成促进体制转轨的自发性压力，使体制转轨成为一种不可逆转的趋势。

——在体制改革"双轨"并存的过程中，迅速成长起来的家庭经营、各类企业和各种非正规制度有力地发挥了资源配置的替代作用，成为活跃经济生活和推动经济持续增长的"另一只看不见的手"，展示了一个历史悠久的社会所可能具有的强大"自组织"能力。

——改革的放权让利实现了"藏富于民"，个人所得在国民收入中所占的比重从 20 世纪 70 年代末的 60% 左右上升到目前的 80% 左右，资本增值获得了更强有力的和更广泛的民众推动。

——体制变革的成本采取了分期支付的方式，改革和发展先易后难，从农村到城市，从体制外到体制内，虽然成本的分期支付要付出额外的利息，但这可以从很快就不断取得的成效中得到充分补偿。

——不为改革确立固定不变的模式，重视民间、企业和地方自发性的创新，同时辅之以有计划的"试点"和引进国外先进的管理技术，通过示范效应大大降低体制变革和重复创新的成本。

——政府和企业采取了合作态度，特别是地方政府和当地企业的利益拴在了一起，这使政府在采取各种宏观调控措施时，能够充分地考虑企业的利益，并在必要的时候做出让步。

——改革过程中始终把握住了物质利益原则，使大多数人从改革中得到"实惠"，使各项改革措施的出台与各阶层利益的协调相契合，而不是强制地贯彻一种理性设计的理想方案。

——最后，至关重要的是在改革过程中保持了基本政策的连续性。在体制转轨的过程中，政策变动的大起大落会比体制的低效率付出更大的代价。

中国经济的崛起必然会在全世界引起各种不同的反响。对于一部分人来说，如果中国的经济能够保持持续的高速增长，那么生活在新工业化国家的人口就会比 50 年代增加十几亿，世界生活就会发生巨变：从大多数人（占世界总人口的3/4）生活在贫穷的农业社会转变到1/2 左右的人生活在相对繁荣的工业社会。对于另一部分人来说，如果占世界 1/5 以上劳动力的中国实现工业化，世界经济的领先国家就必须考虑这样的中心问题：要么通过产业结构的升级为后实现工业化的国家准备足够的世界工业品市场，要么准备好进行更加残酷的国际市场竞争，并在必要的时候实行贸易保护主义。还有的人已经发出更加"惊世骇俗"的预言：世界格局将从传统的资源争夺、宗教对立、民族仇杀、国家战争、意识形态阵营的对峙走向文明的冲突（The Clash of Civilizations）。不管怎么样，人类历史还会持续下去，而且不会总是围绕着一个轴心旋转。

原载《中国社会科学》1995 年第 1 期

中国经济改革的"特色"

目前世界正进入世纪之交，世界经济增长的重心也在悄悄地从大西洋向太平洋和亚太地区转移。处在亚太地区并拥有12亿人口的中国，经过16年的经济体制改革，正处在一个加速建立社会主义市场经济新体制和社会结构全面转型的时期。如何理解中国经济改革的"特色"？如何解释中国改革开放以来的实际发展进程？这不仅一直是中国理论界关注的重要问题，也开始成为国际学术界关注的时代课题。本文的主旨是针对中国改革的"特色"是"渐进式改革"这一假说提出不同的看法，以期引起学术界对这一问题的深入讨论。

一 关于"渐进式改革"的假说

中国的经济改革是一个探索的过程，而且是一种在经济上没有其他退路又没有明确发展参照系的情况下进行的探索。它因"摸着石头过河"（Trial and Error）的特点和"放权让利"（decentralization）的启动过程而获得了"渐进式改革"（Incremental Reform）道路或模式的称号。在世界经济低迷、实行"激进改革"的原社会主义国家经济萎缩的情况下，中国的经济却在高速增长，这种反差使一些西方的专家学者开始认真思考，中国发生的"奇迹"的"奥妙"究竟在哪里？有些西方中国经济问题专家合乎逻辑地推想到中国采取的独特的"渐进式改革"道路，并开始谈论"渐进式改革的收益"[1] 和"无私有化的进步"。[2]

西方学者在分析中国近十几年经济的高速成长中，有两种倾向。

一种倾向采用东亚经济分析模型，因为在东亚国家的发展过程中，很容易找到一些具有共性的东西，如高储蓄率、高投资率、外向型经济政策、丰富的劳动力资源、注重教育和就业、企业组织中的人际关系起重要作用、政治上和政策上的稳定、共同的文化背景和历史渊源等。[3] 但是，这种分析模型也存在一些脆弱点：第一，当这种分析走向去寻找诸如儒家传统、储蓄偏好、经营意识甚至使用汉字、用筷子吃饭等文化特征时，就陷入了一片茫茫的迷雾之中，一切结论似乎都难以找到现代科学所要求的确切依据，至多也不过是在重复韦伯（M. Weber）从新教伦理中探求资本主义根源的老命题，而自从布罗代尔（F. Braudel）从"日常生活"入手揭示生活世界、市场经济和资本主义以来，[4] 人们对那种同构比较方法产生越来越多的疑虑。第二，把自由主义经济模型导入这种分析后，产生了一系列的困难。除中国香港之外，东亚的其他国家和地区都存在着不同于西方的政府角色，企业的组织结构也存在明显的差异，特别令人棘手的是，如何解释东亚国家和拉美国家在经济成长中形成的鲜明对照。第三，这种分

① P. Murrel, "Evolutionary and Radical Approaches to Economic Reform". *Economics and Planning*. 1992, Vol. 25, pp. 79 - 95.

② 〔美〕T. G. 拉斯基：《无私有化的进步：中国国有工业的改革》，《国外社会学》1993 年第 6 期，第 1～14 页。

③ 〔美〕D. H. 帕金斯等：《走向 21 世纪：中国经济的现状、问题和前景》，陈志标编译，江苏人民出版社，1992，第 203～260 页。

④ 〔法〕F. 布罗代尔：《15～18 世纪的物质文明、经济和资本主义》（第一卷），顾良、施康强译，三联书店，1992。

析往往不能充分地考虑体制变量，而中国近十几年的经济高速成长与经济体制的改革密切相关，这是在东亚其他国家和地区的发展过程中不曾有过的一种特殊性。

所以，西方更加注意制度分析的学者倾向于把中国与东欧和原苏联国家进行比较，放在"体制变革"的模型里进行分析，因为它们有一个共同的体制起点，过去都是实行高度集中的计划经济体制，近十几年来体制变革又都是社会生活的主题，而且体制变革结果的不同可以合乎逻辑地从变革方式的差异中得到解释。[①] 这些学者似乎并不像人们所想象的那样，特别注重体制变革中政治体制的差异，在他们当中的一些学者看来，这说明不了实质性问题，他们甚至认为中国实际的底层经济生活是比东欧和原苏联国家更加"资本主义化"和"自由市场化"的，因为中国从来就没有建立起像原苏联国家那样坚固的高度集权的"统制经济"。他们的关注点更集中在体制变革的程序差异上：一方是从政治体制变动入手，另一方是从经济体制改革开始；一方是矛盾的中心一开始就集中在大城市，另一方是改革从最广大的农村起步；一方是首先解决所有权的问题，另一方是首先实行放权让利；一方是突变式的体制易帜，另一方是渐进式的体制调整；一方是动外科手术的"休克疗法"，另一方是舒筋活血、退热祛寒的"中医疗法"。但是，这种分析方法也有一些脆弱点：一是容易忽略那些最一般的、最不成问题的经济增长要素，如投资的增长、技术的引进、产业结构的调整、对外贸易的扩展等；二是把体制变革的"程序"单纯地作为理性设计的结果，而实际上这种"程序"是无法选择的社会结构条件和各种社会力量互动的必然产物，并不是一种历史的偶然选择；三是这种分析往往不可避免地暂时舍弃考察被比较的双方在发展

---

① V. Ncc and D. Stark （edited）, *Remaking the Economic Instituitons of Socialism：China and Eastern Europe*, California：Stanford University Press，1989.

阶段、文化背景以及民族或宗教整合程度上的差异。

中国的经济学界似乎也在关切着同样的问题，"渐进式改革"就是一些学者对中国经济改革"特色"的最典型概括。学者们希望总结这种渐进式改革的经验，并从"理论上"解释这种改革的运行机制，探讨其在何种程度上具有理论上的普遍意义和特殊价值。

一种有代表性的观点认为（我们姑且称之为"农村－城市渐进模型"或"结构效率论"），渐进式改革的成功，在于"改革推进的主体部门"是传统管理体制和发展战略下最受"压抑"的农业、轻工业等"效率瓶颈"环节，其需求缺口大、进入成本低，"所代表的既得利益较少，对之进行改革所遭到的抵制较弱，因而改革风险小、成本低"，"有现成的机制可以替代旧机制"。总之，"我国改革前的经济问题主要表现在结构和效率上，经济改革的典型推进方式是：着眼于提高效率而对管理体制的某些环节进行改革，管理体制的松动为在传统战略下受到压抑的部门提供了发展的机会，同时形成了新型经济主体及其进入，并在增量上对扭曲的经济结构做出调整，这种进入形成了竞争，对其他部门的效率改进提出了要求，改革由此成为一个不断的过程"。这派观点还认为，对于中国的渐进式改革，稳定和速度"两种改革主张"的"同时存在和相互制衡是十分必要和有益的"，它既"维持了改革的渐进性和非激进性"，同时"保证了改革的不可逆转性"。①

另一种有代表性的观点认为（我们姑且称之为"体制外－体制内渐进模型"或"双轨过渡论"），所谓改革的"渐进道路"的实质性含义，"渐进道路"与"剧变道路"的根本性区别，不是一个改革在时间上快与慢的问题，不是对旧体制改革中的"秩序"问题（比如是

① 林毅夫、蔡昉、李周：《论中国改革方式》，《中国农民》1994年第2期，第37~39页。

先改革价格后改革企业，还是相反；或者，是先改革宏观管理体制还是先改革产权关系，等等），也不是"分头推进"还是"整体规划"的问题，而是能否发展"新体制经济"并用它逐步替代旧体制，在新体制成分的成长过程中，逐步实现对旧体制的改革。所谓"新体制经济"绝不仅仅是在管理体制上是新的，不在于表面上是为"市场"生产还是为"计划"生产，是受计划调节还是受市场调节，它们与旧体制的差别首先是在产权关系上，"对于一个传统的国有制为主要形式的公有制经济来说，指的主要就是各种非国有或非公有经济成分"。新体制经济为整个经济提供了一个"体制增量"和"收入增量"，形成了改革的"补偿费用"，降低了体制的"转换成本"，同时它的一个重要特征，就是"将存在一个相当长时期的'体制双轨'阶段"。①

实际上，这两种观点存在着许多共同之处：一是它们的分析似乎都是以新制度经济学派和公共选择学派作为理论背景；二是它们都强调渐进式改革的优点是成本低（进入成本或转换成本）、风险小，可以获得改革的"收益补偿"；三是它们都认为制度变迁中的某种矛盾运动（"两种改革主张的相互制衡"或"双轨过渡"）是中国渐进式改革的必要条件或重要特征。

所不同的只是：渐进式改革究竟是主要表现为经济结构的转换还是产权关系的替代，增量和稳定机制究竟是主要来自"进入成本"较低的"效率瓶颈"部门还是"转换成本"较低的"新体制经济"。而在现实当中，这两个部分又有很大一块是重合的。

但是，这两种阐述都没有解决两个根本性的问题：一是渐进式改革究竟是主要表现为"实践的结果"，还是"人为设计的理性模式"？换句话说，究竟是改革的成就使渐进式改革获得了"价值合理性"还

---

① 樊纲：《渐进之路：对经济改革的经济分析》，中国社会科学出版社，1993，第106～111页。

是渐进式改革的"工具合理性"使改革取得了成就？二是改革的"渐进性"过程究竟是由人们的理性控制决定的，还是由社会结构条件本身决定的？使改革获得这种形式的基础因由是什么？

二　改革不是遵循一种既定的理性模式

当人们提出中国改革的"特色"是"渐进式改革"，并进而论证这种改革形式的工具合理性时，实际上已经隐含着一个重要假设，即渐进式改革是人们主观设计的一种理性模式，改革的实际过程正是始终遵循着这一模式。如果这个命题只是说改革不是一蹴而就的，有一个持续发展的过程，那么这个命题就没有实质性理论意义，因为任何社会变革都有一个体制转换的过渡期，而且时间的长短也不是单从形式变动上可以判断的。

中国的改革是在基于对过去经验教训总结的同时又没有既定的发展参照系的情况下进行的，改革的"走一步看一步"恰恰说明了我们在改革开始时并没有一个根据经济理性设计的完备方案。政策对于改革的启动、指导和推动作用是毋庸置疑的，但是，在体制变革的过程中，政策滞后于（或脱离于）现实发展的情况是经常发生的。经济体制改革在本质上是从一种制度化结构向另一种制度化结构的过渡，在这里制度不仅是经济发展的变量，也是整体社会发展的变量。经济改革作为一个新体制的制度化过程，它的所谓"渐进性"更主要的表现为政策对现实生活的"生动创造"的选择过程，现实生活不断"创新"（这种创新活动从未停止过，而在改革氛围中更加活跃），政策界定又能不断通过"灵活地选优"使现实的"创造"制度化（这并不总是可能的或可以实现的），这才是中国改革的实际过程。

农村家庭联产承包责任制的"制度化"就表现为这样一种过程。包产到户在中国农村由来已久，"文革"中对"三自一包"（自留地、自由市场、自负盈亏和包产到户）的大批判使这种简单的家庭经营形式几乎绝迹。但浩劫刚过，它就"春风吹又生"，早在1977年就又在安徽、四川等地相当普遍地出现，并显示出其调动生产积极性的有效性。1978年12月中共中央十一届三中全会通过并要求试行的《中共中央关于加快农村发展若干问题的决定（草案）》和《农村人民公社工作条例（试行草案）》，虽然肯定了"社员自留地、家庭副业和集市贸易是社会主义经济的必要补充部分"，但仍然规定"不许包产到户、不许分田单干"，人民公社的制度"稳定不变"。[①] 与此同时，现实中发展着的包产到户越来越显示出其解决温饱、发展生产的作用，并形成扩展之势。到1980年9月，中共中央在《关于进一步加强和完善农村生产责任制的几个问题》的座谈会纪要中，强调农村生产要从实际出发，"允许多种经营形式、多种劳动组织、多种计酬办法同时存在"，认为在边远山区和贫困落后地区"可以包产到户，也可以包干到户"，"没有什么复辟资本主义的危险"，而"在一般地区"，"就不要搞包产到户"。[②] 直到1982年，人民公社已在全国范围内普遍解体后，中共中央在当年制定的《当前农村政策的若干问题》中首次提出：联产承包制"是在党的领导下中国农民的伟大创造"，宪法修正案也重新规定，乡是中国农村的基层政府。到1984年，全国569万个生产队中有563.6万个实行了包干到户，占99%；全国18792.5万个农户中有18145.5万个实行了包干到户，占96%。同年中共十二届三中全会通过的《中共中央关于经济体制改革的决定》，对农村改革做了总结："我国经济体制改革首先在农村取得了巨大成就。长期使我们焦虑的农业生产所以能够在短期内蓬勃发展起来，显示了我国社会主义农业的强大活力，

---

① 《中共中央文件汇编》，中共中央党校出版社，1992，第105页。
② 《中共中央文件汇编》，中共中央党校出版社，1992，第141页。

根本原因就在于大胆冲破'左'的思想束缚,改变不适合我国农业生产力发展的体制,全面推行联产承包责任制,发挥了八亿农民的巨大的社会主义积极性。"①

以上这个政策对"生活创造"的"灵活选择"并加以"制度化"的过程,就是改革的实际进程。在如此广大的地域和人口规模中,在短短的3~4年时间就完成了农村经营制度和财产制度的变革,这是很难仅仅用"渐进式模式"来概括其特征的,包括乡镇企业的"异军突起",实际上都超出了所有人(政治家、学者以及农民创业者本身等)的预料。②况且,改革首先从农村开始并在农村中取得"出乎预料"的成就,这并不是完全出于一种完备理性设计的主观选择,而是有其客观的必然性。

中国的改革从农村开始,而且是从农村相对来说比较贫困的地区启动,这绝不是历史的随意性,从产业部门来看,农业是比较利益的洼地,而贫困地区是洼地中的低谷。改革前的几十年,中国的经济发展采取了优先发展工业特别是重工业的战略,从不同时期来看,农业部门的增长对国民收入增长的贡献率是不断下降的,如1953~1957年为20.2%,1966~1978年则下降到8.7%;农业净产值占国民收入的比重也相应地从1952年的57.7%下降到1978年的32.8%。如果说这种趋势是工业化的必然结果,那么以工农业产品的不等价交换为代价提供的工业资金的高积累则是一种制度安排。据国家计委有关研究人员的计算,工农业产品价格交换的价格"剪刀差"的绝对量自1952年以来长期呈上升趋势,除1959年和1960年两个特殊年度外,在1963年以前的十多年里,剪刀差的绝对量保持在100亿元以下。

---

① 《中共中央文件汇编》,中共中央党校出版社,1992,第292页。
② 邓小平说,"农村改革见效非常快,这是我们原来没有预想的",又说,乡镇企业的异军突起,"这是我个人没有预料到的,许多同志也没有预料到,是突然冒出这样一个效果"(《邓小平文选》第3卷,人民出版社,1993,第238页)。

此后到 1977 年这段时间里，剪刀差先后各有 7 年保持在 100 多亿元和 200 多亿元，1952～1987 年剪刀差绝对量累计额达 7912 亿元。[①] 失去利益刺激的农业，也失去了有效劳动投入的积极性，1959～1978 年，农业劳动生产增长率几乎等于零。比较利益的差距、农业利润的外流和生产率的低下使农民生活长期得不到改善，直到 1978 年，我国约有 6.6 亿农民处在生活的贫困线以下，人均年纯收入不足 200 元，约有 7.8 亿农民人均年纯收入不足 300 元。中国社会稳定问题集中表现为农民问题。

处于比较利益低谷的人们，其求生存、求发展的欲望也最为强烈。但是，当这种欲望处于受压抑状态时，它并不能转变为启动体制改革的现实力量。因此，体制变革还需要另外两个条件，这就是生存、发展能量的释放和社会领导层对体制变革具有收益预期。

改革前中国实行的是高度集中的计划经济，但相对于城市来说，农村是计划经济统制薄弱的区域，这不仅因为农村的集体经济较之城市的国有经济受行政统制的力度相对弱一些，还因为农村存在着许多"山高皇帝远"的地方。当权力中枢的变动促成政策上的某些变化时，这种变化会迅速地传递到等待着这种变化的体制的"神经末梢"，从而使农民求生存、求发展的欲望首先在这种欲望最强烈而且禁锢最早松动的地方释放出来。作为"家庭联产承包责任制"先声的"包产到户"和"大包干"，改革后最早在最为贫困的、交通不便的或行政区划的"三不管"交界地区出现，这并非一种偶然的现象。当然，"包产到户"的最初出现，也并不是什么有意识的变革行为，而只是一种本能的谋生手段。

在中国的生产要素供给中，资金和技术都是相对紧缺的，而劳动

---

① 国家计委"农产品价格和财政补贴"课题组：《"剪刀差"与农业的贡献》，赵苹执笔，1989，打印本。

力是相对充裕甚至过剩的，在农业部门就更是如此。而改革初期，正是百废待兴，需要"安定团结"、恢复生产、解决温饱问题的时候。同时国家面临财力不足，难以注入大量启动资金。这样，可以通过大量增加劳动投入发展生产、出现问题社会震动相对较小，又能够提供供求缺口较大的农副产品的农业部门，就自然成为最初的社会领导层抱有收益预期的体制改革领域。但即便如此，在改革初期人们对体制改革的收益预期并不能说是十分清楚的。计划经济统制在远离中心的边缘区域的松动，只是出于"生产自救"的考虑，但正是边缘区域的经济体制变化启动了体制改革的列车，它的一路推进带来了"出乎意料"的收获，改革由此而成为不可逆转的潮流。

这个过程说明：①改革并不是始终遵循着一种既定的人们理性设计的模式，因为实践的结果经常是"出乎意料"的；②推动改革的基础动力来自人们求生存、求发展的能量的释放；③在改革自上而下自觉地推进这种形式的背后，是一个自下而上的自发变革过程。

三　改革道路的选择是利益整合的结果

中国的经济体制改革是从高度集中的计划经济体制向社会主义市场经济新体制的过渡。关于市场经济体制，人们已经设计出无数的"理想模式"，这些模式大多数都属于一种"纯粹理性"，是排除了无数偶然性和特殊性之后的推导结果，就如同根据真空条件下所进行的物理试验结果所做出的结论。这种理想模式是十分必要的，因为不如此我们就没有任何把握现实的理性根据，但是如果认为"现实过程"完全遵循"理想模式"，鸡毛在真空之外也会飘上天，那就过于天真了。更为重要的是，经济生活只是社会生活的一部分，仅仅根据经济参数（这些参数大多数情况下也是不周全的）、舍弃许多非经济的社会参数而设计的经济改革"理想模式"，就更有可能实际上离现实生活过程很远，所以改革中往往出现一种看似周密的方案一经试点或落实就全然变形的情况。

市场理性按照经济的成本－收益核算向人们展现了一条收益较高的改革进程的轨迹，但市场理性本身是无所谓渐进不渐进的，它只追求市场效率，而不是在各种可能性中做出选择。在各种可能性中做出选择的是政府理性，但政府理性也不是信息绝对完备又能够神机妙算的"电脑"，政府理性也是有限的，甚至可能会有失误，特别是不可能考虑到所有的"社会成本"。所以现实发展的真实轨迹在大多数情况下是处于市场选择和政府选择之间，是一条最接近社会利益相对协调、利益的摩擦和冲突成本较小而收益较高的曲线。在计划经济的"再分配"体制下，政府理性曾期望通过社会利益的"均质化"（homogenization）降低社会摩擦成本、刺激发展的积极性，但结果是付出了牺牲效率和福利增长的沉重代价；在市场规则的支配下，市场理性要求通过社会利益的"异质化"（heterogenization）促进效率，但因社会冲突的爆发而适得其反的可能性也始终是存在的；所以，实际的发展进程往往是遵循着群体生活的"社会理性"，在社会各阶层利益的较量、磨合和妥协中选择保持相对的效率和相对的利益协调的路线前进。

把经济行为从理论上抽象出来作为一种纯粹的状态进行分析是可能的也是必要的，但在现实当中，没有脱离整体社会生活和群体生活的经济行为。在群体生活中，包括经济秩序在内的社会秩序是不可能从个人寻利冲动的自由发挥中自发地生长出来的，而且也不可能建立一种理想的机制，使所有人的这种冲动都对整体福利的增长具有积极意义，因为这种冲动尽管在很多人那里是福利增长的动力，但在另一部分人那里也可能是利益冲突的因由或只是廉价的激情。无论在怎样一种现实的"公平分配"社会，社会的整体福利都不可能与所有的社会成员保持均匀的关系，它一定是与部分占据着更有利的资源位置的成员保持更紧密的关系，换句话说，伴随着整体福利的增长，一部分人的巨大获益也会产生另一部分人的利益受损或相对利益位置下降，帕累托式的"福利最大化"是一个可以靠近但不可能完全达到的目标。所以说，在社会生活中，特别是在体制转轨时期，个人以及群体之间的利益摩擦和冲突是难以避免的，因此，必须考虑到这些摩擦和冲突可能会有意义地改变社会的（和经济的）运行规则和运行轨迹，必须在社会核算中把利益摩擦和冲突的激化可能产生的成本考虑进去，从社会核算而不仅仅是经济核算的角度考虑"福利最大化"和"理性选择"的问题。如果离开了对社会各利益群体的利益差别和利益冲突、利益制衡和利益妥协的考察，任何关于所谓最佳的（或合理的）改革进程的选择，不管是出于知识精英的理性设计还是出于领袖人物的远见卓识，都可能会沦为"伊甸乐园"式的空想。在社会转型时期，即便是在福利总量持续增长的阶段，我们也无法完全排除另外一种可能性，即社会冲突的激化和爆发会改变制度创新的方向、进程和结果。

我曾在谈到中国目前社会转型时期资源的实际配置过程时提出，社会结构的一些最基本的实体要素（如家庭、企业组织以及"社会潜网"等非正规制度）是一种特殊的资源配置形式，是既不同于市场调节也不同于国家干预的"另一只看不见的手"，它们的形成既受各种历史因素、文化因素和其他非经济因素的影响，也是各种利益关系较量、磨合和妥协的结果，而不仅仅是受"利润最大化"法则的支配或政府的"理性安排"，这只"手"的存在意味着要根据群体生活的普遍法则对经济学的某些既定的暗含假设做出新的修订，[①] 下面我想通过国有企业改革的例子具体谈谈这个问题。

国有企业的改革已经进行了十几年了，在这个过程中国有企业采

---

① 李培林：《再论"另一只看不见的手"》，《社会学研究》1994 年第 1 期。

取了一系列的改革措施，包括扩大自主权、放权让利、利改税、拨改贷、经营承包、独立核算、政企分开、股份制改造等，所有这些措施都旨在使国有企业成为以利润最大化为经营目标、自负盈亏、具有刚性预算约束的真正市场主体，真可谓十八般兵器都比试过了，但国有企业的亏损面不但没有缩小反而有所扩大，亏损的绝对额持续增加。这种漫长的"渐进式"改革并非根据一种初始的设计，最初的设想是预计农村的承包制移入城市国有企业的改革后会和农村实行家庭联产承包制一样很快地见效。既然把国有企业转变为真正的市场主体是一件利国利民的大好事，国有企业也不乏具有市场意识、经营头脑和管理技能的厂长、经理，还有文化素质和技术水平都属国内上乘的企业职工和在国内仍属一流的机械设备，为什么改革起来这么难呢？此外，从劳动生产率上来看，1980 年至今，国有企业的劳动生产率一直是上升的，而且远远高于乡镇企业，1993 年以当年价格计算的劳动生产率，国有工业是 50182 元/人·年，乡村集体企业是 35407 元/人·年，其中乡办工业是 46677 元/人·年。如果我们假定存在着大体上的产值平均利润率，又假定国有企业的库存积压问题与乡镇企业产值虚报问题在比较时相抵消，那么国有企业由劳动生产率的提高带来的利润的增加都到哪里去了呢？

明显的一块是国有企业上缴给国家的利税，截至 1993 年年底，仅企业所得税的税率，国有企业是 55%，乡镇企业平均征不到 20%，私营企业是 35%，"三资企业"一般征 15% ~ 33%，国有企业的利税在国家财政收入中的比重远高于其增加值在国民生产总值中所占的比重，不过上缴的这一块有相当一部分又通过亏损补贴和贴息贷款的形式流回国有企业。更大的一块是被国有企业付出的"社会成本"所冲销：第一，由于历史的原因，国有企业中的老企业多，需要负担的离退休职工比重高，1978 ~ 1993 年，国有企业离退休职工占总职工人数的比重从 3% 上升到 25% ~ 30%，在全国全部离退休职工中，国有单位的离退休职工占80%以上，一些老工业基地和老企业的离退休职工与在职职工的比例甚至达到1∶1，而国有企业离退休职工的工资和保险福利费用所占比重的上升比人数所占比重的上升增长得更快，这部分费用从理论上说是从这些老职工过去劳动收入预付的养老准备金中支付，但在现实的企业核算中却直接冲抵企业的利润，因为企业过去的利润已如数上缴国家，企业并没有预设这种基金。第二，保证就业是国有企业特定的社会功能和社会责任，国有企业目前从总体上大约有1/3的富余人员，有些企业的这一比例甚至达到了2/3。根据对16个省市的问卷调查，1994年第一季度国有企业停产和开工不足的大体占国有企业总数的10%。在一些国有企业密集的老工业基地，这一比重要大得多，即便是亏损和资不抵债的企业，按照上级的指示，也要保障职工的基本生活费用，这些费用最终都须企业承担或列入亏损补贴。第三，在国有企业功能泛化的情况下，企业不仅是单纯的经济组织，同时也是一个生活单位，许多社会服务功能在国有企业中内部化，即常说的"企业办社会"问题，企业既管生产经营又管生活，似乎已是天经地义，由此而形成的国有企业的刚性功能泛化结构，在整体的经济转型中却变化甚微。1978~1993年，全国职工保险福利费用总额（包括医疗卫生、丧葬抚恤、生活困难补助、文娱体育、集体福利、计划生育、上下班交通、洗理卫生等费用）相当于职工工资总额的比重从13.7%上升到33.3%。所以说，国有企业的真正困境，在于它的非经济特征使得它在市场经济条件下失去了传统的"优势"，它不能再指望政府的"父爱主义"，更不能指望市场的"照顾"，不论是来自政府的推动还是来自市场的压力都在迫使其转变为真正的市场主体，投入市场的公平竞争；而它又不得不继续肩负着历史的"包袱"，承担着体制安排的那些"社会成本"，遵循着并非由它自己选择的，而是由企业功能框架决定的运行机制，去进行一场决定自己命运的利润和效率较量。

对国有企业的企业核算来说的社会成本，在企业职工那里是自身利益，在政府那里是社会稳定的关键因素。我们可以假定存在着一种根据市场制度设计的理想的改革方案，不再要求国有企业为整个社会承担那些"社会成本"，而是要所有的企业共同分担这些"社会成本"，那么国有企业在新的制度安排下经营情况肯定会大为改观。但现实中国有企业改革的实际进程绝不会是理性设计的复制，它要取决于参加这一改革的各方的利益较量和磨合，最终的发展曲线必然是各方利益整合的结果。如果一项改革对于相当大一个职工群体来说，意味着的不是获得利益而是失去既得利益，或者一部分人的获益要以另一部分人失去利益为代价，总是有很大风险的。所以，改革的成功往往都伴随着利益的让渡和补偿，而所谓"渐进不渐进"，只不过是根据福利总量的支配情况对改革成本是"分期支付"还是"一次结清"的表现，而支付形式也是利益整合的结果，而不是完全由市场法则或政府理性决定。

四 改革的特色是"两个转变"的并进

中国经济改革的特色就是经济体制改革和社会结构转型的同时并进，即在从高度集中的计划经济体制向社会主义市场经济新体制转变的同时，也在从一个农业社会、乡村社会、封闭半封闭社会加速向工业社会、城镇社会和开放社会转变。这既有别于东南亚新兴工业国家和地区的经济起飞过程（主要表现为结构转变），也有别于东欧和原苏联国家的剧变（主要表现为体制易帜），正是由于这两个区别使它成为中国改革的"特色"。社会结构转型和经济体制转轨如此密切地联系在一起，这在现代化的历史上也是很少见的。本来，社会结构转型就包含了经济体制变革的内容，因为它通常是从结构变动弹性较大的基础层次（日常生活）向刚性的制度化结构的过渡过程，但中国的经济体制改革是社会结构加速转型的一个直接动因，所以体制变革对结构转型具有了特别重要的意义，有必要把它作为一个单独的发展变量来考察。特别是当经济学试图把经济分析扩展到社会领域和政治领域时（表现在对制度创新、公共选择、法律诉讼、家庭关系、社会交换、意识形态等问题的关注），这种考察对经济学来说就更具有了理论上的价值。但是，这种分析也往往掩盖了问题的另一面，即人们很少把"体制改革促进结构转变"这种公式倒过来看一看，深入地考察一下结构转变对于体制改革顺利进行的意义和价值。

社会发展的一般规律告诉我们，人类有效率的群体生活总是要求有相对稳定的制度环境，社会发展不可能总在制度变革中进行，制度变革通常是在一个不是太长的时距中完成，因为制度变革是要付出较大成本的，而这种成本和预期收益之间的关系又不总是明确的，由于通货膨胀和人们收益预期的提高以及双轨体制下的体制摩擦与冲突，支付成本持续的时间越大，代价越大而边际收益越低。相对于体制转轨来说，社会结构则是处在一种持续变动的状态中，一般来说，对结构转型的评价是依据伴随着人均收入达到一定水平而在产业结构、职业结构、人口结构、城乡结构等方面呈现出的一些共同特征。相对于体制转轨来说，中国的结构转型要经历一个相当长的时期，是一种"长时段"的发展过程。所以，我们不能把制度变革作为说明结构变动的基础和唯一因素，恰恰相反，只有持续的结构性变动才是说明制度变革的深层理由。中国的体制转轨并非从一种"传统"体制向另一种"现代"体制的过渡，而是从一种完备的但缺乏效率的"现代"体制向另一种更有效率的"现代"体制的转变。这种转变更重要的是一个效率问题，而不是一个简单的"发展程度"或"发展阶段"问题。但是，中国社会结构转型不可能在短时段完成这一现实（不管增长速度多快也不可能），必然对体制转轨的程序、形式和时段产生这样或那样的影响。改革中速度观点和稳定观点的争论，单项突破观点和整体配套观点的争论以及各种关于改革力度和改革程序的争论，从深层上说都是中国社会结构转型的特征对改革方式的影响，而不仅仅是经济理论或政治观点上的差异。

中国改革能够很快见效的秘密，从根本上说并不是由于采取了"渐进式"的方式，而是由于伴随着体制改革产生了快速的结构性变动。渐进式改革并非在所有的国家都是可能的和有效的，必须有相应的社会结构条件，也并非所有采取渐进式改革的国家都会伴随着快速的结构性变动，因为这需要社会结构本身具有相当大的变动弹性。结构转变对于经济增长和社会发展的重要性在不同的国家中是不一样的，一般来说，这种重要性是随发展水平而变动的，这已为若干年来许多著名经济学家和社会学家对现代化过程中结构变动的长周期数量分析所证明。① 换句话说，在现代化过程中可以分出一些不同的时段，在各个时段都有特定的具有特殊重要性的增长和发展因素，越是发展水平较低的国家，结构变动的重要性越大，而处在结构转型期的国家，结构变动的力量和成效就更为明显。② 从一些新兴工业国的经验看，结构转变和利用先进科学技术是发展中国家走向现代化的两个主要因素。③ 经济发达的国家，由于早已完成了现代化过程中的结构转型期，结构变动的余地相对来说已较小。

中国的改革在体制过渡的过程中保证了政策的连续性和社会的基本稳定，这种稳定来源于结构转型带来的福利增量，即福利总量的增长相对于人口的增长来说得到了数量上较大的增加。由于整个社会的

---

① 参见〔美〕S. 库兹涅茨（S. Kuznets）《现代经济增长》，戴睿、易诚译，北京经济学院出版社，1989；〔美〕H. 钱纳里（H. Chenery）等《工业化和经济增长的比较研究》，吴奇等译，上海三联书店，1989；Inkels and Smith：*Becoming Modern*，Cambridge：Harvard University Press，1974。

② 〔美〕格尔申克隆：《对现代工业化"前提条件"概念的反思》，载 S. 亨廷顿（S. P. Huntington）著《现代化理论与历史经验的再探讨》，上海译文出版社，1993，第 184 页。

③ 〔马〕A. 阿齐兹等：《结构调整战略——东南亚的经验》（国际货币基金组织 1989 年 6 月在吉隆坡举办的东南亚结构调整国际研讨会论文集），中国金融出版社，1992。

福利持续保持着稳定的增量，这就大大地增加了分配和转移支付的余地，从而使国家掌握了维护社会稳定所必需的利益补偿能力。福利增量之所以能够持续获得，体制转轨带来的"劳动效率"的提高固然是重要因素，但不是唯一的甚至不是主要的因素，改革时期福利增量的重要促进因素是结构转变带来的"资源配置效率"的提高。换句话说，中国改革以来，与全员劳动生产率的提高相比，劳力和资本从农业向工业和其他非农产业的转移以及引进国外资金和技术所带来的"资源配置效率"的提高，是更为重要的增长因素。结构转型是保持足够的福利增量的必要条件，而福利增量是保证改革稳定进行的基础，因为只有这样才有可能使大部分人从改革中获益，才能通过利益补偿来化解改革中必然出现的社会张力、社会摩擦和社会冲突。中国改革如果在未来出现某些不稳定现象，很可能是发生在中西部地区，东部和西部地区在改革中扩大了的地区发展差距越来越表现为具有利益补偿能力和缺乏利益补偿能力的差别。

结构转变能否带来巨大的福利增量是经济体制改革的"终极关怀"和改革是否具有成效的标志。中国经济体制改革的成功不能用"渐进式"方式来说明，正像不能用尺子来衡量自身一样。老百姓在"日常生活"中所真正关心的，并不是在生产和流通领域中市场调节的部分扩大到百分之几，也不是价格究竟是经过双轨制逐步放开还是一次性并轨，更不是颁布了多少个经济法规，而是菜篮子里的变化，钱袋子里的变化，普通商店橱窗里的变化，以及各种衣、食、住、行、用的变化。当我们说中国的出路在于改革时，这实际上是省略了一个前提假设，即改革必然带来了社会结构的转型和人民生活水平的提高。这种必然性不是由改革本身的目标和程序来证明的，而是由改革前几十年的实践结果和改革后十几年的实践结果来证明的，历史上发生的那些变革（渐进的和突变的）成功与否，也不是以变革的形式和程序来证明的，而是以变革所带来的变化来衡量的。改革不能偏离更不能背离它的"终极关怀"来谈论程序问题，我们必须把关注点放在社会结构和"日常生活"的变化过程，不断用这些变化来衡量改革的形式和程序，而不是人为地设计一种既定不变的程序和论证这种程序的合理性。

改革无论遵循一种什么样的程序，总是会在一定的时期发生挫折、徘徊甚至停顿的，但社会结构的转型却是一种不可逆转的历史过程。这种"不可逆转性"就根源于亿万人民群众求生存、求发展、求过好日子的内在冲动以及冲动能量的释放，社会生活领域中没有比这更强大的力量。

原载《中国社会科学辑刊》1995 年春季号

社会分层研究

新时期阶级阶层结构和
利益格局的变化

一 分析阶级阶层结构的出发点

对阶级、阶层的利益分析，历来是中国共产党制定各项路线、方针、政策的依据。早在 70 年前的建党初期，毛泽东就在深入农村调查研究的基础上，写了《中国社会各阶级的分析》一文，解决了"谁是我们的敌人？谁是我们的朋友？"这一"革命的首要问题"①，成为党在民主主义革命时期分析阶级阶层结构的基本出发点。新中国成立以后，随着社会主义改造的基本完成，党在 1956 年召开了第八次全国代表大会。会议认为，国内形势的重大变化表明："我国的无产阶级同资产阶级之间的矛盾已经基本上解决，几千年来的阶级剥削制度的历史已经基本上结束"，"我们国内的主要矛盾已经是人民对于建立先进的工业国的要求同落后的农业国的现实之间的矛盾，已经是人民对于经济文化迅速发展的需要同当前经济文化不能满足人民需要的状况之间的矛盾"。因此，我国应当进

① 《毛泽东选集》第 1 卷，人民出版社，1991，第 3~11 页。

入全面建设社会主义的新阶段。① 会议之前，毛泽东同志在深入调查和听取 34 个部委汇报的基础上，发表了《论十大关系》的讲话，提出"要把国内外一切积极因素调动起来，为社会主义事业服务"。②但是，1957 年反右派斗争扩大化以后，毛泽东提出了无产阶级同资产阶级的矛盾仍然是我国社会的主要矛盾的观点，并进而在 1962 年党的八届十中全会上把这一思想绝对化，进一步断言在整个社会主义历史阶段资产阶级都将存在和企图复辟，而且会成为党内产生修正主义的根源，因此阶级斗争要"年年讲、月月讲"。这些③思想成为"十年动乱"中概括出来的"无产阶级专政下继续革命的理论"和"路线"的主要依据，并在实践中产生了严重的恶果。

毛泽东在 50 年代中期提出的"调动一切积极因素"这一调整各种利益关系的"基本方针"，虽然在他生前没有得到很好的落实，甚至走到了反面，却成为改革开放后党调整阶级阶层利益关系的基本出发点，用邓小平的话说，就是要"团结一致向前看"。1978 年进入改革开放新时期以后，邓小平在一系列的重要讲话中，提出了一些对此后阶级、阶层结构的变化产生重大影响的思想，概括起来，主要有以下几点。

第一，新时期的中心任务是要解决"生产力发展水平很低，远远不能满足人民和国家的需要"的"主要矛盾"，因此，必须把工作重点转移到社会主义现代化建设方面来。④

第二，历史上的阶级斗争在社会主义条件下仍存在"特殊形式的遗留"，对反社会主义分子仍然要实行专政，但这"不同于过去历史

---

① 《中国共产党第八次全国代表大会关于政治报告的决议》，载《中共中央文件选编》，中共中央党校出版社，1992，第 83 页。
② 《毛泽东文集》第 7 卷，人民出版社，1975，第 23 页。
③ 薄一波：《若干重大决策与事件的回顾》（下卷），中共中央党校出版社，1993，第 1097 ~ 1104 页。
④ 《邓小平文选》第 2 卷，人民出版社，1994，第 182 页。

上的阶级对阶级的斗争"，"我们反对把阶级斗争扩大化，不认为党内有一个资产阶级，也不认为在社会主义制度下，在确已消灭了剥削阶级和剥削条件之后还会产生一个资产阶级或其他剥削阶级"。①

第三，坚持马克思主义的物质利益原则，调动一切积极因素，团结一致向前看，逐步提高人民的物质生活水平，使广大人民群众从改革和发展中得到实惠，"不要光喊社会主义的空洞口号"，贫穷不是社会主义。②

第四，改革首先要打破平均主义和"大锅饭"，鼓励一部分人和一部分地区通过勤劳致富先富裕起来，从而形成极大的示范力量，带动和帮助落后地区，这是"一个能够影响和带动整个国民经济"的"大政策"。③

第五，在坚持以社会主义公有制为主体的前提下，应当允许个体和私营经济发展，允许中外合资经营和外资独营的企业发展。社会主义和市场经济之间不存在根本矛盾，计划和市场都是经济手段，"判断的标准，应该主要看是否有利于发展社会主义社会的生产力，是否有利于增强社会主义国家的综合国力，是否有利于提高人民的生活水平"。④

第六，走共同富裕的道路，防止两极分化。共同富裕的构想是这样提出的：一部分地区有条件先发展起来，一部分地区发展慢点，先发展起来的地区带动后发展的地区，最终达到共同富裕。如果富的愈来愈富，穷的愈来愈穷，两极分化就会产生，而社会主义制度就应该而且能够避免两极分化。⑤

邓小平的这些思想虽然是在十几年的改革实践中逐步完善的，但在改革初期就已基本上都提出来了。在这些思想的指导下，改革初期

---

① 《邓小平文选》第 2 卷，人民出版社，1994，第 168、169 页。
② 《邓小平文选》第 3 卷，人民出版社，1993，第 213 页。
③ 《邓小平文选》第 2 卷，人民出版社，1994，第 152 页。
④ 参见《邓小平文选》第 3 卷，人民出版社，1993，第 110、372~374 页。
⑤ 参见《邓小平文选》第 3 卷，人民出版社，1993，第 372~374 页。

就对阶级、阶层关系进行了一系列的重大调整，包括：其一，平反了一大批历史上的冤、假、错案，为几百万人摘掉了"反革命""走资派""修正主义分子""黑帮分子"的帽子，恢复了他们的名誉；其二，摘掉了知识分子在"文革"中的"臭老九"帽子，重申知识分子是工人阶级的一部分，还改正了1957年一大批被错划为右派分子的案件；其三，鉴于情况的变化，从1979年1月起，开始摘掉地主、富农分子的帽子，给予人民公社社员待遇，其子女的个人成分一律定为社员；其四，从1979年1月起，落实对国民党起义、投诚人员以及在大陆的台湾同胞亲属的政策，此外还宽大释放了原国民党县团以下党政军特人员；其五，在80年代初，为原86万工商业者中的70万人恢复了劳动者身份，接着，又明确规定，原工商业者已经成为社会主义社会中的劳动者，其成分一律改为干部或工人。

这些政策调整意味着一个重大变化，即新时期进行阶级阶层分析的出发点，不再是"以阶级斗争为纲"，而是从物质利益的原则出发，调整利益格局，调动一切可以调动的积极因素，为社会主义现代化建设服务；对社会发展过程中出现的各种利益摩擦和冲突，不再一律视为"阶级的对抗"，同时，不再把思想观念作为划分阶级阶层的标准。

但是，随后在理论概括上出现的问题是：农村中的劳动者，都纳入了农民阶级或简称农民，城市里的职工都统计入工人阶级或简称职工，社会成员似乎不属于工人阶级就属于农民，而农民和职工的划分实际上变成一种户籍的划分。而且，这种"两阶级一阶层"（工人阶级、农民阶级、知识分子）的理论模式已远远无法概括改革开放以来现实阶级阶层结构所发生的深刻变化。

二 阶级阶层结构的变动

除了政策调整，影响新时期阶级阶层结构变化的还有两个重要因素：一是所有制结构随之发生的变化；二是产业结构的变动。

在所有制方面，破除了公有化越"纯"越好的旧观念，确立了以公有制为主体、多种经济成分并存的新结构。经济体制改革打破了单一公有制格局后，个体经济发展很快，并随之出现了雇工在 8 人以上的私营经济；设立经济特区和沿海地区的普遍开放，使"三资"企业作为新的经济成分出现；公有制经济本身在改革的实践中也出现了承包制、股份制、租赁制以及其他国有民营的经营形式。这样，就工人来说，按所有制划分，可以分为国有企业工人、城镇集体企业工人、乡镇企业工人、合资合营企业工人、个体私营和外资企业雇工等。到 1993 年年底，在全国约 24300 万名企业职工中，国有企业职工约 8300 万人，约占企业职工总数的 34%；城镇集体企业职工约 3400 万人，约占 13%；乡镇企业职工（包括乡村个体私营企业职工）约 11200 万人，约占 46%；城镇个体私营企业职工约 1100 万人，约占 4%；"三资"及其他各种合营企业职工约 300 万人，约占 1%。① 如果按照工会系统的统计，把机关和事业单位职工计算在内，并剔除一大部分亦工亦农的乡镇企业职工，那么到 1992 年，在全国职工总数中，国有企事业和机关团体职工约占 62%，城镇集体企事业职工约占 21%，基本上工人阶级化的乡镇企业职工约占 13%，"三资"企业和私营企业职工约占 4%，在市场经济发展较快的东部地区，乡镇和私营企业职工约占全国同类企业职工总数的一半。②

改革开放以来，工业化的快速发展加快了产业结构的升级。1978～1993 年，在全国社会劳动者构成中，第一产业从业人数从 70.5% 下

---

① 国家统计局编《1994 年中国统计摘要》第 21、71 页数据整理（中国统计出版社，1994）。另，本文凡未注明出处的数据均来自国家统计部门。

② 中华全国总工会编《走向社会主义市场经济的中国工人阶级——1992 年全国工人阶级状况调查文献资料集》，中国工人出版社，1993，第 4～5 页。

降到 57.4%，第二产业从业人数从 17.4% 上升到 22.4%，第三产业从业人数从 12.1% 上升到 20.2%。这种变化产生的结果是，一大批农民进入城镇并转变了职业身份，同时以工业为主体的物质生产部门的产业职工队伍增长速度放缓，而金融、保险、房地产、旅游、咨询、广播、电视以及各种服务业和公用事业等非物质生产部门的职工增加得很快。1978～1992 年，在全国城镇职工中，从事第一产业的从9.3% 下降到 5.7%，从事第二产业的从 52.6% 下降到 52.2%，而从事第三产业的从 38.1% 上升到 42.1%。

改革开放以来变化最大的是传统意义上的"农民"。截至 1993 年年底，按所持户籍划分，"农业人口"占总人口的 79% 左右；按居住地划分，"乡村人口"占总人口的 71% 左右；而按职业性质划分，农业劳动者只占总从业人数的 57% 左右。过去我们使用的"农民"概念包括所有不吃国家商品粮、持农业户口的"农业人口"，大家都是清一色的"社员"。改革开放以后，传统意义上的"农民"发生了深刻的职业分化，"农业人口"在很大程度上已仅仅成为一个户籍的或居住地域的群体概念，而在现实中已分为农业劳动者、乡镇企业工人、外出的农民工、农村雇工、农村文教科技医疗工作者、农村个体工商业者、农村私营企业主、乡镇企业管理者、农村管理干部等。每个群体中还可以按收入、财富、生产资料的占有状况或职业声望等分成若干个次级群体。如农业劳动者可分为经营大户、兼业户、合作户、小农等。根据中共中央政策研究室和农业部农村固定观察办公室1992 年对全国 29 个省（区、市）312 个固定观察点的 7604 个农户的抽样调查，在目前农村劳动力（持农业户口）职业构成中，农业劳动者占 63.4%，农民工（乡镇企业工人和外出的农民工）占 12.2%，乡村集体企业管理者占 0.9%，个体或合伙工商劳动者和经营者占6.5%，私营企业经营者占 0.8%，受雇劳动者占 3.0%，乡村干部占0.6%，文教、科技和医疗卫生工作者占 1.1%，家务劳动者占

8.1%，其他劳动者占3.3%。①

新时期阶级阶层结构变化的特点，一是产业结构的变动使那些与现代经济相联系的职业群体无论是在人数比重还是在社会影响力方面都大为增强，而且有1亿多原来的农民正在转化为工人；二是深刻的职业分化使原有的同一阶级内部出现了具有不同经济地位和利益特点的社会阶层，原来相对重合的收入、地位、声望三个社会序列发生了分离；三是所有制结构的变动使改革后新出现了一个占有一定生产资料的个体私营业主阶层。

三　利益格局的变动

阶级阶层结构的变动使原有的利益格局发生了深刻的变化，改革实际上也成为一个利益格局的调整过程。

改革以后，通过农村的家庭经营承包和城市的企业承包，首先产生了以家庭为单位和以企业为单位的独立利益主体；向地方"放权"和实行"分灶吃饭"的财政制度，造就了以社区和地区为单位的独立利益主体；打破单一公有制体制后，在多种所有制成分并存的情况下，个体私营企业、"三资"企业、乡镇企业等都成为不同的利益主体；国有企业的"承包制"、"利改税"、"拨改贷"、股份制改造及指令性计划和配额的取消也使它们更接近于相对独立的利益主体；一大批事业单位的企业管理和走向市场也使它们产生了强烈的利益主体意识。此外，"让一部分人通过劳动先富起来"的政策从观念上破除了长期以来的"绝对平均主义"，劳动效益成为比劳动时间更为重要的影响劳动收益的因素。最后，对股息、利息、红利等资本收益合法性

---

① 赵长保等：《对农民职业分化的分析》，《中国农村经济》1994年第3期，第33～38页。

的法律确认和法律保护，使整个收入分配中按资分配的比重有所上升。在影响收入水平的因素中，原有的职位、技术等级、工龄、行业、地区等因素虽然仍发挥着作用，但单位分配体制、企业经济效益、资本占有状况等成为新的影响收入水平的重要变量。

在国有单位，尽管按劳动时间取酬而不是按劳动效益取酬的原则在总体上已经被打破，单位与单位之间因经济效益的不同而在收入上产生了重要差别，但同一国有单位内部的平均主义倾向并没有完全消除，一切旨在破除平均主义分配制度的改革都在现实中受到顽强的抵抗。奖金的设立原本是要使收入与劳动贡献挂钩，但在具体实行中由于利益均衡这一深层分配观念的制约，经济奖励的效用随劳动贡献的增加而呈递减趋势，奖金实际上变成了附加工资而不是对超额劳动的奖励。奖金的分配比工资更平均。所有在国有单位拉开收入差距的体制变动，经过一段时间的摩擦和磨合，又通过各种形式迂回地得以修复，奖金和福利的相互攀比在一定情况下更加使利益分配上的平均主义扩展到国有单位之间，而不仅仅是在单位内部。

与此同时，各阶层、各群体之间以收入水平为标志的利益差距在不断扩大。

在城乡之间，城乡居民人均收入比（城镇人均生活费收入/农村人均纯收入）由 1985 年的 1.72∶1 扩大到 1993 年的 2.54∶1；城乡居民人均消费水平差距由 1985 年的 2.24∶1 扩大到 1993 年的 3.06∶1；城乡居民人均商品零售额之比由 1985 年的 2.29∶1 扩大到 1992 年的 2.43∶1；城乡居民人均储蓄存款余额差距由 1985 年的 6.03∶1 扩大到 1992 年的 7.93∶1。

在地区之间，中国东部、中部、西部的农民人均纯收入之比（以西部地区为 1）由 1993 年的 1.6∶1.1∶1 扩大到 1992 年的 2.8∶1.3∶1；改革以前职工平均工资相对较高的西部边远地区，现在的平均工资已经大大低于东部地区。据 1992 年对全国 12 个省（区、市）职工收入的调查，职工收入差距的地区分布态势基本上与经济发展差距的地区分布态势相一致，收入最高的是广东省，职工平均月收入 376 元；最低的是陕西省，职工平均月收入 174 元，两者相差 2.2 倍。[①]

在行业之间，重工业和物质生产部门的工资水平已没有明显的优势，一些服务业的工资水平迅速上升。据 1992 年对 38 个行业职工工资收入状况的调查，在工资收入序列中排在前 5 位的是旅游业、其他行业、烟草制造业、黑色金属开采业、航空运输业，排在后 5 位的是纺织业、水利业、农林牧渔业、石油开采业、印刷造纸业，最高收入行业和最低收入行业之间的平均收入比差是 1.98 倍。[②]

不同所有制之间的职工收入差距更加明显。据 1992 年的统计，"三资"企业职工的平均工资比国有单位的平均工资高 50% ~ 60%，比城镇集体单位高 1 倍多；个体户与工薪阶层的货币收入平均相差 3 ~ 5 倍；私营业主的收入因企业规模不同而有很大差异，但一般要比普遍职工的工资收入高出 10 倍以上。

在原有的农民中，由于职业的分化，收入水平也出现很大差异。根据 1992 年的调查，在农村 10 个职业阶层中，按人均年纯收入从"400 元以下"到"1500 元以上"的 6 级分档，在"1500 元以上"高收入段中的人数比重超过其劳动力构成比重的有私营企业经营者、乡村集体企业管理者、个体或合伙工商劳动者和经营者、乡村干部、农民工、受雇劳动者等；而在"400 元以下"的低收入段中，人数比重超过其劳动力构成比重的只有农业劳动者（占 80.3%）。[③]

特别值得注意的是"工资均等，收入悬殊"的现象，各种"隐性

① 中华全国总工会编《走向社会主义市场经济的中国工人阶级——1992 年全国工人阶级状况调查文献资料集》，中国工人出版社，1993，第 971 ~ 972 页。

② 中华全国总工会编《走向社会主义市场经济的中国工人阶级——1992 年全国工人阶级状况调查文献资料集》，中国工人出版社，1993，第 971 ~ 972 页。

③ 赵长保等：《对农民职业分化的分析》，《中国农村经济》1994 年第 3 期，第 33 ~ 38 页。

收入""工资外收入""第二职业收入""实物收入""业务待遇"成为城镇社会拉开生活水平差距的重要因素之一。

面对利益格局的变化，人们产生了各种各样的疑问：社会是否出现了两极分化？是否产生了一个新的资产阶级？是否已经存在一个中产阶级？如何理解"小康大众"？社会主义市场经济条件下应当确立怎样的社会公平价值标准？等等。这些都是不能回避的重大问题。

四　社会是否出现了两极分化

"两极分化"是形容贫富悬殊的一个概念，而对贫富差距的度量主要是根据两个方面的考察：收入水平的比较和财富占有情况的分析。

从全国居民个人收入的平均差距来看，若用国际上通行的基尼系数来衡量（基尼系数小于 0.2 表示绝对平均；0.2 ~ 0.3 表示比较平均；0.3 ~ 0.4 表示基本合理；0.4 ~ 0.5 表示差距较大；0.5 以上表示收入高低悬殊），则中国现阶段的个人平均收入差距尚未超过合理区间。1978 ~ 1990 年，我国城镇居民个人收入的基尼系数从 0.185 提高到 0.230，农村个人收入的基尼系数从 0.212 提高到 0.310。若用另一种国际上常用的衡量贫富差距的五等分法，即以住户调查中 20% 高收入户的平均收入与 20% 低收入户的平均收入相比较，那么根据全国的抽样调查，我国农村居民的这一比差由 1978 年的 2.9 倍扩大到 1992 年的 6.2 倍，城镇居民由 1983 年的 2.3 倍扩大到 1992 年的 2.6 倍。国际上贫富悬殊的国家，这一比差一般为十几倍甚至几十倍。但值得注意的是，由于中国的城乡差距较大，如果用城市 20% 高收入户的平均收入与农村 20% 低收入户的平均收入相比较，中国 1992 年的贫富差距达到 11 倍，若按居民拥有的金融资产计算，1993 年中国居民高低收入户的差距为 9.6 倍。

从收入差距的国际比较来看，中国的贫富差距还没有达到"两极分化"的程度。根据世界银行 1993 年公布的数据，20% 最低收入阶层的收入占总收入或总消费的百分比份额，中国（1990 年）为 6.4%，美国（1985 年）为 4.7%，英国（1979 年）为 5.8%，新加坡（1982～1983 年）为 5.1%，巴西（1989 年）为 2.1%，墨西哥（1984 年）为 4.1%，泰国（1988 年）为 6.1%，印度（1989～1990 年）为 8.8%，坦桑尼亚（1991 年）为 2.4%；而 10% 最高收入阶层的收入占总收入或总消费的百分比份额，中国为 24.6%，美国为 25.0%，英国为 23.3%，新加坡为 33.5%，巴西为 51.3%，墨西哥为 39.5%，泰国为 35.5%，印度为 27.1%，坦桑尼亚为 46.5%。[1]

从世界 127 个国家和地区的比较来看，低收入国家和一些中等收入的拉美国家贫富差距较大，而高收入国家和一些东亚国家的贫富差距相对较小。但这种比较也掩盖了一个事实，即高收入资本主义国家财富占有的贫富差距远远高于其收入水平的贫富差距。

实际上，在市场经济的条件下，由于资本积累和增益的速度大大超过收入的增长速度，贫富差距更主要表现在财富的占有上而不是收入水平上。在 20 世纪 70 年代，美国占人口 20% 的最富阶层在工资总收入中占 42.7%，但在其资产总收入中却占 76.0%；而 20% 的最穷阶层在工资总收入中占 4.7%，在资产总收入中只占 0.2%。[2]

关于中国目前全社会的资产收入情况，我们还没有详细的调查数据。但考虑到现在我国多数城市居民还居住在公有住房中，而农村多数居民的固定资产也还有限，所以储蓄情况大体上也可以反映财富的占有状况。根据国家体改委分配司 1991 年对全国 30 个省、自治区、

---

① 世界银行：《1993 年世界发展报告》，中国财政经济出版社，1993，第 296～297 页。
② 〔美〕亚里克斯·蒂姆：《社会学》，纽约哈珀和罗出版社，1985，第 190 页。

市 9 万多城镇住户和 3 万多农村住户的抽样调查，在城镇被调查户的全部存款中，工人（占调查户的 43.9%）拥有 33.0%，干部（占 24.7%）拥有 19.1%，农民（占 7.4%）拥有 7.0%，文教卫生科技人员（占 12.1%）拥有 4.6%，个体户（占 6.0%）拥有 26.5%，个体户户均存款是工人、干部、农民、文教卫生科技人员平均户存款的 6.1 倍；在农村被调查户的全部存款中，种粮户（占调查户的 40.3%）拥有 16.1%，乡政干部、乡企干部、乡企工人（占 18.5%）拥有 31.5%，从事商业、运输业、建筑业、养殖业的农户（占 15.6%）拥有 42.9%，其中占被调查户 4.9% 的个体商户就拥有全部存款的 10.5%，而种粮户的存款水平明显低于其他从业人员。[①]

从以上的材料来看，中国现阶段的收入差距和财富占有差距虽然都在拉大，但还不能说已经出现明显的"两极分化"。在判断是否出现"两极分化"时，我们应当注意以下几点：第一，中国改革前的收入和财富分配状况处于一种缺乏激励机制的极度平均状态，而且是普遍贫穷下的平均。改革后打破了平均主义，人民生活水平得到普遍提高，但在提高中也有一部分人的相对收入地位下移，我们是在这样一个基础上考察改革以来收入差距的扩大。第二，中国地域广大，而且长期以来就形成了城乡之间和地区之间的较大的经济发展差距。从沿海到内地的对外开放格局与原有区域梯度发展格局的重合，使地区差距有所扩大，但如果用比较富裕地区的最富裕群体去和比较贫困地区的最贫困群体进行对比，并不能恰当地说明问题。应当注意到收入的差距扩大和阶级的"两极分化"之间存在的区别。第三，判断是否"两极分化"很重要的是要恰当地确定"极"的人数比重以及占有的财富比重，从调查和分析的经验来看，人数比重应以 8% ~ 10% 为宜。如果仅仅以在整个财富占有上并不具有特殊意义的 1% 甚至更少的人

---

① 国家体改委分配司编《差距与公平》，中国经济出版社，1993，第 36 ~ 39 页。

的高收入、高消费或资产占有状况做出以偏概全的判断，那也是会出现很大误差的。

五　是否产生了一个新的资产阶级

在改革的十几年中，的确出现了"先富起来"的一部分人，用西方研究中国问题的学者的话说，出现了一个"新富阶层"。"新富阶层"是一个出口转内销的概念。改革之初，当一部分农民通过家庭承包经营而使经济收入状况大为改善时，他们很快得到一个很响亮的称呼——"万元户"。这究竟是指家庭经营年收入在万元以上还是家庭总资产在万元以上，根据地区而有所不同，但不管怎样，在当时这已是个庞大的数字。"万元户"这个专用称号传到国外后，却给翻译带来困难。因为由于国情不同，如果按字面直译的话，谁也不理解，所以国外媒体采用了一个西方更通用的名词进行意译，即"New Richer"，再按字面直译成中文，就是"新富阶层"，用老百姓更通俗的语言说，就是"大款"或"款爷"。当然，随着时间的推移，"新富阶层"的内涵发生了很大变化，在中国东南沿海农村，早已开始流传"一万两万刚起步，十万八万不算富，百万以上才算富"的说法。究竟什么样的资产或收入水平属于"新富"，这部分人的数量比重究竟有多少，并没有一个精确的数量界限，且根据地区的不同而有很大差异。由于我国目前尚没有严格的家庭资产登记制度，家庭资产的透明度很低，而舆论的渲染和民众的猜测往往又误差很大。根据经验调查，收入或消费水平明显大大超过"大众平均线"的，主要有以下几部分人：

——个体户和私营企业主。他们的收入状况差别很大，低的如个体出租车司机，月收入为 2000～3000 元；高的如私营企业大老板，有的资产可达数千万元。

——部分企业承包者。在有的地区，这部分人在收入调查中排在各类人员的第一位。

——"三资"企业和部分民营公司的职工，他们的月收入为2000～5000元。

——部分影星、歌星、剧本"大腕"，以及各类演出的个体"穴头"。

——部分获得发明专利、技术转让、遗产、馈赠等的特殊收入者。

——部分再就业离退休人员和从事第二职业者。

——在近几年来"炒批文""炒贷款""炒股票""炒房地产""炒产权"获利的暴富者。

——利用体制漏洞，通过以权谋私、贪污受贿、偷税漏税、走私欺诈、变相侵吞公有资产的非法致富者。

据有关专家估计，目前全国年收入在5万元以上的高收入户已有500多万户，约占全国总户数的2%；个人家庭资产在百万元以上的约有100万户。[①] 另外，根据工商管理部门的统计，到1993年6月，全国注册登记的私营企业有18.4万户，294万人，平均每户注册资金24.6万元，其中企业资产规模（包括固定资产和流动资金）达到百万元以上的有4072户。另据中国社会科学院社会学研究所和全国工商联1993年的合作调查，1992年在全国私有企业中，无论是按地区、城乡划分还是按企业类型或行业划分，财产规模在千万元以上的，都不超过总户数的2‰；投资净收益在50万元以上的，占私营企业主总人数的10.9%；私营企业主家庭月生活费支出在10000元以上的占私营企业总户数的3.1%，私营企业主家庭人均生活消费水平一般是其

---

① 参见江流等主编《1993～1994年中国：社会形势分析与预测》，中国社会科学出版社，1993，第323～330页。

他家庭的 2～3 倍。①

实际上，老百姓最为不满的分配问题集中在这样几个方面：一是各种以权谋私、贪污受贿、偷税漏税、挥霍公款、变相侵吞公有资产的非法致富行为；二是钻体制的空子，通过权钱交易获取巨额价差、利差、汇差和租金而暴富的现象；三是收入序列的混乱与大众社会价值观发生激烈冲突，即所谓"该富的没富，富了不该富的"的问题，典型的民谣是"搞导弹的不如卖茶叶蛋的"等；四是"大锅饭"衍生弊病，即一部分人享受着体制内的国家福利，赚着体制外的个人收入。

这些问题相对来说多数还属于过渡现象，从长远看，较难解决的恐怕还是如何对待"按资分配"的问题。随着"新富阶层"人数规模的扩大和他们的财富占有量在整个财富存量中比重的上升，总体财富增量中资本收益所占的比重也在明显地上升。在市场规律支配下，资本收益按几何级数增长和工薪收入只按算术级数增加的趋势很难避免。换句话说，面对资本收益差距的急剧扩大，工薪阶层中的工资收入差距已经显得微不足道了。而一旦要通过强制性的措施遏制资本的积累和收益，又很难做到不影响市场的资源配置效率（不是劳动效率）和整体福利（不是平均福利）的增长速度。一个社会主义国家最为疑虑的，恐怕还是资本积累的趋势是否会造成一个占有大量财富和生产资料的、具有独立政治利益要求的"阶级"，以及如何遏制部分官员在金钱诱惑下走向堕落。

针对这种疑虑，加速建立制度化约束机制是非常必要的，但在现阶段，对于"新富阶层"，我们首先应当有一个正确的认识和恰当的估计，不能仅凭一些个别现象做出危言耸听的结论。第一，"新富阶层"并没有形成一个统一的"阶级"，他们甚至也不是一个具有共同

---

① 由负责此项调查数据分析处理的戴建中副研究员提供。

社会地位和共同利益要求的"利益群体"或"压力集团"。他们实际上还只是一个分散在不同社会阶层中的泛化群体；他们还从未出现过带有一致的政治要求或利益要求倾向的集体行动；他们的经济地位和社会地位的吻合程度因其所属的职业阶层、"单位"以及所拥有的社会身份而有很大差异，这些都使得他们不可能具有独立的强大影响。第二，应当看到，他们中的大部分人还是通过劳动或合法经营走上致富道路，而且是建立在人民生活普遍提高的基础上的。他们的示范效应对于提高劳动效率和带动社会财富快速积累都有很大作用，所以邓小平说"让一部分人通过劳动先富起来"是一项"大政策"。第三，在社会主义市场经济的条件下，通过获得利息、股息、红利、租金等资本收益而致富，只要是在法律允许的范围内，从总体上说也是正常的，况且相当一部分资本收益属于"风险收益"，不能仅仅以是否存在着资本收益作为是否存在新的资产阶级的标准。此外，从个体私营业者的人员构成来看，根据调查，在农村主要来源于过去的生产队干部、社队企业经营者、有一技之长的农村"能人"、回乡知青和复员军人。城市的情况虽然比较复杂，但仍主要是以流入城市的农民、社会闲散人员、待业青年、退休人员为主。① 从功能上看，个体私营企业的发展也是有积极意义的，如增加了就业，促进了经济增长，成为社会主义经济的重要补充和国民经济的一个组成部分。最后，在社会主义国家掌握着经济命脉和政权机器的条件下，国家始终具有调整阶级阶层关系的主动权。在阶级阶层结构的变动中，国家完全有能力通过税收、保障、劳动保护、企业制度、行为规范等各种制度化措施来限制和打击虐待雇工、使用童工、歧视女工等不法行为，制裁和惩治各种权钱交易的腐败行为。

---

① 李强：《当代中国社会分层与流动》，中国经济出版社，1993，第323~330页。

六　怎样认识"中产阶级"和"小康大众"

西方学者认为，在一切传统的农耕社会，不管它的统治体系是宗教的、军阀的、种姓的、氏族的、家族的还是官僚的，其社会等级体系都呈现出"金字塔"的形式。尽管难以确定传统农耕社会中执政阶级的精确界限和人数，但执政阶级很少达到全部人口的2%。在19世纪的中国，执政阶级的人数比重在前半世纪是1.3%，后半世纪是1.9%。在法国大革命前夕，各种等级和阶层的贵族只占总人口的0.6%。在罗马共和国末期，执政阶级只占首都人口的1%，若加上外省人口，这个比例还要小得多。在17世纪的英国，贵族、男爵和乡绅加在一起仅占总人口的1%左右。占总人口75%～80%的是生活在社会底层的农奴、奴仆、佃农、自耕农、半自耕农和雇工等。[1] 这种金字塔式的社会结构是在等级森严、缺乏社会流动、权力与财富合一的社会里维持社会统治的产物。在现代社会，随着社会财富的积累、社会公平观念的普及、社会流动频率的加快以及权力与财富的分离，社会人群结构越来越呈现出"橄榄形"，即在收入和财富占有方面，社会顶层的巨富者和社会底层的绝对贫困者都是极少数，出现了一个作为社会结构稳定基础的"中产阶级"（Middle Class），他们的人数占总人口的40%以上。关于"中产阶级"虽然有不同的定义，但一般是指从事脑力劳动的行政管理人员、专业技术人员、商业营销人员以及职员、教师、店员、文秘等。"中产阶级"的理论在西方马克思主义派的社会学者中一直有很大争议，最重要的是它部分地背弃了马克思的阶级定义和忽略了制度变量的分析。目前西方新闻界在谈论中

---

[1] 〔美〕伦斯基（G. E. Lenski）：《权力与特权：社会分层理论》（1966），浙江人民出版社，1988，第244页。

国的"中产阶级"时，往往把它作为独立的民间力量兴起的标志。不过，也应当看到，中产阶级的理论也提供了一个有参考价值的观点，即在一个社会中，大多数人过上比较宽裕的中等水平的生活，社会结构才能进入相对稳定的时期。

中国目前还是一个低收入的发展中国家，农业劳动者还占全社会从业人员的 57.4%（1993 年），现阶段就业结构的置换主要是指"农"转"非农"，还根本谈不上脑力劳动对体力劳动的置换，也不可能产生一个占人口多数的"中产阶级"。中国稳定社会结构的目标应当是促成一个"小康大众"。从中国的国情来说，它应当包括多数从事农耕和兼业的农业劳动者、绝大多数企事业单位的工薪阶层、所有职业的知识分子和专业技术人员、普通的政府公务人员以及各种拥有一定资产但自己也从事劳动的小业主。只有这些人都能达到比较宽裕的小康生活水平，中国的社会结构才能进入一个相对稳定的时期。这就要求在经济高速增长的同时注意提高广大群众的生活水平，使大多数人从改革和经济增长中得到实惠；同时又要使人们认识到，即便是实现了小康目标，中国在总体上也仍然是一个低收入的发展中国家，必须保持卧薪尝胆、艰苦奋斗的精神，要避免对小康生活水平做各种不切实际的渲染，造成民众心理上的过高预期。

"小康大众"是一个利益整合的"沉沙池"。在社会结构转型时期，社会的职业分化和利益差别的扩大必然使各利益群体之间产生这样或那样的摩擦、矛盾和冲突，"社会张力"也会随之增强，各种意外的突发事件都有可能成为冲突激化的导火线，而各种政治的、法律的、道德的社会整合措施，都很难持久地在各种情况下有效地发挥作用。只有"小康大众"的产生才可能为市场经济条件下的社会整合奠定共同的利益基础，各种整合措施才能真正获得制度化的保证，各种利益的摩擦、矛盾和冲突也才能不断地在"沉沙池"里得到沉淀。

更为重要的是，"小康大众"的产生意味着社会已经有足够的财力在不影响经济发展的情况下去救助那一小部分无力通过市场竞争获得生活保障的人。尽管在统计上人们总是用人均指标来反映平均的生活水平，但是，在感觉的世界里，生活就像是一个木板嵌成的水桶，决定水桶容量水平的，不是木板的平均长度，而是最短的那一块木板的长度。尽管那些生活非常贫困的人可能只是总人口的一小部分，但他们的生活经历在人们感觉世界里的积累足以使社会的整个价值体系发生动摇。

经济的持续增长，福利总量的积累和增加，城市社会的扩展和辐射，农村剩余劳动力的转移和劳动生产率的提高，合理的收入分配制度，等等，这些无疑都是促成"小康大众"产生的重要条件。但是从目前来看，更应当注意使依靠劳动收入的工薪阶层获得一定的家庭固定资产和金融资产，使农业劳动者获得一定的生产资料和自有发展资金。总之，要使他们在资本收益增值更快的情况下也能得到一定的劳动收益以外的补偿。而就目前社会财富存量的分配来说，最有可能做到的是，城市工薪阶层有偿地得到住房，农业劳动者有偿地得到土地。从中国历史上大跨度的治乱周期看，"藏富于民"历来是促进社会稳定的有效措施。

七 怎样看待"社会公平"

从前面的分析中我们可以看到，改革以来以收入水平为标志的群体利益差距有了明显的扩大。但是，如果仅仅根据这一现象就做出社会公平衰落的结论，则很容易步入误区。

"社会公平"是一个相对性的概念，在不同的历史时期，不同的社会阶级基于不同的价值观可以有不同的理解。一般来说，社会公平的内涵是由一定社会中大多数人的共同价值观来决定的。但是，在社会转型时期，人们的价值观念会发生深刻变化，原来在社会基本层面的一些共识也会发生动摇，从而使对"社会公平"的理解产生一些混乱。

目前，在中国社会中，对"社会公平"有这样几种理解：

——社会公平的核心就是经济上的平等，包括收入水平和财富占有水平的平等，任何收入差距或财富占有差距的扩大都可以看作"两极分化"的开始；

——社会公平从本质上说不是经济上的绝对平等，而是针对人们生活需要的平等，也就是说，要"给同样的人以同等的待遇，给不同的人以不同的待遇"；

——社会公平在现阶段的衡量标准就是"按劳分配"，就是等量劳动获得等量报酬，而劳动量的计算是根据"必要劳动时间"，任何超出劳动量以外的收入都是不公平的收入；

——社会公平在现阶段的衡量标准虽然是"按劳分配"，但不可能是根据劳动时间计算的劳动量来分配，而是按劳动的质量、劳动效率和劳动的实际产出收益来分配，因此等量劳动时间获得不等量的报酬是十分自然的；

——社会公平是以现有法律为基础的公平，是法律面前的人人平等，所以，合法的分配也就是合理的分配，合法的收入也就是合理的收入，合法的收入差别也就是合理的收入差别；

——社会公平和市场公平一样，都是以个人权力平等为基础的，因而适用于市场平等的"公平竞争、优胜劣汰"原则也同样适用于社会的收入分配，一切脱离市场平等的"社会公平"都必然跌入"大锅饭"的绝对平均主义。

以上这些看法都或多或少地包含了一些正确的因素，但不幸的是，从总体上说，它们又都失之偏颇，在理论上也是不周全的。

以收入均等程度来衡量社会公平是一个极大的错误。收入水平差距的拉大是分配的结果，而造成这种结果的因素是多种多样的：有的因素是既合理也合法的，如正常的劳动和经营收入的差距，打破"大锅饭"后在整体收入水平上升的同时，也有一部分人的相对收入水平下移；有的因素是既不合理也不合法的，如以权谋私、贪污受贿、偷税漏税、公费私花、侵吞公有资产等；也有的是合法不合理的，如股息、利息、红利、租金等资产收益或过渡期的各种收入"倒挂"现象；还有的是合理不合法的，如尚未得到法律认可的"佣金"、技术发明的转让费等。如果没有对这些因素的具体分析，或者根本就不清楚这些因素在多大程度上影响着收入分配的结果，不用说无法对"收入均等程度"与"社会公平"之间的关系做出判断，就是对"市场平等"与"社会公平"的关系也无法做出判断。

为了更清楚地理解社会公平，我们必须把"收入均等程度""市场平等"和"社会公平"这三个概念区别开来。

"收入均等程度"指的仅仅是以人均货币收入或家庭货币收入来表示的收入状况，它既不反映财富的占有状况和全部福利的分配状况，也不能据此做出对社会公平的直接价值判断，收入均等程度高并不就意味着社会公平程度高。因为：第一，家庭根据规模大小、所处地域等情况而有不同的消费需要，为达到同样的经济福利需要不同水平的收入；第二，决定家庭生活水平的不仅是收入状况，还有财富背景和预支情况；第三，一些人的较高收入是以其他方面的福利牺牲为代价的，这在收入分配中并不显示出来；第四，其他一些福利报酬并不计入货币收入，因而也不反映在分配的数量中。

"市场平等"是指各种劳动主体和投资主体在市场上地位平等、公平竞争，人们进入市场不受任何社会歧视或享有任何特权。用社会学的术语说，市场平等意味着，在现存经济价值所有权的分配中，决定一个人获得相对份额的主要是个人的努力和机会选择等"自致"（Achieved）因素，而不是出身、地位、身份等"先赋"（Ascribed）因素。只要存在着资源的稀缺性，这种"平等"就有其"福利最大化"的"工具合理性"。但是，"市场平等"不可能"给不同的人以不同的待遇"，而由于个人在禀赋和能力上存在的差异，即使给予每个人参与市场竞争的公平机会，也不能够保证他们在获胜机会上拥有平等的起点，某些"先赋"条件的差异已经决定了竞争初始位置的不平等。所以说，"市场平等"从道德伦理上说是一种"有残缺的公平"，是一种法律上的"不平等的平等"，它要解决的是资源配置中的"效率"问题，是要保证全社会的经济投入获得最大的产出，而不是也不可能解决"社会公平"问题。

"社会公平"不是一个纯粹的经济学概念，更不仅仅是一个简单的收入分配概念，而且，甚至也不能把"社会公平"与"经济效率"的关系简单地视为"鱼和熊掌，不可兼得"。首先，社会公平是以共同的价值观为基础的，它包含着一定社会对人的生存、发展等基本权利的共识，是在社会资源相对于社会需要具有稀缺性的情况下保证正常的群体生活持续下去、免受社会冲突的破坏和瓦解的生活原则，是社会秩序和社会制度赖以存在的道德基础。其次，社会公平不仅局限于经济领域，它还涉及财富的占有、收入的分配、权力和权利的获得、声望和社会地位的状况、享受教育的机会、职业的选择等，一句话，它涉及全部社会资源和社会福利的配置。再次，社会公平不仅仅是指社会福利的配置结果，更重要的是指发展机会的平等，也就是说，人们获得发展机会（如教育、就业）的权利不应受到家庭背景、性别、种族、身份和资本占有状况的影响，发展机会的平等是社会公平的重要保证；复次，社会公平是对市场缺陷的一种补偿和对竞争过度的一种制约。市场竞争是"优胜劣汰"，市场不是"圣诞老人"，社会公平则是要抑富济贫和"普度众生"。所以，社会公平的问题不能由市场本身来解决，而是要通过国家制定的税收制度、工资制度、就业制度、教育制度、社会保障制度等来调节利益差距，进行社会福利的二次分配，并使在市场上竞争无力或竞争失败者具有起码的生存保障和发展的机会。最后，社会公平不是竞争和效率的对立物。社会公平和经济效率也不是基于完全不同的价值观，因为我们难以想象同一社会可以依据两种水火不容的价值观和价值机制协调地运行。社会公平的机制应当有利于提高和维护资源的配置效率和劳动效率，现在已有越来越多的研究结果显示，社会公平与经济效率具有正相关关系，如果认为社会公平就是牺牲效率，那无异于"养懒"，又回到改革前"干与不干一个样，干好干坏一个样"或"干好干坏靠觉悟"的"大锅饭"状态，完全失去了社会公平的意义。从这种意义上说，"大锅饭"也是一种"社会不公"，对于"绝对平均主义"的再分配体制来说，市场机制的导入是有利于社会公平的。

八 现阶段调整阶级阶层关系的对策建议

第一，坚持把对社会各阶级阶层进行物质利益的分析作为党和政府制定各项路线、方针、政策的前提和依据，并把调动一切可以调动的积极因素作为这种分析的出发点。在改革开放的新时期，要经常注意考察阶级阶层结构和利益格局的变动情况，根据各阶级阶层的不同特点制定不同的政策，努力把各种社会力量团结到建设有中国特色社会主义的事业中来。

第二，消除贫困、创造新的就业机会是一项长期的任务。在社会结构转型和经济体制转轨的两个转变时期，要特别注意保护农业劳动者（尤其是粮棉种植者）和亏损、破产企业职工的利益。这是两个影响范围很广的群体，要尽快解决农民增产不增收的情况（单靠提高粮价不行，中国粮价已接近国际市场水平），并妥善解决好破产企业职工的生活安置和重新就业问题以及一部分离退休职工的生活困难问题。

第三，现在应当是考虑如何缩小地区差距问题的时候了。中国经济发展比较迟缓的西部多是少数民族和宗教信徒聚居的地区，西部经济的发展是促进社会稳定的重要因素，要采取对口支援、联营办厂、地区间补偿贸易等有效措施，推动西部地区非农产业的发展。

第四，加快农村剩余劳动力的转移，从小城镇往大城市推进，逐步取消城乡户籍分割，消除劳动力转移的制度化壁垒。同时，也应当看到，农业的人口容纳能力的弹性是很大的。目前关于这方面承载力极限的计算实际上并不完全真实，一些地区农村"庭院经济"和"农业产业化"的发展充分说明了这一点。所以，在加快城市化的同时，不应放弃而应拓宽农业内部就业和转移的渠道。

第五，教育和科研是国家今后的立国之本，应正确和慎重地对待知识分子阶层，形成尊师重教的社会风气。尊重和理解知识分子由职业性质所决定的批判和创新意识，并使他们能够普遍达到中等以上的生活水平。

第六，建立健全各种制度化的适应市场经济的监督机制，特别是建立严格的税收制度。堵塞各种体制上的漏洞，发挥国家通过税收的转移支付调节分配关系的职能，保证法律上的完整追诉期，严厉打击各种非法致富行为，不能"既往不咎"。

第七，加快从"单位保障"体制过渡到"社会保障"体制的步伐，建立节约型的奖勤罚懒的社会保障体系，制定最低工资标准，建立失业保险基金，要加快缩小贫困面并防止新贫和返贫现象的出现。

第八，逐步取消各种现存的价差、利差、配额和权力垄断，因为它们的存在所形成的巨额"租金"为权力进入交换领域和腐败的滋生提供了空隙和温床。

第九，理顺收入序列。这是政府必须干预的，因为市场不可能提供这种机制。各种收入"倒挂"现象的长期存在会摧毁社会价值体系，在必要的时候，应通过征收巨富税、遗产税、赠予税等限制按资分配比重。要严格个人资产和收入的登记制度，使各种"隐形收入"

公开化。

第十，下决心解决国有部门"大锅饭"的体制问题，并杜绝在所谓"第二职业"问题上的误导。

第十一，正确对待个体私营企业主阶层，肯定个体私营企业的发展对推动国民经济增长的积极意义，在限制出现剥削现象和警惕按资分配扩展的同时，积极引导他们参与到建立社会主义市场经济新体制和建设有中国特色社会主义的事业中来。

原载《中国社会科学》1995 年第 3 期

再析新时期利益格局变动中的
若干热点问题

　　1992 年以后，中国进入新一轮的经济高速增长周期，连续数年经济的年平均增长率在 12% 左右，这不仅在中国的经济发展史上是前所未有的，在世界经济的增长史上也是罕见的。经济的转型已使市场机制成为中国整个经济生活中具有决定性意义的主导机制，综合评价的市场对商品和劳务价格的调节范围已达到 90% 以上。但与此同时，原有利益格局发生迅速的变化，在个人之间、单位之间、行业之间、城乡之间、地区之间以及劳动收益和资本收益之间的收入差距和利益差距都在扩大，从而使人们对经济的增长和转型与收入分配和社会公平的关系产生一些新的疑问。我在《中国社会科学》1995 年第 3 期和 1995 年 4 月 12 日《人民日报》理论版上，已分别以《新时期阶级阶层结构和利益格局的变化》和《试析新时期利益格局变化的几个热点问题》为题，对一些问题进行了讨论。本文拟根据经验调查材料和部分已有的研究成果，对若干热点问题做进一步的分析。

一 收入差距扩大是否是增长的
阶段性特征和代价

关于收入分配与经济增长的关系，美国经济学家 S. 库兹涅茨在 20 世纪 50 年代中期曾依据 1854～1950 年有限国家的材料提出了著名的"倒 U 形假设"（inverse "U" shaped hypothesis），这在发展经济学中几乎被视为一条已经得到证实的"规律"。这个假设认为，收入分配状况的长期变化趋势呈现为一条倒 U 形曲线：在经济发展初期，社会的财富总量有限，收入分配相对平均，共贫是基本特征；进入向工业文明过渡的起飞阶段后，由于对增长具有重要意义的储蓄和积累集中在少数富有阶层以及城市中更高的收入不平等向农村的扩展，社会的收入差距会迅速扩大；而后是短暂的稳定；在进入增长后期和达到较高发展水平后，随着财税（特别是累进所得税和遗产税）、福利制度的改进和完善以及社会流动的增强和中间收入阶层的扩大，收入差距会逐渐缩小。[1] 这个假设一方面部分地得到对多国横断面共时性比较研究的支持，数据分析表明收入差距开始缩小的转折点发生在人均国民收入达到 500 美元左右的阶段或从中下收入国家向中上收入国家过渡的时期；另一方面也在一定程度上得到一些对部分国家纵切面历时性比较研究的验证，资料分析表明欧洲一些发达国家的收入差距是在第二次世界大战后才得到改进的，而一些拉美国家的收入分配状况在 1960～1970 年的经济高增长时期是急剧恶化的。[2]

对于收入分配变动趋势何以会出现这种倒 U 形曲线，还存在着其

---

[1]　Kuznets, S., "Economic Growth and Income Inequality", *Americain Economic Review*, Vol. 45, No. 1, 1995, p. 18.

[2]　陈宗胜：《经济发展中的收入分配》，上海三联出版社，1994，第 47～64 页。

他的不同解释。注重阶级力量对比的学者认为，收入分配状况的恶化导致激烈的社会冲突，随之兴起的工人运动产生强大的政治压力，从而促进了劳动收入的快速增长并在一定程度上遏制了资本收入的无限扩张。强调要素供求关系对收入分配的影响的学者则认为，收入分配状况发生改善的转折点意味着，在此之前，要素供给中资本稀缺而劳动力过剩，因而出现资本收益高而劳动力价格低，劳动和资本的收益差别不断扩大，而在此之后，资本出现相对充裕，资本收益降低，同时劳动力素质大大提高并开始变为稀缺，劳动收益上升，平均收入差距也开始缩小。还有许多学者认为，经济增长与收入平等，正像效率与公平一样，两者之间具有替代关系，收入差距扩大是热望经济获得迅速起飞的国家不可避免地要付出的巨大成本和沉重代价，从历史上看经济的极大突发一直是同极大的意外收益的前景和结果相联系的。与此相关的福利分配理论认为，解决不平等问题的关键是通过经济快速增长把福利的蛋糕做大，以便有更多的剩余进行分配，这样国家对二次分配的干预政策才能真正起到改善收入分配状况的效用。

从经验事实的层面真正对库兹涅茨的"倒U形假设"提出挑战的是东亚新兴工业国家和地区的增长过程，新加坡、韩国、中国香港和中国台湾地区在1960~1982年经济起飞的高速增长阶段，人均国民生产总值的年平均增长率都在7%左右，而同期收入差距并没有出现急剧恶化现象，多数情况下是有所改善的，这一时期衡量收入不均等程度的基尼系数，新加坡从1966年的0.49下降到1980年的0.45，中国香港从1966年的0.48下降到1981年的0.47，中国台湾从1961年的0.46下降到1980年的0.30，只有韩国从1964年的0.34微升到1976年的0.38。[①] 中国台湾地区的情况更为特殊，收

---

① Fields G. S. , "Employment, Income Distribution and Economic Growth in Seven Small Open Economies", *Economic Journal*, Vol. 94, No, 373, March, 1984.

入差距出现"正 U 形"变动趋势,以家庭所得五等分法计算,中国台湾地区在人均国民收入为 186 美元的 1952 年,20% 最高收入层与20% 最低收入层的收入差距是 20.47 倍,1961 年降到 11.56 倍,1964年降到 5.33 倍,1981 年进而降到 4.21 倍;但在人均国民收入达到2500 美元的 1981 年以后,其收入差距开始逐渐扩大,至 1992 年扩大到 5.24 倍,[①] 如果考虑到并未计算在内的家庭不动产以及台湾房地产价格近若干年来迅速上涨的因素,实际的财富分配差距扩大趋势会更为明显。

中国大陆改革开放以来十几年的经济高速增长时期(1978~1994年人均国民生产总值年均增长约 8%),收入分配也出现了短时段的"正 U 形"变动轨迹;以基尼系数衡量的城镇居民个人收入差距,1978~1983 年是缩小的,由 0.16 降到 0.15,1984 年以后开始缓慢扩大,由 0.16 扩大到 1990 年的 0.23。[②] 以基尼系数测算的农村居民收入差距,根据世界银行有关研究小组的测算,1978~1982 年是缩小的,由 0.32 下降到 0.22;1983 年开始扩大,由 0.25 扩大到 1986 年的 0.31;[③] 1993 年又扩大到 0.33。同期,城乡居民收入差距经过了同样的过程:1980~1985 年,城乡居民之间扣除物价因素的人均可支配收入的差距先是缩小,由 3.09 倍缩小到 2.26 倍;1986~1993 年差距又逐渐扩大,由 2.60 倍扩大到 3.27 倍。[④] 中国社会科学院经济研究所"中国收入分配课题组"(中、美、英学者合作课题)的研究结果表明,中国大陆居民收入不均等程度上升的一个主要原因是城乡收入差距的扩大,区域之间收入差距的扩大是另一个重要原因,据对 1988

---

①　中国台湾"行政院"主计处:《台湾统计年鉴》(Taiwan Statistical Data Book,1993)。

②　国家体改委分配司编《差距与公平》,中国经济出版社,1993,第 25~26 页。

③　Ahmad and Wang,"Inequality and Poverty in China:Institutional Change and Public Policy,1978‐1988",*World Bank Economic Review* 5,2:231‐58,1991.

④　国家统计局农调总队课题组(盛来运、孙梅君执笔):《城乡居民收入差距及其决定因素研究》,《中国农村经济》1995 年第 1 期,第 25~32 页。

年中国28个省1万多农村住户样本的分析，农村居民收入总体方差的81.87%可以由省际收入差距加以解释。① 近几年来，这种分配格局的特点更为明显，收入差距更为突出地表现为城乡之间的收入差距和地区之间的收入差距，而这两者实质上都反映了农业和其他产业的收入差距。农业大县往往也就是经济小县、财政穷县和居民收入落后县。中国大陆近十几年来的发展过程说明：①从短时段（十几年）的增长周期来看，经济的高增长与收入差距的扩大并没有必然的联系，但这并不能排除在长时段的增长周期中两者之间存在着某种相关性，然而这种相关性并不一定就表现为因果联系；②从增长的周期来看，中国正处在从低收入国家向中下收入国家过渡的时期，所以收入差距的扩大作为阶段性特征也是符合一般经济规则的，不过由于城乡收入差距和地区收入差距是影响整体收入差距的主要因素，而它们继续扩大的趋势目前来看还不是短时期可以改变的，所以收入差距扩大作为阶段性特征在中国经济的高速成长中还会持续一个较长时段；③中国不同于其他国家的特殊情况是，农村中存在的收入差距大于城市，所以城市化在中国，无论是表现为乡镇企业和小城镇的发展，还是表现为农民的进城就业，都是有利于整体收入差距缩小的，而不是相反；④经济的高速增长必然伴随着社会结构的变迁和利益格局的变动，其中有巨大的社会收益，当然也必然有成本和代价，收入差距扩大无疑是代价之一，但关键是看这种代价是否超过了"合理"区间，如果差距控制在能够保证社会稳定正常运行的范围内，应当说就是可以接受的，而如果差距的扩大达到了促使社会冲突爆发的程度，那不仅是不合理的，而且会直接损害经济增长和社会发展。

----

① 赵人伟、格里芬主编《中国居民收入分配研究》，中国社会科学出版社，1994，第8页。

二 市场机制的导入是否造成了收入不平等的加剧

古典经济学家们普遍认为，市场机制所造成的收入不平等是一种必然的代价，这种基本力量强大到国家干预所不能影响的地步，经济学实际上是"关于不容改变的收入分配的沉闷的科学"，因为劳动的工资、土地的地租和资本的利润都是由市场经济规律所决定的，而不是由政治力量所决定的。如果试图利用国家的强制力量改变这一规律，其结果很可能是使整个社会生产的"馅儿饼"较小一些，而较小的"馅儿饼"很可能仍然用同样的方式加以分配。新古典经济学家则更倾向于认为，在自由放任的市场经济制度下，西方工业化国家在19世纪的不平等和贫困状况的确可能达到过比狄更斯等社会批判小说家的描写更加可怕的程度，但随后所采取的一系列改革措施，如反垄断（反托拉斯）立法、累进所得税、失业保险、社会保险、稳定经济的货币和财政政策以及各种福利制度的建立等，这些使西方国家从自由放任市场经济制度过渡到混合型市场经济制度，从而对前者所特有的收入不平等做了某些修正，有助于缓和贫富极端悬殊的状况，这时尽管经济福利的差别可能仍然是相当大的，但是经济增长的"大众消费时代"终于到来。[①] 这两种观点在看待国家干预的作用方面是有明显分歧的，但在市场机制的自发作用会加剧收入不平等这一点上却是基本一致的。

近些年来，西方一些关注东欧和中国改革的学者根据若干比较研究的结果对此提出了不同的看法，较有代表性的是部分社会学家在

[①] 〔美〕吉利斯（Gillis）、帕金斯（Perkins）等：《发展经济学》（1983），经济科学出版社，1989，第93~96页。

"新制度主义"理论框架中提出的看法。他们认为，社会主义国家在从"再分配"的计划经济体制向市场经济体制过渡的过程中，国家的放权让利对直接的生产者提供了有效的刺激，从而围绕着市场领域创造出新的机会格局，使分配的份额从高层的"再分配"领域向基层的市场领域转移，所以在市场过渡的经济转型时期，市场机制的导入是有利于弱化收入不平等的。[①] 但是，这种看法目前还缺乏经济发展长周期的统计验证。

我们在前面提到，中国改革开放十几年来，伴随着市场机制的导入和扩大作用，城市的收入差距、农村的收入差距以及城乡之间的收入差距都经历了一个先缩小后又扩大的过程。然而我们并不能因此而得出结论，认为在经济转型中，市场机制对收入差距的影响在初期是正面的，随后就会转向负面，因为相互伴随的现象并不一定就具有因果关系。从中国分省的基尼系数的资料来看，收入差距超过全国平均水平（1989，0.310）的多集中在东北和西部省份，如河北（0.312）、辽宁（0.313）、吉林（0.321）、黑龙江（0.332）、内蒙古（0.332）、山西（0.313）、宁夏（0.319）、青海（0.328）、新疆（0.365），[②]而较早导入市场机制和市场调节范围较大的东部沿海地区并没有显示出更大的收入差距。然而，这也不能作为市场机制有利于缩小收入差别的证据，因为这可能只是说明，经济较发达的地区具有更多的公共财力对低收入阶层进行补偿，从而削弱反映在城乡差别和地区差别之中的农业和非农产业之间的收入差别对收入分配的影响。在较发展地区，由集体出资代缴对农民收入的提

---

① Stark and Nee, "Toward an Institutional Analysis of State Socialism", *in* V. Stark and D. Nee (*eds.*), *Remaking the Economic Institutions of Socialism: China and Eastern Europe*. California: Stanford University Press, 1989, pp. 12 – 13; Nee, V., "Social Inequalities in Reforming State Socialism: Between Redistribution and Market in China", *American Sociological Review*, 1991, 56: 267 – 282.

② 世界银行专家根据国家统计局资料测算，转引自韩俊《农民收入增长与农村经济社会结构变动关系研究》课题报告，打印稿，第 14 页。

留和对农业生产进行补贴是更为普遍的做法；而在欠发达地区，农民负担加重的问题变得更为尖锐。

事实上，在经济体制转轨时期，收入分配体制的双轨并存甚至多轨并存是对收入差距扩大更为重要的影响因素，众多来自经验实证研究的分析结果显示，在中国的城市分配体系中，较多受到计划和行政管制的职工工资性收入和补贴的分配呈现较高的均等程度，而较多受到市场影响的个体私营业主的收入、资产收入以及各种工资外收入呈现较低的均等程度；而在农村分配体系中，除表现出上述特点外，更为突出的特点是个人工资性收入的不均等程度远远高于家庭生产经营收入的不均等程度。①

从以上的分析中我们可以得出的初步结论是：中国改革以来市场机制的导入对于劳动工资收入差距扩大的影响不是非常突出的，而对于劳动收入和资本收入差距扩大的影响是明显的；但是，从不同地区的发展情况来看，市场机制调节范围的扩大并不一定意味着收入分配状况的恶化，也不一定意味着政府对收入分配的调节能力会受到削弱；在市场过渡时期，广泛存在的收入分配秩序混乱和各种非法收入对加剧收入差距扩大以及人们对此的感受是有重要影响的，但并没有充分的理由认为这些都是导入市场机制的后果；在目前体制内的工资性收入分配中，仍存在着无效率的"大锅饭"状态，今后的改革会进一步打破这种形式化的"收入均等"，这对于按劳动贡献取酬和"效率优先、兼顾公平"的原则来说，是更为合理的；另外，无论是从历史的发展还是从横向的比较来看，在市场经济条件下国家通过经济手段和社会政策对收入分配进行一定的干预都是必要的，但它不应成为一种超经济的统摄力量。

---

① 赵人伟、格里芬主编《中国居民收入分配研究》，中国社会科学出版社，1994，第10、21页。

三　怎样衡量人们的社会地位

收入和财富占有的状况无疑是影响人们的社会地位的重要因素，但绝不是唯一的因素。而且，在不同的制度和组织结构条件下，经济因素在决定人们社会地位上的重要性也是有很大差异的。在改革以前甚至改革后的一段时间，由于基本上不存在个人的资本收入，而劳动收入的级差很小，因而在决定人们社会地位的诸种因素中，中国组织体系中的行政等级和所有制身份以及个人的城乡户籍身份就具有了非常重要的意义。根据对9大类社会群体地位特征相关因素的分析，在影响个人社会地位的声望、身份、权力、收入、教育程度等因素中，声望和身份是最具影响力的因素，可以解释个人地位特征的约70%，而且声望、身份、权力三者之间的相关系数均高于0.62。[①] 在这种稳定的制度化结构中，你只要知道一个人的工作单位、他生活的地域以及他在行政序列中的位置，你也就基本上知道了他所处的社会地位。

近年来，由于中国处在快速的社会结构转型时期，在这方面出现的一个重要变化是，收入和财富占有状况对个人社会地位的影响显著增强，特别是职业声望与收入状况发生了某种程度的背离，这使得在评价社会地位时沿用国际标准评价体系具有很大的局限性。国际上一些多国比较的研究结果表明，在相对稳定的社会结构中，影响个人社会地位的主要社会经济因素之间具有较高的相关性，因此为了操作上的方便和可能，可以采用几个主要指标来确定评价体系。如邓肯（O. D. Duncan）的社会经济指数体系（SEI）和科莱（J. Kelley）的国际社会经济地位量表（ISESS）都是采用主观指标和客观指标相结

[①] 李路路、王奋宇：《当代中国现代化进程中的社会结构及其变革》，浙江人民出版社，1992，第60～70页。

合的方法，用职业声望、教育程度和收入等来综合评价社会地位。另外就是比较著名的特莱曼（D. J. Treiman）标准国际职业声望量表（SIOPS），更加侧重于职业声望指标。特莱曼对国际上60多个国家的比较研究结果显示，各国对职业声望的高低评价非常接近，其相关系数达0.81，很少受文化差异的影响，同时根据这一量表所得出的分析结果与邓肯和科莱根据社会经济指数的综合分析所得出的结果也高度相似，相似系数达0.8~0.9。[①] 根据中国社会科学院"中国城乡居民家庭生活调查课题组"1993年对不同省份的10个市县3000多户居民的调查，在参照中国第四次人口普查职业分类标准和跨国比较职业分类标准所列的100个职业的排序表中，一方面行政等级和所有制身份仍对职业声望的排序具有重要影响，如由高到低，教育群体的排序是：教授、大学教师、中学教师、小学教师，行政群体的排序是：部长、大城市市长、局长、处长、科长，厂长群体的排序是：大中型企业厂长、中外合资企业厂长、集体企业厂长、乡镇企业厂长、私营企业厂长。另一方面职业声望序列与收入序列发生严重脱节，如排在第20位的企事业政工干部和排在第45位的小学教师，其收入水平显然远低于排在第64位的工商个体户和排在第69位的时装模特儿，特别是排在前5位的大学教授、政府部长、大城市市长、社会科学家、法院院长（检察院检察长），实际上在收入序列中都进入不了对高收入阶层调查的前10位。[②]

其实，根据各国的职业声望调查，在前10位和后10位的排序上，发达国家和发展中国家、东方国家和西方国家，总体上是比较一致的，而且一般来说，职业声望基本上可以反映人们的社会地位。在

---

① Treiman and Yip, "Educational and Occupational Attainment in 21 Countries", in Kohn and Park（eds.）, *Cross-National Research in Sociology*, California：Sage Publisher, 1989, p. 381.

② 中国城乡居民家庭生活调查课题组：《中国城乡居民家庭生活调查报告》，中国大百科全书出版社，1994，第145~148页。

其他国家，职业声望地位和收入地位不完全一致的现象也是普遍存在的，如根据特莱曼在 20 世纪 60 年代所做的两次调查，职业声望列前 3 位的内阁成员、众议院议员、高级法院法官，其收入水平要低于列第 10 位的律师、第 16 位的建筑师和第 17 位的飞行员。① 但是，像中国目前这样职业声望排序和收入地位排序中经常出现相差几十位的现象并不是多见的，也不是正常的，这在一定程度上反映了收入序列的混乱和异常。

收入序列的混乱和异常使职业声望对社会地位的解释力有所削弱，造成了在人们在某些价值观念上的困惑，也使得一部分人试图通过一些畸形的社会行为来满足自己对社会地位的追求。在职业声望排序中位次并不高的高收入群体中，有一部分人试图通过炫耀式的高消费来满足自己对象征性权力的追求，在资本积累的初期阶段就花天酒地、一掷千金，使中国这样一个低收入国家却成为进口 XO 等高档酒的第一消费大国，这些人渴望其社会地位能够与其收入地位相吻合。此外，在职业声望排序中位次较高而收入并不高的管理阶层中，也有一部分人无视党纪国法并铤而走险，依靠手中的权力进行贪污受贿，从事各种权钱交易，认为"权力不用，过期作废"，今后收入和财富占有是影响社会地位的决定性因素，结果是近几年贪污贿赂等经济犯罪案件迅速上升，查获立案的百万元以上的贪污贿赂特大案件也达到新中国成立以来发生率的最高点。

社会地位是人们的政治、经济、文化等因素的综合特征，对于一个国家社会结构的相对稳定来说，保证合理的和普遍接受的社会地位序列是非常重要的。针对出现的结果而采取各种调整利益格局和打击贪污受贿、走私偷税、执法犯法、腐化堕落的措施是十分必要的，而通过制度化手段理顺收入序列也是不可或缺的，在结构转型和体制转

---

① 〔美〕戴维·波普诺：《社会学》（下），辽宁人民出版社，1987，第 14～18 页。

轨时期，职业声望序列与收入序列发生严重脱节，作为一种过渡性现象是可以理解的，也是难以避免的，但是如果这种现象长期持续下去，并化为一种刚性结构存在下来，那对于社会的稳定是极为不利的，不仅会造成各个阶层都对自己的社会地位不满意的状况，而且可能会成为许多畸形、越轨和违法犯罪行为的重要诱因。

四　如何评价"流动民工"

流动民工是新兴的一个庞大边缘群体，而不是一个独立的社会阶层。近几年来，"民工潮"成了新闻界、学术界和政策研究部门谈论和研究的热点，仅在北京的国家部委、高校和科研机构中，目前就有十几个关于流动民工的课题在同时进行研究。近几年流动民工的人数是在快速增加的，但其总的规模却被明显高估，如认为有 0.8 亿 ~ 1 亿人。这主要是由于混淆了"流动人口"和"流动民工"两个不同的概念，流动人口中其实有约 50% 是进行旅游、探亲和公务、商务交往的"通勤型流动人口"。根据 1% 人口抽样调查、人口普查和有关的全国专题抽样调查推算，1985 ~ 1990 年，从农村迁出的总人数每年约 335 万人，而 1993 ~ 1994 年外出打工的农村劳动力则达到了年均 5000 万人左右。[①]

---

① 参见《中国 1987 年 1% 人口抽样调查资料》全国分册，中国统计出版社，1988；《中国 1990 年人口普查资料》第 4 册，中国统计出版社，1993。1993 年外出打工的农村劳动力人数，根据中国农业银行调查系统于 1993 年 12 月底至 1994 年 1 月对全国 26 个省（区、市）600 多个县 14343 个农户的调查，占被调查农村总人口的 5.84%，据此推算全国流动民工总数为 4924.2 万人。1994 年对 40 个县的再次调查表明，外出打工人数比 1993 年平均高出 9.4 个百分点，据此推算 1994 年全国流动民工为 5357.8 万人。另根据中央政研室和农业部农村固定观察点办公室于 1994 年 5 月对全国 11 个省区 75 个固定观察点村庄的调查，1993 年村均外出农村劳动力占农村劳动力总数的 15%，据此推算全国流动民工总数为 5094.9 万人。参见农村经济年度分析课题组《1994 年中国农村经济发展年度报告——兼析 1995 年发展趋势》，中国社会科学出版社，1995，第 162 ~ 163 页。

实际上，流动的、离土又离乡的进城民工和定居的、离土不离乡的乡镇企业工人属于同一个社会阶层，他们都是从农民到工人的"过渡人"以及村民和市民之间的"边缘人"，但他们带来的社会反应和社会问题是迥然不同的。吸纳定居边缘人的乡镇企业很快得到社会的普遍赞同，被誉为"农民的第二个伟大创造""农民脱贫致富的必由之路""完全没有预料到的收获"等。而流动的边缘人所形成的"民工潮"则不同，城市媒体在很长一段时间里都对其抱着审慎的态度，甚至一度用"盲流"这样显然带有贬义的名称去描述他们。市民的潜意识里似乎都存在着一种警觉：这是一种不稳定的社会因素，它带来了城市交通的拥挤、社会治安的恶化、公共场所的"不体面"等。尤其是每年春节期间由于民工集中返乡而造成的铁路交通不堪忍受的状况，更增加了社会的担忧和危机感。而一些无根据的类比和危言耸听之词也在制造人们的恐惧心理，如"历代王朝都毁于流民之手"云云。

历史上的"流民潮"与目前出现的"民工潮"有着本质上的不同：首先，进城的农民工不是由于灾害、饥荒和生存所迫而背井离乡，他们是在城乡体制壁垒松动和农业比较利益下降的情况下为了提高收入而出来"闯世界"的；其次，他们不是盲目游荡的无业流民，而是有目的、有方向、有规则地从农村向城镇流动，从欠发达地区向发达地区流动，从劳动力剩余产业向劳动力紧缺产业流动，从低收入职业向相对收入较高的职业流动，一句话，他们的流动方向符合社会流动和结构转型的一般规则；最后，他们的流动对于他们自身来说，是社会地位和经济地位的提高，而不是坠入社会的底层，是重新进行社会定位，而不是流离失所，总之是获得利益而不是丧失利益。正是由于存在着这种本质的区别，所以农民工的进城不是破坏社会生活，而是创造新的社会生活，它并没有带来社会的动荡和不安定，恰恰相反，它为城乡的沟通和利益矛盾的缓解提供了一种新的渠道。至于"民工潮"所带来的种种社会问题，自然是不能讳言和值得高度重视的，但更多的是反映了我们城乡管理体制上存在的隐忧、城市基础设施建设的薄弱以及某些方面对发展的不适应。

有的人认为，城镇中已经存在着显然低估了的3%的失业率和企事业单位中大量的就业不足的富余人员，农民工进城会大大加剧失业问题。其实，城镇劳动力市场一方面是一些行业和部门人满为患，另一方面是有些迅速发展的行业出现结构性劳动力短缺，农民工所进入的建筑、餐饮、制衣、环卫等行业由于具有不稳定、劳动强度大、条件差等特点，是城镇待业者宁肯待业也不愿干的，而这方面的劳动力供给对于城市发展来说又是不可缺少的。

当然，若认为"民工潮"有百利无一弊，是一种无代价的发展，或是认为"民工潮"的出现完全是由于农村存在大量的剩余劳动力，农民工的进城不仅转移出农村的剩余劳动力，而且使农业的劳动生产率因剩余劳动力的减少而获得提高，那也是存在误区的。其一，如果说农村外出的民工都是农村的"剩余"劳动力，那么这种农村剩余劳动力的转移就不会对当地农业生产造成任何影响，而实际上，根据调查，许多地区农村劳动力的外流往往伴随着部分耕地的抛荒、撂荒和当地农业的萎缩；其二，如果说进城打工的农民都是农村的剩余劳力，那他们首先应当是农业劳动力中最缺乏竞争能力的那一部分，但事实上恰恰相反，根据1993年的调查数据，外出的多半是年富力强（男性占72.1%，35岁以下的青壮劳动力占71.8%）、文化水平相对较高（具有初中以上文化的占55.7%，比农村劳动力总数的平均比例约高出13个百分点）、具有创业精神和一定技术特长（有技术特长的占33.7%，比农村劳动力总数平均比例约高出17个百分点），且掌握一定信息、善于适应环境的变化的人，而留在农村务农的更多的是"386170部队"（妇女、孩子和老人）；[①] 其三，如果说人多地少是造

---

① 赵长保等：《经济发展中的农村劳动力流动——对当前农村劳动力外出情况的调查和思考》，《中国农村经济》1995年第1期。

成农村剩余劳动力和劳动力外流的根本原因，那么民工流动的趋势应当是从人多地少的地区向相对来说人少地多的地区流动，但事实上恰恰相反，民工流动的主趋势是从人均耕地相对较多的中西部向人均耕地很少的东南部流动，是从农村向城镇流动，四川、贵州、广西、湖南是最大的农村劳动力迁出地区，占省际人口净迁移量的50%以上，而三大直辖市和东南沿海9省是最主要的吸纳外来劳动力的地区，其中北京、上海、天津和广东省就吸纳了全国省际迁移量的30%以上，① 越是耕地稀少而新兴劳动力密集工业发达的地区，劳动力的需求量越大，流动民工涌入得越多。

其实，从国际经验来看，城市化过程中农村劳动力的外流和涌入城市大都是源于以下三个原因：第一，城市工资与乡村农业收入的差距以及它们增长率的差距大大地扩大；第二，发展的收益和福利的开支集中在城市，使城市更具有吸引力；第三，大众传媒（特别是电视）和教育的发展已经使农村不可能是被封闭在现代生活之外的"文明孤岛"，农村青年人外出闯世界的欲望变得前所未有的强烈。在中国，近几年"民工潮"的形成可能还有几个特殊的原因：一是粮油价格的全面放开使城市食品配给制度彻底解体，城乡隔绝的户籍制度的约束力也因此而大大弱化；二是一度成为吸纳农村剩余劳动力主渠道的乡镇企业，由于近几年的资本增密和技术增密，其吸纳劳动力的能力和潜力开始降低；三是城市新兴的建筑业和服务业的快速发展对体力型劳动者产生巨大的结构性需求；四是近几年资本的注入和聚集出现较大的地区倾斜，刺激农村劳动力从人均投资额较低的地区向人均投资额较高的地区流动。

流动民工实质上并不是一个稳定的社会阶层，而是一个过渡的边

---

① 农业部农村经济研究中心课题组：《中国农村劳动力流动与人口迁移研究综述》，《农村劳动力流动研究通讯》1995年4月。

缘群体，他们的出现在城乡之间和工农之间创造了一个广阔的中间过渡地带，不是加剧了而是缓解了城乡之间的对立和差异，并正以其特有的边缘群体身份（工人的职业身份，农民的社会身份）创造一个新的结构层次，并通过这个新的结构层次的扩大和推延来实现社会相对平稳的重组。他们中的一部分人可能还会返回农村务农或成为兼业户，但多数人可能会成为新的市民，城市应当把对他们的管理和接纳列入规划，而不应堵塞农民进城务工、经商的渠道，民工进城所带来的社会收益与其带来的社会问题相比，在总体上是利大于弊的。而且，在这么多农民工进城的情况下，还很少出现以农民工为主体的社会不稳定偶发事件。反倒是如果他们全部返回而又没有提高收入的出路，就可能成为潜在的不稳定因素。当然，对流动民工要采取疏导和分流政策，不能使其过于集中于大城市，避免在大城市的人口承载能力尚有限的情况下给大城市造成太大的压力。调查表明，目前吸纳外来民工最多的还是中小城市，1993 年在外出的农村劳动力中，主要停留在大城市的占 27.8%，主要停留在中小城市的占 45.1%，主要停留在乡村的占 20.8%，另有 6.2% 难以确定。① 而且，拓宽离土离乡式劳动力转移的渠道，也并不是要放弃离土不离乡的转移渠道，特别是在中国的粮食生产具有政治和战略意义而不仅仅是经济意义的情况下，中国不能走以农业的萎缩和衰落为代价的城市化道路。以农业劳动者平均剩余劳动时间的累计来推论农村剩余劳力的人数是有很大局限性和误差的，因为农业的季节性劳动特征无法使农业剩余劳动时间得到储蓄和积累，所以应高度重视农业内部通过兼业等多种形式转移和开发农业剩余劳动时间的巨大潜力和弹性。即便是在一些完成了现代化的发达国家，农村家庭经营的兼业仍然是转移和开发农业剩余劳

---

① 赵长保等：《经济发展中的农村劳动力流动——对当前农村劳动力外出情况的调查和思考》，《中国农村经济》1995 年第 1 期。

动时间的最普遍的形式。

进城的农民工并不都具有良好发展的前景,很多人还只是在吃青春饭和体力饭,他们目前生活的暂时稳定和抵御风险的能力很大程度上还来自经济快速增长和尚具有"土地保障"的现状,所以也应当看到,一旦经济出现较大波动和在规模经营的扩展中丧失了"土地保障",在大城市中出现一些"新贫民"和"棚户区"的危险是存在的。

五 是否存在着严重的收入"脑体倒挂"

收入的"脑体倒挂"是近几年人们议论较多的一个问题,特别是在知识阶层中,对此的反响比较强烈。很多人认为这是近两年促使科研教育界不少青年知识分子"下海"经商的一个重要原因。社会上也早就流传着"造导弹的不如卖茶叶蛋的""拿手术刀的不如拿剃头刀的"等种种说法。近来不少人认为知识阶层中又出现了收入的"代际倒挂",即所谓"爷爷辈不如父辈,父辈不如儿子辈",从而加剧了"知识和经验贬值"。

收入"脑体倒挂"的现象在目前的现实生活中的确存在着,如北京市大学教授和国家科研单位研究员的平均月工资收入在800元左右,而北京市个体和承包出租汽车司机的平均月劳动收入在3000元左右。上海市博士研究生在国家单位参加工作的起点工资低于全市工薪人员的平均工资。在工薪阶层内部,若以脑力劳动者与体力劳动者的劳动工资水平相比较,1978年脑力劳动者高3.9%,到1991年则倒挂7.6%,1992年倒挂缩小到1.3%,1993年又有所扩大。① 但是应当看到,这种收入倒挂在很大程度上带有结构转型和体制转轨时期的

---

① 朱庆芳:《人民生活稳步增长,但物价上涨突破警戒线》,载江流等主编《1993～1994年中国:社会形势分析与预测》,中国社会科学出版社,1994,第52页。

过渡特征，即倒挂现象主要表现为由国家规定工资标准的部门与由市场调节工资标准的部门之间的收入差别，在这两个工资体系的内部，并不存在着事实上的收入"脑体倒挂"。

在由国家规定工资标准的部门，无论是机关、事业单位还是企业，工资水平是与职位和职称在总体上挂钩的，由于近年来的干部知识化、职称学位化趋势，职位和职称的高低分布与受教育的年限呈正相关，所以并不存在绝对的"脑体倒挂"，而且事实上的工资收入差距也并不大，很多情况下是平均主义的"大锅饭"依然存在。而在由市场调节工资标准和工资水平的部门，总体上也不存在收入的"脑体倒挂"，不能因为某些目不识丁的文盲白手起家成了大老板就认为教育已无收益率或知识贬值，这毕竟不是普遍现象，所能说明的可能只是在一定时期内，风险和机会的收益率远远高于教育的收益率。农村劳动力的收入基本上是由市场来调节的，调查结果表明，农村劳动力文化程度的高低与其收入水平完全是呈正相关的：根据国家统计局农调队 1992 年对全国农村 6.7 万多户农村居民家庭的抽样调查，从农户收入水平的比较来看，文盲半文盲农户人均纯收入为 586 元，小学程度户为 711 元，初中程度户为 794 元，高中程度户为 836 元，中专程度户为 1042 元，大专及以上程度户为 1291 元；1985～1992 年，文盲半文盲农户人均纯收入增长最慢，不足 1 倍，而大专程度及以上的农户收入增长最快，达到 1.8 倍。[1] 即便是在人们认为最无法体现教育收益率的个体私营经济领域，文化水平与财产收入和经营收入也是呈正相关的：根据国家体改委和国家工商局 1992 年对全国 13 个省市 48000 多个体工商户和 3000 多私营企业的抽样调查，个体工商户总资产额的平均值为 2.7 万元，按文化程度分组，不识字或识字不多的户

---

[1] 唐平：《农村居民收入水平及差异分析》（国际研讨会论文），北京，1994 年 12 月，打印稿。

为 2.0 万元，小学程度户为 2.5 万元，初中程度户为 2.8 万元，高中或中专程度户为 3.1 万元，而大专及以上程度户为 4.3 万元；私营企业主的年生产经营纯收入平均为 4.9 万元，按文化程度分组，小学及以下程度户为 3.9 万元，初中和高中程度户为 4.6 万元，而大专及以上程度户则高达 14.8 万元。[1]

正是由于这种总体水平上教育收益的体现，所以某些收入"脑体倒挂"现象的存在在多数人的预期中只是"暂时现象"，没有严重影响他们对教育收益的长期预期，这一点可以从城乡居民家庭消费结构的变动中体现出来：在中国家庭消费总支出中，教育文化等方面的支出所占的比重，1985 年农村居民家庭为 3%，城镇居民家庭为 8%；1993 年农村居民家庭提高到 7%，城镇居民家庭提高到 11%。[2] 城镇家庭中目前最舍得投资的恐怕就是独生子女的教育费用，只要看看中国这样一个低收入国家的钢琴销售量、全国儿童出版社的利润额、各种雨后春笋般的高价儿童培训班和城市重点幼儿园、中小学的赞助费，就很清楚了。

中国社会科学院经济研究所对中国 20 世纪 80 年代末期的调查数据进行分析处理后所得到的研究结果表明，城镇个人教育收益率的估计值为 3.8%，也就是说，在就业时间相同的情况下，每增加 1 年的教育，平均可提高 3.8 个百分点的个人收入；如果以 3 年以下小学教育为基准，3 年以上小学教育程度的职工的货币收入高出 0.6 个百分点，小学毕业的高出 3.8 个百分点，初中毕业的高出 9.1 个百分点，高中毕业的高出 9.8 个百分点，中专毕业的高出 11.2 个百分点，大专毕业的高出 12.8 个百分点，大学毕业及以上的高出 18.1 个百分点。[3] 这一方面意

---

① 国家体改委和国家工商局：《中国个体私营经济调查》，军事谊文出版社，1993，第 319、483 页。

② 国家统计局：《1994 年中国统计年鉴》，中国统计出版社，1994，第 260、280 页。

③ 赵人伟、格里芬主编《中国居民收入分配研究》，中国社会科学出版社，1994，第 12~14 页。

味着现阶段并不存在绝对意义上的收入"脑体倒挂",另一方面显示出中国的个人教育收益率偏低。世界银行专家 1985 年公布的一项对 11 个国家的研究结果表明,公共部门职员的平均个人教育收益率约为 10%;亚洲地区教育的平均社会收益率为:初等教育为 27%,中等教育为 15%,高等教育为 13%。① 教育方面的人力资本投资与一个国家的经济增长有着密切的关系,一项涉及 1960 年到 1985 年 58 个国家影响实际 GDP 的决定因素的研究有力地表明,教育可以对总产出做出很大贡献,国民受教育的平均年数每增加 1 年,可能会使 GDP 提高 3%。②

教育是一种收益期较长的特殊的投入产出系统,个人的教育成本和收益是影响个人的教育投资行为的决定性因素。教育的个人成本应当包括个人上学期间放弃的收入(机会成本)、生活费用开支和学费开支,而教育的个人收益应当包括毕业后受薪和领取退休金期间所有因受教育而得到的实际收益。在物价、生活费用和工资水平迅速提高的时期,教育的成本也会大幅度增加,如果在这期间某些收入倒挂的现象使教育的长期收益变得非常不明朗,而机会成本的高涨又使短期行为盛行,那么就会大大降低教育的吸引力,从而严重影响个人的教育投资选择。

在信息社会快速到来的时候,科技教育和国民素质对于国民经济的增长具有了越来越重要的意义,特别是对于资金缺乏而劳动力过剩的国家来说,主要的资产优势就是劳动时间,而科技教育是使这一资产的生产率得以提高的主要力量。1978~1993 年,中国每万人口拥有的大学生人数从 8.9 人提高到 21.4 人,教育事业得到快速发展,但从国际比较来看还有很大差距。90 年代初,高等教育入学人数占该年龄组人口的百分比,中国为 2%,不仅远低于高收入国家的 50%、中

---

① Psacharopoulor, G., "Return to Education: A Further International Update and Implication", *Journal of Human Resourcse*, 1985, 20 (Fall): 583–604.

② 世界银行:《1990 年世界发展报告》,中国财政经济出版社,1990,第 80 页。

等收入国家的 18%，也低于低收入国家 3% 的平均水平。[①] 所以，收入的"脑体倒挂"即便不具有绝对的意义，也是应当从体制上坚决加以调整的，要逐步理顺收入序列，使国家规定的工资制度与市场调节的工资制度相衔接，因为收入倒挂"示范效应"的长期存在会影响和动摇人们对个人教育投资的信心，而我国在目前的财政能力情况下不可能完全依靠国家投资办教育。

当然，教育也亟须改革，目前教材中知识老化、学用脱节的状况是普遍存在的，一些基础教材往往几十年一贯制，而一些新兴的职业必修科目又难以满足现实的需要，大学毕业生毕业即失业的情况已屡见不鲜，这也是在部分领域形成收入脑体倒挂的一个附加因素。

六　我们如何面对贫困问题

中国目前收入差距的拉大使低收入阶层的问题和贫困问题变得更加突出。贫困一直是困扰着整个世界而不仅仅是发展中国家的难题，在整个 80 年代世界经济平稳增长的同时，贫困人口却增长了 2%，目前世界还有十几亿人口生活在贫困线以下。1995 年在哥本哈根召开的社会发展世界首脑会议，贫困问题是其两大主题之一。

"贫困"可以分为"绝对贫困"和"相对贫困"。绝对贫困的基本含义，是指缺少达到最低生活水准的能力，通常以饥饿、严重的营养不良、文盲、破陋的衣着和住房等为特征。对绝对贫困的衡量是一项比较复杂和困难的工作，虽然家庭的收入和人均支出是衡量生活水准的合适尺度，但仍无法包括许多属于福利范围的内容，如医疗卫生、住房、预期寿命、识字能力、公共物品和服务的获得等。而采用人类基本需求或生活质量的社会指标体系来衡量，往往又由于数据不

---

① 世界银行：《1994 年世界发展报告》，中国财政经济出版社，1994，第 216 页。

完备或难以获得而无法进行全面的评价和比较。用恩格尔系数或平均寿命、婴儿死亡率和识字率等单项或少数几项指标进行衡量的尝试，也往往受到学术界对其"武断性"的指责。所以，为了研究的方便，目前较为普遍使用的衡量贫困标准，仍然集中在人均收入或人均消费水平的指标上。但是，这一标准是因地点和时间而有所变化的，带有明显的国别性和阶段性特征。所谓国别性，是指目前各国使用的贫困线通常是由各国的官方根据其具体国情来规定，因国家的不同而有很大差异，但贫困线一般定在平均收入或消费水平的30%上。所谓阶段性，是指随着一个国家人民生活水平的提高，人们可接受的最低消费水平——贫困线也会随之上移，世界银行专家对34个发展中国家和工业国平均消费水平进行分析后指出，在较低消费水平上，贫困线上移缓慢，而在较高消费水平上，贫困线上移较快，平均消费水平（按1985年购买力平价美元计算）从300美元增长到900美元时，贫困线会从275美元左右上移到约370美元；而当平均消费水平从900美元增加到10000美元时，贫困线会从370美元上移到3800美元左右。[1]世界银行专家在1990年进行贫困的多国比较和加总时，使用了按1985年购买力平价美元计算的275～370美元的贫困线标准（世界银行根据购买力平价测算，中国1992年人均GDP为1910美元），认为每年人均消费270美元为"赤贫贫困线"，370美元是"穷人贫困线"。按照这一标准，1985年全世界发展中国家共有11.16亿贫困人口（包括赤贫和穷人），其中东南亚有8亿人，占71%；印度有4.2亿人，占37%；中国有2.1亿人，占18%。当然，世界银行的专家们承认，这一全球性的贫困线不可避免地会带点随意性。[2]

① 参见李培林执笔的总报告，载江流等主编《1994～1995年中国：社会形势与预测》，中国社会科学出版社，1995。
② 参见李培林执笔的总报告，载江流等主编《1994～1995年中国：社会形势与预测》，中国社会科学出版社，1995。

相对贫困的含义，是指贫困不完全是从绝对意义上的生活水平而言，它还有很关键的心理基础。贫困总是在一特定的参照体系中相对于特定的参照群体而言，人们主观认定的可维持生存的水准在不同的国家和地区会有很大差别，在一个国家或地区被认为是"必需品"的东西，在另一个国家或地区也许被认为是"奢侈品"。即便是在一个比较富裕的国家，如果贫富差距较大，相对贫困的问题也可能会比较严重，会有较多的人具有被剥夺感。而且，只要存在着收入差距，5%生活在消费水平低层的人口总是存在，从这种意义上说，相对贫困总是伴随着我们。

中国在20世纪80年代中期曾把农村的贫困线定为人均年纯收入200元，此后调整到440元。根据国家统计局的数据，1978～1985年，全国农村贫困人口由2.5亿人减少至1.25亿人，平均每年减贫1780万人，贫困人口占农村总人口的比重从1978年的31%下降到1985年的14.8%，这是贫困人口快速下降的阶段；1986～1992年，农村贫困人口进而从1.25亿人减少至8000万人，平均每年减贫640万人，贫困人口占农村总人口的比重也进而从1985年的14.8%下降到1992年的8.8%。[①] 1994年国务院制订了《国家八七扶贫攻坚计划》，其主要目标是在1994年至20世纪末的7年中基本解决8000万农村贫困人口的温饱问题，使绝大多数贫困户的年人均纯收入达到500元以上（按1990年不变价格）。这一目标如果能够如期实现，将标志着我国消除贫困的任务从主要消除绝对贫困转向更多地关注解决相对贫困。

但是，消除绝对贫困的任务面临着严峻的挑战。

第一，现在还未解决温饱问题的农村贫困人口，较集中地分布在我国中西部的深山区、石山区、荒漠区、高寒地带、黄土高原、地方

---

① 孙惠莲、田少军：《中国扶贫开发综述》，《中国人口报》1994年8月29日。

病高发区以及水库库区，这些地区生产和生活条件极其困难，有些地方甚至连基本的生存条件都非常恶劣，减贫难度很大。

第二，国家重点扶持的592个贫困县，多数属于自然条件较差的传统农业县，农业大幅度增产的潜力有限，而近几年农业与非农业的比较利益差距又在拉大，农民人均纯收入的增长速度远低于城镇居民人均生活费收入的增长速度，农民增产不增收的情况依然存在，同时主要粮食品种的价格已接近甚至超过国际市场粮价，靠调整国家订购价格提高农民收益率的余地已很小，这就在很大程度上限制了这些贫困县的脱贫能力。

第三，我国农村20%低收入户的平均收入水平还很低，其中刚刚脱贫但仍接近贫困线的人数还较多，在物价快速上涨的时期，他们受到的打击较大，很多人的实际生活水平下降，重新跌入贫困。根据国家统计局农调队对全国6.7万多农户的调查，1993年农民人均年纯收入在300元以下的占被调查户的5.0%，400元以下的占11.3%，500元以下的占20.4%。根据当年全国有2.3亿农户和户均4.6人测算，那么1993年全国农村人均纯收入在300元以下的有5290万人，400元以下的有1.19亿人，500元以下的有2.15亿人。换句话说，贫困线每提高100元，就会使贫困人口按几何级数翻番。而且，根据该项调查，1993年全国还有约500万农村人口人均年纯收入在100元以下，这种低收入家庭占农户总户数的0.45%。[①]

第四，根据国际上的减贫经验，当贫困人口占总人口的比例降到10%左右的时候，贫困人口的减少往往容易进入瓶颈阶段，我国目前的贫困人口比例（1994年为7.8%）正处于这一时期。要在1995～2000年的6年时间内解决7000万贫困人口的温饱问题，年均需减贫约1170万人，较之1986～1992年每年减贫640多万人，任务将近增

[①] 国家统计局：《1994年中国统计年鉴》，中国统计出版社，1994，第276页。

加了 1 倍。尽管中央财政的扶贫投入已从 80 年代初的十几亿元增加到 1994 年的近百亿元，今后又每年再增加扶贫 10 亿元的以工代赈资金和 10 亿元的专项贴息贷款，但减贫的成本也在迅速提高。

第五，中国目前城镇中也存在着尚未得到足够重视的贫困问题。根据国家统计局城调队对全国 3.5 万多城镇住户的调查，1993 年占被调查户 5% 的"困难户"，人均月生活费收入只有 88 元。[①] 根据当年城镇总人口估算，"困难户"涉及约 1600 万人。另据劳动部门统计，1994 年全国城镇失业率达到 3%，城镇失业人员达到 500 万人，比上年增加 80 万人；当年城镇还有停产半停产企业 2.8 万户，涉及职工 580 万人，其中减发工资的 314 万人，占城镇职工总人数的 2%，占企业职工总人数的 3%；此外，截至 1994 年 9 月底，全国因故不能及时领到退休金的有 49 万人，占离退休总人数的 1.8%。[②]

实际上，由于扶贫在很大程度上依赖于财政的转移支付措施，所以扶贫的财政力度往往取决于对促进增长和消除贫困的权衡。因为一方面在许多地方决策层中存在着一种根深蒂固的经济学观念，即贫困的存在是收入差距拉大的必然结果，改革必须付出代价，要想经济快速增长，就不能过于顾及社会公正；另一方面，旨在扶贫的财政转移支付制度，在很多情况下面临着"漏桶"的技术难题，[③] 即扶贫的款项在转交的过程中流失量过多（管理成本、改用他途或只是被用于即时消费等），不能为预定的受益者得到，于解决贫困无补，以至于国家为扶贫付出的代价远远高于贫困人口从财政转移支付中得到的好处。有的经济学家以税收和储蓄为函数来建立模拟模型推论，向贫困人口转移的净额如占 GNP 的 1%，就会使 GNP 降低 0.4%，并使非贫

① 国家统计局：《1994 年中国统计年鉴》，中国统计出版社，第 260~261 页。
② 参见李培林执笔的总报告，载江流等主编《1994~1995 年中国：社会形势分析与预测》，中国社会科学出版社，1995，第 10 页。
③ 〔美〕阿瑟·奥肯（A. Okun）：《平等与效率》（1975），王奔洲、叶南奇译，华夏出版社，1987，第 82~94 页。

困人口的消费降低 1%。① 因此，在一个追求经济快速增长成为普遍
信念的国家或地区，切实可行的有效扶贫政策，是尽量为贫困人口创
造充分就业和提高收入的机会，而不是单纯地提供生活补贴，要使得
贫困地区能够有条件致力于经济增长并得益于增长，从而使贫困随经
济的持续增长而缓解。经济发展了而贫困问题未能缓解甚至加剧的情
况是存在的，但经济停滞不前而贫困问题却能得到解决的情况是几乎
没有先例的。不过，从社会学家的角度看，不能不考虑贫困阶层在收
入差距拉大、物价快速上涨和失业率升高的情况下的感受以及可能的
不满情绪，因为一旦这种不满有激发社会冲突的可能，那么为此而付
出的代价就可能远远超出经济学家所做的正常的收益得失推论。

原载《社会学研究》1995 年第 5 期

---

① 世界银行：《1990 年世界发展报告》，中国财政经济出版社，1990，第 53 页。

中国贫富差距的心态影响和治理对策

改革开放以来中国收入差距的扩大，已是一个得到经验研究证明的不争事实。但是，对收入差距是否已超过社会可以承受的合理区间，是否严重影响了收入分配的合理秩序甚至激励机制，贫富分化是否对社会公正和社会稳定产生巨大的威胁，等等，实际工作部门和学术界都存在一些不同的看法。我在 1996 年以前，一直认为中国改革以后收入差距的扩大是引入市场经济激励机制的正常现象，尽管分配秩序存在着种种不合理的方面，但仍属于渐进式改革的过渡性问题，而且体制内分配缺乏激励的"大锅饭"问题仍然是主要矛盾。但近几年来一些实际情况的变化使我的看法有很大的改变，这不仅仅是因为低收入阶层的相当一部分人出现了实际收入下降的情况，更重要的是人们关于贫富差距的社会心态发生了很大变化，甚至已经影响到人们对社会公正的信念，这是比较危险的。

这种危险一方面表现在事实方面：问卷调查资料表明，20 世纪90 年代中期以后，贫富差距仍然呈现继续扩大的趋势，中国城镇家庭最高 20% 收入户与最低 20% 收入户年人均收入差距，从 1990 年的4.2 倍、1993 年的 6.9 倍增加到 1998 年的 9.6 倍（见表 1）；而且由于中国在过渡期中存在着大量的隐性收入，实际的贫富差距情况可能比调查数据所反映的还要严重得多。

这种危险另一方面也表现在社会心态方面：人们心理上所感受到的贫富差距将事实上的贫富差距又进一步地放大。原因主要有以下三个方面。

其一，一部分人的腐败和非法致富，造成人民群众的强烈不满，并在人们心理上将现实中的贫富差距进一步放大。例如，一些高级干部贪污腐败、徇私枉法，造成国家巨大损失，犯罪金额触目惊心；一些握有经济权力的官员及其亲属通过权钱交易，在批租土地、承包工程、企业改制、债转股等过程中大肆侵吞、转移和挥霍国家资产；一些基层权力部门为了个人或小集团的利益向农民乱摊派、乱罚款、乱收费，造成农民负担过重和干群关系极度紧张；一些不法商人放肆地偷税、漏税、逃税、骗税，在短时间内非法暴富，引起群众强烈不满；一些地方执法人员甚至与"黑社会"势力联手，敲诈敛财、欺压百姓、横行一方。凡此种种，都使现实存在的贫富差距在大众心理上更加放大，并产生"示恶效应"和法不责众的心理。

表 1　中国城镇居民的贫富差距扩大趋势

年份	最高 20% 收入户与最低 20% 收入户年人均收入之比（倍）	最低 20% 收入户所占总收入的比重（%）	最高 20% 收入户所占总收入的比重（%）	最高 10% 收入户所占总收入的比重（%）	调查个案数
1990	4.2	9.0	38.1	23.6	1082
1993	6.9	6.3	43.5	29.3	966
1998	9.6	5.5	52.3	38.4	2148

注：表中 1990 年的原始数据来自"人的现代化"课题组在全国 26 个省、自治区、市的抽样调查；1993 年的原始数据来自"社会变迁与社会意识"课题组在全国 26 个省、自治区、市的抽样调查；1998 年的原始数据来自"社会形势预测"课题组在全国 22 个省、自治区、市的 50 个城市的抽样调查。

资料来源：许欣欣、李培林：《1998～1999 年：中国就业、收入和信息产业的分析和预测》，载汝信等主编《1999 年：中国社会形势分析与预测》，社会科学文献出版社，1999。

其二，耕农的比较利益过低、收入提高受阻甚至绝对收入额下降以及上千万国有企业职工的失业下岗，使传统的基础性阶层产生相对剥夺感，在某些突发事件的刺激下，会发生失去理性控制的集体行为。改革是一个利益格局调整的过程，对社会基本群体和阶层的利益分析，关系到改革的成败。为什么有的社会阶层会支持某项制度的实施，而另外一些社会阶层会怀疑某项政策的实施呢？归根结底，就是看改革所造成的制度配置究竟是对谁有利。有时候，即使当前的收益无法估量，也要看改革是否会给他们带来预期收益。但是，令人十分忧虑的是，在近几年对中国市民的调查中，国有企业工人和农民这两个中国社会的最基本群体，均自认为和被认为是收益最少的。根据中国社会科学院"社会形势分析与预测"课题组近几年对全国 60 多个城市 2000 多居民的抽样调查，1997 年到 1999 年连续 3 年，市民们都认为在发展过程中收益最少的群体，第一是国有企业工人，第二是务农农民。这种情况，必须引起高度的重视，如果一个社会的最基础阶层产生了相对剥夺感，那将是危险的潜伏因素。

其三，贫富两极分化的出现（在富裕阶层的收入水平仍在快速上升时，贫困阶层的收入水平却出现下降）是一个危险的信号，因为从社会心理上看，在普遍的获益过程中，自己的相对收益地位下降还是可以承受的，但绝对收益地位的下降，在经济上和心理上都是难以承受的。根据中国社会科学院经济研究所"收入分配研究"课题组的研究，"贫富两极分化"的标准可以分为绝对标准和相对标准：绝对标准是指最高收入组的绝对（实际）收入提高的同时，最低收入组的绝对（实际）收入下降；相对标准是指最高收入组与中值收入的比例上升的同时，最低收入组与中值收入的比例降低。按此标准对 1986 ~ 1995 年收入十等分统计数据进行检验，发现只有 1988 年出现了绝对标准意义上的"贫富两极分化"（赵人伟等，1999：146 ~ 149）。而这种情况在最近几年又有发生，即在总体的和平均的收入水平提高的同时，最低收入层的实际收入出现下降，这是一个比较危险的信号，是改革以来所罕见的。

对于贫富差距研究，我过去一般都习惯于从实际差距的测定入手分析和推论人们对这种差距的心理承受能力，而把社会心态的变化简单地作为经济原因的结果。实际上，人们的意愿、需求、取向、偏好和预期等社会心态因素，在特定的情况下，也会成为影响经济社会发展和社会稳定的关键性因素。指导西方世界走出 1929～1933 年重大经济危机阴影的凯恩斯经济学，由于其三大定律都涉及人的心理因素，甚至有人称其为"三大心理规律"。如凯恩斯经济学第一定律所说明的事实是，"随着人们收入的增加，消费在人们收入中的比例呈现递减的趋势"，但对造成这一现象的原因的解释是，"消费倾向递减造成消费需求不足"。

很多实际工作的领导人误认为经济问题比社会心态问题重要得多，其实整个经济学所研究的，无非就是人们的各种需求、偏好、效用感和预期。例如所谓"预期"，股市上称为"人气"，经济监测中称为"景气"，社会监测上称为"社会心态"或"信心指数"，它的复杂性在于我们往往难以单纯从理性原则出发来推论和把握，它对社会稳定的影响是显而易见的，古人用"水能载舟，亦能覆舟"来表示"人心所向"的重要性。特别是某些突发因素的出现，往往会改变人们的预期，而预期一旦形成，往往又具有惯性，扭转起来就比较困难。

现在从一些调查结果来看，人们对贫富差距的社会心态和对其发展趋势的心理预期已经影响到人们对社会公正的信念，所以必须设法努力从根本上扭转这种局面。

调整人们关于贫富差距的社会心态，必须从调整收入分配的政策和制度入手，但同时又要防止"大锅饭"分配体制的回潮。中国的计划经济实行的几十年，"大锅饭"的分配观念根深蒂固，不彻底改变这种体制是没有出路的，哪里这种体制依然存在，哪里就是最缺乏竞争和活力的。

所以，调整的主要方向和新体制的基本框架，应当是初始分配继续坚持主要由市场调节，再分配要强化政府调节，而初始分配和再分配都要依靠法律和制度建立秩序。

中国20多年来改革的方向，就是建立社会主义市场经济，打破原有计划经济对社会资源的不合理配置，调动一切积极因素，鼓励人们勤劳合法致富。因而，在生产过程、在初次分配领域，必须坚持效率优先的原则。在这方面，改革并没有完成和结束，很多领域的市场竞争机制和激励机制仍然还没有真正建立起来，缺乏活力和创新能力仍然是很多部门的要害问题，这种情况是无法适应今后加入WTO和国际竞争的要求的，而国际竞争是不相信眼泪、没有怜悯和残酷无情的。

在中国由计划经济转向市场经济的过程中，随着市场机制配置资源作用的增强和调节收入分配范围的扩大，收入的贫富差距也出现了扩大的趋势，这种相关性是明显的，也是必然的，因为在现实当中，资本和技术等生产要素收益的增长速度要远远高于劳动收益的增长速度。所有以市场经济为取向配置社会资源和进行剩余分配的国家的发展过程都说明，市场经济在解决效率问题的同时，也会伴随产生初始收入的贫富分化问题，市场经济本身无法解决初始收入的贫富分化问题。

在社会主义市场经济体制下，初始分配主要应由公平竞争的市场机制来决定，国家主要是通过法律、法规和政策来影响和调控再分配。如果国家过多地干预市场领域的初始分配，则必然会影响效率，而如果对再分配领域放任不管，则必然会导致贫富悬殊。

实际上，任何实行市场经济体制的国家，初始收入分配的差距都是很大的，但是国家通过各种财政税收和福利保障政策，可以大大地缩小初始收入分配的差距。所以说，初始的收入差距大并不可怕，可怕的是对收入差距丧失了调节的能力。一般来说，导致最终贫富差距的因素，或者换句话说，人们调节贫富差距的主要手段，就是国家的社会保障和福利政策以及基于税收的转移支付能力，这是决定一个社会对某一特定的初始贫富差距承受能力的主要方面。

即便是在比较典型的市场经济国家，再分配的调节力量也是很大的。例如，英国的税收和福利政策就对家庭收入的再分配起到重要的调节作用。1994～1995 年，英国全部家庭的年收入按五等分划分，最上层 20% 家庭的平均初始年收入与最下层 20% 家庭相比，两者的收入差距是 19.8 倍（以下层为 1）；但在加上家庭的货币福利收入以后，两者的税前毛收入的收入差距缩小到 6.2 倍；在减去收入税、国家保险税和地方税以后，两者的可支配收入的收入差距进一步缩小到 5.4 倍；而在减去间接税以后，虽然仍是富有的上层家庭纳税多，但两者的税后收入的收入差距又扩大到 6.4 倍；最后再加上教育、医疗、住房、交通等各种实物津贴和补助以后，两者的最终收入差距为 3.7 倍。由于税收和福利政策对收入再分配的影响，最上层 20% 家庭与最下层 20% 家庭的收入差距从初始收入的 19.8 倍下降到 3.7 倍（见表 2）。

表2　1994～1995 年英国的税收和福利政策对收入再分配的影响

单位：英镑/年

家庭收入	全部平均	上层 20%	中上层 20%	中间层 20%	中下层 20%	下层 20%
初始收入	16720	40330	22250	13380	5600	2024
＋货币福利	3080	1180	1950	3160	4480	4676
税前毛收入	19800	41510	24200	16540	10080	6700
－收入、地方税	4050	10140	5050	2930	1320	840
可支配收入	15750	31370	19150	13610	8760	5860
－间接税	3130	4800	3960	3090	2060	1740
税后收入	12620	26570	15190	10520	6700	4120
＋各种实物福利	2950	2070	2780	3170	3140	3600
最终收入	15570	28640	17970	13690	9840	7720

注：实物福利中包括教育、医疗、住房、交通等方面的福利待遇和津贴以及中小学校学生用餐和福利牛奶，其中教育和医疗平均占实物福利的 95%。最终收入 = 初始收入 + 货币福利 - 收入税、地方税 - 间接税 + 各种实物补贴。

资料来源：*Social Trends* 27，1997，Office for National Statistics，UK。

再比如，在美国，仅累进所得税一项，就使最低收入者群体和最高收入者群体的收入差距在税后比税前缩小了好几倍。作为单身纳税人，最高收入者收入是最低收入者税前收入的 11 倍，在经过累进所得税的调节之后，下降为 7.8 倍（见表 3）。并不是说发达的市场经济国家在这方面已经做得很好，它们也存在很多难以克服的激烈矛盾，但它们在长期的试错过程中积累的成功经验，是值得借鉴的，这可以大大降低我们的试错成本。

但是，市场经济所伴随的贫富差距，与权力经济、非法经济和犯罪经济所造成的贫富差距，性质和效果是完全不同的。市场经济是建立在公平竞争的基础上的，它所带来的资源的充分利用、效率收益和剩余的增量，使国家有足够的能力在再分配的过程中进行贫富差距的调节，并承担由此产生的成本。权力经济、非法经济和犯罪经济则没有任何公平的前提可言，它们是损害资源的有效配置的，其参与竞争依靠的不是降低成本而是外移成本，其结果不是经济社会运行总成本的减少而是增加，完全是靠损社会利己使财富和收入向少数人集中，而且它们通过外移成本形成"恶性竞争优势"，造成"劣币驱逐良币"的结果，直接损害了市场公平竞争的机制。所以说，权力经济、非法经济和犯罪经济并不是伴随市场经济产生的，而是与市场经济背道而驰、水火不容的。现在的严重问题是，在一些地方和领域，权力经济、非法经济和犯罪经济，利用计划经济被打破和市场经济不健全的过渡期，一方面腐化了计划经济的最后遗产，另一方面破坏了市场经济的新生摇篮，它们还塑造和激活了一个要"抓住机会、非法完成原始积累、迅速暴富、自我调整社会等级地位"的巨大欲望和梦想，促使很多人前赴后继、铤而走险，从而使得对权力经济、非法经济和犯罪经济的打击，就像割春天的韭菜，割了一茬又冒出一茬。

表3 1999 年美国累进所得税对个人收入的调节结果

单位：美元，倍

纳税身份	最低收入者税前收入	按15%纳税额纳税	税后收入	最高收入者税前收入	按39.6%纳税额纳税	税后收入	最高与最低税前比	最高与最低税后比
单身者	25750	3862.5	21887.5	283150	112127.4	171022.6	11.0	7.8
户主	34550	5182.5	29367.5	283150	112127.4	171022.6	8.2	5.8
已婚联合申报	43050	6457.5	36592.5	283150	112127.4	171022.6	6.6	4.7
已婚分别申报	21525	3228.75	18296.25	141575	56063.7	85511.3	6.6	4.7

注：低收入者以15%税率的上限额计，高收入者以39.6%税率的下限额计。

资料来源：《经济日报》2000 年 5 月 23 日。

所以，无论是初始分配领域还是再分配领域，都要建立起与市场经济配套的调节收入分配的国家法律体系，通过各种法律的、经济的和行政的杠杆，缩减贫富分化的差距。没有法制经济，也不会有道德经济。而建立法制经济，关键是要抓好立制、依制和改制这三个环节。

先说说立制的问题。日益复杂的现代市场经济，对中国来说还是一种新生事物，尽管改革以来我们已经建立了一系列与市场经济配套的法律制度，颁布新的法律法规的速度可能是前所未有的，但是立制的空白还是很多，立制的需要还是很迫切，这是因为这种立制的空白所造成的损害还是很严重。例如，各国对收入分配的研究都表明，财富的贫富差距要远远高于收入的贫富差距。对财富监督应当比对收入的监督更加严格。财富的透明对提高一个国家控制贫富差距的能力至关重要。中国目前还没有建立起普遍的财产登记制度和财产转移的监督制度，这样对财产增值和转移的征税也就很难健全。"财产转移"是一个具有多重含义的概念，不仅包括财产在地域上的转移（如从中国到国外），也包括财产在不同所有者间的转移（子承父业亦属此类），还包括财产使用领域的转移（如从生产领域转到消费领域）。一个公司的老板，即便公司的财产是完全属于他的，他也不能随意地把公司财产转移为家庭财产，因为公司是有限责任制，如果要转移就必须符合有关法律规定，并对转移的财产征税。由于财产登记制度和财产转移监督制度的缺乏，一个国有企业垮了而企业管理者个人富了的现象很多（所谓穷庙富和尚），在国内欠下巨额债务或犯下侵吞大案而把巨额财产转移到国外的现象也很多。

再说说依制的问题。现在的一个大问题，还不仅是"无法可依"，还是"有法不依"。在西方社会，有一句话很流行："人一生有两件事难以逃避，就是死和税。"而在中国很多地方，私下里也流传着一个发财的秘密，就是"多行贿少纳税"。实际上，无论是增值税、所得税还是关税，可谓有法有制，但在依法依制方面，都存在很大的漏洞。特别是对现实中大量存在的现金交易，实际上还没有有效的征税手段。很多地方实行的所谓"包税制"，实际征不到应征税款的1/10。更有甚者，有的税务机构和税务人员，执法犯法，把国家税款通过各种途径转变为私人财富或单位福利，其手段并不见得多么高明，却屡试屡爽。税收是调节贫富差距的最有力杠杆，如果这个方面出现问题，后果是非常严重的。"无法可依"，那还只是管理经验和管理能力问题，"有法不依"则涉及政府信用问题和监督的权威性问题。

最后说一下改制问题。最近几年，提高农民收入和减轻农民负担问题已经强调了多年，光政府颁布的部门减费项目已经有好几百项，但就是减不下来，农村因农民负担而产生的矛盾和冲突还在激化。这究竟是为什么呢？一个基本的事实就是，农业从业人员还占全部从业人员的约50%，而农业生产的增加值已降到不足 GDP 的 17%，这17%的 GDP 在 50%的从业人员中进行分配，无论实行什么样的分配制度，都无法改变农业比较利益过低、农民收入难以普遍提高的局面。所以必须改制，不仅要改费制（减费），而且要改税制（减农业税）、户籍制和基层行政支出的汲取制。要通过改制促使农村剩余劳动力和农民的剩余劳动时间与土地、资本、技术和市场的结合，通过向农民和农村让利恢复农民的元气，活跃农村的消费市场。

我在这里只是举例说明立制、依制和改制几个关键环节在初始收入分配领域和再分配领域都是非常重要的，实际上在收入分配的所有领域，这是个具有普遍性的问题。我不相信一个国家主席的工资收入等同于一个银行普通职员的工资收入就可以产生同甘共苦的民族信念，我也不相信当上千亿元的公共资产非法流入私人腰包时还能让下岗工人和不堪重负的农民普遍保持平静的勤劳致富的心态。

参考文献

曹子坚，1999，《渐进式改革与利益格局调整》，《经济学家》第 5 期。

陈宗胜，1999，《改革、发展与收入分配》，复旦大学出版社。

丁理，1997，《改革中期的重大利益关系及其调整》，《探索与研究》第 3 期。

樊新民，1999，《论社会资源与当代都市职业阶层》，《社会科学辑刊》第 5 期。

国务院研究室课题组，1997，《关于城镇居民个人收入差距的分析和建议》，《经济研究》第 8 期。

胡鞍钢、王绍光、康晓光，1995，《中国地区差距报告》，辽宁人民出版社。

李路路，1999，《中国大陆私有企业的崛起与社会分层机制的变迁》，第二届华人社会阶层研究研讨会（香港）与会论文。

李培林主编，1995，《中国新时期阶级阶层报告》，辽宁人民出版社。

李强主编，1997，《中国扶贫之路》，云南人民出版社。

李实、赵人伟、张平，1998，《中国经济转型与收入分配变动》，《经济研究》第 1 期。

李爽，1999，《国民收入分配的调整和居民收入的增长》，载曾培炎主编《新中国经济 50 年》，中国计划出版社。

李学增、程学斌，1997，《中国城市各阶层的利益差距》，《中国社会科学》第 6 期。

林毅夫、蔡昉、李周，1998，《中国经济转型时期的地区差异分析》，《经济研究》第 6 期。

李卓鹏，1999，《当代中国的农民分化》，《哲学与研究》第 10 期。

刘祖云，1999，《社会转型与社会分层》，《新华文摘》第 11 期。

斯蒂格利茨，1998，《社会主义向何处去——经济体制转型的理论与证据》，周立群等译，吉林人民出版社。

《经济社会体制比较》编辑部主编，1999，《腐败寻根：中国会成为寻租社会吗?》，中国经济出版社。

World Bank, 1997, *Income Distribution In China*, Report No：16685CHA, Country Operations Division, China and Mongolia Department, East Asia and Pacific Region.

许欣欣，1999，《中国城镇居民贫富差距演变趋势》，《社会学研究》第 5 期。

严书翰，1999，《要深入研究两极分化问题》，《理论前沿》第 23 期。

赵人伟等主编，1999，《中国居民收入分配再研究》，中国财政经济出版社。

原载《江苏社会科学》2001 年第 3 期

消费分层：启动经济的一个重要视点[*]

中国改革以来，启动经济的一条重要措施，就是改变传统经济体制下"先生产后生活、重积累轻消费"的政策取向。20 年来，每一个经济增长高潮都与大众消费密切相连。值得注意的是，随着收入差距的扩大，消费的层级化现象也日趋明显，因此，要刺激经济和消费，必须根据消费分层的实际情况采取有针对性的政策。

一 消费分层的意义和划分依据

关于社会分层的方法，无论是从结构转型的理论出发还是从个人地位获得的假设出发，目前在盎格鲁－撒克逊社会文化体系中，最广泛应用的就是各种不同的职业量表（Occupational Scales），而职业、收入和教育水平往往是这些量表的最基本指标（Duncan，1961；Treiman，1970；Treiman and Yip，1989；Goldthorpe and Hope，1972；Erikson and Goldthorpe，1993；Bond and Saunders，1999）。中国社会运行的特殊情况是"两个转变"的并进：在工业化结构转型

---

* 本文是和张翼合写。

(Structural Transformation)的同时,也在进行着市场化体制转轨(Institutional Transition)。这就在职业和收入方面,形成了政府规范和市场规范两种体制。如国有企业的经理和私营企业的经理、国家机关的司机和出租车司机,就分属两种不同的收入体制和消费等级。为准确反映中国社会分层情况而进行的职业声望调查,也往往不得不加入所有制的差异指标(中国城乡居民家庭生活调查课题组,1994)。此外,由于中国的税收和财产申报等制度尚不健全,个人和家庭收入是各种调查中最难以厘清的领域。隐性收入和地下经济的大量存在,使得常规的收入统计和调查很难准确真实地反映实际状况。如根据国家统计局的城市家庭抽样调查,1996年中国城镇居民家庭人均可支配收入为4838.9元,人均消费支出为3919.5元,人均积累919.4元,积累率仅为19.0%;但1996年城镇居民储蓄存款余额为30850亿元,比上年增长31.5%,人均增加2050.92元。虽说居民储蓄中存在着公款私存和私人资本金混存的现象,但隐性收入的大量存在是造成收入指标失真的主要原因,一般估计,隐性收入平均可占到个人收入的30%左右。在这种情况下,选择职业地位和收入水平作为社会分层的主要指标,就有很大的局限性。据此,我们在本文中选择更容易准确测定的消费指标作为社会分层的依据,在已有的社会分层研究成果中,消费分层的研究也提供了一个全新的研究视角。我们试图通过对消费分层的研究,来了解消费分层与职业分层和收入分层是否具有一致性,并对有效刺激最终消费的呼声做出解释性的回应。

本项研究依据的资料,是北京商情调查公司1999年3月对重庆市的入户抽样调查数据。[①] 此次调查共取得了1251个有效样本,调查

---

① 在此,我们感谢北京商情调查公司允许我们将此资料用于纯学术的、非营利目的的研究。

采取分段抽样的方法，先在重庆市定额抽取街道，再在街道内定额抽取居委会，然后依各居委会所拥有户数的多少以一定比例随机抽取需要调查的户，最后才在户内以一定规则抽取年龄为 16~70 岁的居民做调查。1997 年，重庆市在中国大陆 31 个省、自治区和直辖市中，人均国内生产总值排在第 19 位，职工平均工资排在第 21 位，城镇居民人均消费支出排在第 6 位。对重庆市的调查只是一个城市的调查，消费水平并不具有推论中国总体的意义，但这并不影响其在消费结构分析上的代表性。此外，对重庆市的调查并不是专为消费分层研究而设计，其中缺少消费象征符号偏好的资料，从而无法进行多方面非物质消费的分析，这是令人遗憾的。

在本文中，我们将国际上通行的衡量消费水平的恩格尔系数作为消费分层的划分依据。由于中国正处于体制转轨过程中，消费中的许多项目尚未完全实现市场化和货币化，如消费开支中的大项——住房，很大一部分还具有福利的性质，这就会使消费支出中食品支出的相对比例提高，从而增大家庭消费的恩格尔系数（李培林、丁少敏，1990）。考虑到这一点，我们在使用恩格尔系数（食物消费额/消费总额）对中国城市家庭进行消费分层时，参照国际流行的估计数值进行了适当调整，划分了 7 个消费阶层。具体采用的消费分层标准请参见表 1。根据在重庆市的调查资料，居民消费分层结构呈橄榄形，即中间大两头小，从各消费阶层占被调查家庭的比例关系来看，中间阶层占的比重最高（22.0%），橄榄形中间以下的部分要比中间以上的部分都大一些（见表 1）。

表 1　以恩格尔系数分类的各消费阶层占调查户数的百分比

恩格尔系数	消费类型	占家庭百分比	累积百分比
0.29 及以下	最富裕阶层	7.2	7.2
0.30~0.39	富裕阶层	10.6	17.8
0.40~0.49	中上阶层	17.7	35.5

恩格尔系数	消费类型	占家庭百分比	累积百分比
0.50~0.59	中间阶层	22.0	57.5
0.60~0.69	中下阶层	19.7	77.2
0.70~0.79	贫困阶层	12.9	90.1
0.80 及以上	最贫困阶层	9.9	100

注：表中所列的恩格尔系数，是以"食物消费支出额/消费支出总额"的方式求得的。

资料来源：1999 年重庆调查。

二 各阶层的消费差异

（一）在饮食消费中的差异

中国是一个讲究"吃"的社会，故有"吃饱、吃好、吃草（野味）、吃药（药膳）"的饮食等级之说。目前饮食消费的差异，主要表现为饮食质量而非数量的差异。人们将饮食的主要目的是放在"满足基本需求"还是"饮食享受"上，代表着不同消费阶层的选择差异。从表2可以清楚地看出，在饮食消费方面，阶层差异最大的是"吃饱就行""山珍海味"和"满足新奇"3项选择。最贫困层家庭对"吃饱就行"的选择最高，占62.8%；随消费等级的递升，人们对"吃饱就行"的选择基本是渐次降低，在最富裕家庭达到31.8%；而对"山珍海味"和"满足新奇"的选择，变化是相反的，即伴随消费等级的降低，选择的比例也呈下降趋势，而最贫困阶层的这两项选择都为"0"。

（二）在服装消费上的差异

服装历来是标志消费水平的符号。在中国古代社会，封建制度专门规定了不同等级、不同地位人们的穿戴标准，故"黄色"属于皇族之色，而平民百姓则有"布衣"之称。现代社会虽然淡化了衣着穿戴方面的等级差异，但经济收入水平、职业特征和生活观念等，仍然可以在人们的衣着消费选择上得到反映。从表2可以看出，在"方便舒适"这种基本需求方面，消费分层的差异已经不明显。消费分层差异比较明显的是"体现个性"、"名牌时髦"和"保暖实惠"3个选项。前两个选项的选择比例随消费阶层的递升而基本上呈增长趋势，后一个选项则随消费阶层的递升而基本上呈下降趋势。贫困阶层在"名牌时髦"和"做工讲究"方面几乎没有任何需求，而在"款式新颖"方面则出人意料地存在较大的消费弹性，似乎并不完全受消费水平的限制。

表2　不同消费阶层家庭及其成员（被调查者）的消费偏好

单位：%

类别		最贫困阶层	贫困阶层	中下阶层	中间阶层	中上阶层	富裕阶层	最富裕阶层
样本数(个)		121	154	236	260	202	124	88
服装偏好	方便舒适	46.3	55.2	61.4	57.7	49.5	50.8	44.3
	体现个性	4.1	6.5	7.6	8.5	11.4	16.1	11.4
	款式新颖	2.5	4.5	4.2	6.9	7.4	7.3	6.8
	名牌时髦	0	0	6.1	1.2	2.0	2.4	4.5
	面料质地	9.1	6.5	4.2	7.3	9.4	6.5	9.1
	保暖实惠	26.4	18.8	10.2	8.5	8.4	8.1	9.1
	价格合适	5.8	5.8	7.6	7.7	7.9	6.8	6.8
	做工讲究	0	0	0.4	1.2	0.5	0	1.1
饮食偏好	吃饱就行	62.8	57.1	63.6	43.8	43.1	40.3	31.8
	讲究营养	28.1	33.1	27.5	44.2	41.1	33.9	40.9
	方便省事	4.1	5.2	4.7	6.2	5.4	10.5	4.5
	山珍海味	0	0	0.4	0.8	2.5	2.4	3.4
	饮食文化	0	0	1.3	0.8	1.0	3.2	1.1
	满足新奇	0	0.6	0.8	0.4	1.6	2.0	4.5
	其他	1.7	1.9	0.4	0.8	0.5	0.8	5.7

续表

类别		最贫困阶层	贫困阶层	中下阶层	中间阶层	中上阶层	富裕阶层	最富裕阶层
住房面积	10 平方米及以下	37.3	35.3	32.1	31.2	27.3	23.9	18.1
	11~20 平方米	49.0	49.0	49.3	48.9	49.5	50.7	40.4
	21~30 平方米	10.1	11.4	14.2	15.4	17.7	20.2	24.5
	31~40 平方米	1.9	2.5	2.5	2.6	3.2	2.2	10.6
	41~50 平方米	1.7	1.8	1.9	1.5	1.7	2.3	3.2
	50 平方米以上	0	0	0	0.4	0.7	0.7	3.2
对交通工具的选择	私人汽车	0	0	0	0.4	1.0	1.6	2.3
	出租汽车	0	0.9	1.3	1.9	2.0	3.2	8.0
	单位班车	1.7	2.6	3.4	1.5	2.5	2.4	1.1
	小公共	0.8	0	2.1	3.1	1.0	7.3	2.3
	摩托车	0	0	0.9	0.4	2.0	0.8	1.1
	公共汽车	10.0	22.9	24.3	33.1	35.6	41.1	33.0
	步行	24.2	22.9	25.1	22.3	23.3	16.1	22.7
	其他	4.2	5.2	2.6	2.7	1.5	0.8	4.5
	不适用	58.3	45.1	40.4	33.5	31.2	26.6	25.0
上、下班路途耗时	30 分钟左右	8.4	9.4	10.6	13.6	12.2	10.4	11.7
	60 分钟左右	8.3	10.2	17.7	18.7	25.2	25.5	20.0
	90 分钟左右	8.3	16.8	10.8	14.3	9.0	21.5	13.8
	100 分钟左右	57.7	55.7	44.8	30.0	28.8	25.2	26.6
电子媒体与通信设施	电话	56.2	63.0	69.5	74.6	72.8	79.0	76.1
	传真机	0	0	0	1.5	1.0	0.8	5.7
	有线电视	81.8	87.0	91.5	91.9	90.1	87.9	84.1
	卫星电视	24.0	26.6	25.4	33.8	27.7	24.2	30.7
	手机	2.5	7.8	8.5	15.4	22.3	33.1	44.3
	BP 机	16.5	32.5	35.2	45.0	56.4	56.5	59.1
	互联网	0	0	0.8	1.5	3.0	2.4	3.4
	其他	9.9	7.1	5.5	3.1	4.0	5.6	4.5
闲暇消费	娱乐	66.4	65.4	64.6	71.6	60.9	64.2	53.5
	学习	10.1	10.5	11.1	10.1	11.8	9.0	18.5
	运动	3.4	3.2	6.4	4.5	5.5	5.2	7.6
	旅游	0.8	1.1	3.0	3.0	4.1	5.2	5.4
	社交	3.4	3.1	4.7	3.7	6.4	6.7	5.4
	其他	16.0	16.7	10.1	7.1	11.4	9.7	9.8

注：除"电子媒体与通信设施"是多选外，其他各类别都是单选。由于在有些项目中省略了"无所谓"项，所以其值相加有时不等于100。

资料来源：1999 年重庆调查。

（三）在住房面积上的差异

目前，中国城市家庭多数居住在公房或按福利价（成本价）购买的公房，而公房的分配是以行政级别或技术级别为等级标准的，所以，无论是居住公房还是居住私房，住房状况上都存在着层级化的特点。这种层级化的特点可以量化为不同家庭人均居住面积的差异。从表2可以看出，自最富裕阶层到最贫困阶层，随富裕程度的降低，人均居住面积也呈规则的下降趋势。在最贫困家庭中，人均居住不足10平方米的家庭占到37.3%，而在最富裕家庭中，人均居住面积在50平方米以上的占3.2%。由于公房的福利性质，同等富裕的家庭，居住公房的家庭人均居住面积一般来说会大大超过居住私房的家庭。表2中显示，最富裕的家庭中也有58.5%的家庭人均居住面积在20平方米以下，从理论上说这些家庭应当是居住私房的，其居住面积少，一般来说是由于自己在消费、储蓄和投资之间的选择，而并不是因为经济上没有能力。

（四）在电子媒体与通信设施拥有率上的差异

从表2可以看出，电视似已成为中国城市家庭的"必需品"，已经不再具有层级标志的象征意义；中国家庭的电视拥有率，甚至达到了某些发达国家的水平。除了贫困家庭，在中等以上富裕程度的家庭中，电话和传真机也不再具有规则的层级化特征。在家庭电子媒体与通信设备方面，仍具有显著的规则性层级标志的是 BP 机、手机和互联网，如手机和 BP 机在最富裕家庭中的拥有率分别高达44.3%和59.1%，在最贫困家庭中则分别是2.5%和16.5%。这些层级化特征显著的家庭电子通信和媒体消费品，可能是目前城市家庭消费中增长最快的，如互联网的全国上网用户1993年还只有2000户，到现在已增长587.5倍。1998年6月全国上网人数已达到117.5万人，有

7.1%的城市家庭打算一年内上网,预计2001年上网人数将达到700万人(许欣欣、李培林,1999:36~38)。

(五)在交通工具和上、下班交通耗时上的差异

我们原来预期,在上、下班交通工具上,会出现"私车族""打的族""公共汽车族"和"自行车族"等比较明显的层级特征,但调查结果显示,这种层级化特征并不是非常规则的。原因之一恐怕与重庆市的地理特征有关。它是一个山城,中国各大城市最通用的自行车,在这里很少见。对城市家庭的各个消费阶层来说,乘公共汽车和步行上、下班仍然是最主要的交通方式。而使用私车、出租车、摩托车作为交通工具的,即便在富裕家庭中,也是很少的一部分。在最富裕的家庭中,乘私车的也只占2.3%。在被调查者中,选择"不适用"选项所占的比重相当高,这一般是"非上班族",可能是入户调查时,"非上班族"填写的较多。但从中也可以发现,越是消费水平低的家庭中,"非上班族"人员占的比重越高,这说明家庭的消费状况与家庭主要成员的是否在业密切相关。

关于不同消费水平的家庭成员上下班路途耗费的时间,调查结果总体上并没有显示出消费水平越低的家庭成员耗费时间越多的层级化特征,这说明在城市家庭的居住位置上,离上班地点的远近与家庭的消费水平并不直接相关。但在上下班耗时需要100分钟左右的家庭中,明显呈现消费水平越低的家庭占的比重越高的层级化特征,这说明居住离上班地点远而又没有快捷交通工具的家庭基本上都是消费水平较低的家庭。

(六)在闲暇时间消费上的差异

从调查结果来看,对于城市各消费阶层来说,目前"娱乐"仍是

最主要的闲暇消费。从各消费阶层之间的比较来看，最富裕阶层把时间用于"娱乐"的家庭比重最低，而用于"学习""运动"和"旅游"的家庭比重最高；在"社交"方面，富裕阶层和中上阶层家庭进行这方面的闲暇消费最多。特别令人感到意外和值得深思的是，最贫困阶层中将闲暇时间用于"娱乐"的家庭比重也高达 66.4%，仅次于中间消费阶层而排在第二位。

三　消费分层与其他社会分层之间的关系

在经典的社会分层理论中，消费分层应当与职业分层、收入分层、教育分层等密切相关。但是，中国正处于结构转型和体制转轨的过程中，某些常规社会分层的指标由于种种特殊的原因而带有很大的局限性，从这次调查的结果来看，消费分层与职业分层的相关性较低，而与受教育程度、家庭人均收入以及家庭类型的相关性较高。

（一）消费分层在职业等级和所有制类型中的分布

表 3 中的职业分层序列，是我们参照其他职业社会地位调查的结果而主观确定的一个职业等级体系，它或许并不能完全准确地反映不同职业的社会地位，但并不影响我们对消费分层和职业等级关系的判断。从调查结果可以看出，消费分层序列与职业等级序列并没有呈现出规则性的一致性：党政机关干部、工商企业管理人员、专业技术人员、商业服务人员以及自雇人员的消费分层结构基本呈正态的橄榄形，但其中党政机关干部在富裕和最富裕阶层中的人数比重较低（但却高于工人），而自雇人员的情况差异最大，其在最贫困阶层中占的比重也相当高；个体经营者和公司职员的消费分层结构是上头大的橄榄形，工人的消费分层结构是下头大的橄榄形，而失业人员的消费分

层结构是一个倒金字塔形，处于最贫困阶层的人数高达31.0%；比较出人意料的是下岗人员的情况，其平均消费水平明显好于工人，在富裕阶层中的人数比重甚至高达17.0%，仅次于个体业主，这可能反映了目前对下岗人员的再就业统计和界定上存在着问题，某些下岗人员一边领取着下岗津贴，一边从事着其他职业，这也反映了一般职业分层体系在解释中国实际问题上的某些局限性。

表3　各消费阶层在职业等级和所有制结构中的分布

单位：%

类别		最贫困阶层	贫困阶层	中下阶层	中间阶层	中上阶层	富裕阶层	最富裕阶层	样本数（个）
职业等级	党政机关干部	2.2	15.2	17.4	28.3	23.9	8.7	4.3	46
	工商企业管理人员	6.1	6.1	15.2	36.4	15.2	15.2	6.1	33
	公司职员	5.0	7.8	10.4	27.3	16.9	16.9	15.6	77
	专业技术人员	5.0	12.1	15.6	26.2	21.3	11.3	8.5	141
	个体经营者	6.4	6.4	8.5	23.4	17.0	19.1	19.1	47
	工人	10.2	16.2	25.7	20.4	16.2	8.4	3.0	167
	商业服务人员	8.7	7.2	24.6	21.7	15.9	13.0	8.7	69
	自雇人员	11.5	11.5	17.3	13.5	26.9	9.6	9.6	52
	下岗人员	9.1	9.1	25.0	23.9	13.6	17.0	2.3	88
	失业人员	31.0	20.7	13.8	13.8	10.3	6.9	3.4	29
所有制结构	国有经济	10.0	16.2	19.8	23.1	17.0	8.1	5.9	631
	集体经济	10.6	12.1	22.0	22.7	12.8	14.9	5.0	141
	股份制经济	5.1	10.3	17.9	20.5	17.9	20.5	7.7	39
	"三资"企业	0	0	7.7	30.8	30.8	15.4	15.4	13
	私营经济	6.4	10.6	17.0	14.9	14.9	21.3	14.9	47
	个体经济	12.1	7.5	13.1	19.6	24.3	12.1	11.2	107
	其他	0	0	25.9	11.1	48.1	7.4	7.4	27

资料来源：1999年重庆调查。

从消费分层在不同所有制单位的分布来看，在"国有经济"和"集体经济"单位中，处在绝对贫困阶层和贫困阶层的人数比重较高；

在"三资企业""私营经济"和"股份制经济"单位中，处在绝对贫困阶层和贫困阶层的人数比重较低，而处在富裕阶层和最富裕阶层的人数比重最高；"个体经济"的差异较大，其处在最富裕阶层和最贫困阶层的人数比重都较高，这是因为，目前个体经济和私营经济之间并没有一个明确的资产规模和收入规模的界限，只是根据雇工人数（7 人及以下还是 8 人及以上）而定。

（二）消费分层与其他分层指标的关系

为了考察其他社会因素与消费分层之间的关系，我们选择了"受教育程度""职业地位""家庭人均月收入""人均住房面积""家庭类型""本人月收入"① 等，与"消费阶层"进行了偏相关分析，②其中职业地位是根据中国社会科学院社会学研究所"中国城乡居民家庭生活调查组"1993 年对全国 100 个职业的职业声望调查所形成的职业声望量表（中国城乡居民家庭生活调查课题组，1994：145～148）来确定的。分析结果显示（见表 4），"受教育程度"与"消费阶层"之间具有显著的偏相关关系；"本人月收入"则与"消费阶层"之间的关系并不显著。在观照了"本人月收入"与"家庭人均月收入"的显著性关系之后，我们可以认为，"本人月收入"只有通过影响"家庭人均月收入"才能对其所处的消费阶层产生显著影响。"家庭类

---

① 虽然"本人月收入"、"职业地位"和"受教育程度"是个人变量，而其他变量为家庭变量，但个人受教育程度的高低，往往与家庭的消费水平具有这样或那样的关系；考虑到被调查者多数为户主，其职业地位在某种程度上也昭示着家庭的地位；另外，在经验之中，"本人月收入"的高低，并不能够完全改变家庭的消费状况，所以这一指标是有欠缺的。

② "消费阶层"的具体赋值为：恩格尔系数为 0.80 及以上 =1，0.70～0.79 =2，0.60～0.69 =3，0.50～0.59 =4，0.40～0.49 =5，0.30～0.39 =6，0.29 及以下 =7。"受教育程度"的具体赋值为：文盲或很少识字 =1，小学毕业 =2，初中毕业 =3，高中毕业 =4，中专或大专 =5，大学本科毕业 =6，硕士研究生及以上 =7。"家庭类型"的具体赋值为：三代及以上同堂 =1，夫妻加父母或老年独居夫妇 =2，夫妻加未婚子女 =3，年轻无子女夫妇 =4，单身 =5；非以上各项者均被剔除。

型"这一变量显著地影响了"消费阶层",这预示着越是年轻型的家庭（如夫妻加未婚子女家庭或年轻无子女家庭），就越是具有较低的负担老年系数，其所处的消费阶层就越高；而越是负担老年系数比较高的家庭（如三代同堂家庭和夫妻同父母同居家庭等），其所处的"消费阶层"就越低。当然，年轻型家庭的消费欲望可能要比老年型家庭为高，消费观念在某种程度上也决定着一个家庭的消费结构，并进而影响着家庭的消费层次。从"职业地位"和"消费阶层"不具有偏相关关系可以推知，其在很多情况下已经与消费分层发生了背离，即职业地位很高的群体，其所处的消费阶层却并不高（如教授）；而消费阶层较高的群体，职业地位却并不高（如时装模特儿）。另外，住房消费已经成为影响消费阶层的一个非常重要的影响因素，至少对城市家庭来说已不可忽视。从表4还可以看出，"受教育程度"虽然与"消费阶层"具有显著相关关系，但与"家庭人均月收入"和"本人月收入"之间的相关关系并不显著，这表明其对"消费阶层"的影响具有独立性，由此我们可以说，受教育程度不同的人中间，存在着明显的消费差异。而"职业地位"的高低，仍然与人们的"家庭人均月收入"和"本人月收入"缺少同一性（偏相关系数不显著），这说明，以职业地位来预测消费阶层时，还需要其他变量的支持。

表4　消费阶层与其他各相关项的偏相关系数
（控制变量为"家庭总人口数"）

	消费阶层	教育程度	职业地位	家庭人均收入	家庭类型	人均住房面积
受教育程度	0.1339**					
职业地位	0.0095	0.3605**				
家庭人均月收入	0.2013**	0.0425	0.0603			
家庭类型	0.1966**	0.1431**	0.0735	0.1012*		
人均住房面积	0.1651**	0.1541**	0.1614**	0.2563**	0.0577	
本人月收入	0.0490	−0.0506	−0.0376	0.2033**	0.0729	0.1150**

注：** 表示 $p<0.01$；* 表示 $p<0.05$。
资料来源：1999 年重庆调查。

四 对不同消费阶层消费趋向的预测

我们知道，一方面，消费水平的提高依赖于收入水平的提高；但另一方面，消费结构的选择还依赖于人们的消费观念。也就是说，各个消费阶层所持有的消费观念，在一定程度上影响着他们的消费方式，并进而在总体上影响着整个社会的消费趋势。所以，对不同消费阶层的消费观念进行研究，有助于我们理解社会需求和消费的发展方向。

这里以"消费阶层"为自变量，来预测不同消费阶层对因变量——"我赞成超前消费"的观念趋向。这里的"超前消费"具有双重含义。其一是指"超前于社会平均消费水平的消费"，也可以被理解为"引导社会消费的消费"。其二是指"超过自己现有消费能力的消费"，例如在普通人以自行车代步时，有人购置了小汽车作为日常个人交通工具，那么对于平均消费水平来说这就是"超前消费"。另外，一些家庭在收入有限的情况下进行信贷消费，这也是一种"超前消费"。总的来说，超前消费者，都是消费水平较高者或消费预期较高者。

从表5可以看出，在预测模型中，虽然直线方程和二次曲线方程的解释度 R^2 都比较高，但其三次曲线的 R^2 为0.798，是各种预测模型中解释力较强的，所以，我们主要以三次曲线来观照不同阶层的消费态度。

表5 以"消费阶层"为自变量对"我赞成超前消费"的估计

因变量	预测方法	R^2	自由度	F 值	显著性	b_1	b_2	b_3
我赞成	直线	0.694	1246	2829.14	0.000	0.4694		
超前消费	二次	0.779	1245	2189.96	0.000	1.0675	-.1171	
	三次	0.798	1244	1640.07	0.000	1.8293	-.4597	0.0352

资料来源：1999 年重庆调查。

从图1（根据表5三次曲线方程绘制）可以看出，随着消费分层从"最贫困阶层"向"贫困阶层"的变动，"不赞成超前消费"的程度在逐渐地降低，由"很不同意"转变为"不太同意"，并向"一般同意"过渡。但到了"中下阶层"之后，"不赞成超前消费"的想法忽然变得执拗了，消费态度反而消极起来，以致从"中下阶层"到"中间阶层"再到"中上阶层"，都处于"不太同意"和"很不同意"之间。一直到"富裕阶层"和"最富裕阶层"，对于"赞成超前消费"的态度才重新变得积极起来——三次曲线重新开始向上倾斜。

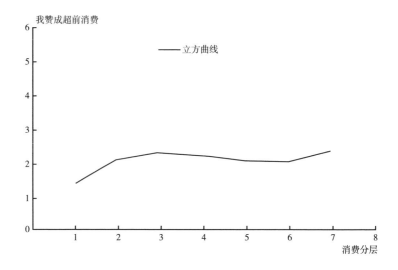

图1 消费态度随消费阶层的提高而改变的曲线估计

注：图中自变量"我赞成超前消费"的赋值为：1 = "很不同意"；2 = "不太同意"；3 = "一般同意"；4 = "比较同意"；5 = "非常同意"。消费分层的赋值为：1 = 最贫困阶层；2 = 贫困阶层；3 = 中下阶层；4 = 中间阶层；5 = 中上阶层；6 = 富裕阶层；7 = 最富裕阶层。

资料来源：1999年重庆调查。

这是一个很有意思的发现：在当前消费市场上，低消费阶层（最贫困阶层和贫困阶层）由于收入过低而空有消费的欲望；庞大的中等消费阶层（中下阶层、中间阶层和中上阶层）可能具有消费能力，但却没有消费欲望；而高消费阶层（富裕阶层和最富裕阶层）的消费欲望虽然并不受当前市场冷淡的影响，但他们的实际消费弹性很低。这种消费观念形态，大概可以部分解释当前市场消费疲软的原因。

五　结论性评论和政策建议

通过以上的分析，我们看到，由于目前职业等级和职业声望在某些情况下与收入分层的背离，以及隐性收入的大量存在使收入情况难以厘清，消费分层作为一个与社会地位密切相连的替代指标，更能真实地反映社会分层的实际状况。在食品、衣着、住房、用品、交通、闲暇等各个消费领域，目前消费分层体系都真实地存在着。消费指标的有用性，还在于它能够区别家庭代际的社会阶层差异，我们常可以看到的现代城市家庭中父辈省吃俭用、衣着朴素，而子辈、孙辈则穿名牌、高消费就属于这种情况。当然，消费分层也有它的局限性，一方面我们的分析限于资料的约束，没有对医疗、养老等社会保障消费的分析，而这些是家庭消费的大项，这会在一定程度上影响我们对消费分层判断的准确性。另一方面，不同收入阶层的消费边际曲线也是不同的，如低收入阶层的边际消费率可能是95%以上，也就是说多挣100元要有95元用于消费，而高收入阶层的边际消费率可能还不到20%。此外，消费观念也对消费分层具有重要影响。

受教育程度对消费分层显著的恒定影响这一点具有重要的意义，这说明在现代社会，教育在促进社会流动、调整社会秩序和整合社会阶层等方面具有明显的作用，受教育程度的分层越来越成为普遍公认的合理社会分层体系的参照标准。在知识经济时代即将到来的时候，通过普及和提高教育水平来提高职业技能和消费潜力，就更具有直接的作用。

研究结果表明，高消费阶层和低消费阶层具有较高的消费欲望，而庞大的中等消费阶层的消费态度则比较保守。现在的消费不足，主要由庞大的中等消费阶层（约占各消费阶层家庭的60%，见表1）的"无消费欲望"所导致。其原因可以简单解释为：第一，目前一些正在出台或正在酝酿出台的改革措施（如医疗、养老、住房、教育等方面的体制改革），使居民未来支出预期增大，约束了当前消费，强化了储蓄倾向。第二，宏观市场气氛仍处于"不景气"中，居民等待物价的进一步下降，持有"买涨不买落"的消费心理。第三，教育、住房、汽车等家庭消费品相对于收入来说仍存在过高的消费门槛，抑制了需求和消费。

本文对不同消费阶层消费欲望的曲线预测结果，给了我们新的启发，据此可以在刺激家庭消费方面针对不同的消费阶层提出一些政策建议：①边际消费弹性较大的是低消费阶层，努力提高低消费阶层的收入水平，从而使其潜在的消费欲望得以实现，对于刺激最终需求具有直接的作用。②对于中等消费阶层来说，他们的消费抑制主要不是经济收入不足引起的，而是由于在社会保障前景不明和通货紧缩形势下产生的"买涨不买跌"的消极消费心理和储蓄心理，要扭转中等消费阶层的这种心理，除了需要提供稳定明确的社会保障预期外，重要的是运用经济杠杆逐步形成"经济景气"（如将通胀率控制在3%之内）。③高消费阶层的边际消费弹性很小，他们收入的提高对刺激其消费不会有直接的作用，因此对这一阶层的人来说，重要的是一方面刺激他们把家庭储蓄转化为生产和经营性投资，如采取有力措施鼓励投资，降低投资税费和消除垄断行业的投资壁垒；另一方面限制其把投资转化为家庭储蓄，如严格区分企业法人的账目和投资人的家庭账目（即便企业法人和家庭户主是同一自然人），对前者向后者的任何资金转移在已征收企业所得税的基础上再征收个人所得税。

参考文献

陈宗胜，1994《经济发展中的收入分配》，上海三联书店。

李强，1993，《当代中国社会分层与流动》，中国经济出版社。

李培林主编，1995，《中国新时期阶级阶层报告》，辽宁人民出版社。

李培林、丁少敏，1990，《评价农民生活水平的综合指标体系及其应用》，《社会学研究》第 2 期。

许欣欣、李培林，1999，《1998～1999：中国就业、收入和信息产业的分析与预测》，载汝信等主编《1999 年：中国社会形势分析与预测》，社会科学文献出版社。

赵人伟等主编，1994，《中国居民收入分配研究》，中国社会科学出版社。

赵人伟等主编，1999，《中国居民收入分配再研究》，中国财政经济出版社。

中国城乡居民家庭生活调查课题组，1994，《中国城乡居民家庭生活调查报告》，中国大百科全书出版社。

Bond, R. and Saunders, P., 1990, "Routes of Success: Influences on the Occupational Attainment of Yong British Males", *The British Journal of Sociology*, 50 (2): 217 – 249.

Duncan, O. D., 1961, "A Socioeconomic Index for all Occupation", in A. J. Reiss (ed.), *Occupations and Social Status*. New York: Free Press.

Erikson, R. and Goldthorpe, J. H., 1993, *The Constant Flux: A Study of Class Mobility in Industrial Societies*. Oxford: Clarendon Press.

Goldthorpe, J. H. and Hope, K., 1972, "Occupational Grading and Occupational Prestige", in K. Hope (ed.), *The Analysis of Social Mobility*. Oxford: Clarendon Press.

Nee, V., 1991, "Social Inequalities in Reforming State Socialism: Between Redistribution and Market", *American Sociological Review*, 56: 267 – 278.

Pakulski, J. and Waters, M., 1996, *The Death of Class*. London: Sage.

Rosenbaum, E. F., 1999, "Against Naive Materialism: Culture, Consumption and the Causes of Inequality", *Cambridge Journal of Economics*, 23 (3): 317 – 335.

Treiman, D. J., 1970, "Industrialization and Social Stratification", in E. O. Laumann (ed.), *Social Stratification: Research and Theory for the* 1970s. Indianapolis: Bobbs Merrill.

Treiman, D. J. and Yip, K. -B. , 1989, " Educational and Occupational Attainment in 21 Countries ", in M. L. Kohn (ed.) , *Cross-National Research in Sociology.* Newbury Park：Sage.

原载《中国社会科学》2000 年第 1 期

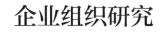
企业组织研究

国有企业社会成本分析[*]

——对中国 10 个大城市 508 家企业的调查

　　在对国有企业的历时性考察中，我们会发现这样一个令人困惑的现象：自 1978 年以来，国有企业实行了一系列效率优先的市场化体制改革，很多研究表明，这些改革措施使国有企业的"全要素生产率"得到提高（刘国光，1988；董辅礽等，1995）；但与此同时，国有企业的总体财务经营业绩并没有得到明显改善，国有工业企业的主要效益指标（如产值利税率、销售收入利税率、资金利税率）几乎直线下降，从 1996 年开始，甚至连续两年出现全部国有工业企业巨额净亏损的局面。国有企业为什么会在"全要素生产率"得到提高的情况下出现亏损？林毅夫等人认为，国有企业的政策性负担成为其预算软约束的借口，从而使对它的经营评价缺乏所必需的充分信息，这样也就难以建立公平和充分竞争的市场环境，而这些是做出任何产权安排和形成适宜的治理结构的前提条件（林毅夫、蔡昉、李周，1997：97）；肖耿通过统计测算指出，由于国有企业的附加福利或额外收益未被视为财产，其生产力可能被低估，但造成国有企业低效率的，不

---

　　*　本文是和张翼合写。

是附加福利，而是产权残缺造成的资源配置扭曲（肖耿，1997：131～182）；樊纲则提出了工资侵蚀利润的假说（樊纲，1995：48）。然而，国有企业为承担社会责任所付出的社会成本究竟在其总成本中占多大的比重？社会成本究竟在多大程度上冲销了企业利润？社会成本是否是国有企业亏损的根本原因？这方面还缺乏详细的定量研究，而这正是本文要探讨的问题。

本文分析所依据的资料，是我们1996年8～10月份对全国10个大城市（哈尔滨、沈阳、济南、上海、武汉、南京、广州、成都、西安、兰州）工业企业的问卷调查，调查根据行业、规模等结构采取主观抽样，共获得有效样本508个；调查对象主要是国有企业，占总样本的70.5%；为便于比较各经济类型企业的差别，我们使样本主要集中在工业制造业，其占总样本的96.3%；问卷调查项目是企业的客观指标，主要涉及企业的财务和人事方面。

一 社会成本的界定及其假说

中国的国有企业在本质上是一种"单位组织"。单位组织是一种特殊的组织形态（李汉林等，1988：273～373；路风，1989；李培林等，1992：178～202；李路路、王奋宇，1992：83～103），作为单位组织的中国国有企业不但承担经济功能，也承担社会和政治功能。国有企业为实现其非经济功能所付出的成本，我们称之为社会成本。这是对于社会成本概念的一种比较狭窄的定义，与已有经济文献中的其他定义有所不同。

早在1960年，科斯就写了著名的《社会成本问题》一文，他的社会成本概念的重要意义在于揭示"交易成本"的存在。在他那里，社会成本就是私人成本加上交易成本，在完全竞争的情况下，私人成本会等于社会成本，但没有交易成本的世界不是真实的世界（科斯，

1988/1995：20～25）。科尔内则从整个国民经济出发，把社会成本定义为"一切涉及社会个别成员和集团的负担、损失、痛苦、牺牲或辛苦的现象"。这些现象一部分可以用货币来度量，但也有一部分涉及心理感受，是无法用货币来度量的。他认为对社会成本的考察可以从4个方面进行：①生产的内部实物投入，即生产成本。②外部成本，它并不直接以货币的形式反映在企业或非营利机构的账目上，如随着生产能力利用的提高，事故可能增加，工人健康可能恶化，对环境的破坏可能加剧，等等，为防止这种状况对生产的影响，要有一些"预防性"开支，这就是外部成本的内部化。③社会的分摊成本，如政府机构的经费支出。④反映大量经济现象的人们的意向、满意度和普遍感觉，一种是边际递减的社会成本，如与生产能力利用低水平相关的失业以及可能伴随的犯罪、暴力和自杀；另一种是边际递增的社会成本，如与生产能力高利用度相联系的其他领域的"瓶颈""短板"以及对社会消费的负面影响，前面所说的生产成本、外部成本和社会分摊成本，也都是边际递增的社会成本。科尔内所要说明的是，"不应该总是不惜一切代价去达到社会生产能力的最大利用。如果当趋近于生产能力完全利用时，边际社会成本已经超过边际社会效益，达到这一点就是不值得"（科尔内，1986：273～302）。

社会成本的理论告诉我们，社会成本的准确测度是很困难的，但这种探索问题的方法却是非常有启发性的。我们可以设想，拥有同样的技术并生产同样产品的两个不同的企业，其生产成本应该是一个给定的数，而在现实中这两个企业的成本又可能有很大差异，这就是社会成本的差异。正是社会成本的差异决定了竞争力的差别。不同的企业处于不同的社会关系之中，因为这种不同，它们所承担的义务、责任和负担也不同，付出的社会成本就有很大差别。尽管社会成本的计算可能是比较困难的，却是非常有意义的。

在本文中，为了分析上的方便，我们把国有企业福利供给的成本作为其社会成本的可操作性定义。这种福利供给被区别为潜在福利和显性福利。潜在福利指国有企业用于兴办集体福利的福利费用，如图书馆、俱乐部、操场、游泳池、疗养院、澡堂、医院、电影院、草坪、社区绿化、企业所属的各种学校等。显性福利指国有企业主要以货币或实物的方式直接支付给职工个人，用于满足个人福利需求的福利费用，如过节费、计划生育补贴、奶费、托儿补贴费、冬季取暖补贴、上下班交通补贴、上下班班车支出、职工探亲旅费、卫生洗理费、住房费等。

改革以来，国有企业在市场化转型过程中向相对独立的经济组织的转化，使其自行配置社会资源的能力加强了，但其单位组织的性质非但没有改变，反而更加强化；其福利供给的功能非但没有缩小，反而更加扩张。这主要导源于以下几点。

第一，在市场化过程中，作为有限理性经济人的国有企业，会力图使自己的收益最大化。其在既定的、被制度化了的利益结构中所应体现的收益，主要表现为：①国家的利润与税收收益；②企业本身的收益；③国有企业经营者的收益；④国有企业职工的收益；⑤国有企业所办集体企业的收益；⑥社会的收益。在这里，如果不计国家收益与社会收益的细微区别，那么，可以认定，国家利益与社会利益是一致的。这样，国有企业的运行逻辑就远比非国有企业复杂得多，因为有时它得体现某些公共收益而不只是私人收益。① 在市场经济的逻辑

---

① 在新经济史学研究中做出过特殊贡献的诺斯（Douglass C. North）教授，在与托马斯（R. P. Thoumas）合著的《西方世界的兴起》一书中，在区别私人收益率与社会收益率时，认为私人收益率是经济单位从事一种经济活动所获得的净收益；社会收益率是社会从这一活动获得的总净收益（正的或负的），它等于私人净收益加这一活动使社会其他每个人所获得的净收益（诺斯、托马斯，1973/1989：1）。诺斯和托马斯是把某一具体经济实体所造成的私人收益加上其为其他社会活动单位所造成的收益之和作为社会总收益来看待的。他们的这一概念能够给我们以有益的启示：它能使我们考虑到企业经济活动或非经济活动所产生的外部性问题，也能够借此考虑到将外部性问题内部化之后的成本支出问题。也就是说，倘若将社会收益的"一部分"当作国有企业的成本支出，那么，这部分社会收益的多少，便取决于国有企业在我们所说的社会成本方面支出的多少。

理路之中，对于企业内部职工来说，私人收益的获得，可能是眼下最重要的预期利益获得，这就与国有企业的整体运行逻辑相矛盾。仅仅靠道德规范来保证企业经营者与所有者利益的一致，或者企业职工利益与整个国家利益的一致，在现实中是比较困难的。改革所提供的失范机会，为企业经营者实现自己的利益制造了难得的运作空间。对于国家来说，企业利润率的上升与税金的如期缴纳，可能是最好的选择；对于国有企业自身来说，能够将有限的销售收入转化为显性福利或潜在福利支出，就可以使企业内部职工的货币收益或非货币收益最大化；另外，国有企业还得顾及其内部所办集体企业职工的生活问题，否则，来自企业内部的压力集团会施加无形的影响；尽管国有企业要步入市场或已经顽强地步入市场，但其与社区之间的那种命运共同体结构，也使其不得不关注某些社会问题（如职工家属的就业等）。

所以，在国有企业所面临的这一制度化利益结构中，能够促使自己收益最大化的最好选择，就是将国有企业利润的一部分以企业社会成本的形式转化为企业内部的福利，这既符合企业内部职工的福利需求，也有利于企业稳定和国有企业领导层的"合理消费"。虽然显性福利不计算为财产，但属于企业产出的一部分，而潜在福利虽然作为国有企业所属的资产进行统计，但其在使用权与剩余索取权上，却有着不同于其他国有资产的界限。

第二，国有企业的"福利功能内卷化"趋向，与其面对的市场结构密切相关。就市场而言，是否存在某种既定的为国有企业所需求的福利产品及可替代产品，是国有企业保持专门化的前提；就企业而言，即使市场上存在为国有企业所需的福利产品或服务，但倘若这种产品或服务的交换价格高于国有企业内部生产这种产品或服务的成本，那么，企业就不会从市场交换这种功能需求。一般而言，导致交易成本过高的原因主要有二：其一，市场的不确定性和供给某种商品的企业数量；其二，人们在决策过程中的有限理性和机会主义。市场的不确定性是由处于竞争状态的、能够供给某种商品的企业数量及其生产能力所决定的。一旦不确定性与有限理性结合在一起，就会出现交易成本趋升的问题。在这种情况下，企业对市场供给的某种福利商品，就可能采取内部化的方式，即使通过市场购买有助于节约成本，企业也可能产生内部化的冲动。导致企业将商品需求供给内部化的另外一个原因是缺少市场供给。如果市场上缺失为企业所需的"福利功能"供给，而企业又迫切需要该"福利功能"，那么，它便只好通过自己生产来满足这种需求，否则，就只能寻求其他替代品。在这种情况下，职工所消费的各种福利，就较社会供给的服务"便宜"得多。正因为这样，表面看起来，每一个国有企业为其内部职工所支付的货币工资数额比较少，大都低于中外合资合作企业和一部分私有企业，但其为职工所支付的福利费用——潜在福利和显性福利之和，却是非常可观的。改革开放以来，如果说显性福利的发放与企业效益高低有着某种一致性的话，那么，其潜在福利的增加和施惠于内部职工的数量多少，却与国有企业的效益并不直接相关。也就是说，国有企业的经济效益并不必然地决定其潜在福利的增加与否。正是在这种情况下，国有单位的福利保险费用才逐年上升。1978～1997年，国有经济单位的保险福利费用总额从69.1亿元增加到2578.8亿元，相当于国有经济单位工资总额的比例从13.7%上升到30.4%。

所以，在某种程度上可以说，国有企业收益，会首先表现为国有企业内部职工的收益。利润，不管是用于纳税还是用于"向投资者分配"，都会影响企业职工的最终收益。只有扩大成本的开支，将成本的一部分转化为企业内部的集体物品，① 或者将利润的一部分转化为直接可以被职工所消费的显性福利，企业的生产活动才可能更多地为

① 这里以"集体物品"指称能够为企业内部职工直接消费的物品，以"公共物品"指称用于国有企业的生产和再生产的物品。集体物品与公共物品之间是有区别的。像住房等福利设施就属于集体物品，虽然其在出售给职工个人之前，仍然属于国有企业所有，但不可能被某一具体国有企业之外的人员所享用。而机器、厂房等设施则属于公共物品，如果不经过生产过程的转化就不可能被国有企业内部职工所消费。

企业内部职工带来好处。即使在国有企业不盈利时，其内部潜在福利的开支也存在增长的冲动。这就是说，亏损并不必然地抑制福利机构和福利设施的兴建，而这些因素却直接增加着人工成本的开支总额，并进而"制造"着亏损。

二　国有企业支付着较高的社会成本

总体上说，与非国有企业相比较，国有企业支付着更高的社会成本。下面我们从固定资产、人员构成和保险福利费用几个方面来考察一下国有企业的社会成本。

（一）社会成本在固定资产上的表现

国有企业社会成本在潜在福利方面的耗费额是十分可观的。如医院、学校、托儿所、食堂等，得首先具备一定的硬件设备，才能维持起码的福利施惠。在国有企业以单位化方式存在的前提下，"生活"设施——尤其是与生活娱乐设施有关的固定资产的投资，就不可避免。这样，在国有企业的固定资产总额中，非生产用固定资产就成为一个非常重要的组成部分。根据我们的调查，到 1995 年为止，国有企业与国家控股企业的非生产用固定资产，已经在固定资产总额之中占了相当大的比重。

从表1可以看出，在不同类型的企业中，国有企业与国家控股企业，其生产用固定资产所占的份额是最少的，前者占 77.89%，后者占71.65%。而集体企业、私有企业与中外合资合作企业生产用固定资产都在 90% 以上，其中私有企业所占比重为 94.18%——是这方面比例最高的。相应地，国有企业与国家控股企业非生产用固定资产的比重就显得较大，国有企业为 22.11%，国家控股企业为 28.35%，其中社会性固定资产在国有企业与国家控股企业之中也占相当高的比重，前者所占总额的比重为 9.92%，后者竟达 13.38%。可是，私有企业在这方面的投资为 0，集体企业也仅仅为 2.37%，中外合资合作企业为 0.15%。

表1　各类固定资产占企业固定资产总额的比重

单位：%

企业类型	生产用	其中"办公用"	非生产用	其中"社会性"
国有企业	77.89	9.58	22.11	9.92
集体企业	90.02	16.01	9.98	2.37
私有企业	94.18	17.45	5.82	0.00
国家控股企业	71.65	19.34	28.35	13.38
中外合资企业	91.61	17.44	8.39	0.15

注：各项数据均以 1995 年年末数计。在这里，"办公用"固定资产指企业总部办公用的建筑物、运输工具、通信工具、办公设备等。"社会性"固定资产指某些由企业建设和购置的潜在福利性固定资产，包括企业办的大中专院校、技工学校、中小学、商店、粮店、邮局、派出所等使用的固定资产。

资料来源：508 家企业调查。

改革开放以来，由于国有企业仍然继续承担着社会功能，所以，在新增固定资产里，其投资于"生产用固定资产"的数额也并不高。在 1995 年，调查样本中国家控股企业"生产用固定资产"为 79.02%，国有企业"生产用固定资产"为 85.85%。虽然中外合资合作企业与私有企业的非生产用固定资产所占的比重都不小，分别占新增固定资产总额的 12.87% 和 18.03%，但集体企业、私有企业和中外合资合作企业在社会性固定资产方面，却都为 0。

（二）社会成本在组织机构及其工作人员上的表现

我们知道，潜在福利是以集体物品（在使用权上可以被该国有企业内部所有成员在制度内享用的物品）的方式累积于企业之中的。为了使这部分集体物品得到有效的管理，国有企业就得在内部组织机构的设置上，以专门化的功能单位去维护和支配这部分资产，并随时处理与该资产有关的各种事务。这样，在国有企业内部，社会性组织机构的建立就不可避免，而组织机构在企业科层制之中，却要依靠工作人员去填充。这样，国有企业不仅在固定资产的设置上要增加企业的生产成本，而且在企业内部职工的配置上要扩大可变资本的开支。于是，非生产人员中服务人员的数量就理所当然地增加了。

如表2所示，在全部样本中，服务人员的数量在国有企业与国家控股企业中分别占职工总数的8.02%和8.62%；而在集体企业中仅占4.29%，在中外合资合作企业中仅占4.38%，在私有企业中仅占3.34%。

表2　各类服务人员在企业全部从业职工中所占的比重

单位：%

企业类别	在全部样本企业中			在1000人以上企业中			在2000人以上企业中			在5000人以上企业中		
	服务人员	福利机构人员	社会性服务人员	服务人员	福利机构人员	社会性服务人员	服务人员	福利机构人员	社会性服务人员	服务人员	福利机构人员	社会性服务人员
国有企业	8.02	4.65	3.58	9.03	5.10	3.61	10.05	5.60	3.88	10.88	5.99	4.29
集体企业	4.29	1.52	0.41	2.92	0.20	0.00						
私有企业	3.34	1.32	0.59									
国家控股企业	8.62	5.90	3.06	9.31	4.17	7.02	10.25	4.17	7.02			
中外合资企业	4.38	2.73	0.56	5.58	4.59	2.55	5.38	3.65	2.73			
其他	3.91	1.32	0.56	4.95	2.33	0.00						

注：各项数据均以1995年年末数计。在这里，各类服务人员不包括政工、党务、团务以及工会与妇联等管理工作人员。"社会性服务人员"指既为本企业职工服务也为社会服务的工作人员，如在国有企业兴办的学校与医院中工作的人员。"福利机构人员"指为本企业职工福利服务的工作人员。由于在调查样本中，有些企业在对"服务人员"等概念的理解上存在着出入，所以，"福利机构人员"与"社会性服务人员"之和并不正好等于"服务人员"数。

资料来源：508家企业调查。

国有企业不仅存在着服务人员比例偏大的情况，而且，这种情况还有随国有企业人员规模的增大而增加的趋势。比如，在调查样本中，国有企业人数为1000人以上时，服务人员占企业全部从业人员的比重为9.03%。这一比重比全部样本时的比重增加了一个多百分点。而社会性服务人员所占的比重，在全部样本企业中占3.58%，在1000人以上的样本企业中增加到3.61%。但在集体企业之中，却不存在这种增加的趋势。当把国有企业样本选择在企业人数为 2000 人以上时，其服务人员的人数占国有企业全部从业人员总数的比重进而增加到 10.05%，其福利机构人员也由 1000 人以上企业样本的 5.10% 增加到 5.60%，而社会性服务人员也同样地有着增加的态势。在 5000 人以上的国有企业之中，其内部服务人员的比重又比 2000 人以上的企业有所增加，达到 10.88%。这就是说，国有企业人数规模越大，其内部服务人员所占的比重也就越高。

从表 3 可以看出，在不同类型企业中，国有企业与集体企业的富余职工所占全部从业人员的比重最大，分别为 9% 和 14%；国有企业与国家控股企业的离退休人员占全部从业人员之比最大，分别为 32% 和 31%；国有企业和国家控股企业的服务人员和社会性服务人员所占比重也最大，均分别为 8% 和 3%。而工程技术人员和管理人员在全部从业人员中所占的比重，则在不同类型企业之间，不存在显著差异。这就是说，在人工成本开支所占全部成本的比重上，国有企业与国家控股企业会远远大于其他类型企业。

表 3   各类型人员在不同企业所占全部从业人员比重比较

单位：%

类别	富余职工	离退休人员与从业人员之比	工程技术人员	管理人员	服务人员	社会性服务人员
私有企业	3	1	7	12	3	1
其他	3	4	3	14	4	1
中外合资企业	2	8	9	13	4	1
集体企业	14	17	6	11	4	0
国家控股企业	4	31	11	12	8	3
国有企业	9	32	8	12	8	3

资料来源：508 家企业调查。

表 4 所示的在控制了"全部从业人员"之后所做的有关各变量的偏相关系数，也显示出了与表 2 和表 3 相一致的结果。注意："服务人员占全部从业人员之比"与"富余人员占全部从业人员之比"及与

"管理人员占全部从业人员之比"和"离退休人员占全部从业人员之比"等正相关（偏相关系数分别为 0.2085、0.1961、0.1712）——这与我们所熟知的国有企业的状况基本一致。可是，这里除"管理人员占企业全部从业人员之比"与"企业人均利润"低相关（偏相关系数为 0.1642）外，"富余人员占全部从业人员之比"与"企业人均利润"负相关（偏相关系数为 -0.2458），其他各项中，除管理人员占全部从业人员之比和工程技术人员占全部从业人员之比外，均与企业利润不相关。这就是说，在国有企业之中，服务人员对企业利润的增加，根本就不起什么积极作用。

表4　国有企业各类人员占全部从业人员之比与人均利润的偏相关系数

类别	富余人员占企业全部从业人员之比	离退休人员占企业全部从业人员之比	技术人员占企业全部从业人员之比	管理人员占企业全部从业人员之比	服务人员占企业全部从业人员之比	社会性服务占企业全部从业人员之比
离退休人员占企业全部从业人员之比	0.2474 **					
技术人员占企业全部从业人员之比	-0.1793 *	-0.2406 **				
管理人员占企业全部从业人员之比	-0.1049	0.0236	0.946			
服务人员占企业全部从业人员之比	0.2085 **	0.1712 **	0.0082	0.1961 **		
社会性服务人员占企业全部从业人员之比	0.0943	0.0876	0.0110	0.1422 *	0.6906 **	
企业人均利润	-0.2458 **	-0.0609	0.1225 *	0.1642 *	-0.0699	-0.0054

注：* 表示 $p < 0.01$，** 表示 $p < 0.001$。这里用双尾检验，$N = 323$，控制变量是"全部从业人员"。

资料来源：508 家企业调查。

（三）社会成本在福利保险费用上的表现

劳动保险福利费用，一直是国有企业职工非工资性收入的一个极其重要的组成部分。1998 年之前,在市场经济各竞争主体中,如果说集体企业的劳动保险及其他福利费用还有所保障的话,那么,其他非国有企业的福利保险费用是缺少制度的保障作用的。

在表 5 第 (6) 栏可以发现,唯有国有企业与国家控股企业在福利保险费用方面的人均社会成本才与其人均工资之比较大:国有企业在这里为 57.66%,国家控股企业为 50.33%。在国有企业该项成本费用比重较大的同时,非国有企业均显示出了其与工资之比的低比态势——中外合资合作企业为 20.29%,集体企业为 18.74%,私有企业为 18.18%。

表 5　不同类型企业人均占有的各项福利保险费用支出额比较

企业类型	劳动保险与社会保险(千元)(1)	福利费支出(千元)(2)	福利机构支出(千元)(3)	前 3 项合计(千元)(4)	人均工资(千元)(5)	第 4 项与第 5 项之比(%)(6)
国有企业	1.80	0.75	0.80	3.35	5.81	57.66
集体企业	0.64	0.43	0.00	1.07	5.71	18.74
私有企业	0.33	0.31	0.24	0.88	4.84	18.18
国家控股企业	3.00	0.74	0.90	4.64	9.22	50.33
中外合资合作企业	0.77	0.65	0.13	1.55	7.64	20.29
其他	0.10	0.26	0.00	0.36	6.74	5.34

注:数据以 1995 年年末数计。

资料来源:508 家企业调查。

从表 5 还可以清楚地看出,国有企业与国家控股企业的劳动保险与社会保险费用是最多的,前者为人均 1800 多元,后者达到人均 3000 多元,而集体企业在这方面占有的支出仅仅为人均 640 多元,私有企业为人均 330 多元。就算是经济效益一向较为突出的中外合资合作企业,其人均占有的劳动保险与社会保险费用也只有 770 多元,大大低于国有企业与国家控股企业。

在福利费支出这一栏中,也是国有企业与国家控股企业最高,前者为人均 750 多元,后者为人均 740 多元,而中外合资合作企业在该项中也低于国有企业,为人均 650 多元。集体企业与私有企业,则在该项之中的人均占有份额都不足 500 元。

在人均占有的福利机构支出项中，国有企业与国家控股企业同样高出了其他非国有企业。在这里，国有企业人均分摊的福利机构支出为 800 多元，国家控股企业为人均 900 多元。样本中集体企业在这里的开支少得可以被忽略。私有企业为人均 240 多元，中外合资合作企业为人均 130 多元。由此可以看出，国有企业与国家控股企业人均分摊的福利机构支出费用已经高于其人均占有的福利费了。由于在统计分析中，福利费栏的统计属于显性福利，福利机构栏的支出代表着潜在福利费用，所以，在 1995 年，国有企业与国家控股企业的人均潜在福利费用支出已经超过了其人均显性福利的支出。即使这里不计劳动保险与社会保险方面国有企业与非国有企业存在的差距，而仅仅以福利费用来判别国有企业的成本支出，也可以发现其要比非国有企业为高。

通过以上的论述可以看出，国有企业在进行社会生产的同时，也支付了极其巨大的社会成本。从固定资产存量方面来说，其非生产性固定资产额较大；从人员编制和内部组织机构的兴建方面来说，其非生产性人员较多；从社会福利保险费用支出等方面来说，其在企业生产总成本当中，又占了相当大的比重。

三　社会成本对利润的冲销

（一）对亏损国有企业利润分配的相关分析

是什么使得国有企业表现为负利润呢？换一个提问方式就是：为什么国有企业在产量逐年增长的同时，却步入了亏损之路？

从表 6 可知，在亏损型国有企业之中，"本年人均利润"与人均分摊的"劳动保险与社会保险费用支出总额"、"在职职工福利费用支出总额"和"在职职工福利与保险外收入"之间，并不存在显著的相

关关系。国有企业的实际表现也与这里的统计检验相一致。因为，在
国有企业中，人数众多、冗员充斥，存在着以工资冲销利润的现象。
"劳动保险与社会保险费用支出总额"也呈逐年上升的趋势，尤其是
在一些老国有企业中，退休人员与在职职工之比越来越大，对退休人
员退休金和医疗费用及福利的支付，加重了企业本身的成本开支。再
加上自 20 世纪 90 年代以来在职职工工资的迅速增长，工资在国有企
业成本开支中的比重也无形中加大。在职职工福利及保险外收入，对
成本的增长形成了非常显著的影响。在邱泽奇（1996：270）所做的
调查中，还存在某些国有企业以固定资产与集体企业合作以成立新的
集体企业的情况，甚至也存在以同样一份固定资产生产国有企业物品
则为国有企业产值，生产集体企业物品则为集体企业产值的情况。这
一切都会增加国有企业的成本开支，减少其利润收益。

**表6　亏损国有企业本年人均利润与各有关人均分摊的人工
成本项的皮尔森相关系数**

类别	劳动保险与社会保险费用支出总额	在职职工福利费用支出总额	全部从业人员工资总额	在职职工福利及保险外收入	福利机构全年支出额	非生产性固定资产净增加
变量表示符	G01/B37	H01/B37	I01/B37	J01/B37	L67/B37	M14/B37
本年人均利润	0.037	−0.015	−0.056	−0.026	−0.180	−0.035
样本数	40	126	130	75	19	100

注：各项数值均以 1995 年年末数计。
资料来源：508 家企业调查。

　　另外，值得注意的是，国家对某些国有企业——尤其是对某些大
型国有企业——还采取了"贷款"发放工资的措施。这就是说，在本
年利润为负的情况下，这些企业内部职工的工资和福利费用、退休职
工的退休金和医疗费用及内部福利机构人员的工资等，都不可能有太
大幅度的降低。由此也可以部分解释样本中国有企业本年利润与各项

人工成本不相关的现象。

我们本来认为，福利与利润会密切相关，但与我们的设想相反，"本年人均利润"却与人均分摊的"福利机构全年支出额"和"非生产性固定资产净增加"不存在显著性相关关系。这就是说，在国有企业亏损的前提下，其内部显性福利和潜在福利的增长，并不与"本年利润"直接挂钩。这恰好说明，在国有企业不盈利时，其内部潜在福利的开支还可能增长。换言之，亏损并不必然地抑制福利机构和福利设施的兴建，而这些因素，却直接增加着人工成本的开支总额，并进而"制造"着亏损。

（二）对盈利国有企业利润分配的分析

那么，如上所述的情况在国有企业盈利时又如何呢？

作为社会行动者的国有企业，具有使自己收益最大化的要求。在其亏损时，往往会通过与国家的讨价还价，促使自己内部职工的当前收益最大化；在其盈利时，则会在利润分配过程中，通过某些合法的或不太合法的手段，促使自己的收益最大化。当然，这中间一个最简单的办法，就是以增加人工成本的方式冲销利润。

在这里，扩大内部福利设施——非生产性固定资产的投资，可能是增进国有企业内部职工潜在福利的一条重要途径。

通过表7可以明显地看出，在国有企业盈利时，各项人工成本与企业的本年利润呈显著的正相关。这就是说，"本年人均利润"为正的国有企业内部，人均本年"劳动保险和社会保险费用支出总额"大，人均"在职职工福利费用支出总额"、人均"全部从业人员工资总额"也在上涨。与此同时，人均"在职职工社会福利及保险外收入"也与"本年人均利润"呈正相关。由此可见，当国有企业盈利时，除企业内部职工的工资收入和福利收入得到增加外，国有企业退休职工的退休金收入与医疗费用也会得到改善。

表7　盈利国有企业本年人均利润与人均分摊的各有关
人工成本项的皮尔森相关系数

类别	劳动保险与社会保险费用支出总额	在职职工福利费用支出总额	全部从业人员工资总额	在职职工社会福利及保险外收入	福利机构全年支出额	非生产性固定资产净增加
变量表示符	G01/B37	H01/B37	I01/B37	J01/B37	L67/B37	M14/B37
本年人均利润	0.135	0.255 ***	0.375 ***	0.232 ***	0.378 ***	0.396 ***
样本数	46	196	205	137	34	171

注：*** 表示 $p < 0.001$。各项数值均以 1995 年年末数计。
资料来源：508 家企业调查。

与亏损型国有企业不同的是，在盈利时，国有企业的"本年人均利润"与人均分摊的"福利机构全年支出额"及"非生产性固定资产净增加"却存在着显著的正相关关系。其相关系数分别达到 0.378 和 0.396，其显著性也小于 0.001。这说明，样本国有企业在盈利后的利润分配中，很好地考虑了内部福利设施的建设——"非生产性固定资产"的投资。盈利型国有企业越大，所生产的"本年人均利润"越高，其所投入的非生产性固定资产也就越多。具体情况如图 1 所示。

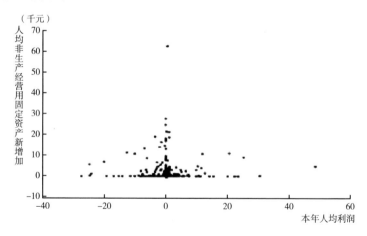

图1　国有企业"人均非生产经营用固定资产新增加"与
"本年人均利润"散点图

从图 1 可以看出这样两个问题：①在国有企业中，尽管很多企业"人均本年利润"为负值——处于亏损状态，但其"人均非生产经营用固定资产新增加"却仍然为正，而且还表现得较高；②在"人均本年利润"为正时，有些企业的"人均非生产经营用固定资产新增加"表现得比利润要高。这就是问题的症结所在，即其以成本的方式，将利润转化为企业内部的福利投资了。

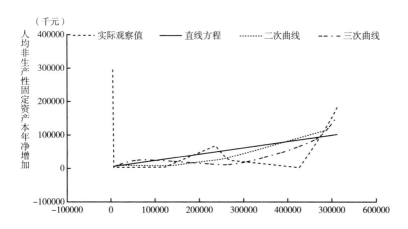

图 2　对盈利型国有企业非生产性固定资产投资的线性预测

如果不以"人均利润"为基础，而以单个国有企业"本年利润"与"非生产经营用固定资产新增加"的绝对值为出发点，那么，如上所述的状况会表现得更加明显。我们以"本年利润"为自变量，以"非生产性固定资产净增加"为因变量来做预测，就会在盈利型国有企业之中发现，有些样本的非生产经营用固定资产的新增加，远远超过了其本年利润的值。虽然在国有企业盈利时，我们对其福利设施的投资无可非议，但从图 2 中的"实际观察值"曲线上可以看出，当某些盈利型国有企业"本年利润"在 50000 千元及其以下时，其"非生产性固定资产净增加"却大大超过了 50000 千元。这就是说，在这些样本国有企业之中，存在着"福利"冲销利润的现象。

表8 以本年利润为自变量对本年非生产经营用固定资产
新增加（M29）的估计模型

因变量	类型	R^2	自由度	F 值	显著性	b_0	b_1	b_2	b_3
M29	直线方程	0.115	178	23.03	0.000	5513.87	0.1815		
M29	二次曲线	0.173	177	13.61	0.000	6616.12	−0.0676	6.0−07	
M29	三次曲线	0.257	176	10.93	0.000	5029.55	0.4464	−3.E−06	5.3E−12

资料来源：508 家企业调查。

从表 8 可以看出，三次曲线方程估计的 R^2 值为 0.257，大于直线方程的 0.115 和二次曲线方程的 0.173。所以，这里我们以三次模型为最佳拟合模型。如果以 X 表示"本年利润"，则其方程式为：

$$Y = 5029.55 + 0.4464X + (-3.E—06)X^2 + (5.3E-12)X^3$$

从这里亦可以推知，有的国有企业在盈利时，通常会首先将一部分利润内部化为集体福利，从而使得盈利型企业的成本增大，减少利润上缴率。

（三）社会成本对亏损的冲销

如果把国有企业较之非国有企业多支付的社会成本转化为利润，或以此去冲销亏损，那么，原来亏损的国有企业，会不会"扭亏为盈"呢？

表9 亏损国有企业社会成本支出相当于亏损总额的百分比

单位：%

企业类型	隶属关系	劳动保险和社会保险总额比亏损总额	职工福利费总额比亏损总额	工资及福利保险外收入比亏损总额	社会性附属机构支出比亏损总额	新增非生产性固定资产比亏损总额	新增社会性固定资产比亏损总额
重工业	中央	31.29	21.28	3.19	31.42	97.83	4.35
重工业	省	100.05	14.60	3.72	30.31	69.41	0.00
重工业	地区	131.27	42.87	3.90	4.08	76.92	0.00

企业类型	隶属关系	劳动保险和社会保险总额比亏损总额	职工福利费总额比亏损总额	工资及福利保险外收入比亏损总额	社会性附属机构支出比亏损总额	新增非生产性固定资产比亏损总额	新增社会性固定资产比亏损总额
重工业	其他	95.38	32.95	—	—	0.19	0.00
轻工业	中央	91.43	152.61	0.00	266.52	2067.7	0.00
轻工业	省	—	72.78	3.21	139.08	158.73	1.51
轻工业	地区	111.52	16.52	3.77	51.28	65.36	0.01
轻工业	县	52.01	54.81	11.48	0.00	0.35	0.00
轻工业	其他	—	11.99			1.64	

注：样本中的亏损国有企业有141家。各项数据均以1995年年末数计。"—"表示该项数据缺失。

资料来源：508家企业调查。

从表9可以看出，国有企业如果没有社会成本的开支，便可基本上"扭亏为盈"，因为这些不完全统计的社会成本，可以使样本国有企业的亏损冲销到0以上。也就是说，如果将这些社会成本转化为利润计算，那么，样本亏损型国有企业的"本年负利润"都可以转变为正利润。例如，在中央所属的亏损型重工业国有企业的社会成本中，"新增非生产性固定资产"相当于亏损额的97.83%，"新增社会性固定资产"相当于亏损额的4.35%，仅仅这后两项合计就可以将该年的负利润冲销完毕。在省属亏损型重工业国有企业的社会成本中，仅仅"劳动保险和社会保险总额"就完全可以将该年的负利润冲销完毕。仔细考察表9中的各项数值可以发现，除县属亏损型轻工业国有企业的社会成本中，该年的"新增非生产性固定资产"对亏损的冲销较少，只占0.35%外，其他各隶属级别企业在此项开支，都能够冲销50%以上的亏损。中央属亏损型轻工业国有企业的社会成本中，"新增非生产性固定资产"竟然可以冲销2067.7%的亏损。所以，仅仅"新增非生产性固定资产"一项开支的节约，或者说将此项开支转化为利润，就可以使很多亏损型国有企业转变为盈利企业。这就是说，部分国有企业社会成本的膨胀和难以控制的扩张冲动，是造成其经营状况恶化的重要原因之一。

四　简短的结语

　　从以上的分析可以看到，国有企业的社会成本比我们预想的可能还要大得多，这已经成为许多国有企业"有增长而无发展"的重要原因之一，并成为国有企业转变经营机制和改善经营状况的巨大阻碍。当然，国有企业的社会成本并不都是无效的成本或多余的成本，其中也有相当一部分属于企业正常的成本。但是，由于国有企业社会成本的扩张冲动缺乏硬约束，国有企业会由此形成人员过密化和福利功能内卷化趋势，从而步入社会成本的增加大大快于生产的增长的困境。此外，由于缺乏对国有企业社会成本的严格定义和测算，我们实际上很难弄清在所有国有亏损企业中，有多少是属于真实的亏损，有多少是为了减少上缴利润或拖欠保险金的虚假亏损；在真实亏损的企业中，又有多少属于经营性亏损，多少属于政策性亏损；而在政策性亏损企业中，又有多大比例的亏损属于经营不善所致。所以，必须在国有企业中建立起"拟市场化核算体制"，以便厘清每个国有企业的社会成本，严格区分在社会成本的承担中，哪些是企业的责任，哪些是国家和政府的责任，哪些是职工个人的责任，从而建立起国有企业社会成本的分摊机制，为实现国有企业的预算硬约束和优胜劣汰扫清利益关系调整方面的障碍。

参考文献

　　Coase，R. H.，1937，"The Nature of Firm"，*Economica*. Nov.

　　Coase，R. H.，1960，"The Problem of Social Cost"，*The Journal of Law and Economics*，3.

　　科斯，1988/1995，《厂商、市场与法律》，陈坤明、李华夏译，台北远流出版公司。

道格拉斯·诺斯、罗伯特·托马斯，1999，《西方世界的兴起》，厉以平等译，华夏出版社。

董辅礽、唐宗煜、杜海燕主编，1995，《中国国有企业制度研究》，人民出版社。

樊纲，1995，《论当前国有企业产权关系的改革》，载熊映梧、刘常勇主编《公营企业改革》，黑龙江教育出版社。

韩福荣、徐艳梅，1997，《合营企业稳定性与寿命周期》，中国发展出版社。

科尔内，1986，《短缺经济学》（上卷），经济科学出版社。

李汉林、方明、王颖、孙炳耀、王琦，1988，《寻求新的协调——中国城市发展的社会学分析》，测绘出版社。

李路路、王奋宇，1992，《当代中国现代化进程中的社会结构及其变革》，浙江人民出版社。

李培林等，1992，《转型中的中国企业》，山东人民出版社。

刘国光主编，1988，《中国经济体制改革的模式研究》，中国社会科学出版社。

林毅夫、蔡昉、李周，1997，《充分信息与国有企业改革》，上海三联书店/上海人民出版社。

路风，1989，《单位：一种特殊的社会组织形式》，《中国社会科学》第 1 期。

Lü, Xiaobo and Elizabeth J. Perry（ed），1997，*Danwei：The Changing Chinese Workplace in Historical and Comparative Perspective*，New York：M. E. Sharpe.

邱泽奇，1996，《集体企业个案调查》，天津人民出版社。

史丹，1998，《国有企业亏损的宏观原因》，载郑海航主编《国有企业亏损研究》，经济管理出版社。

王瑞璞主编，1997，《中南海三代领导集体与共和国经济实录》（中卷），中国经济出版社。

汪海波、董志凯，1995，《新中国工业经济史》，经济管理出版社。

肖耿，1997，《产权与中国的经济改革》，中国社会科学出版社。

熊映梧、刘常勇，1995，《公营企业改革》，黑龙江教育出版社。

杨宜勇、辛小柏，1998，《下岗职工基本社会保障和再就业的调查》，载汝信、陆学艺、单天伦主编《1999 年：社会形势分析与预测》，社会科学文献出版社，第 243 ~ 254 页。

郑海航主编，1998，《国有企业亏损研究》，经济管理出版社。

张曙光主编，1996，《中国制度变迁的案例研究》（第 1 集），上海人民出版社。

张军，1997，《"双轨制"经济学——中国的经济改革（1978 ~ 1992）》，上海三联书店/上海人民出版社。

原载《中国社会科学》1999 年第 5 期

网络化：企业组织变化的新趋势[*]

——北京中关村 200 家高新技术企业的调查

一　问题的提出

在经济全球化和中国经济体制转轨的大背景下，中国企业组织的变化正在从两个方面深入展开：一方面是体制转轨，包括产权结构的变革和公司治理结构的建设；另一方面是组织方式转型，其主要内容之一就是企业组织的网络化趋势。

这两个方面的变化是密切相连的。有两个重要因素影响了企业组织网络化趋势的产生：一是随着国有企业保障体制的社会化和后勤服务的市场化，国家的社会治理方式开始发生了基础社会治理权力从单位到社区的转变，原有的企业单位化组织发生解体、变异或重构，原有的科层等级化企业组织必须与市场网络衔接，才能在激烈的竞争中生存；二是信息技术的快速发展使信息传递速度发生革命性变化，信息传递和使用的成本也大幅度地降低，企业的基层负责人掌握了更多的信息资源从而提高了对市场做出反应的决策能力，企业组织的架构

---

[*]　本文是和梁栋合写。

从垂直科层体系向模拟市场网络的扁平化方向发展。本文考察的主要是后一个因素的影响。

在北京众多的营销手机的公司中，有一家起初并不起眼的"中复公司"，它在短短几年内迅速成长，在竞争非常激烈的手机营销市场上业绩骄人，其专卖店目前已遍布北京。我们在这家公司调查时发现，它成功的秘密，其实就是麦当劳式的"专业化连锁分包"，总公司控制着营销网络，但总部管理机构简单，收益更多地向基层负责人倾斜。总公司与各专卖店的关系类似于在市场上建立的各种协议关系。它带给人们的疑问是，这样的企业组织，究竟是更类同于由不同的车间组成的科层化工厂，还是更类同于由不同的公司组成的市场协议网络？

事实上，近20年来，由于信息传递成本的大大减低和全球化进程带来的资源在世界范围内的配置，像"通用"这样的国际大公司，已经一改过去所有零部件"通用化"的口号，广泛地采用分包和外购等方式，在全球范围构建起网络化企业结构；而像"耐克"这样的全球跨国公司，虽然其生产厂家遍布世界，"耐克鞋"全球流行，但在美国的本部并不直接从事生产，它的基本职能是在全球建立网络化的"耐克帝国"，将技术、资本和劳动进行最低成本的组合。而在企业组织内部，像"沃尔玛"和"思科"这样的大型企业，则通过对管理模式的调整和对信息技术的广泛使用，在组织内部形成相互合作的网络结构，削减中间管理环节，提高企业的快速应变能力。

在这种企业组织结构变化的新趋势中，中国的企业也没有置身其外，网络化同样是企业组织日显重要的发展形式。在家电制造领域，中国的许多家电生产企业集中在珠江三角洲地区，诸如"TCL""康佳""科龙""格力"，如此大规模的聚集，其原因在于该地区有完备的零部件生产企业、集中的原料供应网络和共享的销售网络，即存在着一个"产业群网络"。随着营销方式的发展，许多企业更进一步采用 OEM（贴牌）生产方式，将具体的生产环节外包，自身则致力于质量的监控、销售网络的开拓和产品的创新。在浙江，"小商品、大市场"是农民创业的一个奇迹，以纽扣、拉链、打火机、服装、箱包等小商品的集中原料采购、低成本分包生产、大规模批发和网络化销售为特征，形成网络化的企业和网络化的市场，并且完全超越传统的依托原料产地的企业发展模式。

企业组织结构网络化新趋势的特征可以概括如下。

第一，企业运行所需要的各方面的联系网络和密集的信息，使企业的命运不再完全由股东（stockholder）来决定，而是由企业的贷款银行、原料供应商、分包生产部门、高层经理、营销机构、客户、技术研发部门、会计审计和法律咨询机构等利益相关者（stakeholder）构成的网络来决定。

第二，企业组织结构日益从原来复杂的层级化垂直管理向简约的网络化平面管理转变，企业集团的分包生产和集中的采购、销售网络，成为普遍的组织形态。竞争机制被广泛引入组织内部，企业"内部市场"（interna lmarket）屡见不鲜，形成了企业与市场的双向变动趋势，企业网络和市场网络的界限日渐模糊。

第三，企业集团通过网络化渠道与分包的生产、供给、销售部门建立各种各样的合作关系。由于信息传递方式的便捷和传递成本的大大降低，大企业的中层管理人员被大量精减，基层的分包生产和营销部门负责人的利益更加受到重视，一般通过赢利分红、持股和期权收益使他们与集团的利益更加紧密地联系在一起。

第四，市场销售网络日益成为企业集团一个非常重要的组成部分，企业组织的触角逐渐伸展到销售的末梢，营销、品牌宣传、低价扩展市场、塑造消费者口味，成为企业竞争的有效手段。

第五，产业的集群效应越来越明显，"产业群"产生的集群收益，可以使处于"产业群"圈内的企业普遍受益。靠近"产业群"成为比靠近原料产地、交通枢纽和销售市场更为重要的企业发展因素。

我们在本文中试图回答的问题是：是否存在着企业组织的网络化趋势?[①] 为什么会出现这种趋势？这一变化的理由和动因是什么？这种变化在理论和现实上有什么意义？

二　理论探讨和研究假设

（一）理论探讨

在传统的关于企业组织的社会学、经济学理论中，现代的层级化科层组织结构与组织效率之间的紧密联系被广泛地论述（Weber，1968；法约尔，1982）。对他们来说，层级化的科层制是理想的企业组织形式，它建立在个体行动合理的基础上，当个体行动具有工具合理性特征时，才可能在此基础上建立起法理型的支配关系，组织行动才会是有效率的。这几乎成为一个铁律，很少受到挑战。对这一命题的批判，大多只是从人文关怀的角度来痛斥把人变成机器。

科斯从考察企业性质入手，提出了为什么会存在企业这种组织形式的问题。在他看来，企业组织的存在，是由于市场的讨价还价存在着交易成本，在很多时候通过市场交易来配置资源是不经济的，因此企业组织可以在市场不能发挥效率的地方生长。市场是通过议价配置资源，而企业组织是通过企业家的令行禁止配置资源（Coase，1937）。科斯之后，威廉姆森对这一问题加以扩展，他把市场和企业层级制组织置于比较的两端，强调由于市场信息阻塞、人的有限理性、机会主义倾向、市场的不确定性和参与市场交易的小数目，双方

[①]　事实上，网络是很早以前就已存在的组织形态，正如科层制这一组织形式可以追溯到古代社会。因此，我们所要讨论的问题是当今的企业组织是否正经历着网络化的洗礼，而不是讨论网络组织的产生。

交易的达成在很多时候需要支付很高的交易成本，因此层级组织可以自行发展纵向一体化，把原由市场完成的交易转为由组织自行完成，从而节约交易成本（Williamson，1975，1985）。科斯和威廉姆森也都注意到，企业组织的管理也有组织成本问题，企业随规模扩大而管理收益递减，所以不可能无限地扩大规模，企业组织成本与市场交易成本的比较，决定着市场和企业之间的替代关系。

把网络化作为企业组织结构的新的变化特征，是在20世纪80年代以后，起因是分包和外购越来越成为一种主流的生产方式，形成了有别于市场和层级制组织的新型组织形式。在此问题上，阿尔钦和韦藤（Aldrich & Whetten）提出了"组织的形态和网络"，在某种意义上可以算是这一概念的肇始（参见 Travic，1999）。此后，大量的学者参与到讨论中，有关的争论也在不同学派中展开。例如，"资源依赖理论"认为，企业组织间的分工创造了企业相互依赖的网络，导致了对企业组织间互动的约束，产生了企业组织间长期性的合约关系。而"种群生态理论"则认为，网络组织是由客户、供应商、主要生产厂商及其他有关人员组成的动态适应系统，企业间的竞争进而演变为种群间的对抗（Hannon & Freeman，1989）。

新经济社会学从嵌入性的角度切入组织间的关系问题，认为经济行动是嵌入在社会结构中的，对组织间关系结构的讨论不能把行动者原子化，而应该考虑它们之间的关系结构。格兰诺威特在《经济行动与社会结构：嵌入性问题》一文中，认为由分包产生的组织形式是有别于层级和市场的另一种组织形式，他称之为"准企业组织"，作为企业间的嵌入性的网络结构，这种组织方式可以使交易双方尽可能地了解到对方的信息，建立起信任机制，避免交易中可能的流血的公开斗争，使冲突得以弱化，市场交易变得井然有序（Granovetter，1985）。其后，鲍威尔（Powell，1994）、贝克尔（Baker，1990）、乌齐（Uzzi，1997，1999）、洛伦佐尼（Lorenzoni，1999）、加拉蒂等人

（Gulati et al.，2000）都先后用这一概念来分析组织间的网络结构及其对效率的影响。鲍威尔的研究系统地完善了网络这一组织框架，将其特征与市场和层级做了比较，指出网络作为力量互补的结构，是有别于市场组织和层级组织的新兴结构，它更能适应弹性生产的需要，有助于实现组织的高效率（Powell，1990）。

在经济学领域，拉尔森修正了威廉姆森关于市场和层级的二分法，建议用"市场"、"组织间的协调"和"层级"三极制度框架代替原来的两极。借鉴亚当·斯密和钱德勒把市场和层级分别称作看不见的手和看得见的手的隐喻，拉尔森把组织间的协调称为"握手"，并以此说明，在处于较低的招集成本和较高的内在化成本或行为者之间高度信任的情况下，不确定性、交易频率越高和特定资源依赖协调程度越高，资源依赖的协调越有可能由作为企业间契约的网络来协调（Larsson，1993）。

把网络组织视为组织内的关系结构是稍迟的事，继权变学派之后，由于现代信息技术普遍发展，组织内网络关系可以在更为宽泛的范围内讨论，参与者日甚。此中，包括摩根（Morgan，1989，1993）、奎因（Quinn，1992）、罗卡特和肖特（Rockart & Short，1991）以及默顿（Morton，1991）等学者皆从不同的角度对此做出分析。罗卡特和肖特认为，网络组织的核心应该是基于 IT 网络的非正式的人力网络。在这种结构中，中层管理正逐渐被抽离；团队成为工作的核心；货物和服务的流程被重组；通过功能、地域和产品线，数据、沟通和商务的程序被整合在一起。在网络组织中，信任发挥着重要作用，虽然它已不是传统的面对面的互动，而是基于电子邮件、电视会议和其他的信息技术（Rockart & Short，1991）。

另外，奎因和摩根对组织内部的网络结构也做了相关的讨论，并分别构建了"蛛网"（spider web）和"蛛状吊兰"（spider plant）的概念，以比喻组织内部的网络关系（Quinn，1992；Morgan，1993）。

这些分析的共同之处在于把内部网络定义为具有去层级化、去中心化、各单元高度独立、以团队的方式开展工作、共同分担责任与义务、普遍的信息收集与交换、广泛的信息技术运用等特征。层级组织将为网络组织代替成为普遍共识。

综上所述，我们看到，在传统的市场和层级制企业组织之间，正在形成一种新的比较普遍的企业组织形态，即网络化企业组织，它既有组织成本低于层级化组织和交易成本低于市场的优点，也有激励强度低于市场和控制强度低于层级制组织的弱点（见表1）。但这种网络化企业组织的流行，说明随着信息技术和市场环境的变化，企业组织的运行方式也正在发生深刻的变化。

表1   市场、网络组织和层级组织的特征差异

	市场	网络组织	层级组织
支配关系			
自主程度	+ +	+	0
控制强度	0	+	+ +
合作关系			
激励强度	+ +	+	0
协作程度	0	+ +	+
运行成本			
组织成本	0	+	+ +
交易成本	+ +	+	0

注：+ + = 强，+ = 中等，0 = 弱。

（二）企业组织网络化趋势产生的原因

促成企业组织网络化趋势的原因是多方面的，从宏观发生过程来看，以下四个方面对企业组织网络化趋势的产生具有重要影响。

第一，市场竞争的加剧。由于市场竞争更加广泛和日益激烈，对企业产生了更高的降低成本的要求。而现在降低企业生产和管理成本

的竞争，已经不仅仅是围绕企业内部生产要素配置的问题，而是涉及企业和市场连接的整个"物流"和"人流"网络。

第二，现代信息技术的发展。现代信息技术的发展是20世纪70年代以后的事情，其核心的标志是微处理器、个人计算机和互联网络的发明（卡斯特，2000）。这些信息技术应用于企业组织，给组织在信息的处理和传递等方面带来根本性的影响，组织成员之间的联系脱离了地域的局限，在视频和虚拟技术的帮助下，组织中的支配关系也相应减少，代之而起的是多点间的水平沟通，网络关系自然在组织内延展。

第三，分包与外购方式的流行。① 分包（subcontracting）与外购（outsourcing）是20世纪七八十年代逐渐普及开来的管理方式，它把原来由组织自行生产的某些产品交由分包商生产，从而控制生产成本的增长。20世纪70年代以前，美国工业界曾经历过几次纵向一体化的浪潮，出现许多巨型企业"恐龙"，如通用汽车、福特汽车和杜邦等。这些企业为了控制的需要，几乎生产一种产品的全部零部件，成为封闭一体的生产结构（钱平凡，1999）。从原理上讲，纵向一体化的作用在于克服信息不确定性的影响，防止过高的市场交易费用。这种方式的弊端是使组织的规模不断扩张，导致组织成本过高和管理效率低下。因此，到70年代初，一些巨型企业出现了规模不经济现象，严重削弱了其在市场中的竞争力。为此，一些大企业采用了外购和分包的方式，建立起企业组织网络。

第四，"产业群"效应的扩展。"产业群"效应的日趋明显，使人们越来越认识到网络化企业组织对于建立竞争优势的重要性，"产业群"中存在的密切协作关系，使参与"产业群"的企业普遍受益，

---

① 从时间的角度考虑，分包和外购的发展与现代信息技术的发展几乎是同步的。信息处理能力的增强和沟通方式的改善在一定程度上对组织间网络关系的形成起到了作用。

这种协作网络比传统的层级化组织成本低，比传统的市场效率高。美国的硅谷、汽车城，中国的珠江三角洲家电产业群、浙江小商品产业群、苏州工业园区产业群、北京中关村高新技术产业群，等等，都显示出其网络化企业组织的"产业群"效应。

（三）研究假设

为了验证以上理论讨论，本文在余下部分将利用调查数据对其进行经验证明。具体包括如下理论假设：①竞争程度的加剧会导致企业组织网络化。②企业信息化程度的提高会导致企业组织网络化。③分包方式的存在会导致企业组织网络化。④"产业群"的聚集会导致企业组织网络化。⑤企业组织网络化的发展会导致企业人均利润的提高。⑥企业组织网络化的发展会导致企业人均销售收入的增加。由于组织网络化包含组织内网络化和组织间网络化两种情况，因此，本研究的各假设分别包括组织内和组织间两个方面，在此不做赘述。

三　分析资料和研究变量的说明

本文使用的分析资料，来自我们参与的一项在北京中关村高新技术工业园区对300多户企业所做的"高新技术企业发展研究"问卷调查，该调查由北京市委研究室与中国人民大学社会学系主持，调查时间从2001年10月至2002年4月。本文选取其中调查质量较好的200户企业调查资料作为分析对象。以下是研究变量的说明。

（一）因变量

组织内的网络化　在组织内网络化的具体测量上，本研究设计了一组五级的李克量表，其中包含部门间的独立程度、决策的分散化程度、对市场的反应程度、团队的数量及层级的数量等五项指标。这些指标主要刻度的是企业组织的水平性、协作性、分散性和适应性等方面内容，通过被访者的主观评价来确定该企业组织在行业内的网络化水平。[①] 我们运用主成分分析法对这五项指标的调查数据进行因子分析，从中抽离出组织内网络化公因子（该因子的信度值 $\alpha = 0.7153$，特征值 $= 2.352$，总解释量为 47.030%）。

组织间的网络化　在组织间网络化的具体测量上，本文包含合资开发新产品、产品创新依赖战略联盟、大学和研究机构共同研发等三项指标。这些指标主要刻度了企业组织在产品创新方面与外部组织的合作程度。[②] 运用主成分分析法对其进行因子分析，从中抽离出组织间网络化公因子（该因子的信度值 $\alpha = 0.6587$，特征值 $= 1.795$，总解释量为 59.844%）。

人均利润　本文使用的人均利润是指企业税前人均利润。从统计结果看，在 66 个有效样本中，2000 年度企业人均利润的均值是 1.27万元。人均利润为负数的共有 23 家，占样本总数的 34.8%，亏损面大约为 1/3。就具体分布而言，人均税前利润在 0 ~ 1 万元的企业最多，占到了总数的 37.9%，1 万 ~ 5 万元的企业占 15.2%，5 万元以上的占 12.1%。

人均销售收入　在 64 个有效样本中，2000 年度企业人均销售收入的均值是 24.16 万元。人均销售收入为 0 ~ 5 万元的企业最多，占到了总数的 32.8%，10 万 ~ 50 万元的企业占总数的 29.7%，50 万元以上的企业占 17.2%。

---

①　对于组织内网络指标的选取，本研究参考了近年来国内外的研究成果，从结构和行动两个方面来定义组织内部的网络化程度，因此既包括对组织结构水平程度的分析，同时也包含对组织的市场反应能力的分析。

②　在组织间网络指标的选择上，受各种因素的影响，本研究未能较全面地反映企业与客户、银行等相关部门的关系，只有在以后的研究中进一步完善。

（二）自变量

竞争程度　该变量同样来自我们研究设计的五级李克量表，包含产品的竞争状况、企业的普遍发展速度和产品更新速度三项指标，从中抽离出竞争程度公因子（该因子的信度值 $\alpha = 0.6419$，特征值 = 1.752，总解释量为 58.411%）。

信息化程度　该变量包含企业信息技术使用程度、信息的收集水平、部门内及部门间的信息交换程度和信息对业绩的促进程度四项指标，从中抽离出信息化公因子（该因子的信度值 $\alpha = 0.8474$，特征值 = 2.750，总解释量为 68.756%）。

分包关系　根据前面的理论说明，我们认为具有分包关系的企业更倾向于网络化。该变量为虚拟变量，有分包关系的赋值为"1"，无分包关系的赋值为"0"。

产业群聚　我们倾向于认为在中关村地区，较之其他行业，IT 行业具有相对较高的聚集度。因此，将是否为 IT 行业企业作为考察产业群聚的重要指标。该变量为虚拟变量，IT 行业企业赋值为"1"，非 IT 行业企业赋值为"0"。

产权结构　该变量系虚拟变量，"1"为国有企业，"0"为非国有企业。

治理结构　该变量系虚拟变量，"1"为具有委托代理关系，"0"为无委托代理关系。

员工总数　该变量为定距变量，指企业截至 2001 年的现有人员总数。

企业年龄　该变量为定距变量，指企业自注册年份至 2001 年的时间长度。

（三）控制变量

为了更好地说明模型中各项指标的关系，我们还引入人均资产总额作为控制变量，该变量为定距变量，指企业 2000 年年末人均占有资产多少。

各自变量的基本情况和相关关系如表 2 所示：

表 2　各自变量的描述性统计和相关系数（N = 200）

	(1)	(2)	(3)	(4)	(5)	(6)	(7)	(8)	(9)
(1)竞争程度	1.000								
(2)信息化程度	0.337	1.000							
(3)分包关系	−0.041	−0.059	1.000						
(4)产业群聚	0.239	0.219	−0.016	1.000					
(5)产权结构	−0.070	−0.066	−0.005	−0.106	1.000				
(6)治理结构	−0.183	−0.093	0.137	−0.113	0.280	1.000			
(7)员工总数	−0.116	−0.018	−0.075	−0.008	−0.131	0.063	1.000		
(8)企业年龄	−0.145	−0.123	0.072	−0.124	0.243	0.158	−0.030	1.000	
(9)人均资产总额	0.046	−0.294	0.012	−0.113	0.102	0.115	0.074	0.312	1.000
均值	0.00	0.00	0.167	0.48	0.28	0.78	96.02	5.35	36.31
标准值	1.000	1.000	0.374	0.50	0.45	0.42	255.1	3.71	62.92

四　企业组织网络化的验证和分析结果

（一）企业组织网络化的成因分析

1. 验证过程

在本部分中，我们重点考察企业组织网络化的具体成因，通过多元线性回归方程来分析验证假设①～④。在此，我们构造了两个分析模型，分别就组织内网络化和组织间网络化与各自变量的关系做具体分析。

模型 1 是以"组织内网络化"作为因变量，将"竞争程度"、"信息化程度"、"分包关系"和"IT 行业"作为自变量，具体考察这四个变量对因变量的影响。为了更清晰地说明网络化的各项特征，我们还将"国有企业"、"委托代理"、"员工总数"和"企业年龄"作为控制变量代入模型，以检视组织内网络化与各种企业特征的关系。在模型2中，我们将因变量置换为"组织间网络化"，自变量则继续沿用模型1中各自变量，从而具体说明各自变量对"组织间网络化"的作用。

2. 分析结果

从分析结果看（见表3），模型1和模型2均通过显著性检验，模型1具有相对较好的拟合度，决定系数 R^2 达到0.303。就各项假设的验证情况看：第一，竞争程度对网络化作用明显，竞争程度越高，组织内网络和组织间网络的网络化程度也会相应增加。第二，信息化程度对网络化有显著作用，信息化程度的增加会导致组织网络化水平的提高。第三，产业群聚（是不是IT行业企业）对组织间网络化有一定作用，但显著性略差，说明同类企业的相对聚集有可能导致组织间网络化程度增加。第四，分包关系与网络化水平的关系未得到证实。

表3 不同企业特征对企业组织形式影响的多元线性回归分析结果

	组织内网络化(模型1)		组织间网络化(模型2)	
	非标准化回归系数	标准误	非标准化回归系数	标准误
竞争程度	0.151#	0.087	0.235**	0.106
信息化程度	0.474***	0.082	0.182*	0.029
分包关系	−0.0627	0.198	0.214	0.229
产业群聚	0.171	0.156	0.329#	0.186
产权结构	−0.0227	0.178	−0.0373	0.210
治理结构	216	0.198	0.527**	0.236
员工总数	0.0005*	0.000	0.0005#	0.000
企业年龄	−0.0067	0.024	−0.0104	0.029
常数项	−0.265	0.224	−0.635**	0.267
R^2	0.303		0.187	
F值	6.951***		3.097**	
自由度	136		116	

注：#表示 $p < 0.10$；*表示 $p < 0.05$；**表示 $p < 0.01$；***表示 $p < 0.001$。

除以上结果外，分析模型还显示：第一，委托代理关系对组织间网络化有作用，存在委托代理关系的企业会有相对较高的组织间网络化水平。第二，员工总数对网络化有影响，员工相对较多的企业会有较高的网络化水平。第三，是否为国有企业对网络化水平的影响不显著，说明网络化水平可能与产权结构无关。

（二）企业组织网络化与企业业绩的关系

1. 验证过程

在分析网络化与企业业绩之间的关系时，我们选择了企业的人均利润和人均销售收入作为因变量，其原因在于使用人均指标可以相对较好地比较企业间的业绩，而不受企业规模大小的影响。在模型 3 中，把"人均利润"作为因变量，将"组织内网络化"和"组织间网络化"作为自变量，同时引入人均资产总额作为控制变量，考察三者间的线性关系。引入人均资产总额作为控制变量的作用在于：单纯分析人均利润与网络化之间的关系还不能完整刻度相互间的影响，比如餐饮服务人员与金融服务人员所创造的利润就不具有可比性，因为他们两者占有和支配的人均资产大相径庭。因此，将人均资产总额作为控制变量引入模型，可以使人均利润与这两者的关系在人均资产大致相当的情况下得以观察，增加模型的合理性。在模型 4 中，我们将因变量置换为"人均销售收入"，考察网络化对人均销售收入的影响。

2. 分析结果

分析结果显示（见表 4）[①]，模型 3 和模型 4 均通过显著性检验，并且具有较好的拟合度，模型 3 的决定系数"R^2"为 0.549，模型 4 的决定系数"R^2"也达到了 0.384。从因变量的具体作用看：第一，

---

① 在模型 3 和模型 4 中，由于所使用的因变量为企业的绩效指标，要求被调查企业必须认真填写损益表和资产负债表才能得到该数据，因此拒答率较高。但通过对现有数据的分析，我们也可以在一定程度上证实网络化对企业业绩的影响。

组织内网络化对人均利润和人均销售收入的影响都通过显著性检验（对人均销售收入的影响显著性稍弱），说明组织内网络化水平的增加会导致企业人均利润和人均销售收入的增加。第二，组织间网络化对人均利润和人均销售收入的作用在本研究中未得到证实。

表4 企业网络化对企业业绩影响的多元线性回归分析结果

	人均利润（模型3）		人均销售收入（模型4）	
	非标准化回归系数	标准误	非标准化回归系数	标准误
组织内网络化	1.56 *	0.609	8.002 #	4.317
组织间网络化	-0.721	0.493	-4.340	3.817
人均资产总额	0.0737 **	0.011	0.375 **	0.086
常数项	-1.195 *	0.644	10.880 *	4.992
R^2	0.549		0.384	
F 值	17.449 **		8.514 **	
自由度	46		44	

注：# 表示 $p < 0.10$；* 表示 $p < 0.01$；** 表示 $p < 0.001$。

五 发现和讨论

从以上分析可以看出，本研究的大部分理论假设得到了证明，即企业间的竞争程度、企业的信息化程度和"产业群"对组织网络化起着重要作用；企业组织的网络化会对企业业绩的改善有显著影响。同时，我们也发现了某些与原假设不一致的地方。对于各自变量的作用，我们将在以下部分做出更为具体的讨论说明。

第一，关于竞争。竞争是经济生活中司空见惯的现象，随着消费时代的来临，竞争的方式和激烈程度也在发生着变化。对企业组织来说，由于其所处行业类型、产品技术发展状况，以及企业自身规模和结构等因素各不相同，因此，各企业所面对的竞争程度会有显著差异，而这也必然导致企业选择不同的组织形式。通过如上研究分析可以看到，竞争程度在很大程度上左右着企业的网络化水平。当企业面临的竞争环境日趋激烈时，企业在组织内和组织间都会加强网络化倾向，更强调自身的水平结构和对外界的反应弹性，更强调与外部的结盟关系，从而适应竞争的需要。

第二，关于企业信息化。在企业组织中，现代信息技术的发展增进了企业组织信息化水平，并导致企业组织网络化程度增加。对于组织信息化与网络化两者之间的关系，较为合理的解释是把它们看作一种相互促动的结构，信息化增进了组织网络化，而组织网络化又助长了企业的信息化水平。信息化包含着信息和信息技术的使用两个方面，信息技术的应用增加了信息的收集、处理和使用程度，信息的需求又促进了信息技术的更新。这一过程的结果是，企业组织对内部和外部环境的了解不断增加，反应的时间不断缩短，相互间的横向关联越来越多，由此导致了层级结构的消解和网络结构的生长。从本次研究的分析结果看，企业信息化对网络化的作用得到了很好的证明，在模型1和模型2中，信息化对组织网络化的影响具有较高的显著性，信息化对组织内网络化和组织间网络化影响的标准回归系数分别达到0.474和0.182，说明信息化指标对方程的贡献较大，显示了信息化在企业组织网络化过程中的主导作用。

第三，关于产业群聚。"产业群"是当前经济活动中的重要现象，种群生态理论认为同类企业在某一地区的聚集，会形成产业群落，它们相互关联，进而增进各自的市场竞争力。"产业群"主要涉及企业组织间的关系，它更多的是对企业组织间的网络化发生作用。在本研究中，由于中关村地区主要聚集了IT产业（占被调查企业的48%），因此，可以认为中关村地区存在着IT产业群，与其他产业比较，各IT企业间会具有更高的组织间网络化水平。研究结果初步证实了我们的设想，分析结果显示，模型2中，"产业群聚"这一指标在10%的水平上通过显著性检验，说明该地区的 IT 产业群可能具有较高的组织间网络化水平，"产业群"对组织间网络化具有一定作用。

第四，关于分包。分包事实上就是企业与供应商之间的一种网络关系。作为一种推动组织网络化的结构和动力，分包还可以通过外包生产和研发，删减组织内的层级结构，增进组织内的网络化。然而，从本次研究的情况看，分包与组织内网络化和组织间网络化的关系均未得到证明，其原因一方面可能是中关村地区主要以 IT 产业为主，与汽车制造等行业相比，它们规模相对较小，对组织内网络化的促进作用不明显；另一方面也可能是本研究在组织间网络化指标的设计上还有一定缺陷，未能显现它们之间的具体关系。

第五，关于产权结构和公司治理结构。产权结构和公司治理结构是当前讨论的热点问题。我们在研究产权结构时，主要分析的是国有企业与非国有企业在网络化程度上是否有明显区别；在研究公司治理结构时，则想考察有委托代理关系的企业与无委托代理关系的企业网络化水平是否有差异。

从研究结果看，是不是国有企业对企业网络化水平的影响没有通过显著性检验，这说明在被调查企业中，国有企业制度不是阻碍企业组织形式变化的根本因素。我们还对国有企业与企业业绩的关系做了单独分析，也未发现国有企业与非国有企业在人均利润和人均销售收入方面有显著性差异。这在一定程度上说明，在某些既定条件下，企业组织形式对企业业绩的影响可能比产权结构更具作用。

研究结果还显示，有委托代理关系的企业，其组织间网络化程度相对较高，在 1% 的水平上通过显著性检验。这说明，企业所有权与经营权的分离，可以促使企业更为积极地寻求外部合作，建立各种网络关系来促进企业发展，而企业所有权和经营权未分离的企业更愿意在企业内部组织研发和生产，不同的公司治理结构可能会有不同的网络化水平。

第六，关于企业业绩。企业的人均利润和人均销售收入都是考察企业业绩的重要尺度，从作用看，企业的人均利润更能说明企业经营情况的好坏。但由于我国存在不少企业瞒报利润的现象，因此，我们将这两项指标都纳入分析模型，以便相互对照，考察网络化对企业业绩的作用。从分析结果看，企业组织内网络化对企业的人均利润和人均销售收入都具有明显的促进作用，而企业组织间的网络化则没有明显的促进作用，说明企业的利润和销售收入指标基本上是一致的。

企业组织内网络化对人均利润的作用存在着两种可能的途径，一种是组织内网络化有助于控制企业组织成本的增长，降低总成本，从而提高企业的人均利润（罗仲伟，2001）。另一种可能的途径是，组织内网络化有利于提高组织的弹性，增加组织与客户的沟通，以便生产出更具利润的产品，提供更新的增值服务（Quinn，1992）。因此，组织内网络化的好处既可能来自对成本的节约，也可能得之于利润率的提高。而就组织内网络化对人均销售收入的作用看，企业组织内网络化程度增加，可以使企业组织提高对市场的应变能力，更好地服务于客户，促进人均销售收入的增长。因此，企业组织内网络化对企业的人均利润和人均销售收入的增长都应具有促进作用。本次调查也证明了这一点，研究结果显示组织内网络化对人均利润和人均销售收入都有明显促进作用，并且组织内网络化对人均利润的作用要大于对人均销售收入的作用，且显著性也相对更强，说明与销售收入相比，组织内网络化更多地促进了企业利润的增加。

组织间网络化对企业人均利润和人均销售收入的促进作用在本研究中未得到证实，其原因可能在于我们在选取组织间网络化指标时，受条件限制，主要选择考察了企业在产品创新方面对组织间网络的重视程度，而对具体生产过程中存在的组织间网络化问题涉及不多，因此无法完整描述组织间网络化与企业绩效之间的关系。对此，有待今后的研究进一步完善。

通过以上的分析和讨论，我们可以看到，在经济全球化的背景下，由于市场竞争的日益激烈和信息网络技术的飞速发展，中国的企业组织也似乎在酝酿着一次变革，这就是网络化的新趋势，这是中国的企业必须直面的现实。这种趋势将迫使我们从一个全新视角来观察、分析和预测中国企业的成长、区域经济增长的不平衡、各种"产业群"发生的神奇效应和不同产业的兴衰周期。

参考文献

贝尔，1997《后工业社会的来临——对社会预测的一项探索》，王宏周等译，新华出版社。

法约尔，1982，《工业管理与一般管理》，周安华等译，中国社会科学出版社。

郭志刚，1999，《社会统计分析方法——SPSS 软件应用》，中国人民大学出版社。

黄泰岩、牛飞亮，1999，《西方企业网络理论论述》，《经济学动态》第4期。

贾根良，1998，《网络组织，超越市场与企业两分法》，《经济体制比较》第4期。

卡斯特，2000，《网络社会之崛起》，（台北）台湾唐山出版社。

卡斯特、罗森茨韦克，2000/1985，《组织与管理——系统方法与权变方法》，傅严、李柱流等译，中国社会科学出版社。

科尔曼，1999/1990，《社会理论的基础》，邓方译，社会科学文献出版社。

李汉林、李路路，1999，《资源与交换——中国单位组织中的倚赖性结构》，《社会学研究》第4期。

李培林，2001，《理性选择理论面临的挑战及其出路》，《社会学研究》第6期。

李培林、张翼，2000，《国有企业的社会成本分析》，社会科学文献出版社。

李友梅，2001，《组织社会学及其决策分析》，上海大学出版社。

梁栋，2001，《网络组织的源起与意义》，《国外社会学》第6期。

林闽钢，2002，《社会学视野中的组织间网络及其治理结构》，《社会学研究》第2期。

罗仲伟，2001，《网络组织对层级组织的替代》，《中国工业经济》第6期。

尼葛洛庞蒂，1997，《数字化生存》，胡冰、范海燕译，海南出版社。

诺斯，1994，《经济史中的结构与变迁》，陈郁、罗华平等译，上海三联书店/上海人民出版社。

钱平凡，1999，《组织再造》，浙江人民出版社。

邱泽奇，1999，《在工厂化和网络化的背后——组织理论的发展与困境》，《社会学研究》第 4 期。

涂尔干，2000，《社会分工论》，渠东译，三联书店。

威廉姆森，1999，《反托拉斯经济学》，张群群、黄涛译，经济科学出版社。

Alchain, Armen A. & Demsetz, Harold, 1972, "Production, Information Costs, and Economics Organization", *American Economics Review*, XII, December.

Baker, W. E., 1990, "Market Network and Corporate Behavior", *American Journal of Sociology*, 96.

Boisot, M. H., 1995, *Information Space: A Framework for Learning in Organization, Institutions and Culture*, Routledge.

Burns, Tom & Stalker G. M., 1961, *The Management of Innovation*, London: Tavistock.

Chung, Seungwha, Singh, Harbir & Lee, Kyungmook, 2000, "Complementarity, Status Similarity and Social Capital as Drivers of Alliance Formation", *Strategic Management Journal*, 21.

Coase, R. H., 1937, "The Nature of the Firm", *Economica*, N. S., 4.

Coase, R. H., 1991, "The Institutional Structure of Production", *Les Prix Nobel*, Nobel Lecture, December 9.

Combs, Jams G. & Ketchen, David J., 1999, "Explaining Interfirm Cooperation And Performance: Toward A Reconciliation of Predictions From The Resouree-Based View And Organizational Economics", *Strategic Management Journal*, 20.

Daft, R. L., 1999, *Essentials of Organization Theory and Design*, South-Western College. (中译本为《组织理论与设计精要》，李维安等译，机械工业出版社，2003)

Druker, Peter F., 1954, *The Practice of Management*, New York: Harper & Row.

Granovetter, M., 1985, "Economic Action and Social Structure: The Problem of Embeddedness", *American Journal of Sociology*, 91.

Gulati, R., Nohria, N. & Zaheer, A., 2000, "Strategic Networks", *Strategic Management Journal*, 21.

Hannan, M. T. & Freeman, F., 1989, *Organizational Ecology*, Cambridge: Harvard University Press.

Harrington, Jon., 1991, *Organizational Structure and Information Technology*, London: Prentice Hall International Ltd.

Larsson, R., 1993, "The Handshake Between Invisible and Visible Hands",

International Studies of Management & Organization, 23.

Lorenzoni, G. & Lipparini, A., 1999, "The Leveraging of Interfirm Relationships as a Distinctive Organizational Capability: a Longitudinal Study", *Strategic Management Journal*, 20.

Miles, R. E., & Snow, C. C., 1986, "Organization: New Concepts for New Forms", *California Management Review*, 28 (3).

Miles, R. E., 1992, "Cause of Failure in Network Organization", *California Management Review*, Summer.

Morgan, G., 1989, *Creative Organization Theory: A Resourcebook*, Newbury Park, CA: Sage.

Morgan, G., 1993, *Imaginization: The Art of Creative Management*, Newbury Park, CA: Sage.

Morton, S. M. (ed.), 1991, *The Corporation of the 1990s: Information Technology and Organization Transformation*, Oxford: Oxford University Press.

Powell, W. W., 1990, "Neither Market Nor Hierarchy: Network Forms of Organization." In B. M. Staw & L. L. Cummings (ed.), *Research in Organization Behavior*, Greenwich, CT: JAI Press. (中译本载于《国外社会学》1994 年第 4 期)

Powell, W. W. & Smith-Doerr, 1994, "Networks and Economic Life." In Nell Smelser (ed.), *Handbook of Economie Sociology*, N. & Richard Swedberg, Princeton N. J.: Princeton University Press.

Quinn, J. B., 1992, *Intelligent Enterprise: A Knowledge and Service Based Paradigm for Industry*, New York: The Free Press.

Rorkart, J. F. & Short, J. E., 1991, "The Networked Organization and the Management of Interdependence", In S. S. Morton (ed.), *The Corporation of the 1990s: Information Technology and Organization Transformation*, Oxford: Oxford University Press.

Stuart, Toby E., 2000, "Interorganizational Alliances and the Performance of firms: a Study of Growth and Innovation Rates in a High-Technology Industry", *Strategic Management Journal*, 21.

Takeishi, Akira, 1999, "Bridging Inter-and Intra-Firm Boundaries: Management of Supplier Involvement in Automobile Product Devel Opment", *Strategic Management Journal*, 22.

Travic, Bob, 1999, *New Organizational Designs: Information Aspects*, Stamford: Ablex Publishing Corporation.

Uzzi, B., 1997, "Social Structure and Competition in Interfirm Networks: The Paradox of Embeddedness", *Administrative Science Quarterly*, 42.

Uzzi, B., 1999, "Embeddedness in the Making of Financial Capital: How Social Relations and Networks Benefit Firms Seeking Financing", *American Sociological Review*,

64.

Uzzi, B. & Gillespie, James J., 2002, "Knowledge Spillovers in Corporate Financing. Networks：Embeddedness and the Firm's Debt Performance", *Strategic Management Journal*, 23.

Weber, M., 1986, *Economy and Society*, New York：Bedminster Press Incorporated.

Webster, F. E., 1994, *Market-driven Management：Using the New Marketing Concept to Create a Customer-oriented Company*, New York：John Wiley & Sons.

Wigand, R., Picot, A. & Reichwald, R., 1997, *Information, Organization and Management*, John Wiley & Sons Ltd.

Williamson, Oliver E., 1975, *Markets And Hierarchies*, New York：The Free Press.

Williamson, Oliver E., 1985, *The Economics Institutions of Capitalism*, New York：The Free Press.

Williamson, Oliver E., 1991, "Comparative Economic Organization：The Analysis of Discrete Structural Alternatives", *Administrative Science Quarterly*, 36.

Williamson, Oliver E., 1979, "Transaction-Cost Economics：The Governance of Contractual Relations", *Journal of Law and Economics*, 22.（中译文载于陈郁编《企业制度与市场组织——交易费用经济学文选》，上海三联书店，2006）

原载《社会学研究》2003 年第 2 期

就业研究

走出生活逆境的阴影[*]

——失业下岗职工再就业中的"人力资本失灵"研究

一 问题的缘起

人到中年，对多数人来说，也许意味着事业有成、生活稳定，但对一些特殊的群体，则是一种略带沧桑的悲壮。中国 40～55 岁这个年龄段的中年群体，在人生的旅途上大都经历过大起大落的坎坷，因为他们经历过太多重大的历史事件，特别是"文革"中的"上山下乡"，在其人生轨迹中打下了深深的印记。他们中的一部分人，如今又有了从下乡到下岗的经历。在那些下岗失业问题严重的老工业基地城市，流传着"40、50 岁现象"的说法，意为那些年龄在 40～50 岁的下岗失业职工，往往会因为年龄关系而成为一个再就业特别困难的群体，而摆在他们生活道路面前的，又是养老金有无着落、看病如何缴费、子女的学费是否付得起、高堂父母怎样供养等一系列难题。我们属于这个年龄段中幸运的一群，希望能够以学术研究这种自身的职业方式，来为帮助他们走出生活逆境的阴影提供建设性意见。

---

[*] 本文是和张翼合写。

在过去相当长的一个历史时期，中国实行国家安排工作的充分就业政策，失业几乎成为陌生的集体记忆。1978年中国实行市场取向的改革开放政策以后，国有企业实行放权让利试点。初期的改革，几乎表现为一个普遍获益的过程，即参与变革的每个社会阶层，都从改革带来的发展成就中得到实惠，尽管收入的差距开始拉大，但每个社会阶层的收入都在增长，以至于这种特征被经济学家概括为"帕累托改革"（Pareto Reform）。但是，因循放权让利思路的国有企业的改革一直进展缓慢，城市经济体制改革的发展，更重要地表现为非公有经济的迅速成长。到20世纪90年代中期，中国基本结束短缺经济时代，卖方市场转变为买方市场，市场竞争日趋激烈。消费市场的变化，使产业结构的大调整成为必然。在市场化和产业结构调整的双重压力下，国有企业改革开始触动利益刚性的就业保障领域，过去国有企业隐含的富余人员，很快以大量职工下岗的方式凸显出来。在大多数人收入上升的同时，很多下岗职工的生活陷入困境，他们的理解和宽容，成为改革顺利进行的重要条件。

从1996年到2001年，中国累计的下岗职工有2500多万人。到2002年，中国失业和下岗人员还有约1400万人，下岗和失业职工带来的生活问题涉及几千万城市家庭人口。下岗是中国国有企业在就业体制市场化转变过程中的一种过渡性制度安排，它与失业的定义有差异。① 就平均情况来看，下岗人员的经济状况略好于失业人员。从

---

① 虽然每一个国家使用的失业概念不尽相同，但国际劳工组织在1982年国际劳工大会上给失业所下的定义具有经典意义。其将失业定义为：在调查期内达到一定年龄并满足以下条件者：第一，没有工作，即未被雇用同时也未自雇者；第二，具有劳动能力，即完全可以被雇用或自雇；第三，目前正在寻找工作，即已经采取明确步骤寻找工作或自谋职业。在这里，为大多数人所同意使用的"调查期"是一个月（过去的30天），倘若调查期不同，得到的失业率就不一定相同。而"下岗"职工指的是失去了原工作岗位，但仍与原国有或集体企业保持着劳动关系，并在原企业"再就业中心"领取生活费的人。事实上，还有一大部分原国有企业职工，虽然没有进入再就业中心，而是离开了原单位，但也与原单位保持着劳动关系，这些人被称为离岗职工。正因为企业在裁减冗员时灵活地采取了多种办法，所以，许多企业在统计与其保持劳动关系的职工数额的时候，将仍然工作在本企业的职工称为"在岗职工"，将因各种原因离开工作岗位的职工统称为"不在岗职工"。

2000 年开始，中国加速了就业体制市场化改革，实行下岗与失业的体制并轨，但这一改革在国有企业和传统产业集中的老工业基地，特别是资源枯竭的老工业基地城市，遇到很多具体困难。2001 年，国家加大财政补贴力度，在东北老工业基地辽宁省进行社会保障改革试点，其中一项重要内容，就是下岗与失业的体制并轨。从 2001 年 7 月到 2002 年 7 月底，辽宁省实现并轨的总人数达到 73.6 万人，其中 2001 年实现并轨的人数达到 52.5 万人，人均领取解除劳动关系的经济补偿金只有 7340 元。到 2002 年年底，某些省市已经关闭了所有企业"再就业服务中心"，下岗和失业基本完成体制并轨，此后新的失去工作岗位的职工将直接视为失业。同时，这个过程也在其他下岗问题严重的地区展开，"下岗"将逐步成为一个历史性概念。然而，由于经济增长、产业结构调整、技术和资本的增密以及劳动力供给等多种因素的影响，中国在今后较长一个时期，都将处于就业紧张状态。而且，一旦出现危机事件对经济的冲击，就业脆弱的群体受到的影响最大，例如由于中国"非典"疫情的影响，1500 万采取灵活方式再就业的失业下岗人员遭到严重冲击，800 万左右在城镇就业的农民工被迫暂时返乡。[①]

二 理论探讨和假设的提出

在过去研究重大社会变迁与个体生活历程关系的传统中，一个重要的理论视角，就是分析宏观的社会变迁对个体生活历程的影响。埃尔德的《大萧条的孩子们》在这方面具有开创性的意义，他分析和描述了 20 世纪 20 年代初世界经济大萧条对美国那一代孩子生活历程的

---

① 李连仲：《非典对我国就业的影响与对策》，《经济日报》2003 年 6 月 23 日。

影响，① 周雪光和侯立仁的《"文革"中的孩子们》，则把这种理论视角引入对中国社会变迁问题的研究，他们通过对问卷的数据分析，测算了 1960～1970 年代"文革"中"上山下乡"对那一代人后来的职业和生活的影响②。这些研究比较侧重于强调社会结构变动对个体生活历程的决定性意义。

我们这里的研究则试图从一个相反的理论视角入手来考察事件史，即注重考察个体的禀赋、意愿和行动对改变自身生活轨迹的影响以及对社会生活的建构意义。因为中国改革所带来的社会变迁，开创了一个社会结构与个体行动互动作用的新历史，在对外开放扩大、市场化转型和经济高速增长的大背景下，面对同样的社会事件，人们有了通过调整自己的选择来改变自身命运的更大可能性。

（一）人力资本对收入地位的意义

在以往的地位获得研究中，就平均情况而言，在决定个人收入地位的诸多个人禀赋中，人力资本是最被强调的一个因素。各种关于社会结构转型趋势的研究结果也表明，随着产业发展的知识化和信息化，人力资本的作用也越来越重要。自从诺贝尔经济学奖获得者舒尔茨阐述了人力资本理论以来，国内外无数的研究都证明：在成熟的市场经济体系中，一个人的人力资本与其工作收入具有正相关关系③。

尽管不同的学者在定义人力资本时侧重点会有所不同，但绝大多数学者都不得不使用这样几个容易获得的指标：第一，受教育所取得

---

① G. H. Elder, *Children of the Creat Depression*, Chigaco: University of Chigaco Press, 1974.

② Xueguang Zhou and L. Hou, "Children of the Cultural Revolution: the State and the Life Course in the People's Republic of China", *American Sociological Review*, 1999, vol. 64, pp. 12 – 36.

③ T. W. Schultz, *Investment in Human Capital*, New York: Free Press, 1971; G. S. Becker, *Human Capital*, Chigaco: University of Chigaco Press, 1994.

的文凭或在全日制学校读书的年限；第二，接受职业培训的时间长短；第三，身体的健康程度。事实上，在缺少后两个指标的情况下，很多学者往往以第一个指标测量人们所取得的人力资本。

社会学家在分析人们的社会地位变化与社会结构变迁的关系时，也将"受教育程度"这个人力资本变量作为最主要的自变量考察。例如，具有经典意义的各种地位获得模型都表明：受教育水平对一个人的经济收入和社会地位的提高有着举足轻重的影响。[1] 涉及该领域研究的一项近期成果也发现，在中国市场化过程中，人力资本对劳动者的收入回报在逐渐上升。[2] 另外一项专门考察台湾个人受教育程度对社会经济地位变化的影响的研究，也证明了这种趋向[3]。

然而，我们在对老工业基地下岗职工的访谈中发现，很多具有较高文化程度的下岗人员找工作并不是更容易，或者找到工作后的收入并不比文化水平低的人高，我们把这种现象称为"人力资本的失灵"。造成这种现象的原因，可能是在市场转轨和产业结构改造的大转折时期，会发生劳动力市场"知识技能系统"的改变，从而导致"人力资本的断裂"，即原有的人力资本积累，在新的"知识技能系统"需求中不再明显地发挥作用。就像目前面对迅速变化的就业市场的大学生，虽然都是大学毕业，但由于掌握的"知识技能

---

① P. Blau and O. D. Duncan, *The American Occupational Structure*, New York：Wiley, 1967. D. J. Treiman and K. -B. Yip, Educational and Occupational Attainment in 21 Countries, in M. L. Kohn (ed.), *Cross-National Research in Sociology*, Newbury Park：Sage, 1989；R. Erikson and J. H. Goldthorpe, *The Constant Flux：A Study of Class Mobility in Industrial Societies*. Oxford：Clarendon Press, 1993；R. Bond and P. Sannders, "Routes of Success：Influences on the Occupational Attainment of Yong British Males", *The British Journal of Sociology*, 1999, 50（2）：217 – 249.

② 边燕杰、张展新：《市场化与收入分配——对 1988 年和 1995 年城市住户收入调查的分析》，《中国社会科学》2002 年第 5 期。

③ 章英华、薛承泰、黄毅志：《教育分流与社会经济地位》，《教改业刊》（台北）1996 年 AB09。

系统"不一样，通过求职所获得的地位与收入就可能存在天壤之别。雅库波维奇等在研究俄罗斯市场转型过程中发现，人们在传统计划体制下形成的人力资本，在寻求新的市场就业岗位时出现了迅速"贬值"的情况。[1] 赵延东 2000 年对武汉下岗职工的调查也表明，下岗职工下岗前的人力资本（职称与技术级别），对其再就业质量（新工作的工资收入、职业声望、满意度等）没有产生任何作用[2]。

据此，我们的第一个假设是：在知识技能系统的大转变时期，某些人会出现人力资本对收入地位解释的失灵现象，而"文革"中中断学习的一代，人力资本失灵的情况最为严重。

（二）人力资本对阶层认同的意义

众多社会学的经验研究结果证明，阶层认同（Class Identification）是一个比较复杂的社会现象，深受收入、职业、家庭背景、社会声望乃至年龄、性别等多种因素的影响。一个人主观认同的阶层地位，与收入决定的客观阶层地位之间，往往存在较大差异。如以往的有关社会调查发现，人们对自己社会地位和经济地位的主观感知和定位，常常偏向于中层。在性别区分上，与男性相比，同样收入水平的女性，会有更多的人将自己认定在较低的社会地位上。

正是这种差异使阶层认同或阶级意识的研究变得格外重要，因为在个人阶层认同和社会态度及行为动机之间，往往存在着相关性联系或因果性联系。但不同的社会阶层，社会态度的一致性是不同的，而经受社会压力较大的社会阶层，社会态度的一致性会更高。用奥尔森

① V. Yakubovich and I. Kozian, "The Changing Significance of Ties: An Exploration of the Hiring Channels in the Russian Transitional Labor Market", *International Sociology*, 2001, 15: 475 – 500.

② 赵延东：《下岗职工的社会资本与再就业》，中国社会科学院研究生院社会学系博士论文，2001，第 63 页。

的话说，较小的或具有外部压力的群体，更可能为了共同的利益采取一致的行动。①

以往的众多研究提出的假设虽然不同，但比较一致的验证结果是，人力资本与阶层认同之间，存在较高的正相关关系。一般而言，影响人们阶层认同的因素，在传统社会中，家庭背景、身份等先赋性因素所起的作用大；而在现代社会中，则是文化程度、职业等获得性因素所起的作用越来越大。布劳和邓肯在《美国的职业结构》中着力刻画的图景是，教育对人们的阶层归属具有举足轻重的影响。② 章英华等在《教育分流与社会经济地位》一书中也指出，受教育水平越高的人，对自己的阶层认同也越高。③ 黄毅志在研究台湾社会人们的阶级认同时也有同样的发现。④

中国改革开放以来社会流动的变化也表明，教育对人们社会地位升迁的贡献在不断增加。可是，考察下岗职工阶层认同的影响因素，我们却发现，"受教育年限"这个重要的获得性因素，对其阶层认同的解释力减弱或消失了。我们在实地的访谈调查中感觉到，下岗职工的阶层认同的一致性较高，但与人力资本的相关性较低，这与我们对进城农民工的调查结果有较大差异。对进城民工的一项研究表明，受教育程度越高，自我认同的社会阶层也越高。⑤ 这可能是因为，下岗职工与进城民工的收益变动曲线是不同的，前者的收益曲线是下滑的，而后者是上升的。

---

① M. Olson, *The Logic of Collective Action*：*Public Goods and the Theory of Groups.* Cambridge，Mass.：Harvard University Press，1980.

② P. Blau and O. D. Duncan, *The American Occupational Structure.* New York：Wiley，1967.

③ 章英华、薛承泰、黄毅志：《教育分流与社会经济地位》，《教改业刊》（台北）1996年 AB09，第 97 ~ 99 页。

④ 黄毅志：《社会阶层、社会网络与主观意识》，（台北）巨流图书公司，2002，第38 ~ 39 页。

⑤ 李培林、张翼、赵延东：《就业与制度变迁——两个特殊群体的求职过程》，浙江人民出版社，2000，第 162 ~ 163 页。

据此，我们的第二个假设是：对于收益曲线下滑的群体，会发生人力资本对阶层认同解释的失灵现象，而且越是收益曲线下滑严重的人群，人力资本失灵情况越严重。

（三）下岗失业与社会稳定的关系

以往的很多研究还发现，失业率的上升会影响社会的稳定。薄一波在分析新中国成立初期（1950～1952年）失业高峰期的社会状况时就曾坦言："1950年春夏出现市场萧条、私营工商业经营困难，很多企业关门倒闭，全国14个较大城市工厂倒闭2945家，16个较大城市半停业商店9345家，失业工人逾百万，人心浮动，'失望和不满的情绪在一部分工人和城市贫民中迅速蔓延'。"①

另外，无业和失业与犯罪率的关系也经常被提到，"据上海、天津、南京三市公安部门统计，仅1993年7月至1994年6月一年间，在这些地区发生的抢劫、强奸、流氓斗殴等各类案件中，平均有56.4%以上系城镇失业青年和闲散在家的企业下岗职工所为"。② 有的学者甚至认为，目前对社会和政治稳定威胁最大的大众群体，不是处于最底层的城乡贫困人群，而是失业或下岗的国有企业职工；由于他们的地位同时出现大幅度的绝对下降和相对下降，因此他们的不满最为强烈③。李普塞特在论述到贫苦工人的政治取向时也曾说道："一个人的经验和稳定感越少，他越可能支持简单化的政治观点，越不可能理解与自己意见不同的人，越不可能支持宽容的基本原则，越可能感到难以领会或容忍政治变革的渐进主义思想。"④

① 薄一波：《若干重大决策与事件的回顾》上卷，中共中央党校出版社，1991，第94～95页。
② 汪大海：《挑战失业的中国》，经济日报出版社，1999，第69页。
③ 康晓光：《未来3～5年中国大陆政治稳定性分析》，《战略与管理》2002年第3期。
④ 〔美〕李普塞特（S. M. Lipset）：《政治人：政治的社会基础》，张绍宗译，上海人民出版社，1997，第89页。

我们在实地调查中发现，尽管下岗职工的社会态度总体上一致性较高，但也存在一些差异，而且这种差异很难单纯用经济地位或在业还是失业来解释。不同城市的调查结果显示，下岗职工中隐性就业的比例达30%～60%。在我们这次调查的抚顺市，劳动与社会保障局的调查统计数据显示，约有50%的下岗职工"稳定"再就业；约20%的下岗职工"不稳定但经常"能够找到工作；约10%的下岗职工"就业不稳定"并经常失去工作；干脆"什么也没有干"的下岗职工只有20%左右。

以往的研究往往把人力资本的提高与社会态度的理性化相联系，我们在调查中却感到：文化程度高，而收入与阶层认同较低的下岗职工，似乎更容易产生社会不满情绪。因为由于人力资本对收入与社会地位解释的失灵，他们对收益下降的不满感受更强烈。

据此，我们的第三个假设是：对于收益曲线下滑的群体，人力资本对收入与社会地位解释的失灵情况越严重，其对现有社会的不满程度就越强烈。

（四）人力资本与生活发展前景的关系

在日常生活中，一个人的社会位置，尽管存在着个人无力扭转的制度性和结构性安排，但随着社会的发展与市场化的深入，凭借个人的知识才能、努力奋斗、机会把握等因素而改变生活发展前景的可能性会越来越大，人力资本最终也会成为一个越来越重要的决定个人发展的因素。当今社会知识技能系统的快速变化，使人力资本的积累呈现为一个终身不断学习的过程，为了避免人力资本的断裂和失灵，就要不断地改善知识结构和提升工作技能。对于普通的下岗失业职工来说，通过某些富有实效的转岗转业培训，提高和转化他们的"知识技能系统"，使其适应于市场的需要，可能是帮助其走出生活逆境阴影的最可行选择。

据此，我们的第四个假设是：在收益曲线下滑的群体中，那些经过转岗转业培训，改变了个人的"知识技能系统"，并使自己的人力资本适应于市场需求的人，更有可能走出生活逆境的阴影。

三　数据与变量介绍

（一）数据来源

为深入研究下岗职工的工作生活状况和社会稳定状况，探讨帮助下岗职工走出生活逆境的途径，我们于 2002 年 8 月下旬和 9 月上旬，分赴辽宁省 4 个下岗职工既集中又难以再就业的资源枯竭型地级市进行调查，这 4 个市分别是抚顺、本溪、朝阳和阜新。调查分为访谈调查和问卷调查两种形式。访谈以开座谈会与入户调查两种形式为主，辅之以其他。参加座谈会的人员，有政府政策研究室、劳动保障局、计划委员会、统计局、工会、妇联、街道办事处、下岗职工集中的企业等单位以及社区的有关负责人和部分下岗职工代表。在入户访谈中，先由社区主任介绍情况，然后选择比较困难的下岗职工家庭入户访问，获得感性认识。

问卷调查采取随机抽样的方式抽取个案。每一个市独立抽样。为了回避以企业为调查单位所造成的选样同质性问题，增加个案选择的区位均衡性，我们首先在当地民政部门提供的社区名册中每城市随机抽取 38～40 个社区，然后再在抽取的社区中随机抽取 6～7 名下岗职工作为被访问对象，完成问卷调查。4 城市共访谈 1110 个下岗职工，获得 995 份有效问卷，有效率接近 90%。样本结构性特征的统计描述，请参见文章的附表。①

---

① 由于下岗职工的流动性较强，过去的有关调查多数是采取主观抽样。这次调查是迄今为止有关下岗职工的问卷调查中抽样比较规范、数据质量较好的。尽管只是区域性的调查数据，但本文所着重的有关变量之间相互关系的分析，应当说是具有普遍意义的。

（二）变量介绍

在分析中我们主要使用问卷调查所得到的数据验证假设。在自变量的使用上，我们在不同的模型中，有时候会将定距变量和定序变量作为类别变量虚拟化处理，有时候会在不分组别的意义上作为定距变量处理。

我们使用的自变量主要是受教育程度（有时以被访问者在学校经历过的受教育年限来处理，有时以被访问者已取得的学历文凭级别来处理）、年龄（有时以实际年龄大小做连续性变量来处理，有时又分类为年龄组别来处理）、技术级别、政治身份、性别、有收入劳动的工作时间等。

我们在研究中设计的因变量分别是：下岗前月工资收入、下岗后再就业月收入、自我感知的社会地位——"阶层认同"和"不稳定状况"。这里需要说明的是："阶层认同"和"不稳定状况"属于主观变量，来自下岗职工的自我感知。"阶层认同"的问题是这样设计的："如果将全社会的人群分为高低不同的 6 个阶层，您认为自己属于哪一层？"给出的选择是：上上层、上下层、中上层、中下层、下上层、下下层。自赛特斯开创性地使用这一调查内容以来，它已成为社会分层研究的一个经典性的题目。[1]"不稳定状况"也是一个主观性问题，是"对参加集体上访的态度""对社会公平程度的评价""对干群关系的评价""对当地经济景气程度的感知""对下岗失业问题缓解时间的感知"等相关性很强的一组变量的因子合成。

---

[1]　赛特斯在问卷中这样提问："如果你必须用中层、下层、工人层、上层这几个名称来说明你的社会阶层，你属于哪一个？"参见 R. Centers, *The Psychology of Social Classes: A Study of Class Consciousness.* Princeton: Princeton University Press, 1949, p. 233。

四 研究过程和结果

（一）收入决定中的"人力资本失灵"

下岗职工下岗前的收入，无疑会受到很多因素的影响。比如说，在企业层次上，会受到企业盈利率、企业工资水平和行业收入差距的影响；在个人层次上，会受到工作岗位、工龄长短、加班多少等的影响。我们的研究假设关注的是人力资本对收入获得的影响，即对于下岗职工而言，其下岗前和下岗后的收入状况会发生什么变化。

从表1可以看出，我们以最小二乘法所做的线性回归模型，反映了人力资本对被调查者收入的影响。在这里，"性别"和"是不是党员"对下岗职工下岗前和下岗后的收入，都具有显著影响意义。男性的收入高于女性，党员的收入高于非党员，这在其他调查中也有所验证。[1]

表1模型1的结果显示："受教育年数"这一变量对其"下岗前月收入"具有显著影响，即"受教育年数"越长，人力资本存量越高，其下岗前的月收入就越高。[2] 在这个模型中，"年龄"也具有显著影响意义，年龄越大，下岗前的月收入也越高。在国有企业中，年龄的大小就直接表示着工龄的长短，工龄又反过来影响着工龄工资，

---

① 边燕杰、张展新：《市场化与收入分配——对1988年和1995年城市住户收入调查的分析》，《中国社会科学》2002年第5期。

② 关于教育与收入的关系，谢宇与韩怡梅在考察1988年中国城市居民收入差距时，发现虽然教育和收入是正相关的，但由于奖金和补贴的平均发放，经济增长对教育回报率有负面影响（参见谢宇、韩怡梅《改革时期中国城市居民收入不平等与地区差距》，载边燕杰主编《市场转型与社会分层》，三联书店，2002，第460~508页）。而赖德胜的研究表明，从1988年到1995年，中国的教育收益率从3.8%提高到5.7%，而且教育收益率高于工龄收益率（参见赖德胜《教育、劳动力市场与收入分配》，载赵人伟等主编《中国居民收入分配再研究》，中国财政经济出版社，1999，第451~474页）。

也影响着一个职工从企业获得的福利水平。[①] 在将技术级别做虚拟变量处理后，虽然高级工的技术级别对收入的影响并不显著，但中级技术工人和初级技术工人的技术等级与其月收入之间的关系却是显著的。这就是说，与无技术级别的职工相比，有技术级别的职工，其技术级别对其收入的提高都有贡献。

如果将"受教育年数"、"年龄"和"技术级别"作为人力资本来看待的话，下岗职工在下岗前的月工作收入，受人力资本的支持，即人力资本越高的职工，其工作收入就越高。

考察表1的模型2，当因变量改变为下岗职工"干目前的工作所获得的再就业收入"时，情况却发生了重大的变化。第一，"受教育年数"对其收入的正向效应消失了，即其对收入的影响变得不具有统计推断意义。第二，下岗职工的"年龄"对其再就业收入的影响，变成了负向影响，即下岗职工的年龄越大，其再就业收入就越少。这种现象恰恰与模型1所得出的推论相反。

表1 下岗职工的收入决定模型（OLS标准净回归系数）

自变量 \ 因变量	下岗前月收入 模型1	下岗后再就业收入（即"干目前工作的上个月收入"）		
		模型2（所有年龄段）	模型3（20~40岁）	模型4（41~55岁）
上周工作时间		0.383 ***	0.378 ***	0.608 ***
性别	0.167 ***	0.146 ***	0.183 ***	0.086
是不是党员	0.142 ***	0.155 ***	0.213 ***	0.130
受教育年数	0.082 *	0.025		
文化程度分组别 对照组:小学及以下				
初中			-0.282	0.015
高中与中专			-0.252	-0.068
大专			-0.006	-0.129
本科			0.010	-0.029

---

① 张翼:《国有企业的家族化》，社会科学文献出版社，2002，第190~200页。

续表

自变量 \ 因变量	下岗前月收入	下岗后再就业收入（即"干目前工作的上个月收入"）		
	模型 1	模型 2（所有年龄段）	模型 3（20~40 岁）	模型 4（41~55 岁）
年龄				
不分组别	0.089 *	− 0.073 **		
下岗前职业身份				
对照组：其他人员				
管理人员			0.111 *	− 0.028
技术人员			− 0.005	− 0.029
生产人员			0.086	− 0.081
服务人员			0.006	− 0.106
技术级别				
对照组：无级别				
高级工	0.061		− 0.001	− 0.213 ***
中级工	0.147 ***		− 0.002	0.027
初级工	0.072 *		− 0.047	− 0.031
F 值	13.712 ***	35.21 ***	10.16 ***	8.24 ***
确定系数 R^2	0.114	0.213	0.283	0.447
调整后 R^2	0.109	0.207	0.254	0.392

注：表中下岗前职业身份中的对照组"其他人员"，包括机关和事业单位人员等，下同。
*** $p < 0.001$，** $p < 0.01$，* $p < 0.05$。

为了对表 1 模型 2 中出现的"人力资本和年龄对下岗后工作收入具有负向影响"的状况做深入探讨，模型 3 和模型 4 分别检验了"20~40 岁"和"41~55 岁"两个年龄段的被访问者的收入决定状况。

从表 1 模型 3 可以看出，对"20~40 岁"这个年龄段的下岗职工来说，文化程度、技术级别和年龄对其再就业收入都失去显著影响。在"下岗前职业身份"类别中，只有那些"管理人员"与"其他人员"相比，才显示出了收入优势。但从总体上来看，下岗职工的人力资本对其下岗后的"再就业收入"，失去了解释意义。

在表 1 模型 4 中，我们可以看出一个更有意义的现象：对于"41~

55 岁"年龄段的下岗职工来说，在模型 3 里发挥显著作用的两个自变量——"性别"和"是不是党员"，也失去了对再就业收入的统计解释力。也就是说，在深受"文革"影响而中断了学业，一般又具有"上山下乡"经历的那些 40 岁以上的下岗职工中，"男性"与"女性"相比，"党员"与"非党员"相比，其"下岗"后的再就业月收入，失去了比较优势，不具有统计推断意义。而"高级工"的技术级别，与"下岗"后再就业收入之间的关系，反倒呈负向影响关系，即与"无级别者"相比，在第二产业中获得过高技术级别的下岗人员，在服务业——第三产业中的再就业收入反而较低。这使我们想到 1999 年在长春市进行下岗职工访谈时一位 49 岁省级劳模的话：

> 我下岗之后，很长时间也没有找到工作。最初的那段时间，是最难受的。我一连睡了将近一周。我爱人类似于残疾人，根本就找不到工作。我们瓷器厂的人，原来工作的生产线比较特殊，我也没有什么在别的厂子工作的经验，工作是特别难找的。……我在下岗的第二周，才到市里去找工作。说是找工作，实际是蹲马路牙子，我只能替人刷房子嘛。我有一个朋友，也是这样找工作的，他说让我一起去，我就去了。那一天没有人来叫我们，我们白等了一天，搭了些路费和午饭钱就回来了。第二天我们换了一个地方等，算是有人来找，就干了一天活……①

下岗职工收入决定中的"人力资本失灵"现象，具有深刻的社会学意义。在社会流动的链条上，人们必须凭借自己累积的人力资本和努力，来改善自己的收入地位，这是人们对现代社会合理性的一种社

---

① 李培林、张翼、赵延东：《就业与制度变迁——两个特殊群体的求职过程》，浙江人民出版社，2000，第 323 ~ 324 页。

会信念。但在"人力资本失灵"的情况下，人们更容易从社会结构和体制的原因而不是自身的原因，去理解影响自己进入和走出生活逆境的因素。

（二）阶层认同中的"人力资本失灵"

我们的调查结果显示，在下岗职工中，认为自己属于"上上层"和"上下层"的只占 1.1%，认为属于"中上层"的占 3.5%，认为属于"中下层"的占 15.7%，而认为属于"下上层"的占 35.2%，认为属于"下下层"的占 44.5%。那么，主要是什么因素影响着下岗职工的阶层认同呢？

表 2 的模型 1 表明，对下岗职工"阶层认同"具有统计影响意义的，主要是自己"下岗后再就业月收入"和"配偶的月收入"，而"受教育年数"失去了对阶层认同的解释力，尽管相对于对照组"无级别"工人而言，"高级工"更易于将自己认定在比较高的阶层地位上，但这些人占下岗职工总人数的比重较少。

表 2 下岗职工的阶层认同模型（OLS 标准净回归系数）

自变量 \ 因变量	模型 1 所有个案	模型 2 男性	模型 3 男性	模型 4 女性	模型 5 女性	模型 6 20~40 岁	模型 7 41~55 岁
下岗前月工资收入	0.019	0.108	0.092	0.027	-0.021	-0.025	0.048
下岗后再就业月收入	0.213 ***	0.336 ***	0.237 ***	0.241 ***	0.201 ***	0.224 ***	0.236 ***
技术级别							
对照组:无级别							
高级工	0.174 ***	0.080	0.116 *	0.140 *	0.216 ***	0.177 ***	0.165 **
中级工	0.034	0.048	0.020	0.040	0.035	0.070	-0.020
初级工	0.014	-0.030	-0.017	0.012	0.001	0.037	0.005
是不是党员	0.008	0.050	0.002	0.067	0.037	-0.005	-0.007
自己的受教育年数	0.003	-0.023	-0.068	0.134 *	0.059	-0.065	0.109
自己的年龄	0.007	-0.031	0.023	-0.047	-0.003		
配偶的受教育年数	0.072		0.040		0.110	0.128	-0.010
配偶的月收入	0.269 ***		0.162 ***		0.277 ***	0.308 ***	0.241 ***

自变量 \ 因变量	模型1 所有个案	模型2 男性	模型3 男性	模型4 女性	模型5 女性	模型6 20~40岁	模型7 41~55岁
下岗前职业身份							
对照组:其他人员							
管理人员						-0.065	-0.097
技术人员						-0.082	-0.223 **
生产人员						-0.042	-0.109
服务人员						-0.111 **	-0.216 *
F值	14.683 ***	7.497 ***	4.98 ***	7.74 ***	10.71 ***	7.51 ***	5.31 ***
R^2	0.201	0.161	0.155	0.146	0.263	0.224	0.224
调整后 R^2	0.187	0.140	0.124	0.127	0.239	0.194	0.182

注:*** $p<0.001$,** $p<0.01$,* $p<0.05$。

表2模型2和模型3是针对男性下岗职工而做的检验。这个验证表明,在不考虑配偶的情况下,对于男性下岗职工的"阶层认同"最有统计解释力的变量是"下岗后再就业月收入";而当我们将"配偶的受教育年数"和"配偶的月收入"加入自变量后,却发现"配偶的受教育年数"的影响并不显著,而"配偶的月收入"的影响则具有统计显著意义。

表2模型4和模型5是对女性下岗职工的验证。在模型4中,对"阶层认同"有显著影响意义的自变量是"下岗后再就业月收入"和"自己的受教育年数"。可模型5加入了"配偶的受教育年数"和"配偶的月收入"之后,"自己的受教育年数"就变得不显著了(不但达不到5%的显著水平,而且标准净回归系数也很小)。这个模型可以更好地解释了模型1的推论,即妻子的阶层认同,会更多地依附于丈夫的工资收入。

表2模型6和模型7比较了"20~40岁"和"41~55岁"两个年龄段下岗职工的阶层认同决定状况。可以看出,对于那些在"文革"时期受"上山下乡"影响而可能中断教育的群体而言(41~55岁年龄段下岗职工),与"对照组:其他人员"相比,他们中的"技

术人员"却在统计意义上对自己的社会阶层认定得更低，而这种情况在"20~40岁"年龄段的下岗职工中表现得并不显著。

综合考察这几个模型就会发现：下岗职工无论是男性还是女性，影响其"阶层认同"的因素，主要是"下岗后再就业月收入"和"配偶的月收入"。所不同的是，女性更加依附于丈夫的收入。人力资本（受教育年数）对阶层认同的影响总体上是不显著的，而且那些收益曲线下滑越严重的群体（41~55岁年龄段下岗职工），其人力资本对自己阶层认同的解释力失灵的现象越突出。

（三）社会态度决定中的"人力资本失灵"

一般来说，越是文化程度和年龄较高的群体，其社会态度的理性化程度越高，即越倾向于采取温和的社会态度。但对下岗职工这样一个特殊的群体来说，由于生活经历中利益曲线的下滑，其社会态度的决定因素也发生了很大的变化。这里用以表示"社会态度"的，是一个因子合成的变量，主要合成因素是"对参加集体上访的态度""对社会公平程度的评价""对干群关系的评价""对当地经济景气程度的感知""对下岗失业问题缓解时间的感知"等，我们把这个因子合成的值称为"社会不稳定系数"。

从表3的模型1可以看出，"性别"和"是不是党员"对"社会不稳定系数"没有显著影响，而"年龄""阶层认同""再就业月收入""受教育年数""周工作时间"等对"社会不稳定系数"具有显著影响。特别值得注意的是，与我们的一般判断相左的是，越是受教育年数长和年龄比较大的下岗职工，对"社会不稳定系数"的影响越大，也就是说，其社会不满意度越高，越可能采取激烈的行动。从标准回归系数大小的比较上还可以看出，"阶层认同"对"社会不稳定系数"的影响力最强，由于前面我们已经验证了"阶层认同"上的人力资本失灵状况，这里可进一步说明社会态度决定上的人力资本失灵。

表3 社会不稳定系数决定模型

因变量 自变量	模型 1 所有个案	模型 2 20~40 岁	模型 3 41~55 岁
性别	0.026	-0.022	0.113
是不是党员	-0.053	-0.056	-0.029
年龄	0.142 ***	0.137 *	-0.076
阶层认同	-0.335 ***	-0.298 ***	-0.412 ***
再就业月收入	-0.147 **	-0.079	-0.173 *
受教育年数	0.122 **	0.118 *	0.120 *
周工作时间	0.151 *	0.085	0.204 **
F 值	14.125 ***	5.816 ***	8.653 ***
R^2	0.179	0.141	0.234

注：$^{***} p < 0.001$，$^{**} p < 0.01$，$^{*} p < 0.05$。

表 3 模型 2 和模型 3 比较了 20~40 岁和 41~55 岁两个年龄段下岗职工对"社会不稳定系数"的影响。可以看出，与 20~40 岁年龄段下岗职工相比较，人力资本积累断裂情况更加严重的 41~55 岁的下岗职工，其"阶层认同"对"社会不稳定系数"影响更大，其"受教育年数"对"社会不稳定系数"也更具负面的影响。

以上分析告诉我们，在收入一定的情况下，受教育年数越长、年龄越大的人，对利益曲线下滑形成的对比感受越强烈，也越容易采取激烈的社会态度和集群行动。所以，年龄段较高的下岗职工，尤其是那些过去有"上山下乡"经历，如今又有了"下岗"经历的人，是特别需要帮助接续其人力资本积累链条的一群人。

（四）转岗转业培训：帮助下岗职工走出困境的一种选择

下岗职工的再就业过程，清晰地折射出中国产业结构的大调整：传统产业的收缩和新兴产业的快速发展。这种调整也带来就业市场上知识、技能和经验的"编码系统"的改变，从而导致一部分人原有的"人力资本"失灵。因此，下岗职工通过转岗转业培训，接续人力资本积累链条，转换和更新知识技能"编码系统"，以适应劳动力市场的需要，就成为下岗职工走出生活困境的一种有效选择。我们在调查中了解到，参加过转岗转业培训的下岗职工，更容易找到具有体面收入的工作。

调查统计结果也表明，受过转岗转业培训的下岗职工，生活境况已表现出某种程度的好转。表4以列联表的方式，报告了"参加过转岗转业培训"的下岗职工与"没有参加过转岗转业培训"的下岗职工的区别。在每一个因变量的下面，也给出了皮尔森卡方检验的显著性值（因为因变量给出的选择不同，所以，各个卡方检验中的自由度存在着差异）。

对"您或您家的生活水平在过去5年来发生的变化"这个问题，参加过培训的群体与没有参加过培训的群体比较，"提高很多"和"提高一些"的百分比都相对较高，而"差不多""下降一些""下降许多"的百分比都相对较低。这说明，转岗转业培训对下岗职工及其家庭过去5年的生活，发生了相对积极的影响。

对"您目前的收入与您下岗前所在单位的全部收入比较有什么变化"这个问题，虽然参加过转岗转业培训与没有参加过转岗转业培训的下岗职工相比较，在"高于原岗位收入"上区别不大，但在"差不多"和"低于原岗位收入"这两个变量上，则差距甚大，前者分别为30.8%和63.8%，而后者则分别为20.0%和74.4%。这就是说，参加过转岗转业培训的群体，再就业的收入明显地要比未参加者高一些。

表4　转岗转业培训对下岗职工摆脱困境的帮助作用

单位：%

类别	参加过转岗转业培训	没有参加过转岗转业培训	总计
您或您家的生活水平在过去5年来发生的变化			
提高很多	4.1	1.6	2.0
提高一些	13.8	7.8	8.8
差不多	20.0	22.5	22.1

类别	参加过转岗转业培训	没有参加过转岗转业培训	总计
下降一些	26.9	27.7	27.6
下降许多	34.5	37.5	37.0
不知道	0.7	2.8	2.5
对自变量的皮尔森卡方			
检验: $X^2 = 12.53$; D. F. = 5; $p < 0.05$			
您目前的收入与您下岗前的全部收入比较			
高于原岗位收入	5.4	5.6	7.2
差不多	30.8	20.0	21.8
低于原岗位收入	63.8	74.4	70.9
对自变量的皮尔森卡方			
检验: $X^2 = 7.59$; D. F. = 2; $p < 0.05$			

总之,这里的列联表分析说明,转岗转业培训不仅有利于下岗职工再就业收入的改善,而且有利于帮助下岗职工的家庭走出生活的困境。

转岗转业培训作为一种谋生能力的培养和建设,目前是由国家作为社会帮助的示范来提供的,但并不是强制性的,也不是具有经费保证的制度化安排,而是由失业下岗职工自主选择参加。但无论是在地方政府还是在失业下岗职工个人眼里,培养谋生能力的转岗转业培训,都不如直接的生活补助重要。但我们的调查分析则证明,谋生能力的培养,比单纯的生活救济,更有助于帮助失业下岗职工走出生活的阴影。单纯的生活救济可解燃眉之急,也可以在救济下暂时脱贫(根据“每天每人收入不低于按购买力平价计算的 1 美元”这个国际贫困标准),但返贫的概率很高,只有使被救济者具有自主谋生的能力,才能从根本上解决生活困境问题。

五　讨论与相关建议

在中国的大转变时期,快速的社会变动使“人力资本失灵”成为一个相当普遍的问题，而不仅仅限于失业下岗群体，只不过目前人们的关注点更多地集中在体制转轨和结构转型，多数人看到的是在市场化过程中人力资本作用的增强，较少注意到知识编码系统转换产生的人力资本失灵的后果。

在个人的知识和技能越来越具有决定个人生活轨迹的意义的情况下，人力资本失灵的现象尤其值得重视。中国亿万个家庭，为了他们下一代的前程，愿意倾囊中所有，进行子女人力资本投资。如果因为我们的教育供给与现代社会需求不适应，造成毕业后就失业，那将是千古之憾。但现在人力资本积累断裂而产生的人力资本失灵，已经造成大量人力资本投入的浪费，很多学生目前花费巨大精力和财力学习的东西，是已经在就业市场上被淘汰的东西。在不同的大学、不同的专业、不同的课程设计之间，人力资本的含量出现巨大差异。随着个人教育支出在家庭消费中的快速增长，要防止人力资本投入的粗放经营、重复建设、效益低下甚至血本无归。

在市场化过程和产业结构调整中，劳动力市场的快速变化而导致的失业下岗职工的人力资本失灵现象，对于他们自身来说，是一种无奈和悲哀，对于社会来说，也是重大的损失。

人力资本的失灵也影响到下岗职工的阶层认同和社会态度，在人力资本积累断裂的情况下，他们会倾向于认为，自己的收入水平和社会地位，不是取决于自己的知识技能水平和努力程度，而是取决于非个人的社会因素。这样，他们中人力资本较高的那些人，反而更容易滋生出较强烈的"社会不满"情绪。换言之，在人力资本失灵的情况下，不是穷人更容易采取激烈的行动，而是人力资本失灵严重的穷人更容易采取激烈的行动。

人力资本失灵已经成为失业下岗职工生活道路的一道屏障和一个瓶颈，能否越过这道屏障、突破这个瓶颈，成为决定他们生活命运轨迹的关键点。如果能够跨过这道坎，接续人力资本积累的链条，弥合人力资本积累的断裂，那么失业下岗职工已有的人力资本存量，包括受教育程度、劳动技能、工作经验、职业态度等，就能够盘活；但如果跨不过这道坎，这些已有的人力资本存量，反而可能会成为他们做出新的选择的包袱。盘活国有部门的人力资本，与盘活其物质资本实际上具有同等重要的意义，但这一意义，目前并没有得到充分的重视。

在我们的调查研究中，具有重要意义的发现是，失业下岗职工中的一部分，正在从根本上改变生活态度，他们不再完全依赖社会和体制对自己生活的安排，而是相信通过自己的努力和选择，可以改变自己的命运，而且正是这一部分人，其生活前景发生了积极的变化。这也意味着，社会流动和社会升迁的机制在发生积极的变化，无数个体的积极行动，正在对新型社会结构的生成产生作用。

如果我们把下岗职工群体和进城农民工群体做一个比较，就会发现，尽管从收入地位和生活水平上看，后者并不比前者高，但后者的利益曲线是呈上升的趋势，而且人力资本效应显著，他们对于发展前景也具有更加积极的态度，还很少发生进城民工的激烈集群行为事件。而下岗职工由于利益曲线是下滑的，又面临人力资本失灵的情况，因而对生活逆境的感受更为强烈。但下岗职工目前生活态度正在发生的积极变化，可能会在一定意义上改变他们长期以来"等、靠、要"的选择，结束其个人命运完全由外在力量决定的历史。当年"上山下乡"的一代，不少人将生活的磨难转变为人力资本的财富，后来成为各行各业的脊梁。相信如今的下岗人员，也会有不少人从逆境中崛起，撑起未来的一片天地。

"下岗"也许很快就会成为一个历史性概念，但就业紧张的状况还将在较长时期内持续。在中国社会大变革的时期，随着产业结构的调整和升级，以及资本和技术对劳动的替代，经济增长的就业弹性不断下降，在经济快速增长和大多数人生活水平普遍提高的过程中，一部分人失去工作并导致生活水平下降，将会成为一种常态的伴随现象。对于失去工作的那部分人，在统计上也许只占一个很小的比重，或者可以用冷冰冰的"自然失业率"来表示，但对他们自身来说，那就是生活的全部。对少数困难群体的重视、帮助和扶持，是一个团结、和谐和公正社会的重要标志之一。

对失业下岗职工的帮助，当然重要的是在经济上依据法律、法规和政策的补偿、补助，这无疑有助于缓解其在过渡期中的生活困境。但从长远考虑，特别是从个体选择和社会安排相互关系已经发生的积极变化考虑，更重要的还是为他们提供自食其力的就业机会。换句话说，需要向他们提供的，不仅是维持生存的粮食，更重要的是可以播种未来的种子。诺贝尔经济学奖获得者阿马蒂亚·森（Amartya Sen）受人瞩目的贡献就在于，他证明了发展和减少贫困的根本，不是简单地给予经济上的补助，而是提高人们个人选择和把握机会的能力。

由于下岗职工过去长期生活在国家和政府安排就业的制度环境里，在新的市场经济条件下，往往感到无所适从。在社会流动的可能性和就业机会面前，他们往往感到缺乏选择的竞争力。而帮助他们提高选择能力和接续人力资本积累链条的转岗转业培训，在很多地方都流于形式，一些地方更习惯于运用容易立竿见影的"单位安排"方式来增加就业。

应当看到，在国家、市场和社会的关系发生巨大变化的背景下，面对同样的社会事件，个人具有了更大的选择和改变自己生活的可能性。通过有针对性的转岗转业培训，改善和提高下岗职工的人力资本，增强他们的选择能力，使之适应劳动力市场的变化和需要，这是从根本上帮助下岗职工走出生活逆境阴影的一个有效的措施。而转岗转业培训对于失业者再就业的有效帮助，已经得到国际经验的普遍证明，改善人力资本对于从根本上减少贫困和返贫的有效性，也得到国际经验的普遍证明。

当然，一方面，今后在帮助失业下岗职工的总预算中应加大转岗转业培训投入的比重；另一方面，为了使资金的使用更加具有效率，可以采取招标的方式，鼓励民间中介组织的参与，并把培训后的再就业率作为资金使用的考核指标。转岗转业培训作为帮助下岗失业职工走出生活阴影的重要措施，还必须辅之以各种配套的政策，包括个人创业在税费、小额贷款、开业手续等各方面给予优惠的政策。过去，为了使一部分人先富起来，我们采取了各种优惠政策，现在，为了使仍然处于生活困境中的人也有能力富裕起来，更应当有充分的理由实行优惠政策。

中国在历经几十年的艰苦努力成功地解决了温饱问题之后，就业已成为今后几十年发展面临的最严峻挑战。我们期望在中国人自己塑造的安居乐业的"中国梦"中，有更多的人能够分享改革和发展的成果，有更多的人能够走出自己生活逆境的阴影。

附表　被访问下岗职工的描述性统计

单位：%

自变量	年龄在 40 岁及以下		年龄在 41 岁及以上	
	1996 年及以前下岗	1997 年及以后下岗	1996 年及以前下岗	1997 年及以后下岗
女性	54.4	45.3	53.8	55.2
文化程度				
小学及以下	0.5	0.4	1.9	1.6
初中及相当	64.6	49.0	61.4	44.8
高中、中专及相当	28.2	39.7	31.0	41.1
大专及相当	5.7	10.1	5.2	10.9
大学及以上	1.0	0.8	0.5	1.6

续表

自变量	年龄在 40 岁及以下		年龄在 41 岁及以上	
	1996 年及以前下岗	1997 年及以后下岗	1996 年及以前下岗	1997 年及以后下岗
政治面貌				
中共党员	6.4	12.5	16.4	32.4
共青团员	15.9	15.6	2.6	0.7
民主党派	1.3	—	2.6	1.4
无党派	76.4	71.9	78.3	65.5
下岗前所在单位类型				
国有企业	34.4	52.3	34.4	46.9
集体企业	61.4	43.1	62.7	50.0
其他	4.2	4.6	2.9	3.1
下岗前所在单位行业				
农林牧渔业	1.4	0.4	—	1.6
采掘业	9.3	15.0	11.0	11.6
制造业	42.3	40.0	40.5	32.6
电力煤气及水生产	1.9	1.5	3.8	3.7
建筑业	8.8	6.5	11.4	6.8
地质勘察水利管理	1.9	1.5	1.9	0.5
交通运输仓储邮电	3.3	6.5	3.3	4.2
批发零售餐饮业	5.6	3.5	3.8	10.5
金融保险业	—	—	—	0.5
房地产业	—	—	0.5	—
社会服务业	4.2	3.1	5.2	9.5
卫生体育社会福利	0.9	—	0.5	1.6
文化教育广播电视	0.9	0.4	0.5	1.1
科研技术服务	0.5	0.4	0.5	0.5
党、国家机关与团体		0.8	—	0.5
其他	19.1	20.4	17.2	14.2
下岗前职业身份类型				
企业管理人员	5.3	5.4	10.4	17.4
企业技术人员	7.2	10.1	9.0	7.9
企业生产人员	58.2	56.4	50.7	37.9
生产服务人员	20.2	19.5	19.9	24.2
其他人员	9.1	8.6	9.9	12.7

参考文献

曹风，1997，《第五次高峰——当代中国的犯罪问题》，今日中国出版社。

L. 达仁道夫，2000，《现代社会冲突》，林荣远译，中国社会科学出版社。

丁大建，2001，《下岗人员与失业人员差异研究——从调查数据看下岗与失业的"并轨"》，中国人民大学书报复印资料《劳动经济》第 3 期。

国家统计局人口和科技司，1999，《下岗及下岗统计研究》，《统计研究》第 3 期。

李春玲，2003，《文化水平如何影响人们的经济收入——对目前教育的经济收益率的考察》，《社会学研究》第 3 期。

李培林，1998，《老工业基地的失业治理：后工业化和市场化——东北地区 9 家大型国有企业的调查》，《社会学研究》第 4 期。

李实，1997，《中国经济转轨中劳动力流动模型》，《经济研究》第 1 期。

李强、肖光强，2000，《"隐性就业"现象研究》，《新观察》第 5 期。

莫荣，1998，《就业：中国的世纪难题》，经济科学出版社。

R. H. 奇尔科特，1998，《比较政治学理论——新范式的探索》，社会科学文献出版社。

隐性就业课题组，1999，《论下岗职工的隐性就业》，《西安石油学院学报》第 3 期。

张翼，1999，《受教育水平对老年退休人员再就业的影响》，《中国人口科学》第 4 期。

张友伦，1997，《美国社会变革与美国工人运动》，中国社会科学出版社。

Rifkin，J.，1995，*The End of Work*：*The Decline of Global Labor Force and the Dawn of the Post—Market Era.* New York：Tarcher/Putnam.

Sen，A.，2000，*Development as Freedom.* New York：Anchor Books.

Wilson，J.，1987，*The Truly Disadvantaged*：*The Inner City，the Underclass and PublicPolicy.* Chigaco：University of Chigaco Press.

Wright，E. O. and L. Perrone，1997，"Marxism Class Categories and Income Inequality"，*American Sociological Review.*

原载《中国社会科学》2003 年第 5 期

老工业基地的失业治理：
后工业化和市场化

—— 东北地区 9 家大型国有企业的调查

一　制度变迁：中国五次失业问题
严重时期的治理方式

　　第一次失业问题严重的时期是 1950 ~ 1952 年。当时为了平抑战后的通货膨胀，政府实行紧缩银根的政策。1950 年春夏出现市场萧条，私营工商业经营困难，很多企业关门倒闭，全国 14 个较大城市工厂倒闭 2945 家，16 个较大城市半停业的商店 9345 家，失业工人逾百万，人心浮动，"失望和不满的情绪在一部分工人和城市贫民中迅速蔓延"（薄一波，1991：94 ~ 95）。到 1952 年，全国城镇失业人数达到 376.6 万人，失业率高达 13.2%，这是 1949 年以来登记记录的最高失业率。造成这次失业高峰的原因，除了紧缩银根力度过大带来的经济萧条，另一个重要原因似乎是过快的城市化。1949 ~ 1953 年，中国城镇人口从 5768 万人增加到 7826 万人，年均增加 514.5 万人，城镇人口占总人口的比重从 10.6% 增加到 13.3%。城镇人口的增加，除自然增长外，绝大部分来自农村。处理第一次严重失业问题的主要办法是"单位化"，① 即主要由政府统一安排失业者的生活和工作，由此而演变出与此相配套的"国家包下来安排劳动就业的制度""处理愈来愈多的城镇人口吃饭的这个大问题"的对粮食等主要农产品的统购统销制度以及城乡分离的户籍制度，这都是从 1953 年开始的（薄一波，1991：107，255）。②这一时期控制农村"盲流"进城的"逆工业化"措施也首次被作为控制城镇失业的辅助措施。

第二次失业问题严重的时期是 1961～1962 年。1958 年开始的 3年"大跃进"，搞违反经济规律的经济群众运动和泡沫经济，不仅造成经济严重困难，也使城市人口增长过快而产生过大压力。1957～1959 年，全国城镇人口从 9949 万人增加到 12371 万人，年均增加1200 多万人，城市化水平从 15.4% 提高到 18.4%，速度是空前的，于是又不得不进行经济调整和紧缩。国有企业在 1961 年减少 2.5 万家的基础上，1962 年又减少了 1.8 万家；基本建设投资 1960 年为 384亿元，1961 年减少到 124 亿元，1962 年进而减少到 68 亿元。粮食大幅度减产，吃饭都出现困难，城镇失业问题非常严重。用减少城镇职工和城镇人口的"逆工业化"措施来克服经济严重困难成为"非常时期的非常措施"，政府大规模地动员"大跃进"时进城的农民返回农村务农，同时动员部分家在农村的城镇职工回农村，1961 年减少城镇人口 1000 多万人，其中精减职工 873 万人；1962 年又减少城镇人口1000 多万人，其中精减职工 850 万人。

第三次失业问题严重时期是 1968～1975 年。早在"文革"以前，由于人口的快速增长，城镇就业压力愈来愈大，作为解决就业的一种

---

① 本文中的"单位化"的概念，是指把处理经济和社会事务的权力和责任集中到国家和政府直接管理的"单位"手中的过程，与此相反的概念是"市场化"和"社会化"。

② 根据 1953 年 11 月 19 日政务院命令，粮食统购统销政策，包括计划收购、计划供应、由国家严格控制粮食市场和对粮食实行统一管理四个组成部分。

方式，就已经鼓励城镇知识青年参加边远地区半军事化的农业生产建设兵团或到农村插队落户，1962~1966年已有100多万城镇知识青年到农村落户。1966年"文革"开始后，经济受到极大破坏，工商业处于停滞状态，工厂停止招工，大学停止招生，城市初高中毕业生既不能升学，也无法分配工作。城市失业及相关问题迅速严重起来，于是作为解决失业问题的"逆工业化"措施又一次被启用。从1968年年底开始，在公开号召下，全国展开了持续7年之久的城镇知识青年"上山下乡"运动，这场运动名义上是出于"反修防修"和"缩小三大差别"（城乡、工农、脑体）的政治目标，实际上更直接的是解决失业问题的经济目标（Berstein，1993：42~78）。在这一时期共有1600多万城镇知识青年通过反城市化的"上山下乡"，到农村去"安家落户"，年均200多万（胡绳，1991：432）。

第四次失业问题严重时期是1978~1980年。[①] "文革"结束以后，百废待兴，经济处于恢复过程，尽管大学恢复招生，工厂恢复招工，吸纳一部分劳动力或推迟了一部分劳动力的就业时间，但比较集中的知识青年回城仍然使城镇失业问题骤然严重起来。这三年每年的城镇登记失业率都在5.5%左右，每年的城镇失业人数在530万~540万人。这次解决失业问题，基本上仍是沿用国家安排的"单位化"措施，流行的做法是父母退休子女顶替岗位，或者由国有企业、机关、事业单位和街道办安置工作性质的家属集体企业。

---

① 冯兰瑞1996年曾撰文，认为1995年以后，改革以来的第三个失业高峰已经到来，前两次失业高峰分别是1979年和1989年。不过，从1949年以来的大跨度看，1978~1980年的失业高峰是拙文中所述五次失业问题严重时期中严重程度最轻的一次，而1989年2.9%的城镇失业率以及实际失业情况，其严重程度也难与文中所述的并列。参见冯兰瑞《中国第三次失业高峰的情况及对策》（《社会学研究》1996年第5期）一文和该文第10页注⑥。

表1　五次失业问题严重时期的相关数据和治理方式

类别	失业或精减人数	失业率	增长指数	价格指数	工资指数	治理特征
第一次的 1953 年	失业 376 万人	13.2%	114.0	105.1	131.8	单位化
第二次的 1961 年	精减 873 万职工		70.3	116.1	94.6	逆工业化
第三次的 1970 年	下乡 270 万知青		123.3	100.0	103.6	逆工业化
第四次的 1978 年	失业 530 万人	5.3%	111.7	100.7	110.5	单位化
第五次的 1996 年	失业 553 万人	3.0%	109.7	108.8	112.1	市场化
	下岗 815 万职工					

注：表中 1953 年一行的失业人数和失业率是 1952 年的数据。增长指数一列中，1953 年、1961 年和 1970 年是国民收入增长指数，1978 年和 1996 年是国民生产总值增长指数。价格指数指城市居民消费价格指数。工资指数指职工工资总额指数。各指数均以上年为 100。

资料来源：国家统计局《1991 年统计年鉴》，《1997 年统计提要》；Berstein，1997。

第五次失业问题严重时期是 1996 年至今，情况仍在发展。1993 年出现经济过热和房地产泡沫经济现象以后，国家又一次连续多年实行收紧银根的宏观紧缩政策，经济软着陆，但企业普遍不景气，产业结构转变的要求使传统产业萎缩，停产倒闭的企业增多，加快国有企业改革的要求也使多年存在的隐性冗员问题暴露出来。结构调整和体制转变的关键时期的汇合，加剧了失业问题。1997 年城镇登记失业人数为 570 万人左右，企业下岗人员（指因企业经营等原因离岗回家，但仍与原企业保留名义劳动关系的人员）大量增加，虽然目前各有关部门（劳动部、统计局、国务院研究室、总工会）的调查和统计结果有一定出入，但是这一问题达到改革以来最严重的程度却是一致的判断。1997 年多项大范围抽样调查的结果显示，下岗人员的规模为城镇从业总人数的 7% 左右，据此推算全国下岗人员为 1028 万人，约一半集中在制造业，约 60% 是女职工（女职工占全部职工的 39%），约 70% 是 25～44 岁的中青年职工，约 50% 已不同程度地再就业。这样，登记的失业人员和下岗无业的总人数达到约 1500 万人，实际城镇失业率（失业人数占劳动力的比率，1997 年中国劳动力参与率为82%）为6.2%。另外，许多国有部门，特别是国家机关和事业单位冗员过多的问题目前还没有显化，随着机构改革的深入，失业问题还会进一步加剧。但这次解决失业问题的"下岗分流、实施再就业"办法，强调失业和下岗人员"自谋职业"，并向第三产业和非国有经济部门转移，而不再把国家统一安排、堵截进城民工或工人返乡务农作为解决失业的主导措施，因此在仍具有"单位化"约束的同时，也开始具有了"后工业化"和"市场化"的特点，与过去传统的"逆工业化"和"单位化"的办法有所不同，显示出重要的制度变迁。

二　利益格局变动：东北老工业基地成为失业问题最严重的地区

由辽宁、吉林和黑龙江三省构成的中国东北地区是中国的老工业基地。1949年以前，中国薄弱的工业设施70%集中在沿海地区，改变这种工业布局的是1949年以后苏联援建的奠定中国基础工业体系和国防工业体系的"156项工程"，主要是煤炭、电力、石油等能源工业，机械、有色金属、钢铁、化学等制造业以及国防军事工业，这些大型工业工程中的1/3以上（59项）建立在东北地区，这种配置的理由主要是："资源产地"、"改变落后地区面貌"和"军事上的需要"三方面的考虑。① 由于这笔历史的遗产，人口占全国8.6%的东北老工业基地，在经济结构上至今仍具有以下的特征：①传统产业和原材料生产集中的地区，东北地区集中了全国1/4钢铁、1/2原

---

① 苏联援建的"156项工程"，实际进行施工150项，其构成是：民用工业企业106个，其中钢铁工业7个，有色金属工业13个，化学工业7个，机械加工业24个，煤炭工业25个，电力工业25个，石油工业2个，轻工业和医药工业3个；国防军事工业44个，其中航空工业12个，电子工业10个，兵器工业16个，航天工业2个，船舶工业4个（参见薄一波，1991：296～298）。

油、1/6 以上煤炭的生产；②国有经济比重较高的地区，1996 年，全国工业总产值中国有工业的比重为 28%，而东北地区仍为 44%，其中黑龙江省为 58%；③老企业多、离退休人员多，东北地区多数企业都具有 30～40 年的历史，很多厂房和设备陈旧，人员众多，历史包袱重。

东北地区曾是中国资源丰富、工业基础雄厚、技术人才和知识人才集中的地区，号称"东北老大"，至今仍是中国城市化水平最高的地区，1996 年全国城镇从业人员占全部从业人员的比重为 29%，而东北地区为 57%。然而，在经济结构重大调整中，东北地区像其他国家走向后工业化过程中老工业基地的命运一样，随着传统工业、夕阳工业的衰落而失去往日的辉煌，大量的工人需要转业。国有企业的重大改组，无疑又加速和加剧了这一过程，使东北地区成为中国失业最严重的地区，到 1997 年年底，下岗人员已达 259 多万人，约占全国下岗人员的 22% 多，很多企业下岗人员的比率都高达 20%～30%。1997 年 9 月我们对沈阳、鞍山、哈尔滨、齐齐哈尔 4 座城市的 9 家大型国有企业进行了为期一个月的访谈调查，除收集各种原始资料外，个别访谈了各种类型企业职工 100 余人。表 2 是这 9 家国有企业的下岗及相关情况。

表 2　东北地区 9 家国有企业职工下岗及相关情况

在职职工	下岗人数	下岗率	离退休人员	年平均工资	经营状况	建企时间
哈动力 26400 人	5618 人	21%	12800 人	9500 元	微利	1952 年
建华机械 10007 人	3300 人	33%	2800 人	欠发工资	巨亏	1946 年
华安机械 12000 人	2972 人	25%	4581 人	欠发工资	巨亏	1951 年
和平机器 9800 人	3000 人	31%	4433 人	欠发工资	巨亏	1950 年
哈飞 18100 人	871 人	5%	6300 人	8420 元	盈利	1952 年
哈发动机 12000 人	500 人	4%	5200 人	9000 元	盈利	1948 年
鞍钢 19.7 万人	2 万人	10%	94000 人	难测算	微利	1918 年

续表

在职职工	下岗人数	下岗率	离退休人员	年平均工资	经营状况	建企时间
沈飞 18000 人	无	0%	9000 人	8000 元	盈利	1931 年
建设机械 1380 人	无	0%	800 人	6900 元	盈利	1964 年

注：表中的数据除下岗人数是截至 1997 年 9 月的数据，其他是 1996 年年底的数据。欠发工资的企业，工资发放的时间和数额都不稳定，数额一般不到年平均工资的 50%。鞍钢下属部门很多是独立核算，主体的炼钢、炼铁工人的工资相比较来说是高的，一般在每月 1000 元左右。表中的企业全称如下，哈动力：哈尔滨动力设备股份有限公司；建华机械：齐齐哈尔建华机械厂；华安机械：齐齐哈尔华安机械厂；和平机器：齐齐哈尔和平机器厂；哈飞：哈尔滨飞机制造公司；哈发动机：哈尔滨东安发动机制造公司；鞍钢：鞍钢集团公司；沈飞：沈阳飞机工业（集团）有限公司；建设机械：沈阳建设机械总公司。

下岗的实质是失业，但它之所以表现为下岗而不是失业，有其就业制度和失业保险制度上的原因。职工下岗现象实际上是国有企业和城市集体企业"单位制"的遗产，非公有制企业和乡镇企业并不存在这个问题。在单位制的情况下，过去企业和职工有一种事实上的相互承诺，职工承诺把一生交给单位安排（包括工作岗位、工作性质和工作地点的调动），而单位承诺负责职工一生的生活保障。改革以来，随着鼓励人才流动，允许辞职和停薪留职，部分职工对单位的承诺可以随时解除，但单位对职工的承诺却一直难以主动地解除（如辞退）。单位对职工的承诺之所以难以主动解除，从形式上看是一个制度建设问题，如目前按工资总额 1% 提取的失业保险费，远不足以安排所有的失业人员，因过去没有这方面的储备金，目前政府的财政也拨不出这方面的专款，但实质上是利益格局的调整中利益如何妥协和平衡的问题。现在解决下岗问题的实际过程就是通过分散的谈判来达到局部的利益妥协和平衡。

三　利益制衡：不同协议下的下岗形式

解决失业问题的方式，涉及如何处理平等与效率的关系。然而，我们在现实中可以达到的并不是相对于效率的平等，即用收入和财富的均等化来衡量的社会平等（social equality），既然两者不可兼得，也不是作为理想追求的具有价值判断意义的社会公平（social justice），因为它过于理想化而且因人而异；实际可以达到的是承认差别的可以为各利益群体接受的社会利益均衡（social equity）。在职工下岗这个问题上，这种协议达成的途径从规模上可分为"集体的""分散的"两种，从性质上可以分为"单位化的"（单位安排的）和"市场化的"（自谋出路的）两种（"单位化的"一般都是"集体的"，而"市场化的"一般都是"分散的"）。

（一）"单位化的"下岗形式

从我们调查的情况来看，由单位安排的下岗，形式也非常多样，但基本上可以分成"内退下岗"、"待业下岗"和"精简分流"。

——"内退下岗"实际上是国家养起来的办法，也是最容易为职工所接受的下岗形式，通过在企业内部放宽退休的条件而形成了各种内退的形式：①经政府劳动管理部门同意，提前5年退休并可以从工资总额里提取的养老金中支付退休金的，称为"内退"；②不符合上述条件，提前5年以上退休并从工资总额支付其"退休金"的，称为"企业内退"；③身体有病，达不到国家的因病退休标准，但符合企业自己制定的放松了的病退标准，按病退处理，称为"内病退"；④既达不到企业内部退休的年龄，也达不到企业内部病退的标准，按退职处理，称为"内退职"。以上人员仍享受企业的各种退休福利，退休收入根据工龄的长短和内退的形式一般为原工资的60%～90%。由于内退下岗不仅使下岗者有了稳定的收入来源，并且不妨碍下岗者去寻找另外的工作，所以很容易让下岗者接受，但对企业职工的积极性往往会产生不利的影响，甚至会产生技术骨干争取内退下岗的现象。内退下岗通常是经营状况还比较好的企业采取的方式，是通过集体协议和单位安排对原有利益格局的维护。我们调查的哈尔滨动力设备股份有限公司的 5618 名下岗职工中，"内退"的 1574 人，占 28%；"企业内退"的 1276 人，占 23%；"内病退"的 976 人，占 17%；"内退职"的 169 人，占 3%；这 4 种形式内退下岗的占全部下岗人数的71%。

——"待业下岗"是每月领取少量津贴（一般为 100～300 元），回家待业，又称"放长假"。一般是职工最难以接受的，也是最通常的下岗形式。但是对于那些严重亏损、濒临倒闭、处境非常困难的企业来说，也没有其他的更容易为职工接受的选择。有的企业甚至连100 多元的下岗津贴也难以发放，职工的工资发不出来欠着，下岗津贴也只能欠着，如齐齐哈尔建华机械厂已累计欠在职职工 16 个月的工资，待业下岗者的每月 100 元工资也只能两个月发一次，剩下的欠着。待业下岗的职工一年当中可能只有几个月的工作可干，其他的时间就只能另谋兼业了，但他们往往非常难以谋得具有稳定收入的兼业。

——"精简分流"是指通过划出一块资产或资金，把原企业从事各种服务性的非主体产业的人员分离出去，解除与原企业的隶属关系，成立具有独立法人代表的经济实体，然后进一步通过精简，安置和分流从企业主体分离出来的人员。如鞍钢集团公司把原来所属的 34个服务性的经营单位、15000 余人从企业主体分离出来，实行集体自谋职业，成立了独立的鞍钢实业发展总公司，专门负责针对不同的情况进行分散性的谈判，以便通过各种协议形式、各种补偿的方式，安置和分流已经从企业主体下岗的人员。就特大型企业来说，这种分散的协议比集体的协议似乎更容易操作。

（二）"市场化"的下岗形式

"市场化"的下岗形式可以大体上分为"主动性自谋职业"、"被动性自谋职业"和"买断工龄"等几种形式。

——"主动性自谋职业"是指已经主动离开企业去寻找其他职业的职工，他们并没有与企业办理解除劳动合同的手续，在名义上仍列入企业职工的花名册，但他们不再依靠原企业，企业也不再找他们，俗称"两不找"。这样的职工一般是有一定年龄优势或技术水平，他们的自谋职业就像干部和知识分子的"下海"一样，其生活水平往往会比以前更好。

——"被动性自谋职业"是指企业实际上严重亏损，处于停产、半停产状态，甚至发不出工资和生活费津贴，职工只好自谋职业。齐齐哈尔市的建华、华安和和平三家万人规模的企业，每家企业都有3000名左右的下岗人员，其中50%以上是迫于无奈、自谋职业的。有的企业已经倒闭关门，但并未经过破产清算的法律程序，职工也就从此没有了单位，也无法获得任何补偿，只能各显神通，另谋出路，这样的企业多半是城市集体企业，下岗的职工可能连原来的企业法人也根本找不到了。他们是下岗职工中最不幸的一部分。

——"买断工龄"就是按职工的工龄和原工资水平，一次性支付给下岗职工补偿费，从而解除原单位与职工的劳动聘用合同，企业对该职工也不再承担任何生活保障和工作安置的义务。

黑龙江省1996年分流安置47.8万下岗职工，其中通过工业企业采取发展第三产业的"后工业化"措施、"单位化"措施安置了11万人，占分流安置人数的23%；通过"市场化"的自谋职业分流18万人，占分流安置人数的38%。另据哈尔滨市城市社会经济调查队1997年6月对该市当时所辖7个区1000名下岗职工的随机抽样问卷调查（974份有效问卷），88%的下岗职工没有经过"单位化"的再就业安排，但已有40%的下岗人员不同程度地就业（哈尔滨市城市社会经济调查队，1997）。

从以上的调查情况可以看到，由于经济体制的转轨和社会结构的变迁，这次同样伴随银根紧缩和产业结构调整而出现的严重失业问题，并没有完全重复过去的治理方式，特别重要的是，即使是计划经济比重较高的东北老工业基地的国有大型企业，也部分地出现市场化治理形式。我们在调查中有两点发现：一是国有企业下岗的形式与企业福利的存量和增量有关，越是福利存量和增量少的企业，越容易采取市场化的下岗形式。我们在调查前曾经假设国有企业下岗形式的不同，可能主要受外部经济环境市场化程度和企业内部机制市场化程度的影响，比如在东南沿海地区的国有企业可能比东北地区的国有企业更容易采取市场化的失业下岗形式。但通过调查发现，国有企业的福利存量和增量状况以及由此决定的利益格局可能是更重要的影响因素。在企业福利存量和增量状况还可以的情况下，原有利益格局的惯性很强，很难改变，单位组织中的利益均衡法则使得下岗也只能采取"包下来"和"内部消化"这种成本很高的单位化形式；而在企业福利状况发生危机的情况下，原有利益格局就失去了平衡，在原有单位内部也无法实现过去的平衡，因此一部分人（特别是具有年轻、有技术的、有关系的等特征的竞争能力较强的职工）自动地或被动地采取市场化下岗形式，到原单位外去寻找新的利益均衡。二是目前市场化的下岗形式，由于缺乏规范的制度安排，采取了分散的谈判和交涉途径，操作过程中产生的摩擦和冲突很多。我们原来认为，一般来说，市场化的措施要比单位化的措施交易成本低，实际上在制度安排不规范的情况下，每个下岗职工都要与企业领导进行单独的交涉，企业领导天天穷于应付，摩擦和冲突难免，效果也不尽如人意。

四　下岗职工的生活：访谈记录

建华厂的 Y 先生 48 岁，已有 30 年工龄，工厂发不出工资，也无法向社会保险部门缴纳按工资总额 1% 提取的失业保险金，也自然无法被接受为"登记的失业人员"，他显然属于下岗人员中最贫困的部分，自认为是属于一个群体——"我们"：

> 我们是下岗自谋职业的，工厂不再管我们，工资不发，福利待遇也没有，与企业的关系就是以后退休企业要管，以前不要交钱，从97年开始每年缴170元钱养老统筹的个人账户费。94年我就下岗了，不稳定地在各处当守夜人，一年干五六个月，每月200多元，我以前在厂里干车工，一刀活，没什么手艺。我们一起下岗的蹬三轮的多，收入也不稳定。好的卖服装，要有点本钱。我爱人在纺织厂。48岁就内退，除去年春节开给200元，别的没发钱，她前一段在饭店当服务员，老板也苛刻，早7点干到晚9点，每月200元。现在靠儿子，他在邮电局开车，每月400～500元，在我们这儿就算好的了，儿子每月给我们100元；媳妇在建华厂电控分厂，也是下岗，但每月有生活费。我们两人每天生活开支控制在7元钱。再就业，也没有业可就。我们这样的可能属于下岗中的最差的，没本事也没本钱。一开始对现实接受不了，现在也没别的办法。准备卖鱼，有几百元本钱，据说一天可挣10～20元。

和平厂的L先生49岁，29年工龄，据别人介绍他属于脑子够用的，有一定技术，他自认为在下岗职工中生活情况属于中等的：

> 我下岗后在外面打零工，一年也就是干5个月，厂里平均每两个月给我开支120元。我爱人原来在市二商局下属的食品商店工作，属于地方国营企业，但企业倒闭关门了，什么也没有了，失业金、公费医疗、退休金都没有了，连原来管事的人都找不到了，开始还骂，现在也懒得骂了，她现在摆地摊，也挣不着什么

钱。这里下岗的这么多，卖货的比买货的多，拿枪打都打不着客，每天还要交两元钱的地摊管理费。我一家 4 口人，将就着吃饭还可以，在下岗中属中等的。我不是特困户，市里虽然有扶持下岗特困户的政策，实际上很难落实。说是成立再就业培训中心，实际都是空的，管什么用，到处都是人多，上哪再就业？年轻的还可以到外地闯闯，我们拖家带口的，走一步看一步吧。

华安厂的 C 先生，54 岁，29 年工龄，原黑龙江工学院（现哈尔滨科技大学）毕业，任工程师，他自认为属于半下岗的，是下岗人员中生活较好的：

我们厂长期亏损，资金严重缺乏，生产形不成规模，成本降不下来，产品卖不出去，造成恶性循环。最近三四年恶化，一年不如一年，最近换了厂长。由于没有生产任务，一年也就是干三四个月，其余的时间下岗放长假。我月收入现在只有 370 元，还不是每月发，老欠着，看病也不报销，都各找出路，没心思干了。我一家 5 口人，老伴儿在区医院，已退休，但比厂里强，基本不欠退休金。大女儿 28 岁，原在华安厂的钢材加工厂，95 年下岗，她是高中毕业，是 80 年代末期照顾知识分子子女进厂的，下岗后通过成人教育学外语，现在在北京给外企打工。二女儿也在区医院工作，工资还能正常发，小儿子上初三。像我这样的家庭，在厂里属于生活好的，吃饭没有问题。

华安厂的 CH 先生，53 岁，35 年工龄，初中毕业进厂当合同工，现在总厂的工会生产委员会工作，是劳动模范，没有下岗，自认为属于厂里生活最好的，但对目前的状况很不理解，心里很不平衡：

　　我从 60 年代末开始搞技术革新，对老设备进行自动化改造，72 年当上市劳模，80 年当上省劳模，86 年当上部劳模，89 年当上全国劳模，93 年当上八届全国人大代表。我爱人在区机关工委工作，月收入 600 元，两个孩子一个在厂工学院学习，另一个在厂技校毕业后待业了 3 年，后来自费上电视大学财会专业，现在在厂里新上马的卫生洁具厂工作，每月能开支 80% 的工资。我们厂的工学院、技校每年毕业 100 多人，都是厂职工的子弟，是厂里的技术骨干了，厂里职工还有四五百子弟初中、高中毕业后进不了厂，只能待业，外面几乎没有人到厂里来。我算过，工作从 62 年到 97 年，不吃不喝，工资总收入也就是 5 万元，现在家里存款也就是几千元。现在退休金、医疗费都成了问题，靠工厂怎么行？国家就不管了？我这样的在厂里就算最好的了，但也在为将来发愁，孩子上学就要 7000 元。现在厂里最困难的每月家庭人均 30 元生活费，这样的有几百人，每月人均生活费不到 60 元的大概有上千人。这改革今后怎么个改法？从我们这儿看，几年内不会有大的好转。

CH 先生的心理不平衡显然不是个别的现象，根据中国社会科学院"社会形势分析与预测"课题组 1997 年 11 月对全国 24 个省区市的 38 个城市的市民进行的问卷抽样调查和 1997 年 10 月对中央党校 220 名地厅级以上领导干部学员的问卷调查，"国有企业工人"均被认为是近几年改革中受益最少的群体（汝信、陆学艺、单天伦，1998：171、136）。

从以上的访谈记录中可以看到，目前的社会保障体制对下岗人员并没有根本的制度化保障措施，下岗人员与原工作单位的联系也是视情况而定，当单位经营情况很差甚至倒闭时，这种联系是脆弱的、没有实际保障的；企业自己的再就业培训中心，多数是为了应付上级的检查，真正能发挥再就业作用的不多；下岗职工的谋职基本上是"市场化"的，是在劳动力市场上自我选择，也可以说是"后工业化"的，因为多数是从事劳动服务业和小商业，就像20世纪80年代初城市个体户出现时的情况，重复过去为解决就业办家属工厂的做法已不再是主流。下岗职工目前生活的实际状况。一方面说明目前按职工工资总额1%提取失业保险费制度的进退维谷的窘境，提取比率低的话，是杯水车薪，难以向所有的失业者提供一定的基本社会保障；而提取比率高的话，则可能鞭打快车，并造成企业劳动成本增长过快。另一方面也说明在解决职工失业下岗问题上，政府方面还没有能够及时推出针对产业结构变化的新举措。

五　下岗的根本原因：城市经济"后工业化"过程的开始

关于中国当前职工失业下岗问题的原因，经济学家们已经做过很多的宏观分析，原因也是多方面的。如有经济体制转轨的原因，市场化改革的加大力度暴露出原国有部门积累的隐性失业问题或冗员过多问题；有市场竞争的原因，竞争的加剧使部分企业破产倒闭和职工失业下岗成为不可避免的结果；有产业结构变化的原因，产业结构在从劳动密集型向资本、技术密集型转变，传统产业开始萎缩；有城市化过程长期滞后的原因，大量农村剩余劳动力集中涌入城市，带来新的就业问题；有消费市场的因素，多数消费品从卖方市场向买方市场的转变，暴露出盲目投资和粗放经营问题，迫使部分企业调整和关闭；有经济周期的原因，经济增长速度的放慢、有效需求不足带来企业开工不足和就业机会减少；等等（董辅礽，1998；刘国光，1997；厉以宁，1997）。

但是，从东北地区国有企业的情况看，中国城市经济开始的"后工业化"过程所带来的产业结构和就业结构的巨大转变，是失业下岗问题之所以异常严峻起来的最根本、最深刻的原因。在过去相当长一段时间里，东北地区是我国工业最发达的地区，其工业化水平和由此而带动的城市化水平，都比全国的平均水平要高得多。直到1996年，全国的近7亿从业人口中，非农业从业人员的比重是47.1%，城镇从业人员的比重是28.8%，但东北地区三省的非农业从业人员的比重是64.1%，城镇从业人员比重是56.8%。也就是说，在全国尚未完成"工业化"（从农业社会向工业社会的转变）的时候，东北地区已经早走一步，率先实现了。所以，在全国出现工业化和城市化加速过程中由农村剩余劳动力进城引发的"民工潮"问题时，东北地区的这一问题却并不突出。从东北的情况看，"进城民工待业"问题与"职工下岗"问题是完全不同的两种失业：前者是属于工业化的问题，带有自我职业选择的特征，是农业周期生产的季节性失业和职业转换过程中的摩擦性失业，其劳动收入和社会地位是往上走的；而城市"职工下岗"在东北地区是属于后工业化的问题，带有国有工业制度安排的特征，是产业结构调整过程中的结构性失业和国有经济重组转型过程中的转轨性失业，平均收入水平也往往是下降的（斯蒂格利茨，1997：8~9）。[①]

到90年代中期，东北地区工业产值在国内生产总值中的比重达到了有史以来的最高峰，从此步入工业调整、工业产值比重减少和传统产业萎缩的过程。特别是一些传统的产业由于市场的萎缩和产业结构的升级不可避免地大大地压缩规模，如煤炭、钢铁、森工、军工、纺织和低技术水平的机械制造业等。这种转变是必然的也是痛苦的，

---

① 美国经济学家斯蒂格利茨曾把失业类型分成4种：季节性失业、摩擦性失业、结构性失业和周期性失业，他没有提到转轨性失业，但是无论是在转轨国家还是在市场发达国家，国有企业资产重组过程中的裁员，似乎已经是一种必然的和带有规律性的现象，因此也可以概括为一种普遍的类型。

其他国家在现代化的后工业化过程中也曾产生过类似的失业问题。如英国的曼彻斯特是英国的老工业基地，那里曾是英国工业革命的中心和第一个工厂的诞生地，也是英国煤铁主产区和棉纺织业集散地，直到 20 世纪 60 年代初，制造业在整个经济销售额中的比重仍占 70% 左右，但现在只占 20% 左右了，传统的航运、钢铁和纺织等工业都悲壮地衰退了，现在的主导产业是金融和体育，伴随这一转变过程的也有一个痛苦的失业率长期较高的问题。德国的鲁尔地区也是德国的煤钢老工业基地，至今仍是欧洲最大的工业地区和德国的能源中心，拥有 750 万居民和 30 多个发电厂，那里从 60 年代初开始，煤钢领域的就业人员大幅度裁员，鲁尔地区所属的北莱茵 - 威斯特法伦州的煤钢职工，从当时占全部就业人员的 1/8 减少到现在的 1/25。60 年代提出的"鲁尔河上空蔚蓝色的天"的期盼已经实现，大众传媒和文化也已成为该地区就业人员最多的产业部门，但伴随这一过程的也有一个煤钢产业持续裁员、失业率居高不下的时期，德国全国的煤钢企业从战后的 134 家减少到 32 家。转轨经济也会使后工业化带来的失业问题更加凸显，1995～1998 年，西德地区失业率从 8.3% 上升到 9.3%，但原东德地区的失业率从 14.1% 上升到惊人的 18.4%。[1]

后工业化过程的开始意味着依靠工业扩张实现高增长、高就业时期的结束。中国曾在一个较长时期经济上实行高投入的外延扩张，而且投资行为的行政化特征明显，造成大量重复建设和生产能力过剩，经济效益下滑，在这种情况下单纯依靠投资扩张增加就业，只能是造成恶性循环。

后工业化过程的开始也意味着劳动力市场供大于求可能是一种长期的局面。从一般的意义上来讲，任何一种失业，都是劳动力市场供

---

① 1997 年 11 月，我随中国社会科学院课题组赴德国和英国，调查新技术条件下社会结构的变化，其中曾把老工业基地产业结构的变化作为调查的重点之一，文中引用的数据均来自此次调查。

求关系的不平衡导致劳动力供给大于劳动力需求的结果。伴随后工业化过程的，是产业结构的升级和技术结构的进步，是企业组织从劳动密集型向资本－技术密集型的转变，近几年乡镇企业技术水平的提高也使其吸纳劳动力的能力下降。因此短时间内，第三产业和非国有经济都还没有足够的能力吸纳城市剩余劳动力，城市劳动力供大于求在较长时期将是一种恒常现象。

后工业化过程的开始还意味着出现工资刚性，难以靠降低工资增加就业。古典的自由竞争经济学理论一般认为，在完全竞争的市场上，不可能有大规模的就业不足和生产过剩，从经济发展的长周期来看，自由竞争会使劳动力市场通过工资率的波动达到自动的平衡。也就是说，当劳动力市场供大于求时，就会出现失业，但随着实际工资水平的下降，失业就会消失；而当劳动力市场供不应求时，就会出现劳动力短缺，但随着实际工资水平的上升，短缺会得到补充；因此价格和工资率的自由浮动是劳动力市场供求平衡的基础和保证。实际上，就工资而言，还没有哪个国家劳动力市场的价格会像股票市场或期货市场的价格一样是自由浮动的，在一定的利益格局下，工资和福利的刚性增长似乎已是一个公认的规则，无论这种利益格局是靠什么力量来维持。后工业化过程的开始意味着降低工资标准的结果可能并不是增加就业，而是出现大量自愿失业者。实际上许多城市失业者不但脏、累、差的工作不考虑，工资低于一定水平的话也宁可失业。

后工业化过程的开始意味着通胀与失业不一定是此消彼长。英国经济学家菲利浦斯在对英国 1861～1957 年的失业率和名义货币工资增长率的长期变动情况进行深入的分析和研究以后，得出结论说，失业与通货膨胀之间存在着此消彼长的相互替代的关系，这就是著名的"菲利浦斯曲线"（Phillips Curves）（Phillips，1958）。这种理论似乎给政府对经济的宏观调控提供了一种政策上的选择：两害相权取其轻。换句话说，在通货膨胀严重的情况下，政府可以通过紧缩银根、控制公共投资等措施，并不惜以减少就业机会为代价，抑制需求，降低通货膨胀率；而在失业问题严重的情况下，可以通过放松银根，加大公共投资力度、刺激消费需求等措施，并不惜以通货膨胀为代价，降低失业率。从表面上看，近一两年中国失业率的上升恰恰与通货膨胀的下降是同步的，失业率的最高点也正是近几年通货膨胀率的最低点。然而，从中国的经济增长周期和发展过程来看，通货膨胀率的高低与经济增长的周期是同步的，在增长的高峰，通货膨胀率也较高，在增长的低谷，通货膨胀率也较低。而失业率与增长周期和通货膨胀率却并没有这种相关关系，在通货膨胀率高的时候，失业率并不一定就低，通货膨胀率低的时候，失业率也并不一定就高。相反，就中国目前的经济状况来看，存在着发生经济增长率低、失业率高、通货膨胀率高的"滞胀"的潜在危险。

六　扩大教育、推迟就业：后工业化的缓解失业举措

从对老工业基地的调查看，下列几点可能是具有普遍意义的需要说明的情况。首先应当说明的是，老工业基地的城市经济在进入后工业化阶段以后，劳动力市场上供大于求的局面可能会持续相当长一个时期，换句话说，在今后相当长一段时间内，保持5%以上的失业率很可能会成为一种常态，因此要从长远的考虑来对待这个问题。其次要说明的是，影响老工业基地就业的那些主要的经济参数，如经济增长率、通货膨胀率、工资增长率等，由于宏观经济稳定的政策要求、降低劳动成本的效率要求和利益格局平衡的社会要求，最终都可能在一个时期内表现为一个常数。再次要说明的是，在老工业基地，完善社会保障体制的关键是"钱从哪里来"的问题，在财政上拨不出大量专款，由于利益格局也难以实现省际统筹，又不能把失业金提取率定

得过高的情况下，只能靠长期的积累和量入为出。最后要说明的是，我们可以设想的那些最基本的解决失业问题的措施，如刺激有效需求，加大基础设施建设投资力度，通过发展住宅产业培育经济新的增长点，大力发展已经成为吸纳劳动力主渠道的非国有经济，采取在时间、地点和工作方式上都灵活的就业方式等，实际上由于城市经济今后发展的后工业化特征和趋势，其创造的新的就业机会和产生的劳动力需求都是有限的，并不足以解决目前的失业下岗问题，因此要有适应后工业化发展趋势的其他的重要举措，这里要提出的就是扩大以教育科技、医疗保健、传媒出版和文化体育为主体的第三产业。

解决失业问题，无非是扩大劳动力需求或者压缩劳动力供给。扩大劳动力需求根本是要刺激最终消费的有效需求，在后工业化阶段，刺激消费需求的有效办法，就是在大额消费方面（住房、汽车、教育等）发展分期付款消费。这里要强调的是人们容易忽视的另一个方面，即如何通过扩大教育压缩劳动力供给。

在我国，教育一直没有被视为一种产业，而是单纯视为一种政府的支出和消费。我国长期实行国家办教育的计划体制，虽然由于教育经费的不足为学校创收打开绿灯，但在招生人数方面一直实行比较严格的配额制度。在高等教育就学机会严重供不应求的情况下，只好采取大学和专科学校淘汰率极高的入学考试制度，人为地抑制对高等教育的需求，而这种抑制据说主要是由于教育经费的不足。在大学设立高门槛的情况下，小学教育和中学教育都跟随着实行以升学率为主旨的应试教育，弄得学生和家长为了应付考试都疲惫不堪，计划外的教育费用也因教育公共产品供给的短缺而价格奇高。与这种情况同时存在的是，直到 90 年代中期，中国的高等教育入学人数占该年龄组别人口的比重还只有 4%，低于世界低收入国家的平均水平和同期印度的水平，世界下中等国家同期这一指标的平均水平则是 24%（世界银行，1996），我国平均每万人口中的大学生才 25 人，整体高教普及水平差距甚大，与我国悠久的教育传统和科教兴国的国家战略很不相称。

这种差距的形成，并不完全是由于我们教育的"生产能力"差，而主要是由于"产出能力"低。1996年全国高等教育平均每个教师负担学生数是7.5人，这也不过是50年代初期的水平，高等教育生产能力闲置的现象普遍存在。关键还是教育体制的问题，要放宽高等教育社会办学、民间办学、私人办学的限制，给现有的大学以招生的自主权。

不能把教育仅仅看成一种消费或一种完全需要政府支出的事业，要把教育看成一种产业，而且是后工业社会中的主导产业之一。从就业结构上看，进入后工业社会发展过程以后，教育科研、医疗保健、传媒出版和文化体育是就业人数和就业比重增长最快的部分，而且它们是信息技术最普遍的、应用性最广的载体。

目前我国每年普通高等院校招生100多万人，中等专业学校招生约150万人，如果能将招生人数以不管食宿的形式扩大一倍，并连续实行三四年，那就会推迟近千万人进入劳动市场的时间和年龄，并提高劳动力的素质，这几乎相当于目前全国下岗人员的总数。如果考虑到还可以发挥各方面的办学力量，包括目前在机关、事业单位具有高等学历和高级职称的富余人员，兴办成人再就业的专业技术课程，那么还可以把相当一部分闲置的劳动力吸纳到学习和培训的过程中。

发展教育对缓解失业问题的意义目前被明显地低估了，应当意识到，在缓解失业方面，扩大一个成人在校生与创造一个新的就业机会具有同样的意义。对招生人数的限制主要是在国家经费方面和毕业分配制度方面，只要扩大自费上学的渠道和在分配上实行自选职业，一般的大学生学校不负责住宿，在高等院校和专科职业学校在校学习的人数会大量增加，这样就会推迟这些青年进入劳动市场的时间，从而减少目前失业高峰期的劳动力市场的压力。

这里只是以教育为例，说明在我国城市经济市场化和后工业化的过程中，治理失业的方式不仅要符合市场化的趋势，也要适应后工业化的要求。从工业化外延扩张的高增长时期到后工业化产业结构调整时期的转变，也是为了实现劳动力供需平衡，解决失业的方式从主要是扩大劳动力需求到主要是减少和延缓劳动力供给的转变。老工业基地的情况，不过是更加典型地显示了这一过程。

参考文献

薄一波，1991，《若干重大决策与事件的回顾》（上卷），中共中央党校出版社。

胡绳主编，1991，《中国共产党的七十年》，中共党史出版社。

哈尔滨市城市社会经济调查队，1997，《我市下岗职工情况调查》，载调查队《城市经济调查》第 9 期。

董辅礽，1983，《推进再就业五大对策》，《经济日报》3 月 4 日。

刘国光，1997，《当前我国面临的就业问题》，《经济参考报》5 月 6 日。

厉以宁，1997，《中国经济六大热点问题》，《中国改革报》4 月 28 日。

斯蒂格利茨，1997，《经济学》（下册），中国人民大学出版社。

世界银行，1996，《从计划到市场：1996 年世界发展报告》，中国财政经济出版社。

常凯，1995，《公有制企业中女职工的失业及再就业问题的调查与研究》，《社会学研究》第 3 期。

陈东琪，1995，《未来 15 年中国就业的困境与战略选择》，《经济研究》第 1 期。

《城镇企业下岗职工再就业状况调查》课题组，1997，《困境与出路——关于我国城镇企业下岗职工再就业调查》，《社会学研究》第 6 期。

胡春力，1996，《产业结构调整：我国经济发展道路的反思与选择》，《战略与管理》第 1 期。

卢汉龙，1996，《劳动力市场的形成和就业渠道的转变：从求职过程看职工市场化变化的特征》，《社会学研究》第 4 期。

鲁士海，1995，《东北三省困难企业及富余职工分流安置问题的调查报告》，《经济研究参考》第 173 期。

汝信、陆学艺、单天伦主编，1998，《1998 年中国社会形势分析与预测》，社会科学文献出版社。

全国总工会保障工作部，1996，《失业职工、企业下岗待业人员及其再就业状况的调查与建议》，《经济研究参考》第 18 期。

王爱文，1995，《中国就业结构问题研究》，《管理世界》第 4 期。

王诚，1996，《中国就业转型：从隐蔽失业、就业不足到效率型就业》，《经济研究》第 5 期。

曾昭宁，1996，《从高级理论与经验看我国 90 年代劳动就业发展战略》，《经济研究参考》第 12 期。

袁志刚，1997，《失业经济学》，上海三联书店/上海人民出版社。

Berstein，T. P. ，1997，*Up to the Mountains and Down to the Villages*，New Haven/London：Yale University Press. （参见此书 1993 年警官教育出版社（北京）的中文版第 42 ~ 78 页。）

Phillips，A. W. ，1958，"The Relation between Unemployment and the Rate of Change in Money Wage Rates in the United Kingdom. 1861 – 1957"，*Economica* 25，Nov. ，283 – 299.

原载《社会学研究》1998 年第 4 期

走出国有企业的人员过密化逻辑

一 国有企业为什么会出现大量下岗失业人员

国有企业的改革已经进行了20年。在这20年当中，中国经济高速增长，所有制结构发生了很大变化，非国有经济迅速成长。1978～1997年，在工业总产值中，国有工业产值所占的比重从77.6%下降到26.5%，但国有工业从业人员所占的比重并没有相应地降下来，直到1997年，国有工业职工占全部工业职工的比重仍达37.4%。[1] 国有企业人员过密化的状况（指单位产出增加的同时，人均可分配收入减少的情况），因国有工业产值比重的下降以及人均可分配利润的减少变得更加严重了。这就使国有企业改革的难度，不仅没有因此而减轻，反而越发加大。国有企业效益下降、亏损增加、失业下岗职工增多等问题变得更加突出。

---

[1] 这里所说的工业产值和工业从业人员均不包括建筑业。根据国家统计局《中国统计提要1998》的统计数据，1997年年底的工业从业人员总计10763万人，其中国有工业从业人员4036万人，占37.4%；城镇集体工业从业人员1345万人，占12.5%；城镇私营和个体工业从业人员462万人，占4.3%；城镇其他工业从业人员861万人，占8.0%；乡村工业劳动力4031万人，占37.5%；其他占0.3%。

从 1996 年开始国有企业的职工下岗问题变得突出和严峻起来。1996 年全部下岗职工 815 万人，其中国有企业下岗人员 542 万人，占 66.5%；1997 年全部下岗职工 1150 万人，其中下岗无业人员 578 万人；1998 年第三季度末，全部下岗无业职工 1070 万人，其中国有企业下岗无业职工 714 万人，占 66.7%。[①]

1998 年第三季度末，全国城镇从业人员 17492 万人，城镇登记失业人员 541 万人，城镇下岗无业职工 1070 万人，城镇实际失业率达 8.9%，[②] 国有企业下岗无业职工占国有企业全部职工的 10.3%。

20 年来的国有企业市场化的改革，强化了企业的激励机制，但在强化企业预算约束和解决人员过密化问题方面，成效并不显著，这样，在国有企业自主权扩大、企业激励机制强化而企业产权约束依然弱化的情况下，就会出现国有企业强化对综合福利最大化目标的追求。所以，尽管全员劳动生产率在上升，但各种成本（特别是工资外人工成本）上升得更快，效益指标不断下降，亏损不断扩大，不仅在经济增长的"低谷"时亏损扩大，就是在经济增长的"高峰"，亏损也继续扩大。1978～1997 年，全国独立核算国有工业盈利企业利润额从 508.8 亿元下降到 427.8 亿元，亏损企业亏损额从 42.1 亿元扩大到 830.9 亿元，1997 年出现国有工业全行业净亏损 403.1 亿元的极端恶化情况。企业扩大自主权带来的利润剩余，多数没有用于企业资本的积累以及企业技术、设备和产品的更新，而是用于综合福利最大化目

---

① 根据国家劳动和社会保障部 1998 年的定义，"下岗职工"是指实行劳动合同制以前参加工作的正式职工（不含从农村招收的临时工），以及实行劳动合同制以后参加工作合同期未满的职工，由于企业的生产和经营状况等原因，已经离开本人的生产和工作岗位，并已不在本企业从事其他工作，但尚未与企业解除劳动关系、没有在社会上找到其他工作的人员。1997 年以前下岗职工的统计中，包括了一部分下岗后已经再就业的人员，所以 1998 年下岗人员基本上相当于以前的下岗无业人员。

② 城镇实际失业率的测算公式是：〔（城镇登记失业人员 + 城镇下岗无业职工）／（城镇从业人员 + 城镇登记失业人员）〕×100%。这里测算所依据的数据来自国家统计局及国家劳动和社会保障部。

标的实现。国有经济单位职工保险福利费用总额相当于工资总额的比例，从1978年的14.3%上升到1995年的32.3%，在职职工与离退休人员之比从1978年的26.2∶1变为1996年的4.5∶1（见表1）。在某些缺乏对国有企业经理的产权约束和监督的地方或者产权约束由于官员受贿而虚置的地方，对企业综合福利最大化的追求很可能变成对企业领导以及主管领导自己福利最大化的追求，如将盈利业务转给自己或亲属办的企业，挪用公款牟取私利，更有甚者直接贪污、受贿。

表1　国有经济单位功能内卷化（福利化）的趋势

年份	保险福利费总额(A)（亿元）	工资总额(B)（亿元）	A相当于B的百分比	在职与退休人员之比
1978	66.9	468.7	14.3	26.2∶1
1979	92.1	529.5	17.4	16.3∶1
1980	116.0	627.9	18.5	12.6∶1
1981	132.4	660.4	20.0	11.3∶1
1982	153.8	708.9	21.7	10.0∶1
1983	179.5	748.1	23.9	8.6∶1
1984	210.4	875.8	24.0	8.1∶1
1985	269.9	1064.8	25.3	7.7∶1
1986	340.0	1288.5	26.4	7.2∶1
1987	411.8	1459.3	28.2	6.8∶1
1988	533.4	1870.1	28.5	6.5∶1
1989	628.0	2050.2	30.6	6.2∶1
1990	770.1	2324.1	33.1	6.0∶1
1991	904.9	2594.9	34.9	5.8∶1
1992	1086.6	3090.4	35.2	5.5∶1
1993	1374.5	3812.7	36.1	5.1∶1
1994	1628.7	5177.4	31.2	4.8∶1
1995	1961.0	6080.2	32.3	4.6∶1
1996		6792.7		4.5∶1

注：表中保险福利总额费指国有经济单位保险福利费用总额。该费用包括医疗卫生、丧葬抚恤、困难补助、计划生育补贴、冬季取暖补贴、交通补贴、集体福利设施及事业补贴、文娱体育宣传费等；工资总额指全部国有经济单位职工年度工资总额；在职与退休人员之比指国有经济单位的在职职工与离休、退休、退职人员之比，国有经济单位也包括国有行政和事业单位。

资料来源：国家统计局编的历年《中国统计年鉴》和《中国劳动统计年鉴》（中国统计出版社）。

　　所以，国有企业的改革，实际上涉及重新界定国有企业的功能。在赋予国有企业就业和生活保障功能的情况下，尽管其效益在下降，但只要没有更有效率、更节约成本的机制替代国有企业的保障功能，国有企业就有自己存在的理由，就会按照自身的功能内卷化和人员过密化逻辑继续发展，只有到了它连保障的功能也无力执行的时候，它的运行逻辑才会发生断裂。而且，在国有企业存在着长期形成的刚性利益格局的情况下，只有具有更高保障能力的机制才能顺利替代国有企业现有的保障功能，否则替代过程就会是非常痛苦和艰难的。企业产权明晰化和竞争性市场的完善都是国有企业转型的必要条件（不是充分条件），但即便是实现这些必要条件首先也需要改变国有企业的人员过密化逻辑，因为这个逻辑会"修改"一切为改革国有企业采取的措施，如将股份制"修改"为社会融资，将兼并"修改"为企业"包装"上市，将产权明晰化"修改"为廉价卖企业或变相私分企业，将下岗"修改"为内部退休，等等。

二　关于国有企业人员过密化的解释

　　失业问题的复杂性在于，在统计的失业率之外，现实中还会存在隐蔽的失业，即便是在市场经济的条件下，厂商并不在生产量减少的同时等量地解雇工人，而是要进行一定的劳动储备，但这种隐蔽失业与公开的失业一样，也是人力资本的浪费。奥肯（Okun）的研究证明，当经济摆脱一次衰退时，产量增加的比例高于就业增加的比例，而当经济进入一次衰退时，产量减少的比例高于就业减少的比例。例如失业率超过充分就业的界限（通常以4%为标准）时，失业率要降低1%，实际国民生产总值就要增长3%；反之，失业率每增加1%，就意味着实际国民生产总值3%的损失。这种规律被称为"奥肯定律"。这一似乎违背收益递减率的发现，是以简单的隐蔽失业人员的存在来解释的，他们并未随产量减少而离开工作岗位，而是随产量变化而变动工作量（斯蒂格利茨，1997）。然而，直到目前，中国并不存在一个这些理论所解释的西方意义上的市场经济。中国改革后的劳动力市场仍然深受原经济体制遗产的影响，失业问题与社会稳定问题的相关性，也使对这一问题的考察不能局限于经济的分析。

计划经济体制下的隐蔽失业和无效劳动问题，也并非一个全新的问题，研究界很早就给予了关注。庇古（Pigou）在1937年的《社会主义和资本主义的比较》一书中指出，从长期来看，社会主义必然存在摩擦性失业和自愿失业，而社会主义国家人为地取消失业机制，很可能是一个错误；菲韦尔在1974年的《社会主义工业经济中的隐蔽失业的原因及其后果》中，考察了波兰20世纪50~70年代的经济史，指出社会主义国家特有的充分就业的政策目标是"过度就业"和"隐蔽失业"现象大量存在的原因（戴园晨等，1994；袁志刚、陆铭，1998）。科尔内（Kornai）认为，在传统计划经济体制下，劳动力市场是不同于需求约束型的资源约束型劳动市场，其特点是正常的劳动参与率很高，潜在劳动储备被企业和非营利机构完全吸收，不存在来自庞大的潜在劳动储备（外部劳动滞存）的竞争；但劳动短缺和在职失业（内部劳动滞存）同时存在，而且劳动短缺越是频繁和严重，在职失业率就越大。因为中央分配和劳动配给引导企业去"储备"劳动者，使得在企业保留多余的劳动者是值得的。否则减员后的人员数额会作为强制性配额列入下一个计划，所以不论是在传统的还是在改革后的计划体制中，企业都会出现"囤积"多余劳动者的倾向。反正企业迟早会扩展，会需要他们。这种囤积倾向不仅加剧了劳动短缺，同时又增加了在职失业，是一种恶性循环（科尔内，1986）。

关于市场经济条件下的公开失业，经济学已经有很丰富的理论，但对于转轨经济中国有企业职工刚性增长的情况下出现的大量冗员（隐蔽失业），事实上我们对它的发展逻辑还并不太清楚。企业的人员过密化，或者说隐性失业的存在，按照奥肯定律的解释，是由于厂商出于雇用成本方面的考虑，在产量减少时保留一定富余人员的成本可能低于在产量扩大时再重新雇用和培训新工人所需的成本，专业化水平越高，越会出现这种状况。科尔内虽然考虑到非经济因素的影响，如对扩大人员计划配额的追求，但基本上也是以雇用成本的经济理由来解释，认为囤积劳动是针对劳动短缺的选择。奥肯和科尔内揭示的出于经济理由发生的隐蔽失业，在国有企业中的确存在，但这无法解释为什么国有企业的人员过密化对劳动力供求关系并没有敏感反应，国有企业的人员过密化，其实更多的是由于"非经济"因素的影响下企业的"自愿不解雇"。这些非经济因素包括：①传统的价值观要求人们都有就业机会，认为作为企业主人的工人是不能被解雇的。解雇工人如果不是个别现象，不是由于被解雇者的过错，就失去道义上的理由，也不具有反映这种道义的政策支持和法律依据。②维持充分就业（包括隐蔽失业）和社会稳定，是制度和政策赋予国有企业的社会功能，人员过密化是企业执行这一社会功能的成本和代价。③企业领导解雇工人的个人成本很高（如得罪相关利益者、被纠缠威胁、惹出乱子等），而收益属企业公共产品，成本－收益不对称。④由于企业人数与企业行政级别和规模地位的联系，企业领导追求保持一定的企业人数规模。⑤国有企业福利功能的上位水平，使国有企业职工缺少劳动转移的动力，而业余"第二职业"的存在，更使留在国有部门身兼双职成为一种"保险"的选择。

当然，这并不是说，国有企业的人员过密化逻辑是一种完全不同于经济逻辑的非经济逻辑。在工资率和通货膨胀率由于各种原因相对稳定时，由于结构转变、市场转轨或经济周期等原因出现的劳动力供大于求，在企业决策者选择解雇的综合收益大于综合成本时，就会表现为公开的失业，而当企业决策者选择解雇的综合收益小于综合成本时，就会表现为企业内的隐蔽失业（或曰人员过密化和囤积劳动力）。但这种收益－成本计算说明，对于国有企业来说，企业本身的理性与政府的理性，企业经理的理性以及企业职工的理性并非完全一致。企业行动的实际轨迹，是这几种理性互动的结果。这种结果可能像奥尔森（Olson）所揭示的"集体行动的逻辑"，个人行动的理性并不必然地引导出集体行动的理性，理性的个人所选择的行动目标可能并不符合资源有效配置的效率目标，并最终违背个人对福利最大化的追求（Olson，1965）。

国有企业中的劳动力短缺（雇用民工）和囤积劳动力（隐蔽失业）的共存，是人员过密化逻辑的极端表现。根据19%年全国10大城市509家企业调查数据的分析，① 我们发现，不仅企业离退休人员中的比率与国有企业的年龄有直接的关系，国有企业的在职人数规模也与企业的年龄密切相关，企业年龄越长，人数规模越大的可能性越高，人员过密化程度就可能越高。在被调查的企业中，2500人以上的企业，绝大多数都是20世纪50年代及以前建立的，在5000人以上的企业中，就更是如此；而在500人以下的企业中，80年代和90年代建立的企业占绝大多数（见表2）。尽管并不一定人数规模越大，人员过密化程度就越高，但企业年龄长同时人数规模又大，人员过密化程度就可能高。这说明，对于国有企业人员过密化来说，企业的年龄可能是比经济周期更重要的影响因素。

---

① 509家企业调查是1996年8～10月进行的，涉及的十大城市是哈尔滨、沈阳、济南、上海、武汉、南京、广州、成都、西安、兰州；调查的企业以国有企业和工业制造业企业为主，国有企业占70.3%，工业制造业企业占96.3%；调查根据行业结构主观抽样，所以平均数对总体的解释力较弱，但并不影响对企业内部结构关系的分析。

表2 企业年龄与企业人数规模交互分布频次

单位：个（%）

企业建立时间	500 人及以下	501～2500 人	2501～5000 人	5001～10000 人	10000 人以上	总计
1949 年及以前	2(2.78)	40(55.56)	19(26.39)	10(13.89)	1(1.39)	72(100)
1950～1959 年	16(9.58)	115(68.86)	20(11.98)	11(6.59)	5(2.99)	167(100)
1960～1969 年	15(22.39)	47(70.15)	4(5.97)	1(1.49)	0(0.00)	67(100)
1970～1979 年	2(8.00)	22(88.00)	0(0.00)	1(4.00)	0(0.00)	25(100)
1980～1989 年	23(57.50)	15(37.50)	0(0.00)	0(0.00)	2(5.00)	40(100)
1990～1995 年	70(78.56)	17(19.10)	2(2.25)	0(0.00)	0(0.00)	89(100)
总　计	128	256	45	23	8	N＝460

注：有效变量 460 个。

资料来源：509 家企业调查。

509 家企业调查还显示：国有企业中富余职工与临时工共存的现象十分普遍，甚至在部分私营企业中，为了照顾一些"社会关系"，也存在这种现象；而且，在国有企业中，历史越长的企业，富余职工大大超过临时工的状况就越严重（见表3）。企业有一定量的富余职工和临时工的共存，可能属于劳动力的"合理囤积"。因为随着市场的变化，企业生产会有一定的波动，而企业领导人不可能随市场和生

表3 不同类型、不同厂龄企业中富余职工和临时工的比较

单位：人

企业建立时间	国有企业		集体企业		私营企业		股份制企业		合资企业		其他企业	
	富余	临时	富余	临时	富余	临时	富余	临时	富余	临时	富余	临时
1949 年及以前	7807	1112	—	—	—	—	400	0	310	0	—	—
1950～1959 年	23869	2667	656	67	0	0	78	61	169	20	193	0
1960～1969 年	5895	789	0	6	58	0	—	—	72	0	—	—
1970～1979 年	2298	1529	174	39	—	—	14	0	0	0	—	—
1980～1989 年	541	614	17	59	127	147	—	—	3	1023	—	—
1990～1995 年	187	119	17	6	—	—	0	5	102	3794	57	329

资料来源：509 家企业调查。

产的波动而不断解雇和招聘。一定的技术人力储备应属于"合理囤积",他们也不可能替代干非技术工作的临时工。但富余人员大大超过临时工,在职职工人浮于事,临时工却不够用的情况,实在超出了奥肯定律的"合理囤积",成为国有企业人员过密化的独特现象。

三 失业治理和社会成本分摊

中国目前的下岗失业问题变得异常突出和严峻,并成为影响社会稳定的重要因素,这不仅仅是由于实际失业率过高。1949 年以来,中国已经历了五次失业高峰,1952 年中国城镇失业率曾高达 13.2% (李培林,1998)。欧盟成员国近几年的平均失业率都在 10% 以上,最严重的西班牙失业率高达 20% 以上 (International Labour Office,1997)。转轨国家的失业情况也非常突出,如 1997 年德国的失业率是 11.3%,但在原东德地区是 17.7%,原西德地区是 9.8% (ifo Institut,1997)。这个问题变得骤然严峻还有两个原因:一是由于经济体制改革和社会发展的要求,国家不能再采取传统的由国家包下来的"单位化"办法和把城市职工精简到农村的"逆工业化"办法来解决失业问题;二是实际的失业保险金由于缺乏历史积累入不敷出,给财政造成难以承受的压力,许多下岗职工的生活缺乏制度化保障。

现在的失业保险,基本上仍是根据 1993 年 4 月 12 日国务院颁布的《国有企业职工待业保险规定》。① 该规定的实施对象是 7 种人,包括宣布破产企业的职工,濒临破产的企业在法定整顿期间被

---

① 中国过去不承认社会主义制度下存在失业现象,长期使用"待业"的概念,直到 1993 年年末,在中国共产党十四届三中全会通过的《关于建立社会主义市场经济体制若干问题的决议》中,才在正式文件中重新使用"失业"的概念。1994 年 2 月在国家统计局公布的《国民经济与社会发展》公报中,才出现了失业率的指标,所以,50 年代末至十四届三中全会以前的法律、法规和政策文件,都是使用"待业"的概念。

精简的职工，企业终止、解除劳动合同的职工，企业辞退、除名或开除的职工，按照国家有关规定被撤销、解散企业的职工，按照国家有关规定停产整顿企业被精简的职工，按照法律、法规规定享受待业保险的其他职工。失业保险金由企业按照职工工资总额的0.6%~1%缴纳，在税前列支，这一比例现在提高到3%，实行社会统筹与个人账户相结合，企业缴纳2%，个人缴纳1%；失业金发放标准为"相当于当地民政部门规定的社会救济金额的120%~125%"。工龄5年及以上的，最多发24个月，其中第1~12个月，每月发失业者原标准工资的60%~75%，第13~24个月，发标准工资的50%；工龄不足5年的，最多发12个月，每月发标准工资的60%~75%。给付期限根据工龄最多不超过24个月，但对接近退休年龄的职工，可适当延长给付期，对自谋职业的，可一次性发放其应享受的救济金。

实际上，现有失业保险的窘境在于，由于失业基金没有长期的历史积累，同时国家财政又没有能力拨付专款来填补失业基金的缺口，失业保险基金实际上并没有财力为全部应当享受失业保险金的失业者发放失业金，而通过提高缴纳比例的办法扩大失业基金，又加重了劳动成本，降低了企业的竞争力，从而影响经济增长，最终步入一种恶性循环。比如，我们假定失业社会保险覆盖的范围包括城镇所有的工资劳动者（实际上只覆盖城镇国有企业和部分集体企业，并且不包括事业和行政单位），又假定所有被覆盖的企业都能按规定足额缴纳失业保险分摊金（实际上很多企业工资都发不出，自然谈不上按工资总额提取的失业分摊金），那么1997年全国城镇企业工资总额为7220亿元，按3%提取就是216.6亿元。按失业者的平均失业金相当于平均工资的50%测算（根据国际劳工组织的168号公约，失业救济金应不低于失业者原收入的50%），1997年全国职工平均工资6470元的50%就是3235元，即失业者平均月失业金应为270元。按此标准，又假定当年缴纳的失业分摊额全部现收现支，没有结余，并且50%用于了失业金的发放（实际上发放的失业金不到失业金总支出的1/3，并且每年都有很多结余①），那么1997年当年缴纳的216.6亿元的失业保险基金的50%就是108.3亿元，可以维持334.8万失业职工1年的失业救济金发放，也就是说，可以承担不到2%的城镇失业率（目前登记失业人数中领取失业金的大概不到1/3），由此我们可以看到，在进行了这么多宽松的"假定"之后，按工资总额3%提取的失业保险基金还只能承担不到2%的城镇失业率，要承担目前近9%的实际城镇失业率，提取比例至少要提高到13%以上。

然而，现在除了失业保险，养老保险、医疗保险、住房公积金等在改革中也都不断提高从工资总额中的提取比例。如哈尔滨市的国有企业根据国家的规定和政策要求，按职工工资总额提取的各种费用总计已超过工资总额的50%，其中：养老保险22%，医疗保险11%，住房公积金7%，失业保险3%，职工福利3%，工会会费2%，教育费附加2%，工伤保险1%，生育保险1%，等等。这还不包括"企业办社会"的各种费用。现在国有企业的人工成本中如果工资性报酬为1，那么按照工资总额提取的各种费用就是0.5，各种企业办社会费用是0.5，总人工成本为2。企业承担的这种工资外人工成本比重如此之高，已经超过了西方高福利国家。例如1996年德国生产制造业的

---

① 根据财政部提供的决算资料，1990年失业保险基金总收入为7.43亿元，总支出为1.87亿元，占总收入的25.47%。在总支出中，用于失业救济金、医疗费、抚恤救济费、离退休金等支出为0.13亿元，占6.95%；用于转业训练费支出0.65亿元，占34.75%；生产自救费支出0.37亿元，占19.79%；而用于管理费的支出达0.62亿元，占33.16%。接近总支出的1/3（国务院研究室课题组，1992）。另外，1993年失业保险基金用于救济失业职工的支出为2.61亿元，占总支出的28%；转业培训费和生产自救费支出为3.8亿元，占40%；失业保险机构管理费1.62亿元，占17%（叶振鹏等，1997）。根据国家劳动部的统计，1987～1995年，失业救济金支出占失业保险金收入的比重最高为32.3%，领取失业金人数占登记失业人数的比重最高为22.1%（郭崇德，1998）。1997年领取失业救济金的人数为380万人，占登记失业人数570万的66.7%（新华社通讯，1998）。

工资外人工成本在原西德地区相当于毛工资的80.7%，在原东德地区相当于毛工资的71.2%。[①] 所以说，失业保险基金提取比例向上的调整，已经没有多大弹性。在这种情况下，不管实际失业人员的生活通过什么形式（公开失业、下岗、退养、隐蔽失业）来维持，其费用最终又通过各种形式转化为利润的冲销、亏损的增加、银行的坏账（如果企业无法偿息还本）、财政的赤字（如果由财政填补失业基金的缺口）或国家的债务（如果用发行国债的办法弥补财政赤字），这就是潜伏着的危险。

国有企业下岗职工的费用所形成的企业成本，应当说是一种社会成本。如何偿付这笔成本是个难题。从国有存量资产划出一大块用于补充保障资金的设想，在操作上比较困难，除资产评估和交易的法律制度有待完善外，变现也具有很大的难度。统计上的存量资产现值能够变现多少以及变现后究竟有多少能真正用于支付社会成本，都是很难确定的。而目前不断提高社会保险福利费用提取比率的做法，已经没有太大的余地。因此，目前筹集失业保障金的有效办法，一是建立对所有的城镇从业人员实行强制性的失业保障金缴纳制度；二是在一定时期内征收社会保障特种税，与个人所得税合并征收。具体的办法，本文在此不再展开。

参考文献

薄一波，1991，《若干重大决策与事件的回顾》（上卷），中共中央党校出版社。

[①] 德国企业的工资外人工成本包括两部分：一是法定的人工成本，对所有的企业都是一样的，包括雇主的社会保险分摊、节日报酬、事故疾病补贴等；二是企业标准人工成本，要看企业的效益和实力，包括休假收入和补贴、特殊补贴、企业养老年金补贴等；笔者在1997年赴德国考察社会结构变化时曾特意了解过这方面的情况。这里引用的数据来自 *Statistical Year book* 1997 *for the F. R. G.* Table 54。

常凯，1995，《公有制企业中女职工的失业及再就业问题的调查与研究》，《社会学研究》第 3 期。

陈东琪，1995，《未来 15 年中国就业的困境与战略选择》，《经济研究》第 1 期。

城镇企业下岗职工再就业状况调查课题组，1997，《困境与出路，关于我国城镇企业下岗职工再就业调查》，《社会学研究》第 6 期。

戴园晨等，1994，《中国劳动力市场培育与工资制度改革》，中国劳动出版社。

董辅礽，1998，《推进再就业五大对策》，《经济日报》3 月 4 日。

Friedman, M., 1968, "The Role of Monetary Pol", *AmericanEconomic Review* 58.

Gallie, Duncan, et al., 1997, *Restructuring the Employment Relationship*, Cambridge: Manuscript.

Goldthorpe, J. H., 1991, "Employment, Class and Mobility: A Critique of Liberal and Marxist Theories of Long-Term Change", In H. Haferkamp and N, J. Smelser (eds.), *Modernity and Social Change*, Berkeley: University of California Press.

国家统计局，1998，《中国统计摘要》，中国统计出版社。

国家统计局，1997，《职工统计提要》，中国统计出版社。

哈尔滨市城市社会经济调查队，1997，《我市下岗职工情况调查》，《城市经济调查》第 9 期。

胡鞍钢，1997，《中国就业状况分析》，《管理世界》第 3 期。

胡春力，1997，《产业结构调整：我国经济发展道路的反思与选择》，《战略与管理》第 1 期。

ifo Institut, 1997, *ifo Digest*, Vol. 20.

International Labour Office, 1997, *World Labour Report* 1997 - 1998, Geneva: International Labour Office.

科尔内，1986，《短缺经济学》（上卷），经济科学出版社。

Keynes, J. M., 1936, *The General Theory of Employment, Interest and Money*, London: Macmilian.

李培林，1998，《老工业基地的失业治理：后工业化和市场化》，《社会学研究》第 4 期。

厉以宁，1997，《中国经济六大热点问题》，《中国改革报》4 月 28 日。

刘国光，1997，《当前我国面临的就业问题》，《经济参考报》5 月 6 日。

卢汉龙，1996，《劳动力市场的形成和就业渠道的转变：从求职过程看职工市场化变化的特征》，《社会学研究》第 4 期。

鲁士海，1995，《东北三省困难企业及富余职工分流安置问题的调查报告》，《经济研究参考》第 173 期。

Olson, M., 1965, *The Logic of Collective Action.* Cambridge: Cambridge University Press.

Phillips A. W. ,1958,"The Relation Between Unemployment and the Rate of Change in Money Wage Rates in the United Kingdom 1861 – 1957", *Economic* 25（Nov.）：283 – 99.

全国总工会保障工作部,1996,《失业职工、企业下岗待业人员及其再就业状况的调查与建议》,《经济研究参考》第 18 期。

Rifkin, Jeremy, 1995, *The End of Work*, *The Decline of the Global Labor Force and the Dawn of the Post-Market Era*, New York：A Tarcher/Putnam Book.

世界银行,1996,《从计划到市场：1996 年世界发展报告》,中国财政经济出版社。

世界银行考察团,1993,《中国：90 年代的扶贫战略》,高鸿宾等译,中国财政经济出版社。

斯蒂格利茨,1997,《经济学》（下册）,高鸿业等校译,中国人民大学出版社。

王爱文,1995,《中国就业结构问题研究》,《管理世界》第 4 期。

王诚,1996,《中国就业转型：从隐蔽失业、就业不足到效率型就业》,《经济研究》第 5 期。

王汉生、陈智霞,1998,《再就业政策与下岗职工再就业行为》,《社会学研究》第 4 期。

叶振鹏等,1997,《社会保障制度改革新论》,中国文史出版社。

袁志刚,1997,《失业经济学》,上海三联书店/上海人民出版社。

袁志刚、陆铭,1998,《隐性失业论》,立信会计出版社。

周其仁,1997,《体制转型、结构变化和城市就业》,《经济社会体制比较》第 3 期。

国务院研究室课题组,1992,《中国社会保险制度改革》,中国社会科学出版社。

叶振鹏等,1997,《社会保障制度改革新论》,中国文史出版社。

郭崇德,1998,《中国失业状况及对策分析》,《中国社会保险》第 4 期。

新华社通讯,1998,《国家统计局发布'97 就业、人口与社会保障信息》,《中国社会保险》第 5 期。

原载《中国人口科学》1999 年第 2 期

中国就业面临的挑战和选择

在中国众多的需要做出艰难选择的问题当中，就业可能是最为突出的问题之一。新中国成立后的 50 年，中国的发展所取得的最大成就就是成功地解决了十几亿人的吃饭、穿衣问题，使大多数人过上温饱和小康生活。这对全世界也是一个很大的贡献。在今后的 50 年，中国要解决的最大难题之一，就是如何创造更多的就业机会，使具有劳动能力而又希望工作的人都能够乐业。从近期和长期的发展趋势来看，中国的就业面临着严峻的挑战，这些挑战使全世界都在关注中国如何解决自己的就业问题，就像当年全世界都在关注中国如何解决自己的吃饭问题一样。

一 中国就业市场的特征

（一）中国就业市场的断裂和残缺

处在体制转轨和结构调整中的中国，目前所形成的就业市场，还是一种断裂的和残缺的就业市场。城市和农村断裂成两个就业市场。

就是城市就业市场本身，在现实中也断裂成三块：一是城市的正式部门，包括所有的国有部门、大公司以及知识技术密集部门，这主要是大中专以上的毕业生和国有部门"下海""跳槽"人员竞争的就业市场，一般有较完善的社会保障制度和较高的工作稳定性；二是城市非正式部门中待遇相对较好或劳动强度较轻的部门，这主要是从国有企业分离出来的人员和一般城镇人员竞争的就业市场，一般来说，社会保障制度不完善但工作相对稳定；三是城市非正式部门中待遇相对较差或劳动强度较高的领域，如企业中从事苦、累、脏工作的体力工人以及建筑工、装修工、矿工、修理工、商贩、餐饮业服务员、保姆、废品收购员等（何景熙，1999），这主要是进城民工竞争的就业市场。[1]

　　这些就业市场的断裂块，尽管具有相互交叉的领域，却不存在统一的劳务价格、社会保障制度、劳动用工制度以及劳动力供求关系。这就使在某项政策下对劳动力市场的调整信号，并不能在整个断裂的劳动力市场得到反应，有时还会有适得其反的结果。例如，为了使城市国有企业的下岗职工[2]获得更多的再就业机会，有的城市采取限制

----

　　[1]　多数经济学家认为，中国在体制转轨时期，城镇劳动力市场断裂为两块：一块主要涉及国有部门和存量劳动力，就业体制在渐进改革，但是就业基本上还是靠政府的行政调节；另一块主要涉及非公有制部门和增量劳动力，基本上完全靠市场来调节。这两种就业体制的并存状态，一般被经济学家和社会学家们称为"二元就业体制"（戴园晨、黎汉明，1991；蔡昉，1998）。有的学者针对现实的复杂情况进行了更为细致的划分，陆铭等分析了国有企业内部二层次的劳动力市场，第一个层次是在岗职工之间的竞争，第二个层次是在岗职工和下岗职工之间的竞争（陆铭、陈钊，1998；罗润东，1999）。

　　[2]　职工"下岗"现象可以追溯到20世纪80年代初期，但政府劳动部门开始统计"下岗"职工的时间是1995年，当时的统计口径还很不严密。1996年，国家统计局和劳动部经反复研究，确定了一个"下岗"职工的统计定义："由于用人单位的生产和经营状况等原因，已经离开本人的生产或工作单位，并已不在本单位从事其他工作，但仍与用人单位保留劳动关系的职工"，简称"二无人员"，即在单位无岗位，与单位未断劳动关系。按此口径统计的1996年年末的下岗职工是892万人，1997年年末的下岗职工是1435万人，同比增长61%。但这个定义的缺点是不能反映下岗职工再就业状况，很多调查表明，有1/3以上的下岗职工已经再就业并具有稳定的收入，还有部分职工由于家庭其他成员收入较高或家务较多等原因，也已经放弃寻找工作的愿望和行动。1998年年初，国务院领导对"下岗"的统计口径问题做了多次具体指示，1998年3月，国家统计局和劳动部经认真研究，将下岗职工的定义修改为："因企业生产和经营状况等原因，尚未与企业解除劳动关系，在原单位已无工作（转下页注）

农民工进城务工的措施，但实际结果是，下岗职工宁肯没有工作也不愿干农民工干的活儿，限制农民工进城的措施非但没有缓解下岗职工的就业困难，反而使某些领域出现劳动力供给的短缺或劳务价格的升高。所以，研究和分析中国的就业问题，必须从中国断裂的就业市场这种现实出发，探讨其中的相互关系和变化规律。

（二）城市化和后工业化对就业的双重冲击

在中国二元经济社会结构和城乡之间存在巨大发展差距的情况下，让人十分费解和疑惑的是，不仅商品市场出现了断裂（城市商品市场饱和，农村却是购买力不足）、就业市场出现了断裂，发展阶段也出现了断裂。在落后的农村地区工业化刚刚起步、广大农村尚未实现工业化的时候，大城市特别是老工业基地却出现了许多后工业化社会的特征。例如，传统技术条件的资源产业和制造业出现衰落的趋势，大量地裁减员工；而金融、保险、旅游、环保等新兴服务业迅速发展；教育、医疗、社会保障等传统的非营利的服务业也具有了巨大的发展潜力；特别是与信息技术和网络技术密切相关的产业，产生跳跃式发展的前景；蓝领职工（非专业、非技术工作岗位）的需求大大缩减，而白领职工（与新兴产业相关的专业技术岗位）的队伍迅速扩大。

在这种情况下，城市社会的就业受到城市化和后工业化的双重冲击：一方面，在城市化的压力下，大量农村富余的农业劳动力涌入城市，城市需要为他们开辟新的就业市场的空间；另一方面，在后工业

（接上页注②）岗位，且未在社会上再就业的职工"，简称"三无人员"，即在原企业无工作岗位、未解除劳动关系和未再就业。根据新定义，"下岗职工"实际上是"下岗未再就业职工的简称"。但在实际操作当中，由于对什么算"再就业"存在认识上的分歧，各地的统计口径实际上仍不完全一致（国家统计局人口与社会科技统计司，1999）。按新口径统计，1998 年年末下岗职工是 893 万人，1999 年年末是 1000 多万人。但这些数字与 1997 年以前的下岗职工数字不可比，因为统计口径窄。

化的压力下，城市要在新兴产业领域创造更多的就业机会，以便容纳由于传统产业的收缩而被闲置的劳动力。特别是面对某些后工业化的特征，很多人产生了疑惑：中国还是发展中的国家，总体上还处于工业化的中期，很多农村地区的工业化才刚刚起步，怎么能够奢谈后工业化？但中国经济社会的复杂性就是如此，这是由中国城乡二元经济社会结构所决定的，我们除了认识这种复杂性、应对这种复杂性外，别无他途。

（三）中国的劳动力市场仍具有较大的结构变动弹性

劳动力需求增长的决定性因素：一是经济总量增长的指标；二是经济社会结构变动的指标。单从经济总量增长的指标来看，如果按目前 GDP 的 7% 的平均增长率和 0.13 就业弹性系数测算，2000～2005年平均每年能够增加约 650 万个就业机会，难以与平均每年 800 万新增劳动力的供给平衡，更不用说目前的就业形势已经比较严峻（国家计委宏观经济研究院课题组，1999）。但是从经济社会结构变动的指标来看，增加劳动力需求的潜力还是很大的。

在产业结构方面，中国不同产业的就业弹性系数存在较大的差异，20 世纪 90 年代以来，由于农业劳动力的绝对数在下降，农业增长的就业弹性系数几乎一直是负值，工业增长的就业弹性系数一般为 0.12～0.16，而服务业增长的就业弹性系数则平均高达 0.75。目前中国服务业从业人员的比重还不到 30%，而发展中国家的平均水平为 40% 左右，其中印度已达到 55% 左右；发达国家则达到 70% 以上，其中美国达到 80% 以上。如果中国的服务业的就业比重能够达到发展中国家的平均水平，就可以增加 9000 多万个就业岗位。

在城乡结构方面，城市和乡村的就业弹性系数也有巨大的差异，就业的增长主要在城市。按目前的变动趋势，2000～2005 年中国农村的就业增长将是负值，每年将有几百万人从农村转移到城镇就业，而城镇每年将平均增加 900 多万个就业机会。目前中国的城市人口比重只有 30% 左右，而世界中下等收入国家城市化平均水平在 60% 左右，高收入国家平均在 80% 以上，如果中国的城市化水平能够在 5 年间增加到 40%，就可以增加几千万个就业机会。

另外，促进中小企业和非国有企业的发展，也会进一步增加劳动力需求增长的潜力。非国有企业多半是中小企业，其劳动密集程度高，就业渠道多样，就业方式灵活，进入就业的"门槛"也比较低，对于大量吸纳一般劳动力来说，具有特殊的意义，近几年来，中国 95% 以上的新增就业机会主要依靠非公有制经济的发展。

最后，应看到信息网络等迅速成长的产业对就业的贡献。由于我们习惯于从常规的产业成长规则出发，往往一再低估信息网络产业的增长速度，这也可能使我们大大低估其就业贡献的潜力。美国近些年来在快速的产业结构调整中能够保证较低的失业率，这与信息网络产业对就业的巨大贡献是分不开的。

二　影响劳动就业市场的主要因素

（一）经济增长的放缓对就业的冲击

就业机会的创造和增加，虽然取决于诸多结构性变量，但在中国工业化的过程中，经济增长一直是最基本的决定性的变量。一般来说，一定的经济增长所带来的就业增长也是一定的，而且随着产业结构的优化，经济增长的就业弹性还可能降低。从今后的发展趋势来看，中国经济增长的速度可能会有所放缓。中国正在从振动波幅较大的高速增长时期转到平稳发展的中速增长时期，在这个时期，8% 的增长率就是相对较高的增长率了。1981~1990 年，中国的 GDP 年均增长 9.0%；而 1990~1997 年的 7 年间，中国 GDP 年均增长 11.2%，从业人员年均增长 1.2%，就业弹性系数为 0.11，平均每年增加 800 多万个就业岗位。如今后 10 年按 8% 的 GDP 年均增长率并仍按 0.11 的就业弹性计算，那么平均每年仅能增加近 600 万个就业岗位。就以上假设的经济增长率和就业弹性来说，这还是一种比较乐观的估计。

（二）产业结构调整和技术更新对就业的影响

在现代化的过程中，产业结构的升级和技术创新的加快，使技术和资本对劳动的替代优势日趋强化。在农业领域，大量的人力和畜力耕作被机械耕作取代；在制造业，大量的手工操作过程变成了机器的流水线；即便是在管理领域，电脑的广泛使用使很多人脑的工作岗位缩减。

贝尔教授在《后工业社会的来临》（贝尔，1996）一书中，曾描述了美国在 20 世纪 50 年代服务业就业人数超过商品制造业以及白领工人超过蓝领工人的过程，这在当时对于中国来说还是非常遥远的事情，但今天人们已经在密切地关注着中国开始进入的这一过程。对这一情况，里夫金教授在《劳动的终结》一书中，用警世般的语言告诫人们，信息时代所产生的更加自动化的全球经济，正在使劳动的本质发生根本性的变化，而这种变化将在 21 世纪重塑文明，各国首先要面对的根本问题，似乎并不是经济的增长，而是成千万上百万的劳动力找不到需求，自 20 世纪 30 年代经济大萧条以来，全球的失业陷入最严重的境地，共有 8 亿多人失业或就业不足（Rifkin，1995）。然而，卡斯特教授的《网络社会的兴起》一书，似乎是对这种"人类是否走向无职业社会"疑问的回应。他通过对多国劳动和就业结构长期变化的分析，认为人们没有过于悲观的理由，在工业化过程中，农业的现代化曾使英国 1780 ~ 1980 年农业劳动力的比重从 50% 下降到 2.2%，20 世纪美国也经历了这一过程，但与此同时，美国经济创造的全部就业机会从 1900 年的 2700 万个上升到 1994 年的 1.245 亿个；

在后工业化过程中，服务业创造的就业机会超过了传统工业减少的就业机会；在目前的网络社会时代，以信息技术和知识为基础的"新经济"创造的新的就业机会也应该能够解决失业问题，美国近年来的经济高增长率和低失业率就是佐证（Castells，1996）。对此看法，反对的意见也非常强烈，主要是指责卡斯特教授没有充分考虑各国经验和现实的差异。

但是，至少我们不能根据技术和资本对劳动的替代优势，简单地推定"技术和资本在经济增长中的贡献越大，失业状况就会越加严重"。不过，中国的"赶超经济"以及"断裂劳动市场"的特殊性，使得就业领域中的"不乐观"因素和"非常规因素"更为突出，特别是20世纪90年代中期以后，在农业劳动力还在大量向非农产业转移的时候，工业不是大量吸纳劳动力而是开始饱和并吐出劳动力，服务业缓慢增长的劳动就业机会，难以容纳同时来自农业和工业的外溢劳动力。

（三）劳动力供给持续增长造成的就业压力

尽管中国目前的妇女总和生育率已经降到1.8左右，接近世界上很多发达国家的水平，但由于过去长期以来人口增长的惯性，总人口和劳动年龄人口都还处于上升的趋势。无论采取哪一种可能的生育率假设来测算（假定总和生育率为1.62~2.1），在未来相当长的一个时期内，中国的劳动力供给持续增长的局面都是无法改变的。中国男16~59岁、女16~54岁的劳动年龄人口，1995年为7.31亿人，2000年为7.8亿人，2010年达到8.57亿人，2016年达到峰值的8.7亿人。不同的生育率假定，只意味着2016年以后劳动年龄人口可能的下降速度的快慢而已。但是，直到2030年，一般情况下劳动年龄人口总供给也不会低于2000年的水平（刘金塘，2000）。如果考虑到提前就业和目前很多职工在退休以后仍然另外从业的实际情况，把劳动力资源的统计口径界定在 15 ~ 65 岁年龄段，那么，按此测算，1995 年的劳动力资源是 8.2 亿，2000 年为 8.6 亿，2005 年将超过 9 亿，2025 年将超过 10 亿，其后一直到 2050 年都会保持在 10 亿以上（李竞能，1999）。

2000 年中国城镇的劳动力供给过剩状况，较前几年已经更加严重。从目前来看，2000 年国内生产总值的增长率为 7% ~ 8%，按 0.05 ~ 0.1 的经验性就业弹性系数计算，2000 年城镇的新增就业机会 400 万 ~ 600 万个，另外估计职工退休等自然减员因素腾出的就业机会约为 300 万个，这样能够提供的就业机会总共为 700 万 ~ 900 万个。然而，2000 年城镇新进入劳动年龄的劳动力约为 1000 万人，估计新增的下岗职工 500 万 ~ 600 万人，加上 1999 年结转的劳动力供给 1290 万人（下岗 + 失业），劳动力的总供给为 2790 万 ~ 2890 万人。考虑到城镇新增劳动年龄人口中还有很多人要接受高等教育或中等技术培训，实际进入劳动力市场的约为 60%，以及下岗和失业人员实际进入劳动力市场的约为 75%，实际的劳动力供给在 2000 万人左右（莫荣，2000）。即便如此，劳动力的实际供给过剩仍高达 1100 万 ~ 1300 万人。这还没有考虑因进城民工在城镇寻求工作而可能增加的几百万人的城镇劳动力供给。

（四）工资上升、物价下降对就业的影响

根据失业与工资、物价关系的一般均衡规则，失业率与工资价格、商品价格成反比关系，当失业率很高的时候，劳动力市场上供大于求的状态比较突出，厂商可以用相对较低的工资雇到所需要的职工，而一般工资收入的降低会使一般的商品价格降低；换句话说，一般工资价格水平的降低可能会促使就业的增加和失业率的降低，从而刺激物价水平的上升，在市场的调节下达到一种新的均衡（斯蒂格利茨，1997：59 ~ 78）。然而，这种理想的劳动力市场的均衡状态，并

非现实的实际情况。工资水平和社会保障水平一样，是与利益格局的变动紧密相连的，而一切与利益格局紧密相连的变量，由于利益各方的相持，都会具有向下的刚性（或黏性）。职工对工资水平的下降会激烈地反对，政府在通货紧缩的情况下，为了刺激消费、增加就业，往往也会采取提高公务人员工资水平和缩短劳动时间的政策，这样反过来会进一步提高工资价格和增加劳动成本，对解决失业产生不利的影响。

中国近几年面临着同样的两难选择：一方面，为了降低企业成本增加企业效益、解决国有企业冗员过多的状况和调整产业结构，采取了减人增效的措施，出现大量的职工下岗；另一方面，为了刺激消费市场和增加就业，采取了公务人员提薪和缩短劳动时间的措施，这又在一定程度上增加了劳动成本。这种情况的相持，还有可能引发失业率与通货膨胀率双高的"滞胀"局面，即物价在强刺激下升高以后，经济增长率却没有相应地提高，失业率也高居不下。

（五）退休人员的谋职对在职职工的压力

为了缓解职工下岗中的利益摩擦和人际矛盾，很多国有部门放松了职工的退休条件，如放宽职工的退休年龄。原来规定职工男 60 岁、女 55 岁退休，但很多国有企业把退休年龄放宽到男 55 岁、女 50 岁，相当多的国有企业还实行了所谓的"内退"和"内病退"，有的职工 40 多岁就"退休"了。目前城镇的离退休、退职人员每年增加 150 万左右，国有部门全部在职职工与全部离退休、退职人员之比，已从 1978 年的 26∶1 变为 4∶1。由于国家对退休人员的再就业一向没有明确和严格的限制，退休人员，特别是提前退休人员再就业和部分兼业的情况还是相当普遍的，这无形中也加剧了劳动力市场供大于求的局面。

退休人员的再就业和部分兼业，应当说是有利有弊，在乡镇企业和非公有制企业的发展当中，很多国有企业的技术人员退休后继续发挥余热，到这些企业中去再就业和部分兼职，解决了这些企业技术人员缺乏的问题，对促进这些企业的迅速发展起到很大的作用。但是，退休人员因为已享受原退休单位的退休金和社会保障，他们只要求额外的工资，这样就在劳动力市场上形成对失业和下岗人员的不公平竞争，加大了失业治理的难度。而且，由于对退休人员的再就业没有严格的限制，很多公有部门的技术人员寻求提前退休，以谋求通过退休后的再就业来增加收入，这样就导致退休人员社会保障的负担急剧增加。1980～1997 年，离退休、退职人员的保险福利费用总额占职工工资总额的比重，从 17.7% 增加到 30.4%。

（六）加入世界贸易组织（WTO）后中国就业情况的可能变化

加入 WTO，对于中国的就业来说，既不是"紫气东来"，也不是"洪水猛兽"，实际上在短期内对中国就业市场的影响，可能比人们一般估计的要小。但从长期的发展来看，其影响的指向性很强。在农业就业方面，影响总体上是负面的，中国的小麦、大米、大豆、玉米、棉花等主要农产品的进口配额都将大幅度提高，对美国有竞争力的农产品的进口关税平均要降到 14.5%，而且要取消中国主要农产品的出口补贴，农业的产品结构调整和农业劳动力的转移将面临更大的压力。在工业就业方面，情况比较复杂，中国目前工业产品的平均关税是 17%，到 2005 年要降到 10%。一方面，中国有竞争优势的行业，如服装业、纺织业、建筑业、食品加工业等，加入 WTO 以后，由于出口配额的放宽和取消，就业机会将有所增加；但另一方面，中国传统的汽车工业、钢铁工业、机械和仪表工业等，由于国际竞争力较弱，可能会受到较大冲击，就业机会可能会相应减少。而高科技产业和电信产业，加入 WTO 后外资和外国先进技术的进入，对这些产业的发展会有很大的促进作用，但市场开放后大量进口产品的涌入，也会影响到这些产业的成长和就业。在服务业方面，一般商业和服务业会受到刺激而得到发展，就业也会增加，但金融、保险等行业，由于外资的参与竞争，国内相应行业会受到降低管理成本和劳动成本的巨大压力，就业前景很不乐观。

据联合国贸发会议和亚洲银行的测算，中国加入 WTO 后可使 GDP 增加 2.94 个百分点，每增加 1 个百分点可以新增加 400 万个就业机会。而据华盛顿国际经济研究所的评估，中国加入 WTO 后，随着关税的降低和农工产品进口的放开，将导致增加 1100 万人失业，不过数年后，劳动和资本市场将再度充满活力（韩德强，2000）。其实，关于中国加入 WTO 以后就业情况的各种预测数据，都还只是一种静态的估计。在这方面，真正的就业前景，将取决于中国劳动力的素质及其劳动成本变动状况。如果中国的劳动力素质，特别是与新兴产业相联系的劳动力素质能有较大改善，而劳动成本能够保持其竞争力，则影响中国就业前景的正面因素就会更多，反之，对中国就业市场影响的负面因素就会更加突出。

三　中国面对就业挑战的选择

（一）政府要建立健全规避就业风险的主导机制

国有企业的改革、产业结构的调整和经济的周期波动，都不可避免地带来失业问题。建立失业的预警指数，把失业率控制在一定范围，这只是问题的一个方面，更重要的是要建立健全规避失业风险的政府主导机制。

由于长期以来中国在失业保险方面没有基金积累，要解决目前比较严峻的失业问题，就需要相当大的投入，而且这种投入必须有制度化的保证。目前我国企业按工资总额的 3% 的比例征收的失业保险金，远不能满足为全部失去工作岗位的人员发放失业金的需要，而国家财政也没有足够的财力来托底和补足缺口。如果继续提高失业保险金的征收比例，企业的负担又似乎过重，目前国有企业各种按工资总额提取的保险福利费用总额（养老保险、医疗保险、住房公积金、失业保险、工伤保险、生育保险、职工福利费、教育附加费、工会会费等），几乎已经超过工资总额的 50%，上调的余地很小。所以必须扩展筹集失业保险金的渠道。在这方面，征税是比目前国家、企业、个人多方征费的办法更加制度化，也更加透明、更加有效的措施。目前中国的政府税收占国民生产总值的份额在 12% 左右，在国际上还是比较低的，但问题是各种征"费"太多太乱，而且"费"的使用比较随意，透明度低。所以应减"费"增"税"。一方面可以考虑"无痛苦"的征税，如发行专项福利彩票，在股票交易税中确定一定附加比例等；另一方面可以与调节收入分配秩序结合起来，如开征汽车燃油消费税，在烟酒消费税中附加一定比例等，专门用于失业保险金的补充。总之，要通过建立健全规避就业风险的政府主导机制，使广大职工具有失业保险的稳定预期。

（二）建立就业弱势群体的社会支持和帮助网络

在原有的计划经济体制下，中国的就业弱势群体的社会支持体系，都是建立在单位里的，城市职工的就业主要通过政府和组织的安排。通过就业体制的改革和劳动力市场的发育，劳动力在谋职过程中依赖的渠道多样化了。但是，迄今为止，与社会主义市场经济相配套的就业支持网络还很不健全，特别是对下岗职工这类弱势群体就业的社会支持，还没有建立起有效的社会支持的正式网络。职工下岗后的再就业，大多数要依靠亲友关系等非正式社会网络。根据北京市城市经济社会调查队 1999 年 6 月对下岗职工及其家庭的抽样调查，在下岗职工谋职过程中，50.3％的人依靠亲戚朋友等非正式社会网络的介绍，22.3％的人依靠职业介绍机构、劳务市场、人才交流中心和招聘广告等市场化网络介绍，10.8％的人依靠原单位或主管部门等组织网络介绍安排，9.9％的人通过街道委员会等社区网络介绍，只有2.3％的人依靠再就业服务中心和4.4％的人依靠其他渠道（北京市城市社会经济调查队，1999）。这种现象并不只是区域性的，邱海雄等人1997年7月对广州4个老城区下岗职工的调查也显示了相同的趋势（邱海雄等，1998）。

目前大多数下岗职工再就业主要依赖于亲友支持和帮助网络的现状，说明了就业弱势群体社会支持和帮助网络的脆弱。中国现有的由街道办事处和居民委员会构成的社区组织网络，在这方面可以发挥很好的替代作用。它们遍布基层，熟悉千家万户的情况，便于监督和管理，而且成本较低。通过制度化的措施，使统一的社会保障机构与社区组织和各种市场中介机构密切衔接，建立广泛的就业弱势群体的社会支持网。社区组织也要改变过去"老太太工作"的形象，更多地吸收专业的社会工作者参与这一事业，有效地发挥社会支持的功能，使社区组织成为中国新型社会支持网的基础。

（三）发展适应中国国情的中小企业和劳动密集产业

现代产业的发展，实际上有两个趋势，一个是大企业的兼并和集团化，另一个是中小企业的并行发展。人们往往只注意到前者，而忽略了后者。现在的大企业为了降低生产成本，多数已放弃所有产品的零部件和配件都自己生产的战略，而采取委托生产、加工订货、定点合同等多种形式，把非关键性零部件交给中小企业配套生产，这样可以降低管理成本。更为重要的是，中小企业的发展，特别是劳动密集型服务业和加工制造业的发展，可以吸纳更多的劳动力，创造更多的就业机会。近几年来，美国每年增加的就业者中，有62％的人在中小企业工作（姜列青，1998）。1978～1999年，中国从农业部门转移出的2亿多劳动力绝大多数在小企业就业，工业部门和服务业新增加的约2.5亿从业人员85%以上是在劳动密集型的小企业就业。如果不注重发展劳动密集型企业，中国要实现自己的就业目标，就只能是一句空话。

在国际市场的激烈竞争中，无论是在资本、技术还是在资源上，中国都不具有明显的竞争优势，具有相对竞争优势的，主要是劳动成本。而且，中国要面对的迫切问题是，如何以占世界不到4%的资本资源来提供世界近1/4的劳动就业岗位（胡鞍钢，1998）。中国既要跟上世界现代产业和先进技术发展的步伐，发展自己的高新技术产业和支柱产业，又要有能够参与国际竞争的大型企业集团，但这并不排斥我们多条腿走路，积极发展劳动密集型的中小企业。不能把小企业与资源浪费、污染严重、假冒伪劣产品简单地联系起来，很多小企业是效率高、资源节约、污染少、发展快的企业。

（四）振兴老工业基地

中国的老工业基地，由于国有工业和传统工业的比重较高，都面临严峻的产业结构调整的挑战。产业结构的快速调整，使老工业基地出现大量的剩余劳动力。老工业基地的剩余劳动力与农业的剩余劳动力具有很大的不同。从全国的平均水平来看，老工业基地的城市化水平比较高，高等教育的能力比较强，从业人员的平均文化程度、技术能力和工作经验都具有一定优势。但是，由于改革以来老工业基地的新兴产业发展慢，原来比较集中的大型企业调整和转产难度大，原有的就业和保障等方面的社会包袱沉重，所以新增的就业机会较少，下岗职工也较多。

振兴老工业基地，对于中国的经济增长特别是对于缓解就业的压力，具有特殊的意义。在过去的几十年中，老工业基地对国家的财政做出了巨大的贡献，现在，单靠老工业基地自身的能力，实现产业结构调整和增加就业的目标是非常困难的，国家必须在这方面给予老工业基地以财力上的支持。要像实施沿海开发战略和西部大开发战略那样，设计和实施旨在振兴老工业基地的战略，使以传统的煤炭、钢铁、军工、纺织、机械制造为主干的老工业基地，能够快速地实现技术改造，并逐步走上以发展新兴产业为主的轨道。这个产业结构转变的过程是痛苦的，英国的曼彻斯特地区、德国的鲁尔地区和法国的洛林地区，都曾经历过这种转变的痛苦时期，而在这种转变中，国家的财力支持是必不可少的。

（五）采取多种灵活就业的形式

企业生产的自动化和信息化，其结果是更多地使用现代机器和技术，从而造成大批传统产业职工的下岗。但同时也应当看到，很多正式的国有产业部门，越来越多地使用非全日制劳动，有的企业一方面有很多职工下岗，另一方面却又使用很多临时工。非全日制工作越来越成为一种常态的工作形式，而且这种工作形式正在从非转轨部门扩展到正规部门。这既是产业部门降低劳动成本的要求，也是产业劳动使用结构变化的趋势。所以，应积极地发展临时工、小时工、季节工、流动工、短期合同工、家庭工以及弹性工作时间等各种灵活的就业形式。特别是在各种服务业，灵活的就业形式具有广阔的发展空间。进入20世纪90年代以后，美国有40%的职工采取灵活就业的形式，西欧有13.6%的职工采取灵活就业的形式，而且统计显示，女职工比男职工更多也更愿意采取灵活就业的方式。

（六）把竞争机制引入公用产业

公用产业是第三产业的重要领域。随着人民生活水平的提高，电信、电力、供水、铁路、银行等公用产业具有很大的发展潜力和很好的发展前景。过去人们一般认为这些领域属于自然垄断领域，实行垄断经营可以降低经营成本。但从实际发展情况来看，垄断经营往往使这些领域缺少竞争的压力，在降低经营管理成本和提高服务水平等方面缺乏硬约束，并且时常出现把经营成本转移到消费者身上的情况，消费者对这些领域的服务状况也多有抱怨。中国加入 WTO 以后，这些领域将面临更加严峻的竞争局面。要提高这些领域中国企业的竞争能力，并使这些产业得到快速发展，也对创造就业机会做出贡献，必须把竞争机制引入这些领域。电信行业是一个很好的例子，仅仅是很有限地引入了竞争机制，在中国电信和中国联通之间产生无线通信领域的竞争，就使无线通信的价格水平快速降低，大大提高了中国通信企业的竞争能力，使该领域得到更快的发展，同时也创造出更多的就业机会。

参考文献

刘金塘，2000，《21 世纪中国人口发展前景》，载汝信主编《2000 年：中国社会形势分析与预测》，社会科学文献出版社，第 40 ~ 52 页。

莫荣，2000，《中国就业形势依然严峻》，载汝信主编《2000 年：中国社会形势分析与预测》，社会科学文献出版社，第 182 ~ 195 页。

贝尔，1996，《后工业社会的来临：对社会预测的一项探索》，新华出版社。

北京市城市社会经济调查队，1999，《北京市下岗职工状况研究》，《中国信息报》2 月 17 日。

姜列青，1998，《就业：社会发展的重要课题——外国失业问题透析》，《工人日报》5 月 18 日。

国家计委宏观经济研究院课题组，1999，《今后三年我国就业形势与对策研究》（课题研究报告），未刊稿。

李竞能，1999，《21 世纪上半叶中国大陆人口增长、乡—城迁移与就业压力》，"海峡两岸四地人口学者学术研讨会"论文。

国家统计局人口和社会科技司，1999，《下岗及下岗统计研究》，《统计研究》第 3 期。

陆铭、陈钊，1998，《就业体制转轨中的渐进改革措施——国有企业二层次内部劳动力市场的效率改进》，《经济研究》第 11 期。

何景熙，1999，《不充分就业及其社会影响：成都平原及周边地区农村劳动力利用研究》，《中国社会科学》第 2 期。

罗润东，1999，《也论二元劳动力市场条件下的就业体制转换——兼与蔡昉先生商榷》，《中国社会科学》第 2 期。

蔡昉，1998，《二元劳动力市场条件下的就业体制转换》，《中国社会科学》第 2 期。

邱海雄、陈健民、任焰，1998，《社会支持结构的变化：从一元到多元》，《社会学研究》第 4 期。

戴园晨、陈东琪，1996，《劳动过剩经济的就业和收入》，上海远东出版社。

戴园晨、黎汉明，1991，《双重体制下的劳动力流动与工资分配》，《中国社会科学》第 5 期。

胡鞍钢，1998，《就业与发展：中国失业问题与就业战略》，辽宁人民出版社。

斯蒂格利茨（Stiglitz J. E.），1997，《经济学》（下册），高鸿业等校译，中国人民大学出版社。

韩德强，2000，《碰撞——全球化陷阱与中国现实选择》（摘要），《经济研究资料》第 2 期。

Castells, Manuel, 1996, *The Rise of the Network Society* (*The Information Age*：*Economy*, *Society and Culture*, Vol. I), Oxford：Blackwell.

Rifkin, Jeremy, 1995, *The End of Work*：*The Decline of Global Labor Force and the Dawn of the Post – Market Era.* New York：Tarcher/Putnam.

原载《中国人口科学》2000 年第 5 期

乡村研究

中国百年来乡村工业化的道路与模式

一 乡村工业化问题的提出

（一）农村人口过密化逼迫的工业化

在社会学中，工业化问题的提出，来自对现实生活的调查。在社会学传入中国的初期，主要是从事西方社会学的译介和讲授，但到20世纪30~40年代，中国社会学得到切实的发展和进步，这主要是由于实地调查工作的广泛开展，中国的社会学家们从这些丰富的调查资料中提出了属于中国的"中国问题"，而不再仅仅是解释由西方学者提出的"中国问题"或把西方的"问题"中国化。

孙本文在1948年曾撰文，概括当时中国社会学的发展趋向，概括的第一个趋向就是注重实地调查研究，他认为中国当时的一些调查研究已经可以与西方的经典调查相媲美，如李景汉的定县社会概况调查（1933年），可比之美国匹兹堡调查（The Pittsburgh Survey）和春田调查（The Springfield Survey）；陶孟和的北平生活费之分析（1930年），可比之美国劳工统计局的生计调查；陈达的云南呈贡县、昆阳县户籍与人事登记报告（1946 年），可比之美国或英国的经常户籍报告；许士廉、杨开道等人的清河调查（1930 年），可比之美国嘉尔宾的农村社会解剖；另外还有吴文藻等人的炉山黑苗生活调查（1940 年），费孝通的禄村农田调查（1943 年），柯象峰的西康社会调查（1940 年），徐益棠的雷波小凉山罗民调查（1944 年），吴景超的劫后灾黎调查（1947年）；等等（孙本文，1948：46~47）。这些调查的研究成果，初看起来并没有任何的理论假设，不像如今写学术文章，开始必须有一种基于前人研究成果的理论假设，提出一个有意义的需要论证的问题，这已成为学术界共同遵循的学术规范，那时从事实地调查和社区研究的社会学家，似乎有意地防止先入为主的假设，基于实地调查的研究文章，几乎都是尽可能客观而详尽地描述实际情况而已。当然这种情况也可能有另外两个原因：一是当时关于中国农村性质的学术争论已经发展成一种"思想斗争"，这些潜心学术研究的社会学家，为了逃避思想斗争的旋涡，抱着让资料和事实说话的价值中立思想；二是当时相当一部分调查，是受国外基金会的资助，对于资助者和国外的学者来说，中国实际资料的价值显然是第一位的，而在理论上，中国社会学界当时似乎还不具备国际对话的能力。这种"初看起来"形成的结论，尽管可以说是"有理由的"，但今天看来显然是很不全面的，因为即便是那些"无假设"的实地调查，提出的问题在学术上其实是很前沿的。

美国学者黄宗智，在 20 世纪 80 年代，为了说明长江三角洲和华北小农经济的运行逻辑，提出了农村"过密化"或"内卷化"[①]

[①] 在黄宗智 1986 年出版的中文版《华北小农经济与社会变迁》一书中，他把解释没有发展的增长这种悖论现象的核心概念 involution 翻译成"内卷化"，后来他在 1993 年第 1 期《史学理论研究》发表的《这个经济史中的悖论现象与当前的规范认识危机》一文中，特意注明把 involution 改译为"过密化"，并指出这个概念得益于恰雅诺夫（A. V. Chayanov）和吉尔茨（Clifford Geertz）的理论模式。参见 Geertz, Clifford, *Agricultural Involution：The Process of Ecological Change in Indonesia*, Berkeley：University of California Press，1963；Chayanov, A. V.，Peasant Farm Organization, in D. Thomer，B. Kerblay and R. Smith（ed.），*A. V. Chayanov on the Theory of Peasant Economy*，pp. 29–277，Homewood, Ill：Richard D. Irwin，Inc，1966。

（involution）的命题，来解释农村"没有发展的增长"这一悖论现象：由于人口对土地的压力和耕地的缩减，使农民趋于过密化，即以单位劳动日边际报酬递减为代价，换取单位面积劳动力投入的增加，农业生产越是过密化，就越是难以把劳动力抽出，走通过资本化来提高劳动生产率的道路。要改变这种过密化的增长逻辑，就要使被替代的劳动力寻求另外的就业机会，改革以后长江三角洲的农村，正是通过发展乡镇企业才改变了这一运行了几百年的逻辑（黄宗智，1986；1990；1993）。黄宗智提出的这个学术命题，实际上在30年代一些社会学家已经开始广泛注意到。

在中国社会学发展史上，工业化问题是从农村生活实地调查入手，在探讨如何改造农村社会结构和农民生活的过程中提出来的。最早对中国农民生活进行社会学调查的可能是一个外国学者，即清华大学的社会学教授狄特谟（C. G. Dittmer），他可能是第一个系统调查中国农民生活水平的人，他于1917年对北平西郊195户居民的生活费进行了调查。1923年，清华大学的教授陈达博士，对该校附近的成府村的91家农户和安徽休宁县56家农户的生活费进行了调查。不过当时的多数调查，都是对某个地区的个别村庄的调查，而中国幅员广阔，千差万别，以此代表中国农民的生活，其代表性是有限的。当时的金陵大学农林科的农业经济和乡村社会学系看到了这种局限性，于是在1922～1925年开展了一次对全国6省11县区13个调查点2370家普通农户的调查。① 调查主要在华北地区、华中地区和华东地区选

---

① 在20世纪20年代的这次较大规模的中国农村调查是由美国教授主持的，其科学性受到了来自中国学者方面的批评。当时的中央研究院社会科学研究所副所长陈翰笙，为了强调组织农村经济调查的必要性写道："前北京农商部之农村经济调查与统计，其简陋虚妄之点不胜枚举。……金陵大学美国教授主持之农村调查，所用表格大都不适于当地情形。不但对于各种复杂之田权及租佃制度未能详细剖析，甚至对于研究农村经济所绝不容忽视之雇佣制度，农产价格，副业收入，借贷制度等等，亦都非常忽略。由此观之，美国教授对于中国经济之尚无深刻认识，以视农商部亦仅为五十步与百步之差。"（陈翰笙，1930/1987：4）

点，调查点包括江苏省的江宁（淳化镇、太平门）、武进，福建省的连江，安徽省的来安、怀远、宿县，河南省的新郑、开封，山西省的武乡，河北省的平乡、盐山（1922 年、1923 年）。根据这次调查的资料，乔启明写了《中国农民生活程度之研究》一文，[①] 这是一篇在问题意识、研究深度和学术规范等方面在今天看来大可称赞的论文。乔启明在这篇文章的结论中指出，中国农民的生活程度事实上已低到极限，其原因概括起来有四点：第一，农村人口过多，家庭过大，生产者少而消费者多。第二，农场面积过狭，[②] 总产量和收入自然就低，中国当时农家平均拥有约 18 华亩，南部种稻区域每户农家平均 10 华亩，北部种杂粮区域每户农家平均约 20 华亩，而美国当时平均每农户拥有 342 华亩，是中国农户的 19 倍。第三，生产效率低，净利收入少，因为农场狭小不能利用机器，只能多用人力。如当时美国生产 1 公亩（约合 16 华亩）的棉花，从种到收需要人工 289 点钟，而中国需要 1620 点钟；甘薯美国只需 203 点钟，中国需 1184 点钟；玉蜀黍美国只需 47 点钟，中国需 663 点钟；小麦美国只需 26 点钟，中国需 600 点钟；黄豆美国只需 86 点钟，中国需 610 点钟。所以中国人工虽

---

① 这篇文章是否乔启明写的，是存有疑问的，该文在 1930 年《社会学刊》第 1 卷第 3 期发表时署名乔启明，但其中的一些研究成果特别是关于中美农产品需要工时成本的比较研究结论，实际来自卜凯（J. L. Buck）的《中国农业经济》（*Chinese Farme Economy*，Chicago：The University of Chicago Press，1930）一书英文版第 228 页表 1 和《中国土地利用》（*Land Utilization in China*，Shanghai：University of Nanking，1937）一书英文版第 302 页表 14。在乔启明写的《中国农村社会经济学》一书中，第 296 页的"注①"注明："乔启明译：《中国农民生活程度之研究》，《社会学刊》第 1 卷第 3 期。"所以此文也可能是乔启明的编译文章，或是较多引用了卜凯的研究成果，但乔启明在发表时没有做任何说明。

② 关于中国过去人均土地的情况，费孝通 1941 年在为张之毅的《易村手工业》写的序中曾写道："依普通的估计，每家平均所有的土地已不到 30 华亩。在土地肥沃的地方，个人所能分得的地更少。多年前翁文灏先生曾说：中原区每人得 6 亩，扬子区每人得 4 亩 7 分，丘陵区及东南沿海区每人得 11 亩，四川盆地区每人得 6 亩半。若专就耕种的土地说，他曾引 Backer 的估计说：每个人可以分得耕地的数目是，直隶 4 亩，江苏 2 亩半，广东 1 亩半，所以平均每个人大约只得 3 亩田地……每人所余也只够一饱。"（张之毅，1990：212～213 及费孝通序）

比美国低廉得多，但人工费用反而高，美国的农产品可以进入中国市场竞争。第四，交通不便，影响了农产物的销售，"谷贱伤农"的事就在所难免。农民要提高生活水平，非先排除这些障碍。为此乔启明提出了四项改进方法：一是实行移民殖边，发展实业，由工场吸收部分农场人口，节制生育，使人口不致过密；二是通过降低人口密度，扩大农场面积，增加农户产量和收入；三是扩大农场面积后，利用机器提高劳动效率，降低生产费用，使获利丰厚；四是发展交通，使农产物销路畅通（乔启明，1930：1~7，40~43）。这样，工业化的问题就作为解决农村人口过密化问题和提高农民生活水平的措施之一提了出来。

乔启明的结论，是很具有现代学术水平的，即便是在今天，那些自认为很有深度的研究如何提高农民收入的文章，提出的途径也无非就是多种经营、劳动力转移、非农化、兼业、发展乡镇企业等，并无新意。倒是今天提出的防止环境污染和生态恶化这样的后工业化时代的问题，是20世纪30年代的前工业化时代学者无法考虑到的。

把工业化作为解决农村人口过密化问题的途径之一提出来，这并非乔启明一人的看法，而是当时的学术界较为普遍的见解。李景汉在20世纪30年代中期曾对华北农村的社会结构和人口结构进行过比较深入的调查和研究，当然他最熟悉的资料是他长期调查的河北省定县的情况。他在一篇题为《华北农村人口之结构与问题》的文章中，对人口稠密的问题以及由此带来的结果，都做了很细致的分析。他指出当时大致可以代表华北农村的定县，由于人口过密，人均土地只有4亩，人均全年所获只有40元，所以"总而言之，就许多农村的观察，清楚的看出来，若人口继续的任其增加，同时又没有大量的增加生产，增加地亩，提倡实业，或移民他处的出路，则生活问题也要依随的更加严重，恐有'道高一尺魔高一丈'趋势。假定现在人口的数目不再增加而同时尽量增加生产、发展工业，再有一部分移居西北，则人民生活的程度虽然一时不能提高到吾人所理想的地步，也至少能减少现在许多的悲剧，生活一定也要一天一天比较的向上，在教育文化方面可稍有进步的可能"（李景汉，1934：13）。李景汉的人口过密理论很像马尔萨斯的人口论，虽然他在文章中并没有提到任何外国学者的理论，但就他所能接触到的资料看，他肯定在一定程度上受到马尔萨斯理论的影响。与马尔萨斯不同的是，他把工业化作为解决农村人口过密化的办法之一，这与黄宗智的结论倒是一致的。李景汉认为，当时农村亟待解决的五大问题是"穷""愚""弱""私""闷"，虽说造成这些问题的基本原因是土地分配不公平、生产关系不适当和社会组织不妥善，但也都与人口稠密有关，所以即便是解决了土地分配和生产关系这样的根本问题，也还要解决人口稠密的问题才行。他说："有人以为今日之大病'不患寡而患不均'，完全归咎于经济制度之不良，政治之腐败，军阀之贪污，以致帝国主义之压迫，资本主义之侵入。诚然不错，这些都是主要的原因。非把这些问题根本的解决不可。至于生产关系之问题完全解决了以后，人口繁密的问题是否也随着即能彻底解决，亦是疑问……因此关于人口繁密之解决，节育也是一条不应忽视之出路。这是许多人到乡间工作以后共同感到的。"（李景汉，1934：11~12）为了解决农村人口过密化问题，李景汉提出了三项措施：一是通过改进农业技术增加农业生产并同时发展工业；二是向可以容纳较多人口的西北地区移民；三是通过节育减少人口。李景汉的文章没有提到乔启明的研究，但他的结论似乎与乔启明完全一致，他也是从解决农村人口过密化的问题入手提出农村工业化的问题。

（二）乡村建设引发的工业化

把乡村建设视为农村由散而合、从农到工的过程，这是梁漱溟提出工业化问题的路径。他在《乡村建设理论》一书中，还专门写了

"工业化问题"一节。用现在的话说,梁漱溟属于"自学成才",他能当上北京大学的教授,主要是由于他对佛学的研究,当然还有蔡元培的"不拘一格"选人才。他没有受过社会学或经济学方面的专业训练,也不善于使用统计数字和从事细致的社会调查工作,他的乡村建设的实践和理论,其实都是很哲学化的,不过他有自己的一套具有理论魅力的逻辑。

在梁漱溟看来,乡村建设之所以会成为一种运动,吸引了不同部门、不同领域和不同观点的专家学者和社会人士,受到中国朝野上下的关注,是因为中国的乡村长期以来受到破坏,这种破坏是中西文化相遇后中国文化敌不过西洋文化,于是改变自己学西洋,乡村的破坏就是学西洋文化和都市文明的后果,所以必须通过乡村建设使中国文化有一个大的转变(梁漱溟,1936/1989:602~611)。梁漱溟认为,中国旧的社会结构(社会组织构造)的特征是"伦理本位"、"职业分立","只有周期的一治一乱而无革命",社会秩序所赖以维持的要点是"教化、礼俗、自力",这些特征使中国社会散漫、消极、和平、无力,所以非有历史大转变,中国文化已盘旋而不得进;西方文化的特征是"权利本位""阶级分立",较之中国的长处是"科学技术"和"团体组织",因而团体生活所以有强烈的阶级和国家意识,西方的个人主义其实是集团生活发达的社会产生的一种有价值的理念,并非不顾公益悖乎道德的行为;西方文化传入中国后使中国旧的乡村构造遭到破坏,中国社会更陷入散漫和无力的境地,所以要根本改造乡村,其途径就是建立新的乡村组织(梁漱溟,1937/1989:148~272)。这种新的乡村组织是政治和教化合一的自治组织,是从办乡学村学开始,通过乡学村学改造乡约村约,并进而从乡农学校中分化出乡村的监督教训、行政和立法的自治组织,以取代原有的乡公所、区公所,从而成为新的社会制度的基础。所以梁漱溟说:"我们以上所讲的这个组织固然是一个乡村组织,或曰乡村自治组织;可是我们想着我们将来的整个的国家政治制度，也就是本着这么一个格局、这么一个精神、这么一个规模发挥出来的。所以我常常喜欢说：我们是在创造一种新的社会组织构造，我们是要从乡村培养新组织构造的基芽。这个意思就是说整个社会制度（政治制度、经济制度），都是在乡村中生它的苗芽，后来的东西就是它的发育。"（梁漱溟，1937/1989：389）

乡村建设在政治上是由散而合，在经济上就是由农而工。也就是说，中国的工业化道路不是直接办工业，而是先制造出工业的需要来，从农业生产和农民消费两个方面刺激工业，从农业引发工业，更从工业推进农业，农业工业互相推进，实现"工业向农村分散，农业工业相结合，都市乡村化，乡村都市化"的理想。梁漱溟认为这种工业化的道路，与西方国家近代的工业化道路是不同的，"西洋近代是从商业到工业，我们是从农业到工业；西洋是自由竞争，我们是合作图存"（梁漱溟，1937/1989：508～515）。统观梁漱溟的工业化理论，其主要的观点和主张有下列几点。

第一，主张由农业引发工业，反对走发展商业资本的工业化道路。梁漱溟称，"从农业引发工业是我们翻身之路"，乡村的翻身需要进步的生产技术和社会化的经济组织，但关键则看能不能工业化。他认为，商业的工业道路不仅无法满足多数人吃饭的问题，不会使民族工业资本成功，而且会使中国社会关系的增进和调整受到妨害，造成贫者益贫、富者益富，人才、钱财充于都市，乡村衰蔽无人问。梁漱溟还认为，他所说的由农业引发工业的道路，是从农民生活需求出发，志在整个中国经济的改造，既不同于当时日本提倡的工业到乡村去，也不同于马寅初等提倡的以小工业和手工业补足农业，因为前者骨子里是维持工业资本的立场，后者则只是局限于对乡村的考虑，没有考虑整个中国社会的根本大计（梁漱溟，1937/1989：513～514）。

第二，主张为消费而生产的工业化，反对为营利而生产的工业化。梁漱溟认为，如华北工业改进社等组织，直接倡办乡村工业，应当先制造出工业的需要，也就是工业的购买力，再布置合作的根底，乡村工业自然勃兴；不过中国工业要建立在非营利的立场上，跳出竞争的旋涡，这是环境逼迫着我们只有自力更生，这样才能不重蹈人家覆辙，不怕人家倾销，从而"完成一个大社会的自给自足"；走为营利而生产的工业化道路，必陷入彼此竞争，偏颇集中，阶级分化，社会关系恶化（梁漱溟，1937/1989：508～513）。

第三，走工业统筹建设的第三条工业化道路。在梁漱溟看来，中国不能走西方资本主义的以营利为核心的发展商业资本的工业化道路，也不能走苏俄强制集团化的社会主义工业化道路，他倡导的是一条侧重社会主义的以乡村建设为基础的工业化道路。他说："如何工业化，普通说有两条路。一是统筹全局而实行工业建设；一是追求利润而工业自然发达。现在的中国人大抵都想走中间（我们也然），谁也不敢说走一边的话。而其实呢，骨子里都侧重第二条路（尤其政府中人为然）；惟我们则真是侧重第一条路的。从反对资本主义来说，从要完成社会的一体性来说，我们的乡村建设原是一种社会主义；那么，在工业化问题上能不能实行其统筹建设，就是我们之成功失败所攸关的了。"（梁漱溟，1937/1989：547）

梁漱溟的乡村建设理论和工业化思想，实际上是一个很矛盾的东西[1]：他深受中国传统文化的影响，但同时从中西文化的比较中也看到中国文化的弊病，但骨子里却有中国文化优越的心态；他看到了中国农村的种种问题，并大加鞭挞，但骨子里还是一种乡土立场；苏俄使农民"由散而集"对他充满了吸引力，他研究了苏俄的各种农村集

---

[1] 梁漱溟一生"身在问题中"，变化取向，先是倾向革命，主张西方实利主义和民主宪政，随之"激进于社会主义"，认为人类生活需要社会主义，但29岁之前还信奉佛教出世思想，"蓄志出家为僧，不许可婚娶"，但最终放弃佛教，变而信奉入世的儒家思想，坚信"世界最近未来将是中国文化的复兴"（梁漱溟，1942/1989）。

体化形式，^①但对苏俄强制性的集团化又充满恐惧；一方面他对西方
社会的技术进步、民治政治甚为羡慕，另一方面又对资本主义市场竞
争、追求营利充满厌恶。他似乎是站在中国传统文化的中庸之道的立
场上，对各种文化、制度、学说、观点和理论进行无一定规的取舍。
此外，与尽量远离政治上"主义斗争"的学院派学者不同，梁漱溟是
积极介入各种政治争论的。

（三）关于对"定县主义"和"村治派"的批判

20 世纪 30 年代初兴起的乡村改良运动，汇集了来自学校、机关
和民间团体的各种人士，他们的出发点，有普及平民教育的，有推广
宗教的社会服务的，有便利行政的，有发展交通的，有增进工业原料
供给的，还有救济都市、推销工业制品存货的，但总的口号是"民族
改造"和"民族自救"。第一次乡村工作讨论会于 1933 年 7 月在邹平
的山东乡村建设研究院召开，到会代表 70 余人；第二次于 1934 年 10
月在定县平民教育促进会召开，到会 150 余人。这两次讨论会的召集
者代表着中国乡村改良运动中的两大派："旧派"和"新派"，或曰
"村治派"和"定县主义派"。关于人口过密化逼迫的工业化的观点
基本上属于"新派"或"定县主义派"，而关于乡村建设引发工业化
的观点则属于"旧派"或"村治派"。

"旧派"的历史，可以远溯到 1904 年米迪刚在定县翟城村的"村
治"，经过民国以后山西的"模范"村治制度，"五四"后的新村运

---

① 梁漱溟总结了苏联 1917~1936 年近 20 年"时而猛进，时而迂回，紧了又松，松了
又紧"的农村集体化道路，指出其农业经营的方式可分为三种：国营农场（State Farms）、集
团农场（Collective Farms）和个人农场（Individual Farms）。这三种形式中，个人农场将近消
失，集团农场又可分为三种：农业公社（Agricultural Commune）、农业合作社（Agricultural
Workers Union）和土地耕作合作社（Collective Cultivation）。他认为，其中农业合作社最为成
功，又名阿特尔（Artels），但教训是不能公私兼顾、强制集团化和收取农民的土地（梁漱溟，
1937/1989：532~540）。

动，一直到梁漱溟的河南村治学院、山东邹平乡村建设研究院。旧派的理论基础建立在所谓特殊的中国文化，即高度的乡村文化上，其特征就是不同于西方"伦理本位、职业分立"的社会，它既不同于"从对方下手，改造客观境地以解决问题而得满足于外者"的西洋文化，也不同于"取消问题为问题之解决，以根本不生要求为最上之满足"的印度文化，中国文化则是"反求诸己，调和融洽于我与对方之间，自适于这种境地为问题之解决而满足于内者"的"中庸"文化。中国农村的崩溃，是由于固有的礼教精华的衰退。所以，乡村建设的最高理想是社会和政治的伦理化，基本工作是建立和维持社会秩序，基本途径是乡村合作化和工业化，基本手段是"软功夫"的教育工作。以山东邹平乡村建设研究院为代表的"旧派"，也被日本学者称为"农业社会主义派"。

"新派"主要由平民教育促进会推动，以定县为乡村改良的实验基地，其理论上的特点是受西方文化影响较深，"定县主义"就是外国学者对平民教育促进会在定县的实验工作所加的用语。但实际上与"旧派"更大的差别是，"新派"有"国际的"资金和人力帮助，每年有 30 万~40 万元的经费和 100~200 个办事人员，"国际交流"也多，还在美国教授的协助下从事合乎学术标准的实地调查，[①] 而"旧派"并不欢迎外来势力直接参与"乡村建设"（李紫翔，1935/1987b：508）。"平教会"（平民教育促进会，总会 1923 年成立）的创始人晏阳初先生，早年由美国到法国办理华工教育，回国后初在城市开展平民教育，后坚信普及平民教育应到农村去，"平教会"的工作受到美国的大力资助，把全国划分成 7 个实施平民教育的区域，但

---

① 美国教授对定县调查的帮助主要是指甘博（Sidney D. Camble），他是社会调查的专家，曾编著《北京社会调查》（*Peking: A Social Survey*），对平民教育促进会在定县的调查工作给予了学术上的指导和经济上的援助，李景汉在定县调查之前就曾与甘博一起在北京从事实地调查。参见晏阳初、陶孟和和李景汉为《定县社会概况调查》写的序（李景汉，1933）。

后来主要的人力和财力都集中到"定县实验区"。"新派"的理论基础，是一种人本主义，他们认为中国当时的生死问题不是别的，是民族衰落、民族堕落、民族涣散，根本上是"人"的问题。他们以为，中国近代发生过5次自救运动，即太平天国运动、戊戌变法、辛亥革命、五四运动、国民革命军北伐，现在他们从事的乡村改良实验运动是第6次自救运动，但不同的是要克服前5次运动"忽视平民教育"的"缺陷"，因为中国人生活的"基本缺点"是"愚""穷""弱""私"（李紫翔，1935/1987b：509；千家驹，1934/1987a：410～411）。正如李景汉在为自己的《定县生活概况调查》写的序言中所说的："中华平民教育促进会运动的目标是要在生活的基础上，谋全民生活的基本建设，解决生活的问题。根据中国社会的事实，深知'愚、穷、弱、私'为人民生活上之基本缺点；因此主张四大教育，即以文艺教育救愚，以生计教育救穷，以卫生教育救弱，以公民教育救私。平民教育既是以实际生活为研究对象，就必须到民间来实地工作……因此本会对于社会调查甚为注意，并认清中国的基础是农村，所以特别着重农民的教育与农村的建设，遂选定县为实验区。"（李景汉，1933）

乡村改良运动的"旧派"和"新派"，均受到当时左翼学者的批判，[①] 而且在左翼学者看来，"村治派"和"定县主义"在理论上是殊途同归的。对他们的共同理论批判，主要集中在以下几点：① "新派"认为中国的问题的症结是"愚""穷""弱""私"，"旧派"认

---

① 连乡村改良运动的领导者之一杨开道先生，亦半是反思半是批评地说道："劳民伤财，这是梁漱溟先生给山西村治的总评，也可以借用于一切改造旧村的活动，尤其是现代化运动，科学化运动。无论你谈自卫也好，自治也好，经济也好，教育也好，一切农民没有资格了解，没有法子参加。十亩地的自耕农，已经是耕作的牛马，而不是社会的中坚，何况耕人土地的佃农，为人雇佣的工人。资本越少，土地越少，作工器具越旧，工作效能越低，农场收入越少，农家生活越低，一个循环不已的圈子，只有越走越低。旧村改造的工作，等于推车上山，起初比较容易，以后越来越难，也许会从半山倒塌下来。"参见杨开道《农村建设之途径》，《大公报·乡村建设》第17期（转引自李紫翔，1935/1987a：501）。

为是散漫、消极、和平、无力，但这些都是社会的病态现象，造成这些病态现象的还有更根本的社会原因；②他们的理论基础是建立在抽象的"人"和"民族"概念上，没有与中国的民族革命运动联系起来，亦没有与侵略中国的帝国主义根本对立的意义；③把中国整个的社会政治经济问题，简化成了一个农村问题和一个平民教育问题；④"旧派"是中国伦理本位文化的顽固保守派，对西方文化采取"中学为体，西学为用"的态度，"新派"则以"中国五千年的历史，五千年的习俗为敌"，对西方文化无条件崇拜，并欲以西方的精神技术和物质帮助，造成中国农村的所谓"现代化""科学化"（李紫翔，1935/1987b：509）。

来自马克思主义学者的批判更为激烈。他们认为，改良主义运动的实际工作，无论是从教育农民入手、从改良农业技术入手还是从组织乡村自治入手，都有一个共同的特征，就是都以承认现存的社会政治机构为先决条件，对于阻碍中国农村乃至整个中国社会发展的帝国主义侵略和封建残余势力的统治，是秋毫不犯的；所以，"尽管许多从事乡村改良工作的人员抛弃都市的享乐，而到农村去做那些艰苦的工作，精神是可钦佩，主观上是为了拯救中国农村的崩溃（当然也有把乡村工作当做进身之路的），但客观上起到开倒车的作用"，因为中国农村所需要的是推翻帝国主义的侵略和铲除封建残余势力的统治，而"在各种改良主义的麻醉下，以平民识字课本、改良麦种、改良农具作钓饵去吸引农民，以自治、保甲、民团等等新的桎梏，去束缚农民底解放斗争……"，所以"这里显然是两种不同的主张。这两种主张的相互论争，当然不是无原则的互相倾轧，而是两条路线的斗争。我们且不说恢复并巩固现存的社会秩序，同否定这社会秩序是两种截然不同的主义；即以对于发展教育和改良技术，提高农业生产的见解而言，这里也存在着两种根本的主张"（孙冶方，1936/1987：653~654）。

在工业化问题上，对"村治派"和"定县主义"的批判，主要集中在他们想在维护现存体制的基础上，通过发展农村手工业走农村工业化的道路，也就是说，批判他们没有看到中国问题的基本根源不是愚、穷、弱、私，而是帝国主义和封建势力。所以批判者认为，实际上从"乡村生产力购买力辗转递增"的工业化，只能推引出"帝国主义的在华市场和商品市场"，农村合作道路的"工业化"也不过是民族革命失败后的"反求诸己"，"进一步退二步的殖民地经济学说"（李紫翔，1935/1987b：506）。甚至一些并不属于激进左翼阵营的学者，虽认为有些批评冤枉了平教会的工作，如说定县的工作是美国的金元铸成的，别处无力仿效；说定县没有一定的哲学和理论，只是零星地乱干；等等，但也尖锐地批评道，他们要撇开中国根本问题，以谋解决中国根本问题这一夹道中去找出路，自然是常常碰壁，"例如他们为提倡农村工业以裕农民生计，曾在高头村设立一个小规模的毛棉纺织厂，用意不可谓不善。但是当地的农民，因为近来棉织品卖不起价，偏偏不愿来学，以致该厂不得不移至城里，这是为什么？因为目前的中国已经不是一个自给自足的地方性的社会……每一农产品的产销差不多都要受着世界市场的操纵和影响。我们闭着眼睛，在一个外货可以任意倾销的毫无保障的国际市场上，空叫农民养'来航鸡'，改良麦种，改种美棉，乃至复兴家庭纺织副业，是绝不能济事的"（吴半农①，1934/1985：537）。

在这种争论中，一些彷徨的乡村工作者，询问那些批判乡村改良

---

① 吴半农（1905~1978），安徽省泾县人，1929年在北平社会调查所工作，1936年留学美国回国，任中央研究院社会科学研究所研究员，1940年任国民党经济部统计局局长，1946~1950年任国民党驻日代表团第三组（经济组）组长，兼驻军总赔偿归还首席代表。1956年起义回国，任国际关系研究所研究员。任全国第三、第四、第五届政协委员。著作、译作有：《中国之经济地位统计图》（北平社会调查所，1931）、《资本论》第1、2卷（1933年与千家驹合译，因禁止未公开发行）、《日本贫穷问题》（世界知识出版社，1958）、《当前日本经济危机》（世界知识出版社，1959）。

主义运动的人："你们的主张和你们所说的出路是什么呢?"对此，批判者的回答是，要挽救中国农村之崩溃，并建立农村改造的必要前提，必定先要铲除帝国主义和封建势力这两种因素，但"作者和编者因为不愿意他们的刊物①夭折，所以对于怎样去铲除这两种因素的问题，不能向读者再作进一步的更明白的说明"（孙冶方，1936/1987：655）。他们对走组织起来的革命道路的暗示，其实是很明显的，但仍表示"环境是不容许我作明显的表示"　　（千家驹，1934/1987b：422）。

（四）农村社会性质的论战与工业化道路

在工业化问题上，大部分学院派的学者，都试图避开政治主张上的争论，他们想用"科学的方法"进行一些切实的调查研究，认为这才是拯救中国的正途。1932 年陶孟和在为李景汉的《定县社会概况调查》一书写的序中说："在中国，采用科学的方法，研究社会状况，只不过是近十年的事。从前我国的士大夫，向来抱着半部论语治天下的态度，对于现实的社会状况，毫不注意，只以模仿古人为能事。等到西洋的炮火警醒了这迷梦，又完全拜倒在西洋文明之下。每每不顾国情，盲目的整个的把西洋的各种主义和制度，介绍到中国来。以为只要学得惟妙惟肖，便是社会的福利。那知道主义和制度，介绍得越多，中国的社会，反倒越发紊乱越发黑暗了。于是一部分有识之士，看出这种只模仿他人而不认识自己的流弊，便起而提倡社会调查运动。主张用科学的精密的方法，研究我们自己的现实社会。我们必须先认识自己的社会，然后才可以根据这认识，规定改进社会的计划。"（李景汉，1933：陶序）但是，他们由农业的改进引发工业化的基本

---

① 这里是指当时由左翼民间团体中国农村研究会主办的《中国农村》月刊，其负责人是陈翰笙、薛暮桥、钱俊瑞等。

主张，必然与在农村缓慢地发展资本主义的主张联系在一起，进而与中国不可能走资本主义工业化道路的革命主张相冲突，从而引发在发展道路上的革命派与改良派之争。争论的主题表面上是关于"中国农村社会的性质"，但核心问题是：中国是半殖民地半封建社会还是资本主义社会初期阶段，挽救农村经济破产的办法是发展农村生产力还是改革农村社会关系，中国社会的出路是解决愚、穷、弱、私的问题还是反帝反封建。然而，在关于"中国农村社会性质"的问题上，更激烈的争论似乎还不是在革命派与改良派之间，而是在土地革命派与托洛茨基革命派之间，争论的焦点问题首先是中国社会的性质是半殖民地半封建的还是资本主义的、中国的革命是民主资产阶级的还是无产阶级的。

还在 20 世纪 30 年代初"中国社会史论战"中，任曙的《中国经济研究》和严灵峰的《中国经济问题研究》两书就遭到马克思主义学者的激烈批判。任曙认为，"全部中国农村生活是千真万确的资本主义关系占着极强度的优势"，"资本主义日益向上增长，取得支配的地位"，中国贸易"突飞猛进"的发展，"中国资本主义还在继续发展中。它不因内战，灾荒，革命，以及所谓封建剥削的阻碍，而致停止其前进"。任曙引用了大量调查和统计资料来证明他的结论，比如说1922～1925 年江苏、山西等省区 2000 余农户的调查所显示的平均每户由市场购买各种物品的较高的比重，"宣告了中国农村经济完全不是自然的封建经济而是处于资本主义的商品经济支配之下"；1875～1926 年中国海关轮船和帆船进出的吨位百分比变化，说明代表资本主义时代交通工具的轮船的吨位比重从 1875 年的 85% 上升到 1926 年的98%；1912～1920 年钱庄和银行的兴替，也"可以相当地看出现代资本主义发展的程度"，例如在此期间中国金融业投资的比重，钱庄从68% 下降到 37%，银行从 32% 上升到 63%；此外，土地的集中趋势、中农的丧失土地和贫农与富农地主的对立，都是由于封建生产的破坏和资本主义关系的形成，而且"土地愈集中的地方，资本主义愈发达"，反之亦然。严灵峰也力图证明，"占有中国广大土地的，已不是维持旧时代残余下来的贵族、宗室，而是资本主义化的地主，或地主化的资本家"（刘梦飞，1933/1985：498~499；张闻天，1931/1985：247~260）。

张闻天的批判亦引用了大量的有关进出口商品、制丝业、纺织业、土地分配、棉花销售、农产品价格等方面的统计和调查数据，说明数字是死的而解释是活的。如中国进出口贸易的增加只说明商品经济的增加而非资本主义的发展，中国输出的主要是原料而不是工业品说明了中国社会是农业社会而非工业社会，输入的工业品表明的是中国资本主义的不发展而不是资本主义的发展，等等。最后批判的落脚点是中国革命的性质问题：任曙强调中国的土地革命是反对资本主义的，而不是"促进"资本主义的；是非资本主义的前途，而不是资本主义的前途。张闻天则批判道，"中国的土地革命一直到平均分配一切没收的土地，一直到土地国有，是民主资产阶级性质的。他不但不阻止资本主义的发展而且给资本主义的发展肃清道路。这土地革命是反对大资产阶级的，但对小资产阶级的农民，却是有利的"；"然而这土地革命成功后，并不将在中国开辟一个资本主义急速发展的前途，而是将开辟一个非资本主义的前途。因为中国革命的领导者是无产阶级。它在革命中，终不停止于工农民主专政，而将进一步的实行无产阶级的专政。那时要实行的是社会主义，而不是什么'非资本主义'的前途"（张闻天，1931/1985：266~267）。这里实际上已成为马克思主义学者内部列宁主义派和托洛茨基派的理论争论，亦即"革命阶段论"与"不断革命论"的争论。

到1935年，这种关于中国社会性质的论战又掀起一场大风波，并集中到对农村社会的讨论，这就是著名的"中国社会性质论战"。

论战以《中国经济》杂志和《中国农村》月刊为对抗的两个单位，前者称为"中国经济派"，主要有王宜昌、张志诚、王毓铨、王景波、张志敏等；后者称为"中国农村派"，主要有钱俊瑞、陶直夫、薛暮桥、孙冶方、周彬、余霖①、赵枻僧等。他们论战的代表作均收入了中国农村经济研究会编的《中国农村社会性质论战》② 一书，于1936年出版。在一些学者看来，在这次论战中，王宜昌、张志诚等复活了任曙、严灵峰的见解，而钱俊瑞、薛暮桥也把问题提到一个新的阶段（何干之，1937/1985：615）。

这次论战的导火线，是王宜昌在1935年1月26日天津《益世报》的第48期"农村周刊"上发表的一篇短文《农村经济统计应有的方向》。这篇文章对1934年10月《中国农村》创刊号上薛暮桥《怎样研究中国农村经济》一文的观点进行了批评，提出中国农村经济研究要进行三个"方向转换"："第一方向转换，便是在人和人的关系底注意之外，更要充分注意人和自然的关系"；"第二方向转换，便是注意到农业生产内部的分析，从技术上来决定生产经营规模的大小，从农业生产劳动上来决定雇农底质与量，从而决定区别出农村的阶级及其社会属性"；"第三方向转换，是在注意农业经营收支的情形，资本运营的情形，和其利润分剖的情形。这里不仅要注意到农业的主要业务，而又要注意到副业的作用。"（中国农村经济研究会，1936：100~101）这篇文章引起《中国农村》月刊的

---

① "余霖"其实是薛暮桥的笔名，他的笔名还有"雨林"，不过这在当时没有公开，所以论战的双方和评论者都把"余霖"和薛暮桥当作参与论战的两个人，实际上署名"余霖"的文章都是薛暮桥写的。

② 该论战论文集收入的文章有：陶直夫的《中国农村社会性质与农业改造问题》，余霖的《中国农村社会性质问答》，薛暮桥的《研究中国农村经济的方法问题》，周彬的《中国农村经济性质问题的讨论》，钱俊瑞的《现阶段中国农村经济研究的任务》，赵枻僧的《关于中国农村经济研究之我见》，王宜昌的《论现阶段的中国农村经济研究》、《关于中国农村生产力与生产关系》，张志诚的《关于中国农村经济研究方法》，王景波的《关于中国农村问题研究之试述》，孙冶方的《财政资本统治与前资本主义生产关系》。

执笔者薛暮桥写了一篇《答复王宜昌先生》，此后韩德章写了《研究农业经济所遇到的技术问题》一文发表在《益世报》第49期"农村周刊"，呼应王宜昌的文章，王宜昌也在《中国经济》月刊1935年2月号又发表了《从农业看农村经济》，于是《中国农村》另一主要执笔者钱俊瑞写了一篇《现阶段中国农村经济研究的任务：兼论王宜昌、韩德章两先生农村经济研究的"转向"》，王宜昌又回敬《论现阶段的中国农村经济研究：答复并批评薛暮桥、钱俊瑞两先生》一文，而薛暮桥亦再次回敬以《研究中国农村的方法问题：答复王宜昌、王毓铨、张志诚先生》一文，论战的范围逐渐扩大，参加的人员也愈来愈多。但这种论战，似乎是在熟悉马克思主义著作的学者之间的论战，与革命派和改良派之间的论战是两种不同的论理方式。不过，这次论战的起因却涉及对改良派的批判。

薛暮桥在发表于《中国农村》创刊号的《怎样研究中国农村经济》一文中，批评了农村经济研究对象问题上几种有代表性的观点。一是批评把自然条件当作主要研究对象的观点，如古楳把"人口过剩"和"耕地不足"作为中国农村破产的根本原因。薛暮桥认为这是马尔萨斯的庸俗人口论，因为西欧人口密于中国，可都市工业吸收了乡村中的过剩人口，"人口过剩"实际上是由于"大批劳力和大批土地因受现存生产关系阻碍无法配合起来"，"我们所要研究的是为什么在同样的土地和其他自然条件底影响之下，有时会产生封建制的小农经营，有时会产生资本主义的农业公司，有时又会产生社会主义的集体农场"。二是批评把生产技术当作主要研究对象，如卜凯教授①通过中美农业人工成本的比较，认为中国

---

① 美国教授卜凯（J. L. Buck）曾于1923～1924年在金陵大学农科任教，并指导学生在安徽芜湖和河北盐山农村进行田庄大小、耕作状况、农产数量、销售方法等方面的详细调查，并根据这些调查材料写成很有影响的《中国农业经济》（*Chinese Farm Economy*，Chicago：The University of Chicago Press，1930）一书，用英文发表。

农业生产技术落后和缺乏竞争力是中国农村破产的主要原因。薛暮桥批评道，"他们仅仅看到人类与自然之间的技术关系，根本忽视了人同人之间的社会关系；殊不知技术底进步，只有在社会关系容许着的限度以内才有可能；过此以上，除非根本改革社会关系，生产技术绝难继续前进"。例如，现有生产关系下，劳动力太不值钱，使用机器反不合算，这是古老的生产关系阻止了使用机器。三是批评把封建剥削当作主要研究对象，如乔元良先生认为"高度地租"、"买卖不公"和"高利借贷"是中国农民贫困的三个主要动因。薛暮桥批评说，在中国，地主、商人、高利贷者的剥削农民，已有两千多年悠久的历史，但现阶段的农村破产决然不同，绝非"自古已然于今为甚"，因为封建剥削已成为帝国主义经济侵略的工具之一。四是批评把农产商品化程度当作主要研究对象，如认为中国农业中间商品生产已经相当普遍，资本主义生产方式已在中国农业中间占有支配地位，现阶段的农村破产，与先进资本主义国家的农业恐慌是一回事，都是世界经济恐慌中的一角。薛暮桥批评说，这种观点忽视了中国农村内部的封建残余，正像上述封建剥削论者忽视从外侵入的帝国主义势力，结果陷入同样的错误，商品生产的发展伴随资本主义生产方式的产生，这是一般而论，在帝国主义经济侵略下，商品生产"伴随着的不是资本主义的经营，而是千万小农底无望的挣扎"（薛暮桥，1934/1984：1～6）。

薛暮桥对农村经济社会研究中几种观点的批评，显然是要划清他们马克思主义学派的学者与其他学派的界限，在《中国农村》创刊号上为该刊树立鲜明的旗帜。他的批评没有受到力图避开政治争论的改良主义学院派的回应，却受到他们称之为"托派"的、实际上持第四种观点的"马克思主义学者"的反击，这就是王宜昌强调中国农村经济研究要进行"方向转换"的文章的由来。

"中国农村派"和"中国经济派"的争论文章，实际上都大量引用了马克思和列宁的著作，[①] 都是在马克思主义的理论框架中争论问题。"中国经济派"的理论逻辑线索是：生产技术是生产力的主要代表，生产力使生产关系进步，土地分配问题在1927年大革命以后就过去了，中国现阶段的农村经济的核心问题是资本问题，现在中国农村"已是商品经济，而且资本主义已占优势"，所以核心问题"并不再是土地所有形态，地权，租佃关系等等，而是资本制的农业生产过程分析"，"要以资本的大小来划分社会阶级，从而说明其中残存的封建等级"（中国农村经济研究会，1936：99~110）。"中国农村派"的理论逻辑是，生产关系的演变"规定一种新的能使生产力更进一步发展的社会形态"，现阶段农村的核心问题是土地分配问题，以及它所隐蔽着的人与人之间的社会关系，所以应从土地所有形态和性质、地权在各阶级之间的分配、农业经营、租佃关系四个方面来研究土地分配问题，并从农村市场、农业成本和雇用劳动方面研究农业经营（中国农村经济研究会，1936：73~88）。[②] 这种理论争论的背后，实质上是关于走依靠农民的新民主主义革命道路还是走依靠无产者的社会主义革命道路的争论，即仍然是"革命阶段论"和"不断革命论"的争论，不过更学术化了。但是，争论之中也仍然伴有尖锐的指责，"中国经济派"强调，他们的观点是针对自1930年以来农村经济研究中单纯注意人与人的关系的倾向，并指责"中国农村派"是"中国的民粹派，中国的农民思

---

① 争论的双方最经常引用的著作是马克思的《资本论》和列宁的《俄国资本主义之发展》，此外还有马克思的《政治经济学批判导言》、普列汉诺夫的《马克思主义的根本问题》、考茨基的《农业问题》等。

② 这种观点主要见于钱俊瑞的《现阶段中国农村阶级研究的任务》。有的学者认为，钱俊瑞1935年2月发表的这篇文章，形成了"中国农村派"的理论纲领，代表了当时"关于中国农村经济研究的最高水准"，以后薛暮桥在"理论大众化的目标下，把钱先生提出来的纲领，更平易的更系统的发表了出来"（何干之，1937/1985：620）。

想家，中国的马克思主义修正派"。① 而"中国农村派"则指责"中国经济派"是落后因素在"蠢蠢欲动"，是"风烛残年"式的挣扎和"大开倒车"，后来则概括为"反托派的论战"。②

这样，我们可以看到，中国早期农村工业化问题的提出，实际上是从两大视角（改良和革命）沿着四条路径提出来的。

在改良的视角下，有两条路径：一条是从生产要素的路径提出工业化的问题，包括认为在资源短缺、人口过密化、农业人工成本过高、生产效率过低的情况下，要提高农民生活水平，必须走劳动力转移的工业化道路的各种思路。沿这条路径提出问题的人，多是学院派的，包括在华从事中国农村调查和研究的外国学者和在"平教会"旗帜下受西方文化影响较大的学者。另一条是从传统文化的路径提出工业化问题，认为要重塑伦理社会的乡村基础，并在合作的基础上走由农业引发工业的、为了消费的所谓第三条道路，杜绝走商业资本为了营利的资本主义工业化道路和苏联强制集团化的工业化道路。沿这条路径的学者，旨在复兴传统文化的"精粹"。这也就是我们在前面所说的"新派"和"旧派"，或"定县主义派"和"村治派"。

在革命的视角下，也有两条路径：一条是从农业生产技术和农村商品经济的发展出发，认为中国已成为世界资本主义的一个乡村，因此要从整个资本主义经济系统来观察农业与工业的分离、都市与乡村

---

① 张志诚在《关于中国农村经济研究方法》一文中，引用列宁的《俄国资本主义的发展》的译者杜畏之、彭苇秋在译书序言后面"追加的几句话"来批评"中国农村派"的观点，那几句话是："中国农业资本主义之发展已成彰明较著的事实，而中国的民粹派，中国的农民思想家，中国的马克思主义修正派偏看不见，而且不愿看见这个事实，只闭着眼睛喊封建制度来替这个农村资产阶级哭穷"。（中国农村经济研究会，1936：139）

② 薛暮桥后来写道：1935年"以前的几年中，国民党的反共叫嚣已经很少有人愿听，他们就利用托派关于中国已是资本主义社会、中国的革命将是社会主义革命的谬论，来批评我们党关于中国还是半殖民地、半封建社会，中国革命仍是反帝、反封建的民主革命纲领。我们党反托派的论战已经进行几年，但因主要用抽象理论来批判托派，说服力不强。《中国农村》利用所掌握的大量的农村经济调查资料来批判托派，所以取得很大胜利"。参见《薛暮桥经济论文选》，人民出版社，1984，第11页脚注。

的联系以及工人与农村无产者的天然结合，通过推翻外国资本的支配来争取民族经济的自由发展。沿这条路径的学者，深受当时苏联的革命理论影响。另一条道路是从生产关系以及人与人的社会关系出发，强调必须从改造农村土地关系入手，走通过反帝反封建来发展农村生产力并与工业相结合的道路。

这四条路径的学者在政治、经济、文化上复杂的基本取向，可用表1来表示。

表1　不同工业化路径的政治、研究和学术取向

学派	革命改良取向	生产力生产关系取向	中外学说取向	理论和调查取向
"新派"	改良	生产力	美欧	调查
"旧派"	改良	生产关系	中国	理论
"中国经济派"	革命	生产力	苏联	理论
"中国农村派"	革命	生产关系	苏联	调查

二　乡村工业化的不同形式

（一）江村经济：从家庭手工业到工厂工业

中国早期社会学的调查和研究，多数集中在农村地区，而对农村工业化问题有较多涉及的，是采取社会人类学全景参与观察方法的"社区"调查。费孝通对江苏省吴江县开弦弓村（学名"江村"）的调查，是这类调查的一个典型，他在《江村经济》中陈述调查开弦弓村的"理由"时说："开弦弓是中国国内蚕丝业的重要中心之一。因此，可以把这个村子作为在中国工业变迁过程中有代表性的例子；主要变化是工厂代替了家庭手工业系统，并从而产生的社会问题。工业化是一个普遍过程，目前仍在我国进行着，世界各地也有这样的变迁。在中国，工业的发展问题更有其实际意义，但至今没有任何人在全面了解农村社会组织的同时，对这个问题进行过深入的研究。"（费孝通，1939/1986：18）在研究上对农村工业化问题的忽视，在20世纪30年代的学界是一个较为普遍的现象，由于土地革命和土地分配改革这种实际的需要和呼声，土地问题成为农村研究甚至中国革命的核心问题，绝大多数的农村研究者和革命理论家都不能不把主要的研究关注点集中在土地问题上，土地成为农村通过其重新分配可能改变社会关系的稀缺资源，人们考虑的是农民眼下的生存以及如何组织起来的问题，工业化似乎还是涉及未来的边缘问题。

开弦弓村位于当时农村经济最发达的苏南地区，但人多地少，约90%的家庭耕作的土地不到10亩，75.8%的家庭耕作的土地在4亩以下；在人口过密化的压力下，农户以家庭手工业作为兼业很早就成为迫于生计的普遍做法，而且从事纺丝、零售、裁缝、木匠以及其他手工业和服务业的人员，已经占到全部户数的7%（费孝通，1939/1986：135，98~100）。蚕丝业是开弦弓村农户的第二主要收入来源，在该村所处的太湖一带，农民从事家庭蚕丝业已有几千年的历史。开弦弓村传统的家庭蚕丝手工业，是出于一种内生的需要，即这种手工业是在人多地少的情况下为了补贴农业收入的不足而产生的，它成为农户生产的一部分。所以，它与内地一般的传统手工业又有所不同，也就是说，与那种完全是为了满足自身消费需要而产生的碾米碾谷、纺线织布等家庭手工业有所不同，它是为了收入而不仅仅是为了自我消费而生产的。然而，这种并非为了自身消费的家庭手工业，实际上是农户的一种兼业，是农户对剩余劳动时间的利用和开发，其意义在于提高农户的收入水平而不是改变农民的职业。这种手工业与为了盈利的经营性的手工业是有区别的，因为只有后者才能对乡村工业化具有真正的意义。

在费孝通看来，如果说江村的家庭蚕丝业是一种迫于人多地少的压力内生的发展，那么工厂工业的下乡则是迫于外来的力量的挑战而产生的挽救乡村工业破产的应对。换句话说，农村之所以改变几千年的平缓发展而进入加速变迁是由于一种"外来势力"的影响："由于世界经济萧条及丝绸工业中广泛的技术改革引起了国际市场上土产生丝价格的下跌，进而引起农村家庭收入不足、口粮短缺、婚期推迟以及家庭工业的部分破产。"这种"外来势力"在费孝通那里有时是作为现代技术的导入，有时又是作为帝国主义的侵入和西方列强的工业扩张，或者说这两者在当时是一种伴随的现象。现在的许多学者，往往认为费孝通、李景汉式的社区调查研究缺乏必要的前提假设，其实这类社区调查，并非无假设的。费孝通就因为他关于外国势力导致乡村工业破产的假设，后来屡屡受到西方学者的"批判"和"证伪"，[①]同时也受到同样重视农村调查并持有几乎相同假设的左翼经济学家的批评。厉风在详细调查和分析了商业资本在河北乡村棉纺织工业中活动的新形式后总结说："50 年来发现于北部乡村中的商业资本的新活跃，不是发生于本国经济条件之刺激，而是发生于外国工业资本主义之推移；犹如中国'新兴工业'的发展，一样是畸形的而不自主的。不自主地受外国工业资本主义的推移而发生，同样不自主地受外国工业资本主义的摧残而毁灭；若以高阳的新兴商业资本为例，则高阳区产量是迅然间（1926～1932）从三百万匹减至一百万匹，大庄莘桥青塔的市面几乎全部崩溃的事实，适足以为证明——不是毁于本国纺织工厂的竞争，而是受迫于外国棉纱，布匹之吞没。主张建设乡村工业或提倡单独的农村建设，是不免被这一段事实所讪笑。"（厉风，

---

① 费孝通 1979 年访问美国社会学界后回来写道："中美关系中断时期那些想研究中国社会的人只有到台湾和香港去进行调查。在过去 10 年里出版过不少这类的调查报告，在方法上大多以我那本书为样本，但立论上却有不少是以批评我的姿态出现的，有一部分是要驳倒我'中国农村的经济衰落是出于帝国主义经济势力的侵入'的观点。比如不久将来我国作为交流的研究人员的波特（Potter）就是如此，他强调西方工业的影响对中国农村带来了繁荣和发展。"（费孝通，1979/1985：149）

1934/1989：50）费孝通的假设是在《江村经济》中一开始就提出来的："现代制丝业的先进生产技术引进日本、中国以后，乡村丝业开始衰退。这一工业革命改变了国内乡村手工业的命运。"（费孝通，1939/1986：11）只不过他在到英国学习之前，并不是有意识地提出假设和论证假设，而是有意排斥理论假设。他自己曾谈到，在编写《花篮瑶社会组织》时，极力避免理论上的发挥，认为实地研究者只需事实不需理论，理论只是"叙述事实的次序要一个合理的安排罢了"；在江村实地调查时，也主张"调查者不要带理论下乡，最好让自己像一卷照相的底片，由外界事实自动的在上射影"；到英国学习以后，感觉到这种方法论上的见解"埋没了很多颇有意义的发现"，在写江村经济时感到"没有一贯的理论，不能把所有的事实全部组织在一个主题之下，这是件无可讳言的缺点"，所以江村经济是"从社会调查到社会学调查或社区研究的过渡作品"，而社会调查与社会学调查或社区研究的区别就在于只是对某一人群社会生活的闻见的搜集，还是依据某一部分事实的考察来验证一套社会学理论或"试用的假设"（费孝通，1943/1990：11～12）。①

　　费孝通通过江村蚕丝业所描述的乡村工业中工厂工业取代家庭手工业的变迁过程，在当时已是一个普遍的过程，它预示着乡村工业的未来。不过，江村的带有理想色彩的工厂实验，也许是一种并非偶然的特例。由于当时国外发达国家特别是日本采用机器和先进生产技术制丝，国际上的制丝成本下降，生丝价格也随之大幅度下降，这使以手工劳动制丝的江村家庭工业因难以参与竞争而濒临破产，为了与城市里的工厂进行竞争，作为应对的措施，江村的领导人在苏州附近浒墅关女子蚕业学校的支持和合作下，实验着办使用新机器的小规模工

---

　　①　实际上费孝通有意识地采用"社区研究"方法调查和写作的《禄村农田》，仍然没有解决理论逻辑线索与调查资料的叙述是两张皮的问题，这成为他学术研究深化的巨大障碍。不过，从《禄村农田》起，他开始具有了村庄发展的类型比较眼光。

厂。蚕业学校的支持和合作并不是出于营利的目的，而是带有浓厚的理想色彩，这些"变革者"为他们的"新工业组织"确立的原则是"合作"，这是为防止生产资料所有权集中而确立的原则，他们要采取非资本主义的方式组织新工厂，通过引进科学的生产技术和组织以合作为原则的新工业，来复兴乡村经济。在农村办工厂的革新实验由于严重的亏损而最终失败了，关于失败的原因，费孝通提到无法控制的市场价格的波动、大笔的借贷利息以及初期过多的分红，但更为重要的原因也许就在并非出于营利的"合作"上。

在工业化的问题上，走非资本主义的道路，似乎是当时中国知识界的一种相当普遍的主张。所以费孝通说："变革者趋向社会主义的思想代表了当前中国知识阶级部分思想状况。这是同西方的现代技术和资本主义工业系统一起引进的新看法。中国人民在世界经济中的地位以及同西方列强的不断斗争，为传播社会主义思想创造了有利条件。正如中国人民所了解的，公众普遍反对资本主义，甚至于那些代表资本主义的人也不敢公开为资本主义的原则辩护。这种态度在已故孙中山先生的'三民主义'里阐述得很清楚，从理论上说，它被现今政府所接受并作为国家政策的指导原则。"（费孝通，1939/1986：150）

20世纪30年代的学者，多数都是社会参与感非常强烈的，即便是费孝通这样的学院派学者，其学术研究也具有强烈的救世济民的意识，不过与非学院派的一个根本的区别，就是学院派对改良路线的固守，而费孝通关于农村问题的根本在于农民收入的看法，显然是改良派中具有远见的见解。他认为，走发展乡村工业的工业化道路是解决中国农村问题和复兴中国经济的根本道路，土地改革自然是必要的，但只能缓解农民的痛苦，防止"饥饿超过枪杀"时出现"农民起义"，但对乡村工业如何在国际竞争中生存并没有给予回答。他说："我们必须认识到，仅仅实行土地改革、减收地租、平均地权，并不能最终解决中国的土地问题。……最终解决中国土地问题的办法不在于紧缩农民的开支而应该增加农民的收入。因此，让我再重申一遍，恢复农村企业是根本的措施。中国的传统工业主要是乡村手工业，例如，整个纺织工业本来是农民的职业。目前，整个实际上正面临着这种传统工业的迅速衰亡，这完全是由于西方工业扩张的缘故。在发展工业的问题上，中国就同西方列强处于矛盾之中。如何能和平地解决这个矛盾是一个问题，我将把这个问题留待其他有能力的科学家和政治家去解决。"（费孝通，1939/1986：202）

社区调查有解剖麻雀的优势，五脏六腑都看得清楚，但弊病之一是囿于一地，容易忽视研究与外界的联系。如费孝通叙述了江村1929年创办的新式合作制丝厂除第一年有盈利外此后1930～1936年每况愈下的情形。他在谈到江村家庭蚕丝业的破产和蚕丝工厂的失败原因时，着重强调了国际市场蚕丝价格下降的打击，但并没有看到由于国内市场的垄断，乡村工业的利润被销售商截留的情况。苦农在1937年曾写道，1937年的前几年，由于国际市场的不灵活和日丝的贬价倾销，每担鲜茧的价格从百元跌到一二十元，然而在自由买卖的机制下，茧价仍有涨高希望，所以养蚕还很兴旺。蚕农最感觉痛苦的，是丝茧商对茧价的"统制"，他们成立"蚕业工会"，共同决议，实行统制茧价，在1936年和1937年国际丝市暴涨的时候，却有意放风，传言丝市转跌，而农民也不晓得什么国际市场，他们用统制的茧价收购，一转手间，丝价突然飞跃到5倍以上（苦农，1937/1989：232～234）。在问卷抽样调查尚难以普遍采用的时候，社区研究为了弥补个案村庄调查的局限，选用了类型比较的方式，即希望用不同类型村庄的经济发展情景和背景，构成中国农村发展状况的全景和前景，对作坊工业的关注，是这种尝试之一。

（二）易村手工业：作坊工业

社会学家张之毅先生1939年调查的易村，是云南易门县一个手工业比较发达的村庄。易村和江村、禄村、玉村、昆厂一样，都是当时的社会学社区调查为调查点取的学名。所谓易村比较发达的手工业，是与云南的其他村庄相比较而言的，其实仅仅从"很少有外边人到过"的事实看，其手工业的发展程度是无法与当时苏浙地区乡村工业发达的村庄相比的。但是在这样一个村庄，出于类型比较这种理论介入，张之毅概括出不同于家庭手工业的作坊工业这种乡村工业的类型。易村的家庭手工业主要是织篾器，而作坊工业主要是纸坊，也就是制造土纸的小工厂。在张之毅看来，纸坊所代表的作坊工业，与织篾器所代表的家庭手工业，虽然在易村同时存在，性质却是有很大区别的，纸坊代表着不同于家庭手工业的另一种乡村工业的形式：织篾器是一种发生在农闲基础上用来解决生计困难的乡村工业活动，它不需要固定的工作场所，主要制造成本是劳动力，劳动工具简单，原料多半自给，不需要很大资本；而纸坊则是为了资本的增殖，需要相当的设备，专门的工作场所和较大的资本，只有富户才能从事纸坊工业，受生计压迫的人根本筹不出一笔资本来造作坊，作坊工业在乡村经济中的意义与家庭手工业是不同的（张之毅，1990：288~290）。

张之毅在他的社区调查研究著作《易村手工业》中，还涉及作坊工业的两个很有意思的问题，即作坊的产权继承问题和作坊的产品市场问题。在有54户人家的易村，共有9家纸坊，纸坊起初都是家庭工业，但到继承的问题出现时，由于纸坊的设备不像一般财产可以分开，所以出现了纸坊产权由多个家庭的"合有"，当然"合有"的家庭也是同胞或同宗。"合有"与合股是有区别的，合有的只是设备，各自的生产经营是分开的，另外合有的程度也不一样，有的只是部分设备合有。由于作坊都不是全年开工的，所以经营分开后，经营造纸的先后次序并未引起争执。从此可以看到，作坊工业尽管在产权上可以出现合有，但在生产经营上仍是家庭的。因此张之毅认为，"内地工业中，一切经济活动，在集体经济单位的限制下，常常不能完全依照寻求最大经济利益的原则去做"（张之毅，1990：290～292，315）。纸坊的产品是一种土纸，但并不是为了村民的消费，销路的大宗是用于加工祭祀时焚烧的纸钱，另外的一大用途是包土烟。表面看来纸坊的产品是为了利润而进行销售的商品，并非为了自身和本村的消费，但这种生产并没有与有发展前景的市场相联系。这种内地乡村工业虽然具有了向工厂发展的组织形式，但在本质上仍是一种"以工养农"的形式，是一种农业的补充。纸坊雇的工人，"他们只能把造纸的工作做兼营，去纸坊做散工赚点钱，贴补家用，对农业本身说，造纸是利用他们农闲剩余劳力的一种机会，贴补他们农业收入的不足，这是工业养活农业的意思。反过来说，农村工业里的资本是农田上来的，原料是农地上自己供给的，碾纸的牛是由农田中牵上来的，舀纸炕纸的工人是由农闲供给的，所以工业本身却是靠农业来支持的，当工业还没有脱离农村达到专业化之先，它总是和农业混在一块，成为内地工业的特色"（张之毅，1990：299，311～313）。

张之毅通过对易村手工业中家庭手工业和作坊工业的区别，提出关于农村不同工业组织形式的意义这样一个很有研究价值的问题，正如他在《易村手工业》一书最后所说的："本书若是有一个启示的话，就是要我们把乡村工业不看成一个单纯的实体。在这个名词之中，包含着很多不同的种类，每个种类有他的特色。各种各类的乡村工业，对于乡村经济的意义和影响，可以有很大的差别。"但是，对于这种最容易产生学术成果的有关"织篾器"与"纸坊"的意义和影响的差别，张之毅却并没有做更深入的理论探讨和事实提炼（张之毅，1990：326）。倒是费孝通为张之毅的《易村手工业》写的序，成为该书的最好的理论总结或理论导言。这篇序，也可视为中国乡村工业社会学的范文。费孝通在该序中主要论述了5个问题：①乡村中工业与农业的界限。在传统乡村中，工业和农业并没有一条清楚的界限，如为什么把谷粒和稻穗分离的工作算是农业，而把米粒和糠秕分离的工作算是工业。其实自给经济中工业和农业是不容易分开的，很多工业活动分散在每个农家，都市工业的不发达，使农村中工业与农业的相互依赖更密切，这是中国传统工业的特点。②乡村工业的功能问题。中国乡村工业的发达，是因为中国农业并不能单独养活乡村中的人口，或者说乡村工业的一个特性，就是它是用来帮助农业维持我们庞大的乡村人口的。而乡村工业帮助农业维持庞大的乡村人口，是因为都市工业不发达，农民没有更好的去处，他们不能离开土地，单靠工业谋生。③乡村工业的形式。在乡村工业中，家庭手工业是一种基本的形式，是为了利用剩余的劳动力，是作为农业收入的补充；而作坊工业是另一种基本的形式，是为了利用剩余的资本，可以获得经营的利益，这是与家庭手工业的区别，"也可以说是资本主义经济的起点"。"若是作坊工业可以算是我们传统经济中资本主义的萌芽，则这萌芽在运输困难和市场狭小的阻碍下被遏制了。"④都市工业与乡村工业的分野。都市工业和乡村工业的差别是大规模机器生产和小规模手工生产的差别。从乡村工业到都市工业的发展，是世界经济史上的普遍现象，但在中国，都市工业与乡村工业之间横着一条国界，大趋势是整个经济的彻底农业化，外国工业资本的侵入和整个乡村手工业的衰落成为民族的伤心史，而乡村工业的破坏和农民部分的失业，成为乡村不安和政治扰乱的一个原因，所以有必要提出能不能改变乡村工业的性质使它可以和都市工业并存的问题。⑤乡村工业的复兴和前途问题。费孝通认为，工业能源从蒸汽机转变为电力和内燃机后，集中的工场并不一定占有特殊的便宜，工业具有分散的新趋势，乡村工业是有前途的，但乡村工业必须"在技术上和在组织上变了质"，技术上变质就是引用机器以利于提高效率，组织上变质就是采用合作方式以利于防止贫富悬殊和集中土地权的魔手（张之毅，1990：208~227，费孝通序）。

费孝通当时提出的问题，至今仍然是令人深思的：在中国人多地少的情况下，乡村人口虽或可以因都市工业的兴起而略见减少，但并不易在人地比率上有重要的改变，农业依旧不能单独维持庞大的乡村人口，所以即便乡村工业的效率的确无法追上都市工业，是否值得以降低广大农民的生活水平来换取新工业的发展，也是要慎重考虑的。

另外，中国在一系列中外战争中的惨败，使中国的知识分子普遍地强调，振兴中国要优先发展重工业。就是费孝通这样大力为乡村工业呼吁的学者，也认为"受了这次抗战的教训，我们今后工业建设自应从重工业下手，轻工业的建立在时间上很可能要比重工业慢一个时期"（张之毅，1990：费孝通序，222）。而且，像费孝通这样当时似应属于学院派的自由学者，也一再强调农村中节制资本的合作组织的重要性，对集中土地权的魔手深恶痛绝。所以说，在中国工业化道路问题上，优先发展重工业和走社会合作的道路，这是当时相当多数中国知识分子的共同取向。

（三）昆厂劳工：进城民工与工厂工业

在 20 世纪 30～40 年代，乡村的工业化除了家庭手工业和作坊工业的发展路子，农村劳动力外流，进入小城镇和城市务工经商，也已不是个别的现象。这个现象很快引起了社会学家的注意，史国衡的《昆厂劳工》，就对这一现象给予了特殊的关注。史国衡也是魁星阁①的研究人员，他把对昆厂的调查视为魁星阁农村社区研究的一个引申，但这个引申却从农村跨越到城市，从农业和农村中的手工业跨越到工厂里的机器工业，成为当时少有的社会学的企业个案

---

① 抗日战争期间，燕京大学撤到昆明，在吴文藻的策划下，1939 年与云南大学合作成立社会学研究室，由当时任云南大学教授的费孝通主持工作。1940 年昆明遭到日军飞机的大轰炸，社会学研究室疏散到昆明附近的呈贡县农村里，租了一个三层楼的魁星阁作为工作基地，社会学研究室从此也就被称为"魁阁"，直到 1945 年日本投降，前后经历 6 年。先后参加社会学研究室工作的有张之毅、史国衡、田汝康、谷苞、张宗颖、胡庆均，还有云南大学的教授许烺光和燕京大学的硕士研究生李有义。

调查。所谓"昆厂"，也是学名，是史国衡于 1940 年 8 月 25 日至 11 月 10 日调查的昆明一家约 500 人的国营军需工厂。史国衡的昆厂调查仍然采取全景式的社区调查方法，调查了工人的来源、技工向内地的移动、内地劳动力的蜕化、工人的态度和工作效率、工资、工人生计、工人的保养（公共食堂、工人宿舍、医务、健康保险和储蓄、工人教育、休闲与娱乐）、厂风、劳工安定性、劳动的扩充与继替、工人的管教等。

《昆厂劳工》的主题是探索农民转变为工人的过程，但它提出了几个涉及中国工业化的有意义的问题：①农民向工人转变的模式问题。史国衡在分析工人的来源时发现，即便是在国营军需厂，工人中有相当一部分是出身于农民，尽管在昆厂，农民出身的工人数比非农职业出身的工人数少 31%。同时他还发现，农民出身的工人，有 68% 都在进昆厂之前经历了过渡性职业，由农民直接入厂的只占农民出身工人的 13.5%，而过渡性职业包括了当兵、商贩、手工业、短工等，还有无业游民。也就是说在入厂之前，他们已在一定程度上改变了农民的淳朴习性和乡土意识，成为城镇生活的附属者。这与西方工业化过程中从破产农民到产业工人的经典变迁模式是不同的，这种从农民到工人的过渡模式的不同，成为影响中国工人自身特点的重要因素。②人的转变与社会变迁的关系。在史国衡看来，从农民到工人的转变是人的转变，这比从农业到工业的生产转变要复杂得多，这个过程不仅包括劳动方式和劳动关系的变化，还包括生活方式的转变、两种不同文化（乡土文化和都市文化）的调适、社会价值的重要规划、心理状态在动荡冲击下的平衡、管理方式对新工业需要的适应等，"实在是一个很重要的社会变迁的过程"。③国营工厂的性质。费孝通在《乡土重建》中谈到乡土工业的新型式时指出，中国传统工业大体上可以分成三种性质，即皇家的独占工业、民间的作坊工业和家庭工业，举凡盐铁、军备以及宫廷用品，都是由宫廷独占经营的（费孝通，1948）。皇朝崩溃以后，皇家独占工业转变成"国营"，而史国衡的调查表明，国营工厂在许多工人的眼中，不过是许多政府机关中的一个，对于工厂出现的浪费和低效率现象，工人总觉得自己和工厂的休戚无关，只有主持工厂和管理工人的职员才是工厂的主体（史国衡，1946）。

史国衡的《昆厂劳工》，很强调对人的因素的分析，他通过分析工人的社会环境、家庭背景、社会状况、人际关系等来探索解决工业化过程中出现的各种问题的途径，这种浓厚的人际关系学派的特点，显然受到了早期美国工业社会学人际关系学派的影响。费孝通在为《昆厂劳工》写的"后记"中，就介绍了美国社会学教授梅约（E. Meyo，1880～1949）的"霍桑实验"。[①] 1943 年他去哈佛大学时，在梅约教授的帮助下，把《昆厂劳工》翻译成了英文。

《昆厂劳工》所反映的农民从农村到城市、从农业到工业的流动，虽然并不是特殊的现象，但在当时也不是农村人口流动的主流。根据乔启明 1947 年引用的当时未发表的金陵大学农业经济学系关于《中国土地利用调查人口调查资料》，1929～1933 年对全国 16 省 101 处农村人口的调查表明，当时的农村人口迁移率为 4% 多，农村人口迁出的原因，最主要的就是"缺少工作"，占 48.8%，其次是婚姻，占 23.2%；农村人口迁移后的职业，继续从事农业的仅占 6.7%，

---

① 1924～1927 年，在梅约教授的主持下，美国科学院全国学术研究委员会与美国西部电器公司（Western Electric）合作，在该公司下属的芝加哥霍桑（Hawthorne）电话机工厂进行心理实验、访谈研究和观察研究，这些研究的成果成为人际关系学派理论原则的主要依据，这些理论原则是：工人不是简单的经济人和理性动物，而是具有非经济需求的"社会人"，因此个人的态度和情感是决定人们行为的重要方面，管理人员掌握情感沟通的艺术对提高生产率至关重要，工作群体等非正式组织也是影响团体工作态度的重要因素，等等。"霍桑实验"的成果主要反映在下列著作中：Meyo, Elton, *The Human Problems of an Industial Civilization*, London：Macmillan, 1933；*The Social Problems of an Industrial Civilization*, London：Routledge, 1949；Kegan, Paul. Dickson, W. J. and Roethlisberger, J. F., *Management and the Worker*, Cambridge, Mass.：Harvard University Press, 1938。

而从事工商等各种非农业的占 62.7%，从事农业兼非农业的占 28.6%，另外不详和终年休闲的占 2.0%；但职业的流动和地域的流动并非一致的，从事非农业的农民，其迁移的方向多半仍是乡村，农村人口迁徙的方向，"自田场至田场"的占农村人口的 1.9%，"自田场至城市"的仅占 0.9%，而"自城市至田场"的竟然占 1.1%，不详的占 0.5%。但乔启明的结论是，由于农村人口的压力和农业报酬递减率的限制，在一般年份，人口密度较高地方的过剩人口，大多趋向工商业发达的城市，向外迁徙的农民大多为少壮人口，智力较强，"富有冒险性及独立精神，又能刻苦耐劳"，对农村固是一种损失，但使人口得以平衡，又能获得新技术、新职业，也是农村的幸福。所以，"农村剩余人口的出路，当推工业为最适宜，然我国工厂大都设在沿海各大城市。据刘大钧的调查估计，我国工厂几有 50% 设于上海，而工人亦有 43% 集中上海。……今后应因时制宜，于内地设立工厂，俾吸收邻近农村人口，例如于产棉区域设立纺织厂。……如此农村人口即可至就近工厂作工，其不愿弃农就工者，亦可利用农隙至工厂作工，以为副业，不致蹉跎闲暇，空费劳力"（乔启明，1947：129～148）。

此外，原国立中央研究院社会科学研究所和中国科学院经济研究所对无锡农村的跟踪调查①表明，在1929 年、1936 年和 1948 年这 3 个调查年份，农村外出人口占常住人口的比重是不断上升的，从

---

① 原国立中央研究院社会科学研究所在陈翰笙的主持下，于 1929 年对无锡 22 个自然村进行了逐户调查，1931 年陈翰笙、王寅生、钱俊瑞根据调查资料写成调查报告，但因观点激进未能发表，其资料和结论散见于他们的文章。这次调查的原始资料 1949 年后运回北京，由中国科学院经济研究所保存，现存中国社会科学院农村发展研究所。1958 年春，由中国科学院经济研究所与国家统计局联合发起，在薛暮桥、孙冶方的主持下，成立农村经济研究小组，组织了在无锡的第二次调查，以 1936 年、1948 年、1957 年为基期，与 1929 年的调查进行对比。研究小组的具体工作由刘怀溥负责，张之毅等参加，他们于 1958 年 8 月撰写了《江苏省无锡市（县）近 30 年来农村经济调查报告》，这里引用的调查结论来自《解放前的中国农村》中刊载的这份报告 1929～1948 年的部分。

9.53%、10.77%上升到16.42%；外出人口中劳动力所占的比重也是不断上升的，从83.94%、87.06%上升到88.16%；外出劳动力占总劳动力的比重不仅比外出人口占常住人口的比重高，而且也是不断上升的，从11.79%、13.69%上升到20.33%；在外出劳动力中，继续务农的只占极少数，而且是下降的，从2.39%、1.32%下降到0.40%，改而从事各种非农产业的劳动力中，占较大比重的是产业工人和手工业工人，前者从27.49%、25.74%上升到45.49%，后者从11.55%、17.99%下降到8.02%。至于农民外出的原因，既有"帝国主义、封建主义和官僚资本主义对农村的摧残，使农村经济日益破产"，农民副业收入（主要是蚕茧业）锐减；也有农村人口稠密，人多地少，"单纯依靠农业，难能完全解决生活问题"；但"无锡地区靠近工业发达的上海和无锡等城市，资本主义工商业也需要从农村吸收一部分廉价的劳动力，这就使得外出人口不断增加"，而且外出人口中，不仅有无法维持生活不得不外出谋生的贫困农民，也有为了经营资本主义工商业的地主和富农，"在无锡农村有全国闻名的荣宗敬、荣德生，为棉纱、面粉业大资本家，有远近闻名的陆培之，为五金资本家，以及南门外面的周舜华为铁业资本家"（原国立中央研究院社会科学研究所和中国科学院经济研究所，1958/1989：325~326）。

工厂和工人都占全国半数左右的上海，在20世纪20年代末就号称有80万工人。根据1928年上海仅有的较全面的工厂劳工统计调查，上海工厂总数为1746家，其中纺织工业最多，占26.6%，其他依次为水电印刷业、机器工业、化学工业、食品工业、用具工业以及建筑工业，实际调查到的工厂为1504家，涉及23.75万多工人，其中男工8.06万，女工13.94万，童工1.75万。工厂女工为多，主要是因为纺织工厂和化学工厂（漂染印花、造纸、火柴等）的女工占70%~80%。工人一般每日工作9~10小时，但纺织业一般需工作 11 小时。工人的月工资多数为 15～25 元，工资高的如丝织、机器、造船、水电气、印刷等业，每月 25～40 元；工资低的如棉纺、烟草业的女工，每月 10～15 元。与这次工人生计调查相配合，还调查了 1215 名失业职工，这些失业职工的失业原因，19.4% 是停业闭厂、意外事变和更换资方等"一般"原因，17.4% 是意见不合、工资微薄、自行辞职、资方压迫和待遇不良等"职工主动"的原因，61.6% 是无故开除、裁减工人、因病被裁、年老被裁、加入工会、参与罢工等"资方主动"的原因，1.6% 属原因不明（毛起骏，1930：6，17，42～43）。很可惜的是，这次调查没有涉及工人的出身和来源，所以无从了解上海的工人来自农村的占多大的比重以及当时流入城市的民工有多大的规模。不过，进城到工厂当工人的农民，不管其是否经过某种中介的职业，在当时已绝不是个别的现象，它已经可以被概括为不同于乡村家庭手工业和作坊工业的另一种中国工业化路子。

三　改革以来农村工业化模式的研究

（一）小城镇和乡村工业的类型

1957 年，费孝通在 21 年后重访江村时发现，虽然农业比 21 年前增产了 60%，但有的农民却感到日子没有 21 年前好过了，原因是作为农业补充的工副业出了问题，1936 年副业约占农副业总收入的 40% 多，而 1956 年却不到 20% 了（费孝通，1957/1988：184，192）。开弦弓村在抗战时合作丝厂被炸，到 1966 年才恢复集体养蚕，1968 年开始重建缫丝厂，但技术和设备还赶不上 1936 年合作丝厂的水平，1975 年社队工业受到重视后才扩充了设备和技术，到 1978 年发展成一个有 200 多工人的小型现代工厂（费孝通，1981/

1988：220～221）。这大概也可以说是中国乡村工业发展过程的缩影，而在这个过程中，由于社会学在1952年高等院校调整中被撤销和在1957年受到严厉的批判，成了谈虎色变的禁区，所以对于这种社会变迁过程，在很长时间里没有社会学的声音。但费孝通在30年代的社区研究中摸索出的类型比较方法，影响了他一生的学术活动，这种类型比较方法也被运用到他在1979年恢复社会学以后对小城镇和乡镇企业的研究中。

1983年，小城镇研究成为当时学术界的一个研究热点。[①] 是年9月，费孝通在"江苏省小城镇研究讨论会"上，对他所主持的课题组在江苏省吴江县进行的小城镇调查做了概括，发表了著名的《小城镇·大问题》的讲话。他把吴江的小城镇划分为五种类型：第一种类型是震泽镇，是以农副产品和工业品集散为主要特点的农村经济中心；第二种类型是盛泽镇，是具有专门化工业的纺织工业中心；第三种类型是松陵镇，是吴江县政府的所在地和当地政治中心；第四种类型是同里镇，是作为消费、休闲和游览的文化中心；第五种类型是平望镇，是作为地方性交通枢纽的中心。费孝通认为，这只是"小城镇

---

① 20世纪80年代初小城镇研究的兴起，似乎与国家领导人的号召和推动有关。1980年年底，时任中共中央总书记的胡耀邦，在云南考察时看到保山县板桥公社的小集镇破烂不堪，就在一次会上谈道，"要发展商品经济，不恢复小城镇是不行的，……没有小城镇，农村里的政治中心、经济中心、文化中心就没有腿"。1981年6月18日，《人民日报》发表了易之的文章《我国城市发展的一个方向性问题》，提出小城镇在中国现代化过程中的独特作用和要有计划地建设小城镇的问题。在这种情况下，1983年3月在成都召开的社会学"六五"（1981～1985）规划会，把"江苏省小城镇研究"列入国家重点研究课题，由费孝通主持。是年9月，费孝通在南京"江苏省小城镇研究讨论会"上，发表了著名的《小城镇·大问题》的讲话，并进一步引起国家领导人的重视。1983年12月，胡耀邦在视察四川时又说，"现在时代变了，有部分农民将逐步转到集镇去。发展专业户、小城镇，其意义不亚于责任制，这个前途是无量的，是发展社会主义商品经济，促进农民富裕的一大政策。如果说土地承包见了效，还要坚持下去的话，发展专业户，发展小城镇，是继农业责任制之后的又一个大政策。"参见安徽省经济文化研究中心等4部门编的《小城镇建设文集》（1984年7月印刷，第1～2页）。这样，研究小城镇的意义，就被提到一个空前的高度，在全国学术界形成研究热点，社会学家、经济学家、历史学家等都有介入。

定性分析中分类工作的尝试"，其实可能还有很多类型，每种类型兼有几方面的特点，但重要的是在城、镇、集、墟、街、场、村等各种社区中划分一条城和乡的界限。由于小城镇是作为乡村的中心，所以不如称为"集镇"，或用"城镇"、"乡镇"和"村镇"来适应"城里人"、"街上人"和"乡下人"这种群众语言里的传统分层模式。费孝通在进行横断面的类型比较后，还进行了历史考察，指出自1949年以后，吴江小城镇以20世纪70年代初期为分界线划分为两个时期。70年代以前是小城镇的衰落和萧条时期，标志是在全国人口激增的同时小城镇的人口下降了，原因是重农轻商，取消商品生产，商业国营化的过程"化消费城为生产城"，镇本身商品流通的功能丧失。从70年代初开始，小城镇的发展才有了转机，开始复兴，但是小城镇复兴的主要原因和直接原因，并不是多种经营和商品流通发展，而是社队工业①的迅速发展。70年代初中期苏南社队工业的初创和发展，外因是"文革"搞乱了城市，企业不能正常生产，干部和知识青年下乡，于是城市工业也向社会相对稳定的农村转移，内因则是人多地少，因此需要农工相辅，"所谓离土不离乡的遍地开花的社队小工厂，就植根于农工相辅的历史传统"。费孝通还用他习惯的类型分析法，对吴江社队工业进行了分类，划分出社队工业的"三种基本类型"：第一类是原料和市场都不在当地农村，只是利用当地劳动力的企业，由于技术水平、资金和信息的局限，这类占绝大多数的乡村工业，发展很不稳定；第二类是原料来自当地农村、市场也比较可靠的

---

① 从1958年成立人民公社到1983年年底，中国的乡村工业一般称为"社队工业"，1983年10月，中共中央、国务院发出《关于实行政社分开建立乡政府的通知》，到1984年年底，全国原来的人民公社改建为9.1万个乡（镇）政府，原来的生产大队改建为92.6万个村民委员会。国家统计部门从1984年3月开始把原来的"社队工业"改为"乡镇企业"，但"社队工业"与"乡镇企业"又有一定区别，"社队工业"是乡村集体工业，"乡镇企业"的统计口径除了乡办、村办集体企业外，还包括乡村联户办企业和个体企业，有的地方还包括了私营企业，号称"五个轮子一起转"。另外除工业外，乡镇企业也包括乡村商业等其他农民办的非农业企业。可参见笔者对乡镇企业较详细的界定（李培林、王春光，1993：1~12）。

工业，实际上是农副产品的延伸工业，这类工业是少数也最稳定；第三类是原料和市场也不在当地农村，却是由城市大工厂负责供应原料和市场销售，实际是城市大工业的扩散，相当于大工厂的一个附属车间，这种属个别的企业也是比较稳定的（费孝通，1983/1992a：9～44）。

（二）乡村经济发展的模式

80年代中期，在农村工业化方面，关于乡村经济发展"模式"的研究，成为继"小城镇"研究后形成的又一个研究热点，而且经久不衰，一直持续到90年代中期。1983年12月，费孝通在《小城镇·再探索》一文中提出了"区域经济系统"和苏南"发展模式"的概念，但当时这似乎还并不是他的比较类型概念的扩展。他只是提出，在苏南地区，城市工业、乡镇企业和农副业三个层次的生产力浑然一体，构成一个区域经济的大系统，展现了"大鱼帮小鱼，小鱼帮虾米"的中国工业化的新模式。但他也提到，"所谓区域经济系统，是指一种在特定的地域范围内才具有它意义的经济模式，一旦越出区域，发展模式就会改变"（费孝通，1983/1992b：55）。

"模式"很快成为一个概括农村工商业发展路子的新概念，并引起学术界的广泛关注，这在很大程度上是由于不同于"苏南模式"的"温州模式"的出现。"温州模式"的概念在何时由何人提出，以及是否与费孝通提出的"苏南模式"的概念有关联，是需要进一步考证的事情。但一般认为，"温州模式"的提出，应在1983年12月8日《人民日报》发表了王小强、白南生题为《农村商品生产发展的新动向》的调查报告之后，该调查报告描述了温州地区农民发挥家庭经营的优势，利用残品、次品、旧货、废品为原料发展乡村工业"新动向"。通常的说法是，"温州模式"的概念见于公开发表的文字，是在

1985 年 5 月 12 日《解放日报》发表的记者桑晋泉的文章《温州三十三万人从事家庭工业》，其中写道"温州市农村家庭工业蓬勃兴起，短短几年，已创造出令人瞩目的经济奇迹。如今'乡镇工业看苏南，家庭工业看浙南'，已为人们所公认。温州农村家庭工业的发展道路，被一些经济学家称之为广大农村走富裕之路的又一模式——'温州模式'"。费孝通在 1986 年年初①考察温州后，以"小商品大市场"来概括"温州模式"，认为"温州模式"的特点是家庭工业加专业市场，"简单地说，苏南模式是从公社制里脱胎出来的集体企业，而温州的家庭工业则是个体经济"（费孝通，1986/1988：379）。

"模式"概念的叙述话语影响到整个社会学界和经济学界，各种"模式"的概括也层出不穷，据张敦福博士显然并不完全的统计，在 1986 年至 1997 年出版的各类调研著作中，以省以下的区域、地市、县、乡、村冠名的中国区域发展模式多达 30 个②（张敦福，1998：60~62）。"模式"的概念在很多地方被用滥了，成了为调查白描增添"理论色彩"的名词，但也有一些具有真实比较意义的模式概括留存下来。值得提到的是，董辅礽、赵人伟主持的课题组对温州发展模式的概括以及与苏南发展模式的比较（中国社会科学院经济研究所，1987）；陈吉元主持的课题组对苏南、温州、耿车、平定、珠江、晋江和沪郊等 7 个乡镇企业发展模式的概括和比较（陈吉元，1988）；周尔鎏、张雨林等人对苏南、温州、珠江、宝鸡、常德、民权和耿车等 7 种发展模式的特征概括（周尔鎏、张雨林，1991）。

---

① 费孝通的《小商品·大市场》一文收入《费孝通选集》时注明是 1985 年的作品，这可能有误，经查该文首次发表在《浙江学刊》1986 年第 3 期，该文说是在 2 月末 3 月初到温州调查后写的，而该文引用了 1985 年温州的农村人均收入、总产值等多项数字，这也说明作者的调查时间实际应是 1986 年年初。

② 包括苏南模式、温州模式、珠江模式、宝鸡模式、常德模式、厦门模式、民权模式、晋江模式、沈阳模式、诸城模式、阜阳模式、安宁模式、鲁奎山模式、沪郊模式、松江模式、平定模式、礼泉模式、金华模式、海安模式、宁绍模式、河曲模式、米脂模式、新都模式、广汉模式、简阳模式、口岸经济模式、清河模式、耿车模式、南街村模式、万丰模式。

1989 年，费孝通在对他的学术活动进行回顾和反思时指出，1983 年他提出"经济发展模式"的概念时，这个概念还很不明确，甚至认为其他农村以后会走上苏南一样的路子，所以"模式"包含了模范甚至"样板"的意思，到 1986 年看到不同于苏南的温州农村发展工业的路子后，才提出"因地制宜，不同模式"的主张，认为"模式"是一定地区、一定历史条件下具有特色的经济发展过程。很多关于"模式"的研究著作，只是强调各种模式的"特殊性"，并没有提到模式的统一的分类标准问题。陈吉元主编的《乡镇企业模式研究》一书，较多地探讨了模式的分类标准，认为可以根据发展程度分为发达、中等发达和不发达类型，也可以根据所有制分为集体、联户和个体类型，但他们主张以决策机制为标准，分为集中决策模式（如苏南模式）、分散决策模式（如温州模式）和联合决策模式（如沪郊模式）（陈吉元，1988：258～265）。到 1991 年，费孝通发现自己过去太着重各种模式的"特色"，轻视了各种模式"趋同"的一面，因为各种模式之所以能相互比较，是因为它们是在"共同基础"上出发，又向同一目标前进，乡村工业发展的不同，其实不过说明农村办工厂的启动资金是如何积聚起来的，如苏南模式是在公社制度中启动的，启动资金来自农民的集体积累；温州模式是家庭个体经营中启动的，启动资金来自个体商业和家庭手工业；珠江模式是在对外开放中启动的，启动资金来自对外加工经营和"前店后厂"；等等（费孝通，1991/1992：576～591）。

至此我们也可以看到，中国社会学由 30 年代社区研究开始的类型比较方法，在得到不断完善和广泛使用之后，也日益走入一种局限。这种局限主要表现在两个方面：其一，这种比较类型不是经过抽象的理想类型（idealtype），不具有超验的解释力，也不是经过还原的原型（prototype），不具有寻根的意义，它只是对特定地区发展道路的现象概括和描述，而由于这种道路和现象在现实中是可以无数多样性的，因此最后的分类需要某种简单的标准（如发展程度、所有制、决策机制、启动资金的来源等）。但这样一来就会发现，所谓类型只是某个方面更加突出一些而已，类型之间的共同性多于它们之间的不同，于是就会提出是否需要理想类型来强化解释力的问题。其二，不管是小城镇的类型比较、乡村工业的类型比较还是区域发展模式的类型比较，都只是一种横断面的或共时性的比较，因此缺乏对纵深面或历时性过程的类型比较和解释力，在理论上也难以对现代化理论中各种从传统到现代的转型理论[①]进行评判和对话。

为了走出这种局限，新一代的社会学研究者们，在进行着各种提炼农村工业化的理想类型的尝试。王汉生等人以农村工业化为背景，试图概括出农村社会结构变迁的解释模式，他们认为各国的发展道路可以归结为两种工业化模式，一是以自由化市场为基本机制的，一是以行政手段为基本机制的。而现阶段中国农村社会分化的历程，可以用"工业化"程度和"集体化"程度两个视角在一个十字坐标上构架出4种理想类型：①高集体化和低工业化类型。其特点是强行政控制，在封闭系统中运行，社会分化程度低。②低集体化和低工业化类型。其特点是行政控制弱化，社会分化有限。③高工业化和低集体化类型。其特点是要素流动活跃，社会分化显著，社会控制放任，新型组织发育。④高工业化和高集体化类型。其特点是社会控制全面，社会分化表现出集团性，要素在区域壁垒中流动（王汉生等，1990）。王晓毅提出了一种很类似的解释框架，他用"权力集中程度"与"商品经济发展水平"两个维度构架出农村社会分化的4种类型：①权力集中的同质社会，商品经济发展水平低；②权力集中的异质社会，商品经济发展水平高；③分权的

---

① 如梅因（H. S. Maine）的从身份社会到契约社会，斯宾塞（H. Spencer）的从军事社会到工业社会，迪尔凯姆（E. Durkheim）的从机械团结社会到有机团结社会，滕尼斯（F. Tonnies）的从礼俗社会到法理社会，莱德弗尔德（R. Redfield）的从民俗社会到都市社会，韦伯（M. Weber）的从前现代社会到现代社会，贝克（H. Becker）的从宗教社会到世俗社会，等等。

同质社会，商品经济发展水平低，权力被各种社会力量所分割；④分权的异质社会，商品经济发展水平高（王晓毅，1991）。表面看来，王晓毅的划分只是王汉生等人划分的一种翻版，但仔细考究，又的确有不同，因为低集体化的村庄，权力集中程度并不一定低，权力集中可以和集体制相联系，但也可以和家族制相联系，同样，商品经济发展水平可以和工业化相联系，也可以和市场化相联系。这样王晓毅的类型构架实际上是增加了两个观察和分析的视角。这种构架理想类型的思路，似乎是受到贝尔（D. Bell）在《后工业社会的来临》一书中提出的分析框架的影响。贝尔在该书1976年版前言中，以代表生产力的技术为横轴，以代表社会关系的财产关系为纵轴，构成一个十字坐标，技术横轴划分的是工业化程度（工业的、前工业的），财产关系纵轴划分的是集体化程度（资本主义的、集体主义的），这样就出现了4种配合：工业资本主义的（如美国）、工业集体主义的（如苏联）、前工业资本主义的（如印度尼西亚）和前工业集体主义的（如中国）。贝尔认为，并不存在唯一的社会变迁解释构架，可以有不同的社会发展图式：如封建的、资本主义的和社会主义的；或者前工业的、工业的和后工业的；或者按韦伯的政治权威架构来分，就是家长制的、世袭制的和法制－理性的科层制的。"在某一历史阶段内，很可能某一特定的中轴原理非常重要，而成为其他大多数社会关系的决定因素。"（贝尔，1973/1997：7）

以两种不同视角的类型划分的交叉，来构成具有理想类型意义的分析框架，比简单的横断面的类型比较，应该说在理论上前进了一步，它导入的历时性的观察视角，并引进了其他不同的发展解释图式。但这种前进似乎仍缺乏深厚的理论背景，比较注意事实对分析框架的验证，而容易忽略分析框架对变化中的现实的解释力。特别受到局限的是，至今还没有人把数量分析技术引入这种分析框架的建立。可以设想，如果有细致的历时性的和共时性的数量指标和数量关系在每一种解释图式的类型之间建立一种连续谱，以此来说明每一种类型在各方面的数量特征以及它之所以可以成为类型的数量特征依据，那将会使社会学关于工业化研究的水平有一个新的飞跃。

（三）关于几个乡村工业化的学术探讨性案例[①]

这里选择"浙江村"、"南街村"和"万丰村"作为学术探讨性案例。但是，这种选择并不具有工业化程度或集体化程度的比较意义，它们在地理上处于中国的北部、中部和南部也纯属偶然，对它们的选择只是由于它们与乡村工业化的这一特定学术问题的密切联系。

1. 北京的"浙江村"

20世纪90年代以前，中国乡村的工业化和农业剩余劳动力的转移主要依靠乡镇企业的发展。进入90年代以后，由于乡镇企业的资本增密和技术增密，吸纳农业剩余劳动力的能力有所下降，在这样的情况下，乡村非农化趋势的推动和城市大兴建设的吸引，使农业剩余劳动力纷纷涌入城市，城镇"流动民工"成为农业剩余劳动力转移的主渠道，形成了人们所说的"民工潮"。[②] 学术界对这一现象给予了

---

① 可能是由于社会学比经济学更加关注"不可统计的事实"，所以案例分析一直在社会学的研究中占有非常重要的地位，虽然经济学研究者在人数上可能几十倍于社会学研究者，但在案例研究方面，社会学建立的学术案例非常丰富多样。我在这里并不是对案例研究进行总结，我选择的标准在于其学术上的"探索性"，所以很难以一概全。

② 究竟20世纪90年代中期进城民工的人数规模有多大，各种估计差距较大，由于民工的流动性，全国性的统计调查比较困难，多数学者是根据部分城市或地区的调查进行推论，比较适中的人数估计是5000万~7000万人。赵树凯在分析民工流动的历史过程时指出，1994~1995年是农村劳动力流动规模最庞大的年份，仅四川省的流动劳动力就超过1000万人，1995年以后民工总量规模开始缓慢减少。参见赵树凯《1997年民工流动：新阶段新问题》，载汝信等主编《1998年：中国社会形势分析与预测》，社会科学文献出版社，1998，第76~89页。而农村经济年度分析课题组根据中央研究室和农业部农村固定观察点对40个信息点县的调查，并根据农村外出劳动力占农村劳动力的比率、外出劳动力中进城民工的比率以及年度增长率、全年平均情况等参数做出调整，测定1993年外出打工的农村劳动力为4924.2万人，1994约为5273.8万人，其中有78.5%在城镇打工，即进城民工为4139.9万人，1995年进城民工为3566万人。参见中国社会科学院农村发展研究所和国家统计局农村社会经济调查总队的农村经济年度分析课题组《1995年经济绿皮书》，中国社会科学出版社，1995，第162~163页；《1996年经济绿皮书》，中国社会科学出版社，1996，第170~171页）。

空前的关注，在北京就同时有十几个课题组对这一现象进行调研。北京的"浙江村"被作为"民工流动"的一种类型，但实际上它与"民工潮"有本质的区别：流动民工多是在工农利差的驱动下为了出卖劳动力而进城，而"浙江村"90%的迁移者是携带一定资本的从事服装生产和经营的个体户，就像是从农村到城市的"投资移民"，但他们到北京不是为了生存需求找工作，也不是为了享受城市生活，而是为了占领具有开发前景的北京市场以及与北京相联系的其他"市场"。

"浙江村"不是一个自然村或行政村，而是指北京南郊生产和经营服装的浙江人的聚居点，覆盖南苑乡的20多个自然村，实际有7万～8万人。"浙江村"也可以说是温州村，因为外来者主要来自浙江温州的乐清县（占70%多）和永嘉县（占25%）。这些外来的农民经营者，把"以家庭为基础，以生产为导向，以小城镇为依托，以农村能人为骨干"的"温州模式"带到北京，在短时期内形成了一个自发的独特社区，就像是一个由亲缘、地缘网络和生产、市场网络混合成的特殊的松散集团公司，又像是一个粗具规模的"农民城"。被称为"东方的犹太人"的温州人，似乎与市场生意有一种天然的联系，就像人们所说的"哪里有市场，哪里就有温州人；哪里没有市场，哪里就会出现温州人"（王春光，1995）。

"浙江村"这种社区是可以流动的，但构成这种流动社区的，却有一种稳定的社会关系网络，它就像一个"社会潜网"，神龙见首不见尾，虽然已有很多研究，但其运行机制仍然是个谜。由这种具有独特传统的"网络"构成的群体，何以能足迹遍布世界，在哪里都能开拓一方天地？无论是在北京、巴黎、旧金山、米兰这种国际大都市，还是在中国偏远的小城镇，他们的社会潜网就像是与当地市场有一种天然的亲和力。由此我们想到，究竟什么是企业组织？企业组织的边界是什么？当企业组织结构从等级制向网络化发展时，它与市场网络还有什么本质的区别？与市场网络天然切合的那种社会潜网是怎样运行的？它是否存在某种我们尚不清楚的可以节约交易成本的奥秘？它的优势和局限性在哪里？它会给整个中国农村的工业化和市场化带来什么启示？

2. 河南的"南街村"

"南街村"是河南省南部临颍县的一个具有 800 多户人家 3000 多居民的村庄，离郑州市约 3 个小时的汽车路程。它在目前中国农村是十分罕见而且引起普遍好奇的一个特例，因为它仍保留着公社意识形态和类似于生产大队的制度，奋斗目标是建立一个"共产主义小社区"。然而它的令人惊奇之处，更在于它在当地率先走上了工业化道路，成为河南省的首富村。这个村庄到 90 年代中期年产值达到 12 亿多元，比 10 年前增长上千倍，村子的中原工贸公司是国家大型一级企业，有 26 个下属企业（以食品、印刷为主），其中有 5 个是合资企业，在村办企业的就业者达 1.3 万多人，其中 1.2 万人是从附近农村或其他地方来的"外村籍"人，而全村从事农业生产的只有 70 多人。南街村具有现代都市水平的企业、住宅、街道、学校以及具有国际水平的幼儿园，构成了中原农村的一个神话（刘倩，1997）。

像南街村这样富裕的村庄，在东南沿海农村并不鲜见，但它毕竟是出现在农村普遍不发达的中原河南，而它最遭议论和最具特例的，一是公社意识形态（如提出"建设南街共产主义小社区"的口号，每天早中晚广播歌曲《东方红》、《大海航行靠舵手》和《社会主义好》，新职工进厂要熟读《为人民服务》等五篇著作，村里的建筑物上挂有"用毛泽东思想统帅一切"的大幅标语，村里有着绿军服的民兵为村中心高大的毛泽东塑像 24 小时站岗，等等）。二是一切生产性资产的集体共有制和微小差别的低工资加按需分配的供给制（如本村居民从主副食品到水、电、入托、上学、养老、医疗以及住房和住房里的一切家具、电器设备，都是免费供给）。南街村似乎成为一个有新闻价值的地方，到此参观考察的最多一天达 4000 人次，国内外报

刊有的说它是"最后一个人民公社""红色大锅饭",有的赞扬它
"实现了昨日的理想和梦想",也有的批判它"带有'原始'的村社
制度的痕迹或'左'的印记"。①

河南省是当年诞生中国第一个人民公社（嵖岈山卫星人民公社）
的地方，南街村的出现自然会让人"浮想联翩"，但不管如何评论，
南街村提出了一个需要深入探讨的问题，它的发展和效率究竟是从哪
里来的？

一种解释是，效率来自组织起来的需要和企业组织的集权效率。
中原农民似乎有一种"集体主义"情结，在改革之初，南街村也实行
了土地的承包到户，并把已有的两个村级企业承包给个人，但规模经
营的"组织起来"的需要和当地农民更习惯的"集体合作"的需要，
使该村在1984年终止个人承包权，重新走上集体集中经营。党政企
合一的体制"垄断一切，推动一切"，严格的集中管理规章制度，保
证了令行禁止的运行效率（刘倩，1997）。然而，当地农民组织起来
的需要，是由于个人可利用的社会资源稀缺，当地有强烈的"均贫
富"传统，还是人们通常说的是由于经济扩张的资源集中趋势下农民
产生"再组织"需要？南街村的行政集权与乡村企业常见的家族式集
权和个人集权在效率意义上的区别是什么？

另一种更"学术化"的解释是，效率来自"合作博弈"和"团
队激励"。南街村的福利供给制提高了"退出成本"，增加了博弈的可
重复性和对合作的收益预期（不是"一锤子买卖"），领导的"吃苦
在先"使"我为人人，人人为我"成为集体成员的"平衡策略"，从

---

① 据刘倩的引证，这些说法来自《福建日报》1995年12月7日文摘专栏文章《中国
最后一个人民公社》、1994年第4期张宇的文章《红色大锅饭》，《远东经济评论》1994年10
月11日英文版林凯的文章《中国南街之行与某人的愿望相反》，《读卖新闻》1995年7月20
日日文版本田伸一的文章《平等与发展并存的南街村》，《求是杂志内稿》1994年第20期艾
辛等的文章《理想之火在这里燃烧》，《南方周末》1994年4月15日鄢烈山的文章《痴人说
梦》（刘倩，1997）。

而有效地克服了集体经济容易出现的"搭便车"（Freerider）行为，即便是在非重复博弈中，团队激励机制也可以克服"搭便车"，而"团队的精神激励"使企业成为员工的"利益和道义共同体"。南街村的"外圆内方"策略（对外与市场经济接轨，对内坚持集体共有所有制和分配制度），是市场的资源"配置效率"与企业的组织效率——"X效率"①的结合，是一种可以同时调动劳动者、管理者和所有者的积极性的公有产权"复合激励"效率（邓英陶、崔之元、苗壮，1996：22，96～109，143～148）。然而，实物和福利的平均分配、生产资料的共有、公有观念的精神激励，是改革前农村普遍的做法，正是由于低效率才被放弃，南街村何以独能使其成为效率的源泉？南街村的制度，是出于一定时期"内方"需要的过渡形态，还是真的由农民创造的具有持久可能性的理想化社区？

从我初步的观察看，②南街村实际上采取了许多适应市场经济的做法，如吸引外资，赋予推销员一定给回扣的自主权，非常注重对社会资源的利用，对外来的技术人员给予远高于村民工资的市场化工资，福利待遇与"村籍"挂钩，严格守护共有权的"村籍"边界，本村人与外村人是有身份差别的，外村人贡献再大只能被接受为"名义村民"，本村女子与外村人结婚后户口即刻迁走，等等。另外，在国

---

① "X效率"的概念是美国经济学家莱宾斯坦（H. Leibenstein）1966年根据经验事实提出的，它是指不同于市场的资源配置效率的企业组织的组织和管理效率，也就是说，免受竞争压力的厂商，会使企业的投入物得不到充分利用，从而产生X低效率。X效率理论试图证明新古典经济学的局限性，用"极大非极大化假设"取代"极大化"的假设。这方面的理论可参见 Leibenstein, H., "Competition and X-Efficiency", *Journal of Political Economy*, 1973, 81：765–77；"Microeconomics and X-Efficiency Theory", in Bell, D. and Kristol, I. (eds.), *The Crisis in Economic Theory* Basic Books, 1981（中译本由上海译文出版社1987年出版）；罗杰·弗朗茨《X效率：理论、论据和应用》，上海译文出版社，1993。

② 1997年秋，在刘倩关于南街村的文章发表后，借全国社会学研究所所长会在郑州召开的机会，我们曾在刘倩的引导和陪同下，一起到南街村考察，不过只能是走马观花，但差别待遇制（本村人、外村人、技术能人之间存在差别）是在这次考察中偶尔发现的，是在吃饭时了解到厨师的月工资为3000～4000元（该村平均月工资250元），而享受这样待遇的技术人员在各企业中都有。

有制的公有制和独资私有的私有制之间，实际上有很多中介的和过渡的产权形式（个体私营、联户合伙、股份合作、村集体、乡集体、县有、市有、省有、国有），村共有制就是一种中介形式，它的个人名义上拥有的一份是不可让渡的，这是和私有权不同的，而它的产权共有体是有边界的，产权收益是可以具体到个体的，这是和乡办企业的集体所有制以及其他更大范围的公有制形式不同的。在考察南街村的产权与效率的关系时，必须在一个具体的"集体"界定中探讨问题。

3. 广东的"万丰村"

"万丰村"位于广东的"沙田平原"，在深圳西北 55 公里的地方，属于"现代珠江三角洲"。村里的本村居民 2000 多人，基本上是潘氏单姓居民，本村的劳动力除 4～5 户仍从事养殖业外，全都从事非农职业，外来的经营和打工村民已达 4 万多人，本村专业户请的帮手和承包菜地的，都是外来人。万丰村现在已发展成一个具有百余家企业，村年产值超亿元的工业化的"超级村庄"，该村书记兼董事长潘强恩对"共有制"的宣传，使万丰村成为中国南方有新闻名气的村庄。在土地所有权上，万丰村几乎与南街村走了同样的道路，改革初期的 1979 年年末，该村就实行了土地承包到户的分散经营，但到 80 年代初期，利用外来资金和技术的"三来一补"的对外加工产业，要求"土地的集中规划和支配"，"工业化和集体行动之间发生必然的联系"，从而走上"从分散化到再合作"的道路（折晓叶，1997：31～68）。

万丰村以股份合作制为形式的共有制与南街村的共有制有很大不同，它是一种"以集体所有权为核心的多元复合的产权结构"，建立在个体财产所有权、团体财产所有权（如近亲和朋友结成的集资团体）、集体财产所有权（如房族为基础的小村集体）、社区财产所有权（如村委会管理下的村财）、社会财产所有权（如来自法人企业和社会的股份）五种所有权基础上。与其他发达村庄一样，万丰村是党政企合一的股份公司，村集体作为法人和大股东，不仅对公司 40% 的财产拥有所有权，而且对公司利润的 30% 拥有预先提留权，合作股份是多元化的，有国营股、集体股、法人企业股和个人股。为了保证以集体所有权为核心，规定"任何自然人股东所拥有的股份，不能超过公司总股本的千分之五"。万丰村的分配制度，虽然强调共同富裕，但比南街村更有弹性，基本上有三种分配形式，即工资的按劳分配、待遇的按"籍"分配和利润的按资分配。"值得研究的是，发生在这个曾经彻底分散化的村庄中的再合作，不是一个纯粹自发的再组织的过程，公社体制的遗产——村级组织和村集体经过市场化的改造后，仍然是新合作体制运作的支柱和内核。虽然这种合作方式并不是现时期非农合作的唯一方式，但至少是我们所称谓的超级村庄这类发达村庄中合作的主导方式。"（折晓叶，1997：135～191，364）

万丰村的复合股份共有制，其实在广东的农村是很普遍的，股权的类型也是非常多样化的，除了土地、资金可以入股，有的村庄里技术甚至权力也可以折股，实际操作中"一人一票"的合作制和"一股一票"股份制混用，有时操作起来非常复杂，这或许是走向规范化的各种过渡形式，或许生活本来就是如此丰富多彩。万丰村的共有制，其实不过是各种股份合作制中最靠近集体所有制的类型，而温州的股份合作制是其中最靠近合伙制的类型。万丰村走在乡村工业化的前列，可能和沿海地区其他所谓"超级村庄"一样，与其共有制并无特殊联系，也是在很大程度上得益于获得启动资金的机遇和能人的集权效率，当然也不否认，也许特定的"社会情节"需要与其相适应的产权形式来保证效率。

万丰村提出的一个有关乡村工业化的更尖锐的问题是，在中国的发达村庄就地工业化、城镇化的过程中，村庄这种延续了几千年的最基础的功能社区，是否会发生某种本质性的功能变化？是否会失去作为农村最基本生活单位的理由？当它成为一个庞大的经济机器时，它是否会按照经济扩张的铁律"滚雪球"般地发展，演变成既不同于费孝通描述的"村落"也不同于施坚雅描述的"集镇"的社区实体？而这种实体，是否会具有改变目前农村行政科层制和现有地域权力配置格局的力量？中国的村落在经历了行政边界与传统亲缘文化边界的背离之后，是否会经历新的经济边界与行政边界的背离，并在这种背离中形成新边界力量的替代强势？山东沿海的农村，已出现了轰动一时的"村庄兼并"现象；有的发达村庄，已成为聚居10万人的工业之城。欧洲的农村，在工业化、现代化的过程中是劳动力流向城市，农村的变化只是乡居的翻新、生活的现代化和耕作的机械化，农村仍然保留着蓝天、白云、绿地和牛羊的田园风光。中国乡村的工业化会是什么后果？另外，超级村庄究竟在多大程度上具有代表性和类型意义，对它们的研究是否有预示未来的暗示？它们的魅力是在于现实生活的创造性，还是仅仅在于它们提供了迅速富裕奥秘的悬念？

中国乡村近十几年发生的深刻变化，极大地刺激了研究者的学术激情，这是置身于变迁过程之中的学者才能深切感受到的。然而，塑造学术美感的愿望，往往使研究者不自觉地赋予调查和研究对象以过多的中国"特殊性"，以烘托中国工业化过程不同于西方的学术价值。其实，任何特殊的生活事实，都是被包容在一种普遍性之中的。学术上的现代化，也在于问题意识的普遍认同。不过，在中国，费孝通一生"志在富民"的求索所表达的知识分子经世致用的取向，也是一种学术遗产。

参考文献

贝尔，1973/1997，《后工业社会的来临》，高铦等译，新华出版社。

陈翰笙，1930/1987，《中国农村经济研究之发轫》（此文系原国立中央研究院社会科学研究所 1929～1930 年的工作报告，由陈翰笙起草，社会学组讨论定稿，原为国立中央研究院单行本），载陈翰笙、薛暮桥、冯和法合编《解放前的中国农村》第 2 卷，中国展望出版社，第 3～7 页。

陈吉元主编，1988，《乡镇企业模式研究》，中国社会科学出版社。

邓英陶、崔之元、苗壮，1996，《南街村》，当代中国出版社。

费孝通，1939/1986，《江村经济：中国农民的生活》，戴可景译，江苏人民出版社。

费孝通，1998，《中国乡村工业——张之毅著易村手工业序》，载《费孝通选集》1988 年，第 277～294 页。

费孝通，1943/1990，《禄村农田》，（原由重庆商务印书馆 1943 年出版），载费孝通、张之毅《云南三村》，天津人民出版社，第 3～202 页。

费孝通，1947/1988，《乡土工业的新型式》（原载 1947 年《乡土重建》），载《费孝通选集》，天津人民出版社，第 95～301 页。

费孝通，1948，《乡土重建》，上海观察社。

费孝通，1957/1988，《重访江村》（上编、下编），载《费孝通选集》，天津人民出版社，第 179～206 页。

费孝通，1979/1985，《赴美访学观感点滴》，载《费孝通社会学文集：民族与社会》，天津人民出版社，第 137～150 页。

费孝通，1981/1988，《三访江村》，载《费孝通文集》，天津人民出版社，第 207～224 页。

费孝通，1983/1992a，《小城镇·大问题》，载《行行重行行：乡镇发展论述》，宁夏人民出版社，第 1～44 页。

费孝通，1983/1992b，《小城镇·再探索》，载《行行重行行：乡镇发展论述》，宁夏人民出版社，第 45～65 页。

费孝通，1986/1988，《小商品·大市场》，载《费孝通选集》，天津人民出版社，第 364～383 页。

费孝通，1989/1992，《四年思路回顾》，载《行行重行行：乡镇发展论述》，宁夏人民出版社，第 535～573 页。

费孝通，1991/1992，《谈谈城乡协调发展》，载《行行重行行：乡镇发展论述》，宁夏人民出版社，第 575～592 页。

何干之，1937/1985，《中国社会性质论战》（节录）（全书由原生活书店 1937 年出版），载陈翰笙、薛暮桥、冯和法合编《解放前的中国农村》第 1 卷，中国展望出版社，第 607～621 页。

黄宗智，1986，《华北的小农经济与社会变迁》，中华书局。

黄宗智，1990，《长江三角洲的小农家庭和乡村变迁，1350～1988》，斯坦福版。

黄宗智，1993，《中国经济史中的悖论现象与当前的规范认识危机》，《史学理论研究》第 1 期。

　　苦农，1937/1989，《丝茧统制下的无锡蚕桑》，载陈翰笙、薛暮桥、冯和法合编《解放前的中国农村》第 3 卷，中国展望出版社，第 232~235 页。

　　厉风，1934/1989，《五十年来商业资本在河北乡村手工业中之发展过程》（原载《中国农村》1934 年第 1 卷第 3 期），载陈翰笙、薛暮桥、冯和法合编《解放前的中国农村》第 3 卷，中国展望出版社，第 41~51 页。

　　李景汉，1927，《中国社会调查运动》，载《社会学界》第 1 卷，第 79~91 页。

　　李景汉，1933，《定县社会概况调查》，中华教育促进会。

　　李景汉，1934，《华北农村人口之结构与问题》，载《社会学界》第 8 卷，第 1~18 页。

　　李培林、王春光，1993，《新社会结构的生长点：乡镇企业社会交换论》，山东人民出版社。

　　李紫翔，1935/1987a，《"乡村建设"运动的评介》（原载《中国农村经济论文集》，中华书局，1935），载陈翰笙、薛暮桥、冯和法合编《解放前的中国农村》第 2 卷，中国展望出版社，第 494~501 页。

　　李紫翔，1935/1987b，《中国农村运动的理论与实际》（原载《新中华》1935 年第 3 卷第 18 期），载陈翰笙、薛暮桥、冯和法合编《解放前的中国农村》第 2 卷，中国展望出版社，第 494~501 页。

　　梁漱溟，1936/1989，《乡村建设大意》，载《梁漱溟全集》第 1 卷，山东人民出版社，第 599~720 页。

　　梁漱溟，1937/1989，《乡村建设理论》，载《梁漱溟全集》第 2 卷，山东人民出版社，第 141~585 页。

　　梁漱溟，1941/1989，《答乡村建设批判》，载《梁漱溟全集》第 2 卷，山东人民出版社，第 587~658 页。

　　梁漱溟，1942/1989，《我的自学小史》，载《梁漱溟全集》第 2 卷，山东人民出版社，第 659~699 页。

　　刘梦飞，1933/1985，《中国农村经济的现阶段——任曙、严灵峰先生的理论批判》（原载《新中华》1933 年第 1 卷第 14 期）、《再论中国农村经济现阶段的性质——读了"不愉快"的答辩与刘亚平的"评"之后》（原载 1933 年《新中华》第 1 卷第 22 期），载陈翰笙、薛暮桥、冯和法合编《解放前的中国农村》第 1 卷，中国展望出版社，第 497~506 页。

　　刘倩，1997，《市场因素下的"共产主义小社区"：对中部中国一个村庄社会结构变革的实证研究》，《社会学研究》第 5 期。

　　毛起骏，1930，《上海之劳工》，《社会学刊》第 1 卷第 4 期。

　　千家驹、李紫翔主编，1935，《中国乡村建设批判》，新知书店，1935。

　　千家驹，1934/1987a，《定县的实验运动能解决中国农村问题吗？——兼评〈民间〉半月刊孙伏园先生〈全国各地的实验运动〉》（原载千家驹编《中国农村经济论文集》，中华书局，1936），载陈翰笙、薛暮桥、冯和法合编《解放前的中国农村》第 2 卷，中国展望出版社，第 410 ~ 415 页。

千家驹，1934/1987b，《中国农村建设之路何在——评定县平教会的实验运动》（原载《申报》月刊 1934 年第 3 卷第 10 号），载陈翰笙、薛暮桥、冯和法合编《解放前的中国农村》第 2 卷，中国展望出版社，第 416 ~ 420 页。

乔启明，1930，《中国农民生活程度之研究》，《社会学刊》第 1 卷第 3 期，第 1 ~ 43 页。

乔启明，1947，《中国农村社会经济学》，商务印书馆。

史国衡，1946，《昆厂劳工》，商务印书馆。

孙本文，1948，《晚近中国社会学发展的趋向》，《社会学刊》第 6 卷，第 46 ~ 48 页。

孙冶方，1936/1987，《为什么批评乡村改良主义工作》（原载《中国农村》1936 年第 2 卷第 5 期），载陈翰笙、薛暮桥、冯和法合编《解放前的中国农村》第 2 卷，中国展望出版社，第 652 ~ 655 页。

王春光，1995，《社会流动和社会重构：京城"浙江村"研究》，浙江人民出版社。

王汉生等，1990，《工业化和社会分化：改革以来中国农村的社会结构变迁》，《农村经济与社会》第 4 期。

王晓毅，1991，《农村社会的分化与整合：权利与经济》，《社会学与社会调查》第 2 期。

吴半农，1934/1985，《论"定县主义"》（原载千家驹编《中国农村经济论文集》，中华书局，1936），载陈翰笙、薛暮桥、冯和法合编《解放前的中国农村》第 1 卷，中国展望出版社，第 535 ~ 538 页。

薛暮桥，1934/1984，《怎样研究中国农村经济》（原载 1934 年 10 月《中国农村》月刊第 1 卷第 1 期），载《薛暮桥经济论文选》，人民出版社，第 1 ~ 10 页。

原国立中央研究院社会科学研究所和中国科学院经济研究所，1958/1989，《无锡县（市）农村经济调查报告（1929 ~ 1948）》，载陈翰笙、薛暮桥、冯和法合编《解放前的中国农村》第 3 卷，中国展望出版社，第 304 ~ 331 页。

张敦福，1998，《区域发展模式的社会学分析》，北京大学社会学系博士学位论文。

张闻天，1931/1985，《中国经济之性质问题的研究——评任曙君的〈中国经济研究〉》（原载《读书杂志》第 4、5 期合刊《中国社会史论战专号》，署名刘梦云，神州国光社，1932），载陈翰笙、薛暮桥、冯和法合编《解放前的中国农村》第 1 卷，中国展望出版社，第 241 ~ 267 页。

张之毅，1990，《易村手工业》（原由重庆商务印书馆 1943 年出版），载费孝通、张之毅著《云南三村》，天津人民出版社，第 203 ~ 326 页。

折晓叶，1997，《村庄的再造：一个"超级村庄"的社会变迁》，中国社会科学出版社。

中国农村经济研究会编，1936，《中国农村社会性质论战》，新知书店。

中国社会科学院经济研究所编，1987，《中国乡镇企业的经济发展与经济体制》，中国经济出版社。

周尔鎏、张雨林主编，1991，《城乡协调发展研究》，江苏人民出版社。

原载《20 世纪中国：学术与社会（社会学卷)》（2001 年）

中国乡村里的都市工业

    中国目前的乡镇企业，就整体而言，已不是历史上那种以农副产品加工为主的乡村工业，它已完全超越了乡村工业加工农副产品的常规发展模式，在行业分工上与城市工业具有很强的"同构性"。近几年，在乡村工业总产值中，重工业产值占到45%以上，而在轻工业产值中，以非农产品为原料的轻工业又占40%以上。乡村工业内部34个行业的产值结构，与全国城市工业产值结构的相似系数高达0.7以上。由于乡镇企业的发展，从1990年开始，在农村社会总产值中，三次产业各自所占的比重，按先后次序排列，也出现了"二一三"的格局，与国民经济的产业结构相同，从而创造了一个"第二国民经济体系"。正是在这种意义上，我们称乡镇企业是"乡村里的都市工业"，因为它或多或少还带有"乡土味"。

一　并非偶然的巧合

    在我国近二三十年的经济发展中，我们可以观察到这样一个现象，越是经济比较发达的地区、越是经济发展快的地区，乡镇企业产值在该地区社会总产值中所占的比重越大。1993年，广东、江苏、山东、浙江、福建5省的国内生产总值增长速度都大大超过全国平均水平，是国民经济增长的中心区域；同时，这些省份也是乡镇企业较为发达的地区，这5个省份的乡镇企业的总产值就占到全国乡镇企业总产值的50%左右，乡镇企业总产值在这些省份的社会总产值中占的比重已经达到30%～40%。苏南许多较为发达的县，乡镇企业早已从"半壁江山"发展成"三分天下有其二"。这种现象的出现，绝不是一种偶然的巧合。

首先是增长速度上的差异。1980～1992年，乡镇工业与国有工业的增长速度相比较，有5个年份乡镇工业的增长速度比国有工业高出二十多个百分点，有4个年份高出十多个百分点。1993年全国全部工业比上年增长21.1%，其中国有工业增长6.4%，乡办工业增长41.3%，差距是十分明显的。

自1980年以来，国有工业增长速度一直大大低于全国工业增长的平均水平，因而造成国有工业产值在全国工业总产值中的比重逐年下降，1980年占76%，1985年占64%，1990年占54.5%，1992年占48.4%，差不多每隔5年下降10个百分点，1992年这种下降趋势开始加速，当年下降4.4个百分点。与此同时，乡镇工业产值在全国工业总产值中的比重却逐年上升，1980年占10%，1985年占19%，1990年占29.7%，1992年占34.4%，差不多每隔5年上升10个百分点，1992年当年就上升3.6个百分点。国务院研究室根据近10年各类经济成分各自的平均增长情况建立时间序列模型预测，如果滤除各种非正常因素和经济不发生大的波动，90年代国有工业年平均增长7%，集体工业15.7%，个体工业22%，"三资"及其他工业31.9%。按此速度，到2000年，在工业总产值中，国有工业占29%，集体工业占41.3%，个体工业占10.7%，"三资"及其他工业占 19%。① 由于集体工业和个体工业中的绝大部分、"三资"及其他工业中的很大一部分都是乡镇企业，所以到 20 世纪末，单从产值比重上来看，乡镇企业就不仅是国民经济的重要支柱，而且是主要支柱。当然，国有企业仍然掌握着能源、铁路、航空、邮电通信等主要的经济命脉，这是政府保持有效的宏观调控能力所必需的。但是，为了吸引多方资金发展"瓶颈"产业，促使形成更充分的竞争局面，这些领域中的高度垄断和进入退出壁垒迟早也会松动。

乡镇企业的发展速度之所以这样快，成为新的"增长中心"，主要是因为乡镇企业的总体经济效益相对来说较好，成为新的"利润中心"，而且乡镇企业的发展和地方政府的利益联系更为直接，因而受到地方政府的大力扶持。

1993 年，全国 152 万个乡村两级企业，亏损的有 5.3 万个，约占 3%（其中乡办企业 17.88 万个，亏损的 1.77 万个，约占 10%）；而全国 7.16 万个独立核算的国有企业中，亏损的有 2.17 万个，约占 30%。由于从 1993 年 7 月 1 日起，国家开始实行参照国际标准制定的新的《企业财务通则》和《企业会计准则》，要求把长期借款利息、奖金、福利费、坏账损失、亏损挂账以及增加的折旧费、技术开发费等全部计入成本，从而使预算内国有企业原来的潜亏大部分转化为明亏。到 1994 年年中，国有企业按企业个数计算的亏损面，已经达到 50% 左右。即便是按企业利润计算，1993 年国有亏损企业的亏损额为 485.96 亿元，相当于国有盈利企业利润 1283.51 亿元的 38% 左右；同年乡村两级企业的亏损额为 49.3 亿元，相当于乡村企业利润 976 亿元的 5% 左右；（其中乡办亏损企业的亏损额为 25.1 亿元，相当于乡办盈利企业利润 317.32 亿元的 8% 左右）。

① 王梦奎等：《我国所有制结构变革趋势与对策》（下），《管理世界》1994 年第 1 期，第 129 页。

1994 年，在一些地区，甚至出现了预算内国有企业盈亏相抵，产生净亏损的严重局面，这是前所未有的警告信号。有的学者认为，国有企业中亏损的大多是中小企业，情况并没有那么严重，但这种判断并没有非常充分的根据。1988～1993 年，预算内国有大中型企业平均每年增亏 47.4%，其亏损额占全部工业亏损额的比重也由 1990 年的 54.1% 提高到 1993 年的 61.3%。

此外，乡镇企业产值比重高的地区往往也就是工业经济综合效益较好的地区。1993 年，根据对全国乡及乡以上独立核算工业企业的分析，以产品销售率、资金利税率、成本费用利润率、劳动生产率、流动资产周转次数和增价值率等 6 个参数计算的工业经济效益综合指数，全国平均为 91.61，除去上海和北京两个直辖市，超出全国工业经济效益平均水平的省区有：云南（综合指数为 163.39）、广东（114.15）、广西（111.80）、福建（105.64）、江苏（99.34）、山东（98.66）。其中，除了云南由于高利润的烟草工业比重大，有很多不可比因素外，其他省区的工业经济效益水平与这些地区乡镇企业和其他非国有企业所占的比重高有非常密切的关系。

乡镇企业和国有企业的差别还可以从生产过程中看到。国有企业往往是先制订生产增长计划，然后是努力完成增长目标和寻找销售市场，而一旦产品滞销，造成亏损，也只能继续经营，维持运转。乡镇企业多半是以销定产的，生产的第一步就是"接单"，即接受产品的购买订单，如果没有足够的订单，就要控制生产规模，把剩余生产能力用于新产品的开发和转产，在市场发生变化、出现产品滞销和亏损时，企业的关、停、并、转是必然的。另外，与国有企业相比，乡镇企业可以把更多的利润份额作为企业的自有资金，用于积累和扩大再生产，正是由于利润目标和积累能力这两个重要优势，乡镇企业的产品和设备的更新能力、对市场的应变能力以及向高利润产业的转移能力都要高得多，因而市场竞争力也更为强劲。尽管人们可以笼统地说，企业的目标应当是满足人们物质生活和文化生活需求，但具体到现实，就立刻看出了差别：自给自足的小农经济是为了自身消费而生产，产品经济是为了完成计划和实现产值目标（政绩）而生产，市场经济是为了获得销售收入和利润而生产。日本著名经济学家、兴业银行顾问小林实先生在考察了中国企业特别是乡镇企业之后，认为"中国城市中没有经营者，农村中有经营者"。① 这虽然有些言过其实，但却反映了一个重要问题。

乡镇企业从一开始就是作为具有独立经济利益的行为主体而存在的，从这一点来说，它更接近于承担一切经营风险的预算约束较硬的市场主体。

二 天然的土地社会保障

乡镇企业是农民兴办的企业，所以从一开始，乡镇企业就与土地和农业有着千丝万缕的关系。费孝通先生曾把处于初期阶段的乡镇企业称为"草根工业"，这一方面说明了乡镇企业所具有的"野火烧不尽，春风吹又生"的顽强生命力，另一方面也说明了这种生命力的最初源泉在于和"土地"的联系。

在中国，农民的职业是天生的、既予的，而不是选择的。在这方面，农民和市民是有巨大差别的。对于市民来说，职业首先是选择的结果，每一位市民从孩提时代就开始了对未来职业的憧憬，即便是在高度集中的计划经济体制下，学生毕业后的工作分配主要表现为一种制度安排，但从这种制度安排原则上直接与学生选择的专业相联系来说，它仍然可以说是一种个人选择的结果，尽管这种选择结果在计划

① 参见姜波《中国干得非常出色：日本著名中国问题专家小林实访谈录》，《经济日报》1992年11月1日。

体制下是难以变动的。农民则完全不同，大多数农民的子弟从少年时代就开始介入农业劳动，学习务农的本领，农民子弟通过考取大学和专科学校而选择其他职业的只是极少数，相对于数以亿计的农民来说，只是凤毛麟角。在大多数农民看来，农家子弟继承父业从事农业是一种命运，同时也是社会的既定安排。在所有的关于青年职业选择的社会调查中，还很少有选择农民为职业的，因为农民这种职业是用不着"选择"的。

既然农民的职业并非选择的结果，因而也就用不着有"失业"的担心。所以说，尽管目前中国农村中存在着数以亿计的农业剩余劳动力，但并没有严格意义上的"失业"。

那些较早实现经济起飞的西方国家，其必须经历的资本原始积累阶段几乎都无一例外地以对农民的剥夺特别是对土地的剥夺为起点的。这是一个血与火交织的痛苦过程，付出的代价也是巨大的。西欧各国为完成资本原始积累，都花了100多年的时间，其间充满着动荡和只有那个时代才可能承受的尖锐的阶级对抗。日本在明治维新以后，仅用了30年的时间就完成了资本原始积累阶段，但缩短过渡时间所依赖的是对农民更严厉的剥夺以及东方人在那个时代对压迫的忍耐力。直到目前，仍有一些所谓的现代化理论专家，不顾时代的变化，把这种血与火的资本原始积累过程视为启动农村现代化的铁律。

中国乡镇企业的"异军突起"以及它在农村社会结构转型中扮演的重要角色可能是世界现代化道路中出现的新经验。中国的乡镇企业之所以能够得到顺利发展，中国农村社会结构在急剧的变动过程中，之所以没有出现大的动荡和激烈的社会冲突，在很大程度上得益于乡镇企业巧妙地运用了"农民的职业是既予的、农民没有失业"这一维持乡土社会稳定的"传统规则"，通过与农业和乡村的经济社会交换使农业和土地成为乡镇企业工人的生活就业保障，从而为农村社会结构转型提供了一种稳定机制。

我们在阐述中国国有企业组织创新问题时就指出，中国的国有企业不仅是一个经济组织，它同时也是一个生活单位和社会政治组织，是一个单位化的大家庭，它要为维护社会稳定承担重要的责任，并因此而付出高额的代价，因为社会保障的责任完全由企业自己来承担，大大增加了企业运转的成本，从而影响了企业的效率和效益。[①] 乡镇企业则不然，它的工人绝大多数在农村都有"责任田"或"口粮田"，农业和土地不仅为乡镇企业职工的生活提供了一部分稳定的收入（或者只是口粮），更重要的是成为乡镇企业工人的生活就业保障，使他们即便在企业倒闭时也有了一种退路，一个在重新就业之前的"避风港"，不至于完全"失业"，这样亏损企业的破产倒闭也没有"功能上的障碍"。据中国社会科学院经济研究所在 20 世纪 80 年代中后期对山西省原平县 9 个乡镇企业 104 名职工所进行的问卷调查，80.8% 的乡镇企业职工家庭的耕地全部由自家经营，5.8% 的户是大部分自家经营，小部分转包他人，而大部分转包他人和全部转包他人的仅占 3.9%。[②] 1992 年，当我们在不同经济区域的乡镇企业个案调查中对这一结果进行印证时，竟惊奇地发现，尽管近些年来农业劳动力转移量和土地耕作的集约化程度有了较大提高，但只在少数乡镇企业特别强大的地方，农业耕作已完全由农村企业集团的"农业车间"来承担（如天津大邱庄、浙江萧山航民村、江苏江阴华西村、山东牟平新牟里、广东宝安万丰村等），就总体来说，乡镇企业对土地的依赖程度仍然很高。全国每年都有一批亏损的乡镇企业自生自灭，土地就成为这些企业职工的"失业

---

① 李培林等：《转型中的中国企业：国有企业组织创新论》，山东人民出版社，1992，第 95 页。

② 中国社会科学院经济学研究所编《中国乡镇企业的经济发展和经济体制》，中国经济出版社，1987，第 242 页。

保险"。

在这方面，乡镇企业与出于一种国防战略而从城市迁入农村的"三线"企业有着本质的不同。"三线"企业对于它所迁入的传统农村区域来说，完全是一种"陌生物"，是"外来的"，它与近在咫尺的农村存在着难以逾越的制度屏障。从 50 年代到 70 年代的 30 年中，国家工业建设的重点曾放在中部和西部之间的走廊地带，从内蒙古经陕西、甘肃到四川，投资达 3700 亿元，建成了 9 条铁路和几千个大中型国有企业，但是这些企业并没有成为这些地区农村经济发展的启动力。它们成为独立于周围社区系统的"小王国"，而且成了一些在社会生活各方面力求自给自足的封闭性单位。这些企业和其所处社区的隔绝状态，费孝通先生称之为"人文生态失调"。①在这种失调的人文生态中，"三线"企业的生存和发展步履维艰，因为要耗费很大的精力、人力和财力来"企业办社会"，从而付出比通常高得多的成本。乡镇企业则不同，对于它所处的社区来说，它不是外部强制注入的，而是内部主动创造的，它与乡村社区生活是融为一体的。

农民是天生的无须选择的职业，这本是乡土社会的"传统规则"（当然从一定意义说，也是现代社会里存在的"传统规则"），但乡镇企业通过经济社会交换，使这种"传统规则"变成向新体制结构转变的稳定机制。从这里我们也可以看到，一些持传统 – 现代二分法的激进的现代化理论家在对"传统"的认识上是何等的偏颇，他们不理解传统在本质上是蕴含着过去、现在和将来的动态积淀过程，某些"传统要素"可以通过经济社会交换而成为向新体制结构过渡的稳定因素，而不像他们所说的那样全都是障碍。

---

① 费孝通：《从沿海到边区的考察》，上海人民出版社，1990，第 187 页。

三　家庭伦理与组织成本

乡镇企业是建立在乡村社区中的，对乡村社会关系起重要作用的血缘和地缘关系，对乡镇企业的组织也有非常重要的影响。在那些集体经济相对薄弱和历史上以家庭为单位的小工商业较为发展的地区，家族关系在乡镇企业的组织中起着至关重要的作用，特别是在农民的个体、联户和私营企业中，更是这样。企业的领导往往扮演着老板和家长的双重角色，企业中的会计、推销员、司机等关键人员也大多与企业老板有亲缘关系，尤其是会计一职，多半是直系亲属（小企业中往往是妻子或女儿，稍大一些的企业可能是儿媳等）。在乡镇企业的人际关系中，人们很难把业缘关系和血缘、地缘关系截然分开，很多企业本身就是一个扩大了的家庭。

在乡村的民间金融活动中，私人借贷成为企业间筹措资金的重要方式，而这种私人借贷又往往经由"钱中"或"银背"来引线搭桥，借贷双方甚至可以互不见面，全凭中介人的人情信誉，对违约起制约作用的是信誉的损毁和以命相争。但在乡土社会中，人情信用就像银行信用一样有效。乡镇企业的这种乡土性特征和企业的启动资金的来源有重要关系，但当企业的启动资金主要来源于家庭资产的转移、家庭成员的个人积累或家族、乡亲之间的借贷时，血缘关系和地缘关系就会同财产关系一道移植到企业的组织构造中。

村办集体企业的产权关系是最具有说明意义的。人们通常认为，村办集体企业与城市集体企业，起码与乡办集体企业在产权关系上是一样的，都属于集体所有制，其实不然。村办企业产权的外部边界基本上是清楚的，至少在村民们自己看来是这样，它是属于全体村民的共同财产。从整体财产来说，它是具有排他性的，尽管其产权的内部划分并不像合伙、合股企业那样清楚。典型的例子就是村办企业中的

"本村人"与来做工的"外村人"之间的差别。本村人把村办企业视为"自己村里的",有自己的一份,而且他也的确可以直接或间接地从村办企业增加的利润中获得相应的好处,而外村人只是来打工的,除了工资(可能还有奖金)别无他求。尽管大部分农民还没有现代的产权边界观念,但他们确有反映类似观念的朴素语言。当我们分析调查中的录音资料时,发现农民最经常使用的反映产权归属的术语就是"我们"和"他们",如"我们村的企业""我们创办的""我们自己买的设备""我们按规定给国家纳税""他们是来打工的""他们住在我们原来的房子"等。说这些话的人可能并未直接参加企业的创办,现在也并未在企业里工作。村办企业中"我们"和"他们"之间的差别比本村人中务农者和务工者之间的差别还要大,因为人们划分"我们"和"他们",不是以职业,而是以生活圈子和财产权利为边界。

在城市的区和街道中生活的人,他们对区办和街道办的集体企业是没有这种产权归属观念的。就是在这些企业中工作的职工,与企业产权也没有必然的联系,在本街道职工和外来职工之间,也不存在产权归属观念上的"我们"和"他们"的区别。至于乡办、镇办的集体企业,在产权关系上已与城市集体企业没有什么重要区别,其产权的外部边界是和社区行政权力的权限边界基本重合的,产权的排他性主要表现为社区"块块经济"的利益独立性,只不过农村社区政府的利益独立性程度要比城市社区政府高得多。但这种"排他性"已与真正的法律意义上的排他性相去甚远。

乡镇企业中仍然存在一个"互识社会",在那里,家庭伦理范畴的人情交换往往同经济交换同样的重要。人情就是一种"信用卡",人情的信用不是依靠文字契约建立的,而是通过相互默契的行为准则产生的。对于互识社会的人们来说,人情的信用比签字画押更可靠,因为文字是可以变动的,而人情是铭刻在心上的。在乡镇企业中,职工的忠诚往往不是依靠"科层制"的监督系统来保证，而是靠移植的家庭伦理的规则来保证。

乡镇企业中的人情交换取决于信任和承诺。在乡土社会中，这种承诺是无须用文字来规定的，交换者的身份就是承诺的担保。乡镇企业也仍然是一个身份的等级系统，每个人的身份都有固定的位置，所代表的承诺价值也是不一样的。在日常生活领域，承诺的担保是因身份而产生的人情、面子、名誉；在经济领域，承诺的担保是家庭的财产和生活的命运，在政治领域；承诺的担保是因身份而产生的权力。乡镇企业的这种人情关系也扩大到企业外部，人们常常会发现乡镇企业中设有一些"权力股"或"人情股"，是用来无偿地或廉价地送给一些具有"身份"的人的。这种身份本身就代表着一种承诺：他可以弄到贷款，可以减免税收，可以为企业主持"公道"，或者只是可以使企业省去一些日常经营中的"麻烦"。

乡镇企业移植家庭伦理规则作为组织规范，并不是因为乡镇企业的经营者比其他企业经营者更多情善感和富有人情味，也不仅仅是因为他们由于知识背景的限制而缺乏现代的组织观念和经济理性，而是因为在乡镇企业中建立科层制规范的设计、监督成本是很高的，刚脱离土地进入企业的工人对这种规范也需要一个适应的过程，而把现成的家庭、家族伦理规范移植到企业中，就能大大降低组织成本。刚刚转化成工人的农民对这种规范也十分熟悉，有遵从的习惯，不需要各种复杂的科室机构来保证企业的正常运转。这种对组织成本的节约，尽管是一种非常"传统"的办法，但事实上成为乡镇企业竞争力的来源之一。当然，这种办法也不总是有效的，当乡镇企业（尤其是村办企业）发展到一定阶段，特别是第一代创始人去世或离职以后，往往会出现各种纠纷、摩擦和冲突，组织成本就会成倍增加，这时乡镇企业的组织创新就是不可避免的了。

四　廉价劳力和创业精神

无论是从企业的资本规模、技术设备水平还是从企业职工的文化素质来看，乡镇企业都处于劣势，但是乡镇企业的劳动成本低这一优势成为对其劣势的重要补偿。1980 年，国有工业职工年平均工资是852 元，集体工业职工年平均工资是 622 元，其中乡镇企业职工的年平均工资只有 398 元，与国有工业职工的年平均工资相差 454 元。十几年过去了，乡镇企业的资本已经相当雄厚，自有资金和流动资金相对来说也更为充裕，乡镇企业在分配上的自主权一般来说也比国有企业大得多，但乡镇企业仍然保持着劳动成本低的优势。1993 年，全国职工年平均工资是 3236 元，其中国有单位职工年平均工资是 3441元，城镇集体单位职工年平均工资是 2436 元，"三资"及其他单位是5215 元，而乡镇企业职工年平均工资只有 2078 元，与国有单位职工的年平均工资相差 1363 元。此外，乡镇企业职工工资以外的奖金和各种津贴相当于工资的比重也要比国有企业小，当然乡镇企业中的分红另当别论，因为那已不是劳动收益，而是资本收益。

这些也还不是问题的真实所在，因为美国"可口可乐"制造公司能够打入中国市场，"三资"企业能够成为中国市场上的强有力竞争对手，显然并不是因为以工资形式表现的劳动成本低，甚至也不完全是由于技术上的优势。劳动成本还要从另一个方面来考察，这就是企业离退休人员的费用。

乡镇企业是近十几年发展起来的"年轻"企业，企业职工的年龄结构要比国有老企业年轻得多，大多数乡镇企业都几乎没有或只有很少的退休人员，除了在职职工的劳动报酬外，它们退休人员的费用支出要少得多。此外，多数乡镇企业都没有制度化的企业保障，而是依赖企业职工个人的家庭保障，各种企业职工的保障福利费用支出多半是按一事一议的形式解决，并对数额有严格的限制。国有企业的情况则有很大的不同，1978～1993年，全国国有企业离退休职工占总职工人数的比重已从3%上升到20%～30%，很多老企业这一比重达到了50%甚至更高；同期，全国职工（国有企业占主要部分）保险福利费用总额（包括职工医疗卫生、丧葬抚恤、生活困难补助、文娱体育、集体福利、计划生育、上下班交通、洗理卫生、托儿补助等）相当于工资总额的比例由13.7%上升到33.3%，而离退休职工保险福利费用占全部职工保险福利费用总额的比例也从22.2%上升到近60%。由于在目前的"企业保障"体制下，离退休职工的一切费用都是列入当年成本的，而不是像在"社会保障"体制下那样从职工保险预付金中支出，这就使国有企业的劳动成本无形中大大增加。如果把乡镇企业的平均工资低、保险福利费用少、离退休人员费用所占比重极少、非生产性人员费用支出少等因素都计算进去，那么国有企业的劳动成本大概要比乡镇企业平均高2～3倍。

现在以在职职工为基数来计算国有企业的劳动生产率是很难说明问题的。从统计数字上看，1993年以当年价格计算的劳动生产率，国有工业是50182元/人·年，乡村集体企业是35407元/人·年，其中乡办企业是46677元/人·年，似乎企业的劳动生产率是随着企业规模的扩大而增长的。但实际上，如果我们把国有企业的1000多万离退休职工列入计算基数的话，国有企业就立刻失去了它在劳动生产率上的优势。

乡镇企业劳动成本和组织成本较低的优势不仅在很大程度上补偿了其在技术和设备水平上的不足，更为重要的是使其具有了较高的资本积累能力。1990～1993年，在短短的三年中，乡镇企业的固定资产原值从2857亿元猛增到6439亿元，增长了约1.3倍，这在工业资本积累史上是十分罕见的；同期，国有工业固定资产净值从8088亿元增加到11121亿元，只增加了37%。现在，乡镇企业资本扩张的触角几乎伸延到除国家高度垄断行业以外的所有经济领域。

但问题在于，乡镇企业为什么能够保持较低的劳动成本而没有与企业职工发生激烈的冲突呢？乡镇企业职工又为何能够容忍低于国有企业"老大哥"平均工资水平和福利水平的待遇呢？除了企业机制上的差别之外，职工心理是一个重要的因素。我们知道，人们利益攀比的心理曲线实际上只能以自身社会地位为基线而上下浮动，人们对于与自己的社会地位悬殊的阶层，往往只是羡慕、嫉妒、嫉恨或怜悯，而不会去实际地攀比，人们进行利益攀比的只是生活周围的比自己的社会地位稍好一些的阶层，而且还经常以自己过去的情况和生活周围的比自己稍差一些的阶层的情况作为参照。乡镇企业职工的心里都很明白，虽然他们与城市里的工人是同一个职业阶层，但社会身份却不同，有"体制内"和"体制外"的差别，所以他们所能对比的只能是同一体制系统里的人，在农民这个身份系统里，其收入水平和待遇都属于上游的了。

另一个重要的心理因素是，乡镇企业的职工（特别是村办企业的职工）大多数都把企业视为自己团体的事业，对企业的发展和自己从中的受益有着明确的预期，从而把他们的利益和命运与"他们的"企业联系在一起，不太考虑他们预期的这种"联系"是否有可靠的制度化保证，因为在他们看来，这是改变不了的"群体意识"。正是这种"群体意识"凝成的集体创业精神使乡镇企业职工能够在一个相当长的时期达成一种默契，共同接受低劳动报酬、低消费、高积累率、高劳动强度的状况。在这方面，乡镇集体企业与部分外资企业以及私营企业的情况有很大不同，后者近年来屡屡发生激烈的劳资纠纷和劳资冲突。

当然，区域性的"小气候"也会造成失常的"攀比心理"和"群体意识"，如个别地区的"造坟运动""分割资产"一类的群体行为就是表现。

五　成本外部化与送礼"艺术"

当然，我们也必须指出，乡镇企业的"竞争力"在某些情况下"受益于"市场体制的不完善以及"双轨制"的普遍存在，因为资本和技术实力较强的国有企业受到计划经济体制的束缚，而私营企业、"三资"企业的总体实力又相对较弱，在政策上也不像乡镇企业那样受到地方政府的强有力支持，这就使乡镇企业在较长的一段转型期中处于竞争的有利地位。

市场的不完善和竞争的不规范使较早以利润作为经营目标的乡镇企业有可能转移内部成本，把内部成本外部化。

成本外部化在生产领域的典型表现就是制造假冒伪劣产品。制造假冒伪劣产品是企业将其内部成本转移给消费者或其他生产者的重要手段，成本的转移量就等于价实货真产品的成本和假冒伪劣产品的成本之间的差额。这个差额的存在以及对这个差额的追求就是部分乡镇企业生产假冒伪劣产品的驱动力。

制造假冒伪劣产品并不仅仅是乡镇企业的行为，只要制造假冒伪劣产品所付出的代价低于这样做的获利，就为这种企业行为提供了"驱动力"，正如只要在"双轨制"下存在着大量的"租金"（价差、利差、汇差、配额等），就会产生"寻租"行为一样。但是，在存在这种由体制漏洞造成的"驱动力"时，由于乡镇企业较之国有企业具有更强烈的利润追求倾向，所以在制造假冒伪劣产品上也就更少有顾忌。

然而，通过制造假冒伪劣产品把内部成本外部化的行为与通过"寻租"（如炒房地产）牟取暴利的行为是有所不同的，后者更依赖于权力和权钱的交易。所以，尽管两者都是以不正常的寻利为出发点，但参与炒房地产的多半是有"背景"、有"来头"、有"权力关系"的人，这种人对于制造假冒伪劣产品这种"小儿科"的牟利行为是不屑一顾的，因为他们有条件从事"更为光彩""更有气魄"，当然也更有利可图的牟利行为。制造假冒伪劣产品这种"低级的"牟利行为，就留给了"没有见过世面"的农民。

内部成本外部化在销售领域的表现就是送礼和给"回扣"。乡镇企业的推销员多半都要是"送礼"的专家，"送礼"对于他们来说是一门"艺术"，但也是一门谈不上高雅而且还要"装孙子"的艺术。第一，要判断准确需要送礼的人选，否则"送礼"会变成"打水漂"；第二，还要"创造"与"受礼"的人选相识的机会；第三，要选择好送礼的时间、地点，使"受礼"者保持"体面"和"尊严"，最好是把礼品说成"乡亲们的一点心意"；第四，要有对礼品分量的精确计算，太轻了可能会让人不屑一顾，太重了又有"肉包子打狗"的风险；第五，要"照顾"到方方面面，大大小小的环节都要"意思"一下，防止节外生枝；最后，还要留有"撒手锏"，做好最后"撕破脸皮"的准备。

应当看到，现实中的吃"回扣"与正常的"商业佣金"是不同的。商业佣金是明确规定的，而且它是以作为经营主体和利益主体的交易双方都获益为前提，而现实中的吃"回扣"则是以交易另一方（通常是国有部门）的损益为条件。换句话说，交易中的大部分获益不是来自销售利润，而是来自转移了的国有或其他企业的资产。

当然，通过"送礼"使内部成本外部化之所以行得通，是因为存在着"受礼"的人，以及使国家损益而个人得益的体制漏洞。不幸的是，在国有企业没有真正的"老板"的情况下，这种漏洞是普遍存在的。

这也并不是说，国有企业就不存在使内部成本外部化的行为，国有企业中存在的"跑部钱进"也是一种"送礼艺术"。而且，从对腐化政治领域的空气来说，后者的危害更大，因为它和权力的关系更为密切。

顺便要指出的是，某些乡镇企业对环境的污染也是一种内部成本外部化的现象。由于河流、空气等都属于公共资产，在为了获益而污染环境无须付出成本或付出的成本较之获益微不足道的情况下，企业污染环境的行为就得不到遏制，从而导致乡村中很多清澈的河流都变成鱼虾绝迹的污水沟。当然，地方政府由于求发展心切，采取"先污染后治理"的容忍态度，或者抱有地方出钱发展经济、国家出钱治理环境的心理，这也是某些地方严重污染环境的乡镇企业得以存在和发展的政策基础。此外，应当看到，对于欠发达的地区，污染性企业是有"竞争力"的，因为发达地区随着生活水平的提高，会通过调整产业结构退出某些染织、化工等污染性行业的竞争，这样，污染性企业会从发达地区向欠发达地区迁移，污染就成了欠发达地区为摆脱贫困付出的沉重代价，而且以后欠发达地区要为治理环境付出更为沉重的成本。但是，正如我们已经说过的那样，求生存的人们与求高消费的人们有着不同的经济逻辑。

六　法人社会

中国老一辈研究农村社会的学者，几乎都注意到一个事实，即中国传统的乡土社会是一个以家庭为基础而没有法人团体的社会，法人团体对于乡土社会来说是一种外在的组织形式。

中国的乡土社会不可能产生法人团体的原因，要从法人团体存在的前提条件上来考察。现代法人团体是以自然人的天赋权力为基础的，自然人可以自由地加入或退出法人团体，可以将权力和资源授予法人行动者，亦可将其撤回。所以说，法人团体也有诞生、成长和消亡的过程。但是，法人团体并不是自然人的简单集合，正像自然人需要国家法律确认其"公民"身份一样，团体也需要国家法律确认其

"法人"身份。不过，这并不意味着法人团体的权力来自国家授权，法人团体的权力从根本上说来自自然人授权和法律确认，这是经过若干世纪血与火的冲突换来的结果。在欧洲封建制度下，或是君权神授，或是权力属于教会。根据罗马法，权力原本属于国家，法人团体事实上只是国家下属机构，它既不是私法中的行动主体，也不是公法中的独立实体。在中世纪的欧洲，"村社"（由亲属组成）甚至被作为权力的最初所有者，个人仅有的权力只是成为"村社"成员，从本质上看，这一时期无任何个人权力可言。所以说，现代法人团体是基于个人权力的契约社会的产物。

在以家庭为基本生产单位的社会中，家庭成员既是生产的一员，也是家庭的一员，父亲既是生产的组织者，同时也是家长。家庭是以血缘关系组成的初级群体，家庭成员是无所谓进入或退出的，礼俗社会中父亲对儿子的权力是一种天赋特权。在家庭和家庭之间，也无所谓业缘关系，即使有简单的分工协作，也主要是靠亲缘和地缘关系维持。人民公社的体制，也不是真正的法人团体，因为它不是以契约关系建立的，也不是以个人权力为基础，个人丧失了进入或退出的权力，其形式上的团体形态是靠高度集中的行政权力来维持的。

只有在实行了家庭联产承包制以后，由于在农村重建家庭财产所有权，农民具有了经营自主权和一定的择业自由，才有可能在此基础上形成真正的法人团体。乡镇企业无疑是目前农村最普遍的"农民"法人团体形式。

乡镇企业作为法人团体和全新的社会组织形态在农村的产生和发展，极大地改变了农村的行动系统和内部结构。法人团体对于乡土社会来说，是全新的和陌生的。

首先，法人团体的产生，为私人关系和法人关系分离提供了可能性，法人的资源和利益不等同于组成法人的自然人所拥有的资源和利益，当法人要承担某种法律责任（如偿付债务）时，创建法人的自然人可不必承担，法人可以是独立的民法行动主体。而在家庭中，这种分离是不可能的。

其次，在法人团体的形式下，所有权和经营权也可以发生分离，从而产生了一个并不具有财产所有权，但具有财产经营管理权的经理阶层，这对于在家庭财产所有制下从事家庭经营的农民来说，是带有"神奇"色彩的，因为在他们眼里，把经营权与神圣的财产所有权分离开来，这无异于行走的双脚离开了土地。

再次，法人团体也完全不同于农民们习惯于生活其中的乡村社区。在社区中，具有共同利益的自然人可以互相联合，通过集体行动保护自身的利益，这里的集体行动的目标是和组成集体的自然人的行动目标一致的。但法人作为一种抽象的和虚构的法律实体，它就与它的成员分离了，法人并不仅仅是众人的代言人，法人行动也不是自然人行动的集合，法人的行动目标可以完全不同于构成法人的自然人的行动目标，法人具有独立的资源、利益、权利和义务，这些是不能分解到自然人的。

最后，法人团体是按照科层制建立起来的组织，具有完备的职阶系统，严格的规章制度，明确的职责和权限，其工作领域和私人生活领域有严格界限。企业经理要求女秘书草拟文件，这是作为法人代表的行动；而如果和女秘书调情，则是作为自然人的行动，两者之间的性质是不同的，发生纠纷时诉讼的法律性质和适用的法律范围是不一样的。科层制组织和家族制组织的一个根本区别，就是看能不能把公事和私事分开、把业缘关系和亲缘关系截然分开。

乡镇企业虽然还不能说完全符合法人的要求，但是它向法人团体的过渡以及它作为法人团体的迅速发展，为乡村社会结构的重组提供了一种新的框架。它表明，自然人或家庭在将来有可能不再是形成农村社会关系的唯一的和主要的社会单位。正像科尔曼所说的，"社会围绕着非个人的法人团体重新组织，为一种全新的社会结构的出现提供了可能。……这种新的社会组织以法人为基本元素，此种法律所承认的人在功能上替代自然人"。① 而且，在科尔曼看来，现代法人行动系统的出现，是人工结构取代了自然结构，"20 世纪人们建造的高楼大厦和宽阔街区（俗称建筑环境）取代了 19 世纪人们生存于其中的自然田园。从社会环境上看，原始联系和基于此的旧式法人行动者（家庭、氏族、种族集团和社区），正逐渐为新的、有目的创造的法人行动者以及相应的社会关系所取代"。②

总之，在当前农村社会结构的转型中，乡镇企业注定是这次转型的主角。在可以观察到的事实中，乡镇企业在经济上改变了农民的职业身份；在可以预料到的事实中，乡镇企业将从社会体制上改变农民的户籍身份；而在更深层次上，乡镇企业将从法律上完全改变千百年以来农民的组织身份。

原载《社会学研究》1995 年第 1 期

---

① 科尔曼（J. Coleman）：《社会理论的基础》（中册）（1990），邓方译，社会科学文献出版社，1992，第 589、605 页。
② 科尔曼（J. Coleman）：《社会理论的基础》（中册）（1990），邓方译，社会科学文献出版社，1992，第 589、605 页。

流动民工的社会网络和社会地位

近年来，"流动民工"成了学术界、政策研究部门和新闻界谈论和研究的热点。1984年以前的改革初期，中国农村劳动力向非农产业转移的主要方式是通过乡镇企业，其主要特点是"离土不离乡、进厂不进城"，这被誉为中国式的独特的城市化道路。1984年，为了加强城市的副食品供给，国家放宽了对农民进城的限制，允许其自理口粮到城市落户，从此拉开了农民大规模进城务工、经商的序幕。1985~1990年，从农村迁出的总人数还只有约335万人，而同期乡镇企业新吸纳的农村劳动力为2286万人，乡镇企业仍是农民在职业上"农转非"的主渠道。1990~1994年情况就大不一样了，根据近两年多项大规模的全国抽样调查结果，外出打工的流动民工占农村劳动力总数的比例平均在15%左右，据此推算1995年达到6600多万人，同期乡镇企业新吸纳农村劳动力2754万人，乡镇企业吸纳农村劳动力的能力开始下降，而进城流动民工的人数仍在快速增加。民工潮的形成引起一喜一忧，乐观的看法是认为中国的城市化有了新的渠道，悲观的看法是城市因此而潜伏着不稳定的因素。民工潮究竟是忧是喜，抑或喜忧参半，实际上主要应当看这部分人能否最终融入城市生活，并在城市中确立合适的社会地位。

一　作为社会流动的民工流动

（一）劳动力流动和社会流动：经济学和社会学的不同视角

　　劳动力流动与社会流动的区别，实际上是经济学研究视角与社会学研究视角的区别，在经济学关于劳动力流动的研究中，有两个著名的经典理论：一个是早期的所谓"推拉理论"（Push and Pull Theory），即认为从农村向城镇的劳动力迁移可能是因城镇有利的经济发展而形成的"拉力"造成的，也可能是因为农村不利的经济发展而形成的"推力"造成的，后来哈里斯－托达罗的迁移模型对这一理论有了新的发展，该模型假定劳动力迁移主要取决于城乡劳动力市场的工资比较（Todaro，1969）；另一个是以刘易斯的二元经济理论为先导、后经许多经济学家的发展而逐步形成"两部门理论"（Two Sectors Theory），旨在证明剩余劳动力从传统的农业部门向现代的工业部门的人口转移，正是整个经济发展和工业化过程的自身特点（Lewis，1954）。这两种理论的前提假设几乎是共同的，即农业部门是生产函数呈收益递减的经济部门，城市工业部门则具有相对较高的生产率和利润率，因而滞留在农村的边际生产率等于或接近零值的剩余劳动力，具有向城市工业部门转移的内在冲动。后来经济学在这方面的研究都是在此基础上的理论完善和精细化，如把城市经济进一步划分为"传统经济"和"现代经济"，或者"正式经济"和"非正式经济"，认为农村剩余劳动力首先是向城市的小型零散的以劳动密集为特征的城市传统经济或非正式经济部门转移，然后向现代部门或正式部门转移。这方面较新的研究成果是把交易费用的概念引入对劳动力转移的成本收益分析。

　　社会学关于"社会流动"的概念比"劳动力流动"更为宽泛，

并不仅限于对劳动力流动机制的考察。最早专门研究社会流动的美国社会学家索罗金把社会流动定义为社会位置（Social Position）的转移，具体分为社会位置的水平流动和垂直流动（Sorokin，1927），以后的研究又有结构性流动和循环流动、代内流动和代际流动等分类。社会学关于社会流动的研究可以分为美国传统和欧洲大陆传统。美国传统是在第二次世界大战以后形成的，经济的快速发展使"机会平等"和"个人奋斗"成为一种美国的意识形态，社会学对社会流动的经验研究和国际比较研究也形成了这样一种假设，即认为现代的"自由社会"是"机会平等"的社会，因而每个人都有成功的可能，导致社会流动的主要因素是个人的态度和行为。社会位置的不同是由于个人素质的不同，特别是教育和技能的差别（Lipset and Bendix，1959）。欧洲大陆传统则由于其长远的争取公民权的民主化历史而更加强调法律平等和社会结构的作用，即认为社会结构在工业化过程中从"礼俗社会"网络向"法理社会"网络的转变，或从"机械团结"网络向"有机团结"网络的转变，是造成社会流动的主要原因，而人们社会位置和社会地位的不同主要是一种超越个人选择的结构性安排。这种传统是如此的深入人心，以致有的学者在发现新的调查结果时，也只能划分出区别于"结构性流动"的"净流动"（Bertaux，1969）。20 世纪 60 年代初，安德森根据经验调查材料的分析提出著名的"安德森悖论"，即教育的民主化过程并没有对社会流动产生促进作用。而在此之前，人们几乎一致认为，教育的大众普及会使社会地位的平等化程度提高（Anderson，1961）。这一悖论对社会流动的研究产生极大的刺激，因为它既是对美国传统的"机会平等"假设和个人选择理论的挑战，也是对欧洲大陆传统的"法律平等"假设和"结构安排"理论的挑战。对于这一挑战，产生了截然不同的回应。在美国，布劳和邓肯等学者努力将影响社会地位的因素的测量方法精密化和多样化，通过路径分析

（path analysis）建立了"地位获得模型"（Blau and Duncan，1967）。尽管如此，一些对个人选择理论产生怀疑的美国学者仍很容易就证明，所有被用来测量影响社会地位的变量加在一起，还不到实际影响社会地位变量的一半。在欧洲大陆，法国社会学家布东疾呼，关于社会流动的社会学发生了"危机"，他主张放弃已经走向极端的因素主义（factorialist）的分析方法，而采用真正的假设 - 演绎的方法，他称之为"系统方法"。他的理论的主要思想是：社会地位的获得，一方面依赖于社会结构的地位分配，另一方面也依赖于某些个人特质的分配（特别是出身和教育），正是由于这两种分配的不一致产生了社会流动的现象。他进而通过经验材料的系统分析证明，在地位获得的市场上，个人根据自己的"交换价值"观念做出行动选择，但这种选择必然会影响地位获得市场的平衡，进而影响社会结构安排与个人特质安排相一致的程度，由此产生了社会流动（Boudon，1973a，1973b）。布东与传统的欧洲大陆社会学家有很大的不同，他是"个体主义方法论"的代表人之一，同时他擅长和注重数学和统计分析。在社会流动的研究方面，较新的研究倾向是开始注重对制度因素的研究，如美国学者提出的"市场转型"理论（Nee，1991）和法国学者提出的"文化资本"理论（Bourdieu，1970），他们都强调和分析了制度安排的惯性对社会流动的影响。

（二）文献和已有的调查研究成果

中国的经济体制改革经历了从农村向城市推进的过程。在实行家庭联产承包责任制之后，农村经济的又一飞跃是乡镇企业的崛起，中国学术界在 20 世纪 80 年代对劳动力流动的研究，也主要是以向乡镇企业转移的农村劳动力为对象，即所谓"离土不离乡、进厂不进城"的农村劳动力。这方面的研究指出，农村劳动力的流动是市场机制的推动、政策的放开和农村剩余劳动力的压力这三方面的合力的结果，并以乐观的态度和极大的热情认为，农村剩余劳动力以"离土不离乡"方向向非农产业的转移，是具有中国特色的农业劳动力转移道路，不仅造成了一支堪与正式部门职工相比的产业大军，而且没有伴随着产生农村的瓦解和衰落，并促进了农村社区的发展（中国社会科学院经济研究所，1987；国务院研究室农村组和中国社会科学院农村发展研究所，1990）。该方面研究的另一特色，是划分出一些有代表性的农村劳动力转移和乡镇企业发展的模式，如依托于集体经济的苏南模式、依托于个体经济的温州模式和依托于外向型经济的珠江模式等，其重要意义在于揭示了农村劳动力转移可以有不同的方式（陈吉元，1989；周尔鎏、张雨林，1991）。

早在 1987 年，中国社会科学院农村发展研究所就对全国 11 个省 222 个村 26993 名异地转移的农村劳动力进行了调查，调查显示转移到县城及建制镇的占 12.1%，到中小城市的占 29.4%，到大城市的占 3.8%（国务院研究室农村组和中国社会科学院农村发展所，1990），马侠的《当代中国农村人口向城镇的大迁移》（马侠，1989）和李梦白等人所著的《流动人口对大城市发展的影响及对策》（李梦白等，1991），可能是国内最早研究进城流动民工的专著，但这两项研究都主要是从人口学的角度进行的。近几年来，研究流动民工的文献开始大量增多。更有特点的是，由于这方面统计资料的缺乏，研究的热情集中在进行大量的抽样调查上。就我们所掌握的资料，目前已经公布的 1993 年以后关于流动民工的全国性专题调查主要有：中国农业银行调查系统 1993 年 12 月至 1994 年 1 月对全国 26 个省、自治区、市的 600 多个县 14343 个样本户的调查（农村经济年度分析课题组，1994）；全国政协和国务院发展研究中心 1994 年对全国 15 个省、自治区、市的 28 县的 28 个村的调查（崔传义，1995；赵树凯，1995）；农业部"民工潮"跟踪调查与研究课题组 1994 年 5 月对全国 11 省区 75 个固定观察村庄的调查（赵长保，1995）；农业部农研中心 1994 年 11 月到 1995 年 4 月对全国 29 个省、自治区、市 318 个固定观察点村庄的 25600 个样本户的调查（张晓辉等，1995）；等等。1995 年，仅福特基金会就资助了北京有关研究单位的 8 个关于流动民工专项研究的课题。然而，从目前的情况看，多数的研究还处于摸清情况的阶段，即通过调查揭示和描述流动民工的总量、结构、空间分布、流向、流出方式、流动规则和流动机制等，在理论上尚未有突出的建树。

（三）理论假设和调查方法

本文主要是从社会流动的角度考察农村劳动力从农村向城市的流动，即把民工的流动视为他们获得新的社会位置（position）和社会地位（status）的过程。"流动民工"这个概念，实际上包含了三种流动：一是在地域上从农村向城市、从欠发达地区向较发达地区的流动；二是在职业上从农业向工商服务等非农产业的流动；三是在阶层上从低收入的农业劳动者阶层向比其高的职业收入阶层流动。在一般意义上讲，从农民转化为市民，从务农转变为务工、经商，意味着两个根本性的变化，一是生活方式、社会关系网络从以血缘、地缘关系为主的社会网络转变为以业缘关系为主的社会网络，二是以机会资源为象征的社会地位得到提高。但是，我们看到，中国的结构转型和体制转轨这两个转变的进程是不一致的，结构转型形成的大量新增城市就业空间并没有被"市场制度化"，制度安排的惯性使改变了生活场所和职业的农民仍然游离于城市体制之外，从而造成了流动民工的生活地域边界、工作职业边界与社会网络边界的背离。据此，本文提出以下三个假设。

假设 I：流动民工在流动中社会生活场所发生的变化，并没有从根本上改变他们以血缘、地缘关系为纽带的社会网络的边界，影响这一边界的主要函数是社会身份而不是社会职业。

假设Ⅱ：流动民工在社会位置的变动中对血缘、地缘关系的依赖，并非一种传统的"农民习惯"，而是一定结构安排下的节约成本的理性选择，而且这种选择在影响和改变着制度化结构的安排。

假设Ⅲ：流动民工在职业变动中经济地位获得提高，但社会地位没有明显变化，这种经济地位和社会地位的不一致是因为制度化安排的惯性，而结构变动弹性最大的是日常生活。

需要说明的是，本文是中国社会科学院重点招标课题——"大城市吸纳外来劳动力的能力和对策研究"的分报告，因而行文中要涉及对一些相关方面的总体描述，而不仅仅限于对假设的验证。

本文根据的材料是笔者参加的课题组于1995年6~7月在山东省济南市所做的问卷调查。调查组首先对该市可能掌握民工情况的有关部门进行了访谈，如工商局、税务局、计生委、劳动局、劳务服务中心等，在劳务服务中心发现了一份"临时用工登记簿"，但上面登记的基本上都是机关、企业、事业单位的民工使用名单。后来在走访街道办事处、派出所和对民工进行访谈的过程中，我们发现了公安部门的一份更为完备的进城民工登记表。最后对济南市4个市区（历下、市中、天桥、槐荫）的12个居民委员会的流动民工所进行的比例分层抽样调查就是以这份难得的登记清单为基础的。此次抽样调查获得有效样本为1504个，其中男性占71.3%。女性占28.7%；本省民工占93.2%，外省民工占6.8%；平均年龄25.6岁；已婚的占44.3%；受教育程度初中的最多，占71.0%，小学的占16.0%，高中以上的占12.1%，文盲占0.9%。根据济南市公安局的研究报告，济南市1994年有流动民工10.5万人，占济南市当年170万市区人口的6.2%。对调查点济南市的选择，一是因为它可能代表中国大城市的一般情况，较少"特殊性"；二是因为与该市已有的联系使我们容易具有调查上的方便。

二　流动民工的社会网络和交往方式

山东省是自1978年改革以来中国北方省份中经济发展较快的地区，到1994年，全省国内生产总值达到3872亿元，在全国仅次于广东省和江苏省，大大高于人口总量在其之上的四川省和河南省。在80年代以来农村劳动力进城的大潮中，山东省并不具有特殊的地位。它既不像广东、北京、上海、天津那样成为流动民工的主要吸纳地，吸收了全国净迁移量的30%以上，也不像四川、湖南、贵州、广西等省区那样，成为流动民工的主要迁出地。[①] 历史上山东人的"闯关东"，曾是晚清以后中国国内移民的主流之一。80年代以后，东北三省的劳动力开始南下，但并没有大量进入山东。山东省改革以来民工流动的主要特点是省内流动，即在省内由农村向城市、由经济发展水平相对较低的西部地区向发展水平相对较高的东部地区流动。从我们在济南市这次调查的情况看，在抽查的总样本中，本省人占93%左右，其次是浙江人，只占2.4%，而且后者大多是以制衣业和修理业为主的个体业主，是一定的生产资本的拥有者，而省内进城的流动民工一般都只拥有劳动力。

中国的乡土社会是特别重视以家庭为纽带的亲缘和地缘关系的。这种对亲缘、地缘关系的重视，影响着人们的生活方式和社会交往方式，成为一种"习性"，并具有很大的惯性。这种"习性"没有因生活地点从农村到城市的变动或职业由农民到工人的变动而改变；也没

---

① 参见农业部农研中心编《农村劳动力流动研究通讯》，1995年4月，第4~5页。该通讯的发布是受福特基金会资助的8个"农村劳动力流动研究"课题组的委托，主要用于公布阶段性成果。

有因拥有了一定的工商业生产资本、成了雇用他人的业主而改变，如北京南郊一带形成了浙江个体户聚居的"浙江村"；甚至也没有因生活迁居到异国他乡而改变，如在巴黎、伦敦、旧金山这些国际大都市，都有中国人聚居的、很有中国特色的"中国城"（China Town）。

从我们对济南市和流动民工的调查来看，流动民工的这种"亲缘关系网络"的作用贯穿于民工的流动、生活和交往的整个过程。下面分别从济南市流动民工进城就业的方式、生活交往的方式等方面来考察流动民工的交往行为和社会网络。

（一）民工进城就业的方式

在现代社会，大众传媒获得飞速发展，科层组织体系的末梢触及社会的每个角落，信息的传递在以惊人的速度加快，信息传递的成本则在以惊人的幅度降低。过去中国农村中的农民，其一生的生活半径往往只是村庄方圆的几公里，而现在通过电视和广播，中国的农民可以和纽约的市民收看同一场体育比赛的现场直播。然而，在那些关系农民切身利益的个人决策（如职业选择）中，农民根据的主要信息来源依然是亲属和朋友。进入济南市的流动民工。其迁入所依赖的信息，32.8%的人来源于在本市打工的同乡或朋友，30.8%的人来源于在本市居住的亲属或朋友，12.5%的人来源于本村居住的亲属或朋友，信息来源于招工队的占9.7%，而信息来源于报纸广播电视和招工广告的只占2.8%和2.1%。

民工迁入城市的方式大多是与老乡和朋友一起，占总样本的56.4%；当然由于主要是通过自身的关系渠道找到工作，因而自己只身一人前往的也较多，占34.1%；与配偶和亲属一起进城就业的本省民工只占很少的比重。这说明流动民工的家庭，也就是他们的"根"，仍留在农村，这也是称其为"流动民工"的一个重要根据。不过，外省民工与其配偶一起来济南的为数不少，占外省民工23.5%，这些人主要是来自浙江等地的个体户，他们往往习惯于一起外出开夫妻店。与此相联系，在考察流动民工进城后如何找到第一份工作时，我们同样发现，自己通过老乡或亲戚找到第一份工作的最多，占44.0%，通过老乡或亲戚主动介绍找到第一份工作的占31.0%，两项合计已占75%，另外通过当地政府找到的占8.1%，通过雇方来家乡招工找到的占6.7%，通过城市劳务市场找到的占4.8%。

（二）流动民工的生活交往方式

由于进城民工的"家"也就是"根"留在农村，所以民工靠情感维系的生活圈子并没有根本改变。他们最大的情感寄托仍然在生于斯、长于斯的家乡。流动民工的所谓"流动"，其实主要是由于他们回乡探亲而形成的城乡流动。人们往往认为民工的进城是盲目的，民工流动的主要原因是就业的不稳定，民工的流动不仅造成交通的不堪重负，而且产生很多城市无业游民。但从调查的情况看，民工的流动首先是具有节日性的特点，而且都是在最主要的传统节日——春节期间的返乡，春节期间回家探亲的进城民工占调查总样本的93.7%，在一般节日或周末等假日返乡探亲的并不多，如在每年新年期间回家探亲的占19.7%，在周末或假日回家探亲的占9.5%；其次是具有季节性的特点，而且主要是在秋收季节回老家探亲和从事农业生产，因为绝大多数民工的家庭都有承包的"责任田"，在秋收季节返乡的进城民工占50.0%，另外春耕季节返乡的也占28.5%。随着1995年铁路等交通费用的大幅度提高，民工节日性和季节性的城乡流动压力也会大为减轻，因为我们在调查中发现，民工的返乡探亲和帮工，实际上受返乡交通成本的影响很大，在济南市就业的外省民工，其返乡的频率和比重都低于本省民工，如在春节返乡的外省民工有89.2%，本省民工有94.0%，在新年返乡的外省民工有2.9%，本省民工有20.9%，在秋收季节返乡的外省民工有13.7%，本省民工有52.7%，在春耕季节返乡的，外省民工有 7.8%，本省民工有 30.0%。

与人们的猜测和估计相差甚远的是，进城民工的返乡回流，其实很少是由于找不到工作的原因。在调查中我们询问民工进城工作后遇到的最大困难是什么的时候，认为是"找不到工作"的只占 0.8%，是各项困难的选择中人数比重最少的。相反，进城民工在城市里的工作是相对稳定的，而且有 70.6% 的人在迁入城市之前就已经事先找好了工作，进城就业后从未更换过工作的民工所占的比重高达 83.9%，变换过一次工作的占 1.6%，变换过两次的占 10.8%，变换过三次以上的占 3.6%。由于职业的不同，工作的稳定性也有一定的差异。工作稳定性最高的是家庭保姆和建筑业民工，从未变换过工作的分别占 92.8% 和 91.3%；而流动性相对较大的是在酒店、宾馆、招待所等服务部门的民工，但就是这部分人中，从未变换过工作的也占 67.0%。这说明，随着城市经济的迅速发展和城市服务体系的扩展，在城市建筑业和商业服务业等劳动部门出现了较大的结构性的就业需求，存在着吸纳劳动力的较大能力，而这种需求的空白往往是向往舒适的白领工作的城市青年所不愿填补的。

民工进城就业后虽然生活在城市，但尚没有真正地融入城市生活，没有建立起以业缘关系为纽带的生活圈子。他们的生活圈子仍然建立在亲缘和地缘关系上。在回答"进城打工后最亲密的朋友是谁"时，55.7% 的进城民工认为是"一同来打工的老乡"，21.8% 的民工认为是"进城后认识的农民朋友"，另有 21.5% 的人认为是"进城后认识的城里人"。而且，在集体所有制单位打工的民工，其生活圈子更多依赖于"老乡"，认为最亲密的朋友是"一同来打工的老乡"的占 67.7%；而个体工商户工这样认为的最少，占 40.1%。这一差别估计很可能与职业收入水平有关，收入较高的民工，生活圈子更广一些，具有较多的交往机会和交往、选择；而收入较低的民工，则更容易圈于一个互识的文化圈子里。

由于流动民工进城就业后难以真正融入城市社会，无法建立起与城里人交往的生活圈子，因而他们在城市中尽管有的已工作生活多年，但仍然是城市生活的"陌生人"。城市社会对于民工自身来说，依旧是"外在的"和"他们的"，而不是"我们的"。他们在城市中的生活经常地交织着收入提高带来的欣喜和感情孤独带来的忧伤。根据调查我们看到，流动民工进城后在城市生活中遇到的最大困难，列于首位的是"城里物价太贵"，持这种看法的民工占35.4%。这大概与近年物价上涨过快有关，并非流动民工"独特的"困难。因为根据1994年和1995年若干全国性的对城乡居民的抽样调查，这两年"物价上涨过快"均被民众排在社会问题的首位（江流等，1995：31）。列在第二位的困难才是真正具有民工特点的，即有24.1%的人认为是"社会关系少、感情孤独"，另外还有21.9%的人认为是"生活艰苦"，8.0%的人认为是"住房困难"，5.8%的人认为是"本地人的排挤"，只有0.8%的人认为是"找不到工作"。这个问题的调查也证实我们在前面的一项估计，即个体工商户民工的生活圈子较少依赖于"老乡"和集体所有制单位民工的生活圈子较多依赖于老乡，是与民工不同的收入水平有关。收入较高的民工，生活圈子更广，较少感到孤独。按照流动民工的职业所有制划分，个体工商户中认为在城市里最大困难是"社会关系少、感情孤独"的占19.7%，是比重最少的，而集体所有制单位民工这样认为的占24.6%；同一问题按月工资收入划分进行交互分析，可以发现，认为在城市里最大困难是"社会关系少、感情孤独"的民工，月工资收入在200元以下的比重最高，占31.2%；而月工资收入在600元以上的比重最低，仅占16.9%。此外，女性比男性更容易感受到情感的孤独，男性民工认为在城市生活最大的困难是"感情孤独"的占20.7%，而女性民工却占到32.4%，具有较大的差别。

三　流动民工的生活状况

（一）流动民工的收入状况

1994年，山东省农民年人均纯收入1320元，即人均月净收入110元；全省职工的年平均工资4338元，即月平均工资362元。从这次调查的情况看，根据职业划分，流动民工中收入较高的是从事餐饮业和当裁缝的民工，月净收入在600元以上的分别占从事该职业民工的86.6%和69.7%；收入较低的是家庭保姆和在酒家、宾馆招待所等服务单位打工的民工，月净收入在200元以下的分别占从事该职业民工的98.2%和37.2%。根据打工单位的所有制性质划分，收入较高的是个体工商户在和"三资"企业打工的民工，月净收入在600元以上的分别占该部分民工的66.4%和8.5%，"三资"企业民工的收入比原来预想的要低；收入较低的是私有企业和国有企业的民工，月净收入在200元以下的分别占该部分民工的30.6%和15.6%；出乎意料的是，在各种所有制单位中，私营企业民工的平均工资水平是最低的。此外，调查发现，民工的收入与民工进城打工的时间成正相关关系，打工时间较长的收入较高，打工三年以上的民工在月净收入600元以上档次上的比例最高，占15.7%；打工时间较短的则收入较低，打工一年以下的民工在月净收入200元以下的档次上的比例最高，占有20.2%。民工性别和年龄也是影响收入水平的因素，男性民工的收入明显高于女性，男性民工月净收入在600元以上的占77.1%，相反女性民工月净收入在200元以下的比例高达77.2%。从年龄上看，这次调查考虑到民工的平均年龄较低，因而划分了"25岁及以下"、"26~35岁"和"35岁以上"三个年龄段，其中收入较高的是26~35岁年龄段的民工，在月净收入401~500元、501~600元和600元以上的高收入段中占的比例最高，分别占51.3%、46.0%和42.4%；收入较低的是25岁以下的民工，在月净收入 200 元及以下、201～300 元和 301～400 元的低收入段中占的比例最高，分别占 94.7%、80.0% 和 72.9%。

这次调查没有再次证实我们对一个有争议的热点问题的看法，即一些低文化程度的人迅速致富，并不意味着存在绝对意义上的收入"脑体倒挂"，也不意味着教育的收益率是负值，而只是说明在中国的转型时期，机会成本很高，教育作为一种人力资本，不仅因为收益期很长而难以受到急于获得成功的人们的重视，而且其收益率过低，大大低于生产资本特别是金融投机资本的收益率。因为即便是在人们认为最无法体现教育收益率的个体私营经济领域，受教育的程度与经营收入也是成正相关的。根据 1992 年国家体改委和国家统计局对全国 13 省市 4.8 万多个工商户和 3000 多私营企业主的抽样调查，个体工商户总资产额的平均值是 2.7 万元，按受教育程度分组，不识字或识字不多的户为 2.0 万元，小学程度户为 2.5 万元，初中程度户为 2.8 万元，高中或中专程度户为 3.1 万元，而大专以上程度户为 4.3 万元；私营企业主的年生产经营纯收入平均值为 4.9 万元，按受教育程度分组，小学以下程度户为 3.9 万元，初中和高中程度户为 4.6 万元，而大专以上程度户则高达 14.8 万元（国家体改委、国家统计局，1993：319，483）。从这次调查的资料看，虽然在月净收入 600 元以上的高收入段上，初中程度的民工占的比例最高，占 62.0%，但在 200 元及以下的低收入段上，也是初中程度的民工占的比例最高，占 77.7%，而高中以上程度的民工并没有显示出具有较高收入的特征。这可能与初中程度民工的样本比重高（占总样本的 70.9%）而且职业分布无一定规则有关，但这只是一种猜测。

（二）流动民工的福利待遇

流动民工除了工资性收入，也有一定的福利待遇。对福利待遇的考察，往往是过去其他关于流动民工的调查的缺项。我们知道，在中国特有的单位社会保障的体制下，仅仅分析工资水平是难以把握人们生活的实际状况的，如虽然国有单位的职工收入远低于个体工商户，但其住房、医疗、退休养老、生活福利、子女入托上学等方面的待遇却明显优于后者。根据这次调查，流动民工除了工资以外，享有的福利待遇中最突出的一项就是免费提供住房或住房补贴，尽管向民工提供的住房有的甚为简陋，但享受此项福利待遇的民工占总数的77.7%；流动民工最难以享受到的福利待遇是免费或半免费医疗，享有此待遇的只占8.3%，只是在"三资"企业中享有此待遇的民工的比例略高一些，达到28.5%；此外，民工享受免费提供一次以上用餐的占20.7%，享受此待遇最多的是私营企业民工，占46.1%；享受探家车票补贴的占17.1%，其中享受此待遇较多的是集体单位和国有单位的民工，分别占21.8%和20.0%；在节日发给实物或现金的民工占20.3%，国有单位的民工有此项待遇的最多，占38.9%；年底有奖金（红包）之类收入的民工占27.6%，"三资"企业和国有单位的民工享有此项待遇的较多，分别占62.8%和41.2%。可以发现，在给予民工的待遇方面，国有单位比较注重节日发放实物和现金以及给予探家车票补贴；"三资"企业相比较注重医疗保险和年底给予奖金（红包）；私营企业比较注重给予免费工作用餐；而几乎各类企业都把向民工提供免费住房或住房补贴排在可以提供福利待遇的首位。

四 流动民工的社会分层和社会地位

（一）流动民工的内部分层结构

关于流动民工的内部分层结构，我们可以从三个方面来考察：一是流动民工的职业分层结构；二是流动民工就业的所有制分层结构；三是流动民工的收入分层结构。

从流动民工职业分层结构看，吸纳民工最多的职业是建筑业，占41.4%；其次是工业企业和机关、院校、医院等单位，分别占17.6%和14.0%；如果把在酒店、宾馆、招待所打工的民工和从事餐饮业、修理业、裁缝业的民工都归于服务业，那这部分民工所占的比重就达到19.2%。如果按三次产业来划分的话，从事第三产业的民工占的比重最高。流动民工中有相当大的部分首先进入体制外的非正式部门，这类部门的特点是，劳动密集，工资和就业完全受市场的影响，隐性经济成分较大，实际税率较低。然而，并没有调查数据显示，流动民工的职业是沿着体制外非正式部门——体制外正式部门——体制内正式部门的规则进行迁移和流动。

从流动民工就业的所有制结构来看，吸纳流动民工最多的是集体和国有部门，分别占总样本的37.0%和32.1%，另外私营企业部门占15.9%，个体企业占12.2%，三资企业占2.3%。但是，应当注意到，由于无法掌握调查点全部民工的名单，问卷调查只是根据在派出所登记的名单（这是目前各种民工登记中最完备的）进行，所以目前各种对流动民工的职业结构和就业的所有制结构的调查分析，都只有参照的意义。不过，由于我们在抽样中参照了登记名单上的分层结构，因而调查的结果并不与人们的经验事实相悖，但这并不排除一些没有登记的民工会影响调查的结果。根据调查，零散的个体业民工往往登记率较低，因而实际的服务业民工和个体私营业民工所占的比重都可能更高一些。

从流动民工的收入分层结构来看，月净收入为201～300元和301～400元的民工占的比重最高，分别为28.0%和25.8%；其次是401～500元，占17.4%；200元及以下的民工占12.5%；而月净收入为501～600元和600元以上的分别为5.9%和10.1%。在流动民工的职业分层中，收入最高的是从事餐饮业的小老板，月平均收入1362元，最低的是家庭保姆，月平均工资108元。在流动民工就业的所有制结构中，收入最高的是个体工商户，月平均收入 1045 元，收入最低的是在私营企业打工的民工，月平均收入为 329 元。实际上，如果剔除流动民工所拥有的、分配非常平均的"责任田"，民工按收入的高低可以分为三个阶层：一是占有一定资本并雇用他人的业主；二是占有少量资本并自我雇用的个体劳动者；三是除了劳动力一无所有的打工者。这三者之间收入高低差别，前两者之间主要是资本收益量和资本收益率方面的差别，后两者之间主要是资本收益与劳动收益以及技术劳动与非技术劳动之间的差别。

（二）流动民工在社会分层中的经济社会地位

流动民工目前还很难说是一个独立的社会阶层，作为一种过渡状态，他们和乡镇企业职工有着共同的特点，都是从农村到市民、从农民到工人的过渡性中介阶层。流动民工的经济社会地位，在其生活的当地农村属于中等偏上阶层，而在其打工的城市属于中等偏下阶层。

从以收入衡量的经济地位来看，流动民工与家乡的农民相比，认为自己属于中层的占 44.0%，属于中上层的占 32.8%，属于上层的占 16.6%，而认为自己属于中下层和下层的只占 5.2% 和 1.2%。从职业划分上看，认为自己属于上层的民工中，从事餐饮业、集市贩卖以及当裁缝和从事修理服务业的个体经营者所占的比重较高，而认为自己属于中下层或下层的民工中，酒店、宾馆的打工者和家庭保姆所占的比重较高。从所有制划分上来看，个体工商户民工和在"三资"企业打工的民工对自己的经济地位评价较高，在认为自己属于农村上层的民工中分别占 41.9% 和 42.8%。从收入上看，认为自己属于农村上层的民工，一般是月净收入为 501～600 元和 600 元以上的；而认为自己属于农村中下层和下层的民工，一般是月净收入为 201～300 元和 200 元以及以下的。流动民工的经济地位比他们没有出来打工之前是有明显提高的，尽管多数民工认为自己家庭的相对经济水平在当

地农村属于中等或偏上，如认为自己家庭在当地是中等水平的占
63.9%，中等以上水平的占21.1%，中等以下水平的只占15.0%。民
工对自己家庭的这种评价，可能因以家庭贫穷为耻的观念而有高估的
倾向，因为根据这次调查，流动民工在迁入城市前在当地农村的月收
入少于100元的占到34.2%，而1994年山东省农民人均纯收入是
1320元，即月纯收入110元。民工进城就业后，收入水平明显提高，
月净收入超过200元的有87.4%，超过300元的有59.4%，超过400
元的有33.6%，超过500元的有16.1%。

将流动民工对自己经济地位的评价与其所在城市（济南市）的居
民相对比的时候，评价结果明显低于与家乡农民相对比时的评价。总
体样本中有23.5%的民工认为自己是城市社会的下层，37.5%的民工
认为是中下层，28.4%的民工认为是中层，7.9%的民工认为是中上
层，只有2.4%的民工认为自己是上层。这种较低的评价还不仅仅是
由于处在不同的收入体系中的问题。因为1995年济南市职工的平均
月工资约400元，而流动民工月净收入在501～600元收入组的人员
中，58.4%的人认为自己是城市社会中层，还有23.6%的人认为自己
是中下层；600元以上收入组的民工也有35.9%的民工认为自己是中
层，有33.3%的人认为自己是中上层，只有17.6%的民工认为自己
是城市的上层；在301～400元收入组，52.0%的民工认为自己是中
下层；201～300元收入组中有39.6%的民工认为自己是城市下层；
在200元及以下收入组中，认为自己是城市社会下层的人员比例高达
47.8%。从职业分类上看，经营餐饮业和从事修理服务业的民工对自
己的经济地位评价较高，认为自己属于上层的分别占15.5%和
12.7%，占的比例最高；而从事家庭保姆，从事酒店、宾馆招待和在
机关、院校、医院打工的民工对自己在城市的经济地位的评价最低，
认为自己是城市下层的分别占37.5%、30.6%和30.1%。从就业所有
制类型看，"三资"企业的民工对自己在城市中的经济地位评价最低，

认为自己是下层的民工所占的比例高达40.0%。

人们的经济地位和社会地位在现实中是很难截然分开的，流动民工在总体上对自己的经济地位评价较低，可能是受到一些社会因素的影响。流动民工虽然生活在城市中，但并不享有市民的一切权利，不仅在就业的社会福利待遇方面与城市正式职工有相当大的差距，而且在住房、医疗、劳动保险、就业稳定性、孩子入托上学等一系列城市服务方面，都遇到比一般城市居民更多的困难。尤其是城乡分割的户籍制度，是他们从制度上和心理上从农民转化为居民的巨大屏障。当流动民工在回答"最需要政府提供的帮助是什么"时，认为是"和本地人享有相同的户口政策"的占比重最高，为58.2%；另外有25.2%的民工认为是"招工信息和统一的劳务市场"，11.9%的民工认为是"住房和医疗保障"，1.5%的民工认为是解决子女入托上学；3.0%的民工认为是其他方面的帮助，没有一个民工认为"不需要"政府的帮助。民工最需要的帮助，集中在花钱也难以办到的事情上，而正是这些事情使他们产生了"外在于"城市的感觉。这些因素也使他们的社会地位大大低于实际收入衡量的经济地位。

（三）流动民工的生活满意度和社会公平感

较之内陆城市和东南沿海城市，大都市中的流动民工虽然生活水平和生活环境并不更差，但流动民工与当地居民和当地政府的关系却明显地更为紧张。这一特点在首都北京表现得尤为明显。北京的城市居民往往把交通的拥挤、偷盗行为的增加、市容的不整洁和某些方面社会秩序的恶化与流动民工的进城联系在一起，在日常的谈论中对民工颇有微词。自1985年以来，北京市的有关管理部门与流动民工聚居的"浙江村"等处的民工之间，发生了"清理"与逃避和对抗清理的摩擦，而且矛盾在不断地加剧，流动民工也因受到限制和歧视而对所在的生活环境有强烈的不满情绪（王春光，1995）。这种大都市与内陆城市和沿海城市的区别，可能是因为大都市涌入的民工过多，严重超过城市一些基础设施的承载能力。对于北京来说，另一个原因是形成了一些在城市"单位管理体系"之外的民工的聚居点，而聚居点的流动民工内部管理混乱（项飙，1995）。北京吸纳民工最多的建筑业多是由北京郊区农村的民工从事，相对来说受到当地管理组织有效管理。广东省是中国流动民工涌入最多的省份，珠江三角洲有些城市流动民工的数量已大大超过了当地原有的职工，使一些城市成为新兴的"移民城市"，而且外省涌入的流动民工绝大多数都纳入了企业的单位管理体制，当地经济的迅速发展也极大地得益于流动民工的劳动力贡献，当地政府对流动民工也采取欢迎、容纳、合作的态度（谭深，1995）。从我们这次调查的内陆城市济南市的情况看，尽管流动民工与其他城市的民工一样，在生活和劳动条件上遇到各种各样的问题，但与当地城市居民和政府没有明显的摩擦和冲突，流动民工对自己在城市里的生活情况绝大多数是"比较满意"和满意程度"一般"的。

从调查获得的资料来看，在总样本中，对"自己在城市里生活的满意程度"表示"比较满意"的占39.9%，表示"一般"的占48.2%，表示"很满意"的占6.0%，表示"不满意"的占5.5%，而表示"很不满意"的只占0.3%（1500人中只有4人）。集体单位的民工平均的满意程度最低，这可能是由于他们在感觉上认为较之个体、私营和"三资"企业的民工在收入上要低，而较之国有单位民工在福利待遇上又少。

对流动民工对自身待遇的公平感的调查结果与生活满意度的调查结果基本一致，认为"比较公平"的占65.4%，认为"不太公平"的占29.3%，认为"很公平"的占3.0%，认为"很不公平"的只占2.2%。调查显示，流动民工对自身待遇的公平感与他们的收入水平相关程度不高，各收入段的民工认为"比较公平"的都在50%以上。

与性别的相关性则比较明显，认为"比较公平"的男性民工占
66.4%，女性民工占62.9%；认为"不太公平"的民工中，男性民
工占27.9%，女性民工占32.6%。此外，个体工商户民工和国有单
位民工在认为"比较公平"的民工中占的比例最高，分别占该类民工
的71.4%和70.2%；而"三资"企业民工和集体单位民工在认为
"不太公平"的民工中占的比例最高，分别占41.1%和34.1%。

五　结论性评论和流动民工发展前景展望

分析表明，植根（家）于农村的流动民工，正像曾把血缘、地缘
关系带入乡镇企业一样，他们也将这种关系网络扩展到城市。在西方
的现代化理论中，一个重要的理论推论就是，亲缘、地缘的社会网络
是乡土社会的产物和社会理性化过程的障碍。我在研究乡镇企业时就
曾发现，农民在脱离土地、创办企业的过程中，家庭伦理规范也随他
们一起移置入乡镇企业，这并不是因为他们缺乏现代的组织观念和经
济理性，而是因为家庭伦理规范成为乡镇企业节约组织成本和监督成
本的有效手段，尽管这是一种非常"传统"的方法，但事实上却成为
乡镇企业的一种"社会资源"和降低成本的途径（李培林，1995）。
这次关于流动民工的调查再次证实，农民在"离土离乡"的社会流动
中，其信息来源、找到工作的方式、进城工作的行为方式以及在城市
中的交往方式，都更多地依赖以亲缘、地缘为纽带的社会关系网络。
而且，这种依赖相对于他们可以利用的社会资源来说，是一种非常理
性的行为选择，与他们期望获得更高的收入和更舒适的生活的功利性
目标是完全一致的。

流动民工在职业变动和社会流动的迁移中对亲缘、地缘关系的依
赖，似乎与社会资源（信息渠道、职业位置等）的市场化程度没有必
然的联系，因为在市场化程度较高的广东、浙江等地的民工调查以及

全国性的调查也显示出类似的依赖性，甚至香港和海外华人企业也都显示了"企业家庭主义"的特征（Wang，1985；1991）。我的设想是，流动民工的这种依赖性，正像在乡镇企业是出于节约组织成本和监督成本的考虑，在他们则是出于节约流动成本和交易成本的考虑，尽管这种考虑可能是不自觉的和本能的。遗憾的是，这次调查中没有调查流动民工的流动费用，因而没有计量的数据证明，与较依赖亲缘、地缘关系的民工相比，较不依赖的民工的流动成本是否更高。此外，我们还不清楚，这种依赖性究竟是属于乡土社会文化特征还是华人社会文化特征（亦乎东方社会文化特征？），而一旦进入对文化模式的考察，就是一个很哲学化的论题了，不是一般的统计分析所能说清楚的。

民工在从乡村到城市、从农民到非农产业职工的流动中，其收入水平和经济地位得到显著提高，总体上的经济地位目前属于家乡社会的中等偏上阶层，同时属于所在城市社会的中等偏下阶层。但其总体的社会地位没有发生与其经济地位相应的明显变化，社会身份没有明显的改变，这主要是由于受户籍身份以及与此相联系的各种福利待遇的影响。民工进入城市以后，较多地聚集在一些迅速发展的劳动密集经济部门（如建筑业），但看不出他们随后继续向城市现代经济部门转移的趋势。与城市职工相比。民工创造的利润更多地转化为企业利润，较少地转化为他们自身的福利待遇，因而以民工为主体的企业，在同样的劳动密集企业中，往往生产成本较低，资本积累能力较强。流动民工经过职业分化，实际上已经完全分属于三个不同的社会阶层：占有相当生产资本并雇用他人的业主、占有少量资本的自我雇用的个体工商业者和完全依赖打工的受薪者。这种分化，有的是在进城以前就形成的，有的是在进城后新出现的。民工中的业主的创业过程，最普遍就是通过餐饮服务业起家。业主的经济社会地位比一般的进城打工者要高得多，他们中有更多的人认为自己属于城市中等偏上阶层。从这次调查获得的资料中，我们难以证实，业主的发家在多大程度上依赖先赋因素（ascription factor）和在多大程度上依赖创业的努力（achievement factor）。但有一点是明显的，就是资本规模的大小，与他们可利用的社会资源的多少呈正相关，越是收入高和财富占有量大的，其社会经济地位晋升的机会也就越多。

从流动民工的发展前景来看，由于民工进入的城市经济部门大都是劳动力出现结构性紧缺的部门，经济的快速发展仍然在推动着这些部门的规模扩展，而且工农业之间的收入差距和城乡之间的生活环境差距都不是在短期内可以消除甚至缩小的，因此在一个较长的时期内，流动民工向城市的涌入仍然呈一种发展的趋势。从这次调查的情况看，流动民工对自身的发展持乐观的态度，他们进入城市并不是一种权宜的短期打算，在回答打算在城市停留的时间时，约有一半的人（占49.4%）认为"只要能挣钱，越长越好"，39.8%的人认为"视情况而定"，想"挣了一笔钱就回家"和只是"季节性打工"的分别占5.5%和5.3%。即便是在形势迫使其返回家乡时，也仍然有37.2%的民工认为只要城里挣钱多就尽最大可能留在城市；17.9%的民工准备先回去，但一有机会马上出来打工；16.5%的民工准备随大流。但是，潜在不利前景也是存在的。这次调查的流动民工的平均年龄只有26岁，多数是在吃"青春体力饭"，在劳动力市场上并不具有长远的竞争实力，一旦过了青春年龄或随着产业升级造成劳动密集部门劳力饱和，他们的就业机会就会减少，工作也会受到裁员的威胁。另外，经济的发展总是有高潮和低落的时期，一旦增长速度减缓、经济紧缩，他们的处境也会比较困难。然而，从城市管理的角度看，很重要的是要有一个长远的观点，要有把他们纳入城市管理体系并最终把他们转化为市民的计划和打算。为此，一方面要在流动民工的城市分布上实行控制，使流动民工在中小城市和小城镇得到分流，另一方面是在城市给予具有稳定就业的民工一个合法并且合理的身份，使他们能够融入城市社会关系网络，在城市中安居乐业，把城市当作他们的家。当然，从更长远来考虑，应当通过大力发展农村来缩小城乡差距，通过利益驱动促使人口出现城乡之间的合理分布。

参考文献

Anderson, C. A. , 1961, "A Skeptical Note on Education and Mobility", A. H. Halsey, J. Floud and C. A. Anderson (ed.), *Education*, *Economy and Society*, New York/London: McMillan, pp. 164 – 179.

Bertaux, D. , 1969, "Sur 1'Analyse des Tables de Mobilite Sociale", *Revue Française de Sociologie*, 10 (4), pp. 448 – 514.

Blau, P. M. and Duncan, O. D. , 1967, *The American Occupational Structure*, New York: Wily.

Boudon, R. , 1973a, *L' Inégalité des Chances*, Paris: Armand Colin.

Boudon, R. , 1973b, *Mathematical Structures of Social Hobility*, Amsterdam/London/New York: Elsevier Scientific Publishing Co.

Bourdieu, P. and Passeron, J. -C. , 1970, *La Reproduction*, Paris: Minuit.

陈吉元主编，1989，《乡镇企业模式研究》，中国社会科学出版社。

崔传义，1995，《28 个县（市）农村劳动力跨区域流动的调查研究》，《中国农村经济》第 4 期，第 19 ~ 28 页。

国务院研究室农村组和中国社会科学院农村发展所，1990，《别无选择——乡镇企业与国民经济的协调发展》，改革出版社，第 88 ~ 99 页。

Lewis, W. A. , 1954, "Economic Development with Unlimited Supplies of Labor", Manchester School of Economic and Social Studies, 22: 139 – 191.

Lipset, S. M. and Bendix, R. , 1959, *Social Mobility inIndustrial Society*, Berkeley/Los Angeles: University of California Press.

李梦白等，1991，《流动人口对大城市发展的影响及对策》，经济日报出版社。

李培林，1995，《中国乡村里的都市工业》，《社会学研究》第 1 期。

马侠，1989，《当代中国农村人口向城镇的大迁移》，北京经济学院出版社。

Nee, V. , 1991, Social Inequalities in Reforming State Socialism: Between Redistri bution and Market in China, *American Sociological Review*, 56: 267 – 282.

农村经济年度分析课题组，1994，《1993 年中国农村经济发展年度报告——简析 1994 年发展趋势》，中国社会科学出版社，第 172 ~ 175 页。

Sorokin, P. A., 1927, *Social Mobility*, New York: Harper and Brothers.

谭深, 1995,《珠江三角洲外来劳工》,《中国社会科学》第 4 期。

Todaro, M. P., 1969, "A Model of Labor Migration and Urban Unemployment in LDCs", *American Economic Review*, 59: 138 – 148.

王春光, 1995,《社会流动和社会重构——京城"浙江村"研究》,浙江人民出版社。

Wang, S. -L., 1985, "The Chinese Family Firm: A Model", *The British Journal of Sociology*, 36: 58 – 72.

Wang, S. -L., 1991, "Chinese Entrepreneurs and Business Trust", in G. Hamilton (ed.), *Business Networks and Economic Development in East and Southeast Asia*, Hong Kong: Centre of Asian Studies, University of Hong Kong, pp. 13 – 29.

项飙, 1995,《"浙江村"何以挤上北京牌桌》,《中国农民》第 7 期。

张晓辉、赵长保、陈良彪, 1995, 《1994: 农村劳动力跨区域流动的实证描述》,《战略与管理》第 6 期。

赵树凯, 1995,《再看民工——688 位民工的生存状态透视》,《中国农民》第 12 期。

赵长保, 1995,《经济发展中的农村劳动力流动——对当前农村劳力外出情况的调查与思考》,《中国农村经济》第 1 期。

中国社会科学院经济研究所编, 1987,《中国乡镇企业经济发展与经济体制》,中国经济出版社。

周尔鎏、张雨林主编, 1991,《城乡协调发展研究》,江苏人民出版社。

江流等主编, 1995,《1994~1995 年中国社会形势分析与预测》(社会蓝皮书),中国社会科学出版社。

国家体改委、国家统计局, 1993, 《中国个体私营经济调查》,军事谊文出版社。

原载《社会学研究》1996 年第 4 期

巨变：村落的终结

——都市里的村庄研究

　　10 年前，我曾翻译了法国著名农村社会学家孟德拉斯（Henri Mendras）的一本经典著作《农民的终结》，这个话题，对于当时中国这样一个农业大国来说，似乎还非常遥远。孟德拉斯在书中指出，"20 亿农民站在工业文明的入口处，这就是在 20 世纪下半叶当今世界向社会科学提出的主要问题"，因为在此之前的上个世纪，"较之工业的高速发展，农业的缓慢发展可以给人一种安全稳定、千年平衡的印象，与工业的狂热相对照，农民的明哲适度似乎是永恒的：城市和工业吸引着所有的能量，但乡村始终哺育着恬静美满、安全永恒的田园牧歌式幻梦"，而工业化和城市化的铁律打破了原有的平衡，震撼和改变了整个社会结构。① 事实上，在中国一些较发达的地区，这个过程在 20 世纪 80 年代就已开始了。当然，对于整个中国来说，这种"巨变"可能要延续很长时间，不过，在上述地区，这种"巨变"正在加速进行。人们原来以为，村落的终结与农民的终结是同一个过程，就是非农化、工业化或户籍制度的变更过程，但在现实中，村落

---

　　① 〔法〕孟德拉斯：《农民的终结》，李培林译，中国社会科学出版社，1991，第 1～6 页。

作为一种生活制度和社会关系网络，其终结过程要比作为职业身份的农民更加延迟和艰难，城市化并非仅仅是工业化的伴随曲，它展现出自身不同于工业化的发展轨迹。

一　问题的提出和方法、假设的交代

"城中村"在整个珠江三角洲地区是一个非常普遍的现象和热门的话题，围绕着"城中村"，街谈巷议中也有各种各样的故事。近20年来，珠江三角洲的工业和城市以令人目眩的速度扩张，这种高速扩张似乎是引发产生"城中村"这种独特事物的直接原因。但问题并非如此简单，因为在其他国家的城市化过程中，这种"城中村"现象还几乎从未出现过。所以，"城中村"现象的产生，一定与中国的比较独特的因素相关联，这就很容易使人们联想到中国已经实行了几十年的城乡分割的户籍制度。但这种户籍制度是所有中国村落共有的，所以还应当有另外的特殊机制在起作用。而这种机制究竟是什么，则成为激发我们研究热情的一个"悬念"。

在调查之前，我们原来设想，所谓"城中村"，就是在很多城市的城乡接合部出现的、已经转为以从事工商业为主的村落，是城市地域扩张的一种自然延伸，大概就类似于北京的"浙江村""韩村河"那种村落，无非是生活和工作都很城市化了，只不过房子矮一点、商业气氛淡一点而已。然而，当我们到作为华南经济、政治、文化中心的广州市"城中村"进行实地调查时，尽管事先已阅读了一些相关的资料，还是感到一种心灵的巨大震撼并惊讶到失语。因为现实呈现给我们的"城中村"，与我们心目中原来的想象，实在有太大的距离：就在繁闹的市中心区域，就在鳞次栉比的高楼大厦之中，每个"城中村"就像在方圆几公里人为制造的一个整体的高达20多米的"水泥巨物"。震撼还不仅仅来源于此：这个"水泥巨物"并不是由某个公司或某个经济集体建造的，其基本的住宅楼是一家一户的个体盖起来的，但在土地和房租收益的刺激下，建筑已完全失去个体差异的美学意义，经济的铁律也碾碎了中国传统村落和谐人居空间的"文化意义"。① 在连接着的非常雷同的七八层高的建筑物中间，是由原来的宅基地间隔确定的宽 1.5 ~ 2 米的街道，但在第 2 层楼以上，为了最大化地扩展住宅建筑面积，街道两旁的楼都伸展出来，几乎把露天的地方全部塞满，形成当地人戏称的"贴面楼"、"亲吻楼"和"一线天"。村落中的大部分住宅，白天房间内要靠电灯照明，村里的街道也形同"地道"。但就是在这样的环境中，村里的人气和商业气氛却很旺，狭窄幽暗的街道两旁，排满各种商店、杂货店和服务网点，在村里居住的人除了村民之外，还有几万租房而居的外来打工者。

都市里的这种"城中村"，既像是古老历史的遗物，又像是快速城市化过程中新生的活体。发生在"城中村"里的种种故事，也遭到一些媒体和学者的简单非议。一位学者写道，"城中村"的"规划、建设、管理极其混乱，外来人口膨胀，里面的出租屋成为黄赌毒的温床、'超生游击队'的藏身之穴，……这些和现代城市的生态、整洁与舒适是大相径庭的"。② 还有一位记者评述道，这些"洗脚上田"的农民，"他们不用劳作，有村社的分红和出租屋的租金，足可以高枕无忧。……他们成为居住在城市里的特殊群体——出入城市公共场合，却没有得体的打扮和相应的气质，对宗族观念、对求神拜佛的尊崇弥漫了整个村落。城市在进化，村庄在消失，'村'民在夹缝中裂变。老人在麻雀桌上消磨着他们的最后岁月，中年人在文化水平低下、被社会的先进产业淘汰的情况下，固守现状，任何一项有关'城

---

① 刘沛林：《古村落：和谐的人居空间》，上海三联书店，1998。
② 马中柱：《改造"城中村"是建设现代化城市的需要》，《广东精神文明通讯》2000年第 87 ~ 88 期专刊。

中村'新政策的出台，都会令其对自己的生存状况担忧"①。

2000年9月6日，广州市召开"城镇建设管理工作会议"，确定在未来5年要加快城乡一体化进程，建立整体协调的大都市城镇体系。这其中的一项重要工作，就是要在5年之内基本完成中心城区内"城中村"的改制和改造，在城市规划区内全面推行农民公寓建设，基本没有土地、不以务农为主要职业的农民，全部成建制地转为城镇居民，实行城市化管理。② 然而，与这种乐观的规划形成对照的，是广州市市长在接受记者采访时表现出的出人意料的审慎和冷静：他认为，"城中村"的改造"需要一个很长的时间，有的可能要花一两代人的时间，并不是3年、5年、10年可以改造好的"③。

从宏观上来看，城市化是转移农村剩余劳动力、提高农民收入水平、改造村落社会结构的必由之路。而且我们通常认为，这个城市化的过程是充满农民的欢庆、喜悦和梦幻的。然而，在村落城市化的最后一环，在这村落的终结点上，为什么我们看到的却是一个千年村落的文明裂变和新生的艰难？我们在本文提出和试图回答的问题是：在世界城市化的经历中，为什么唯独在中国最发达的珠江三角洲出现了"城中村"？它是农民的一种理性选择还是一种非理性的构造？"城中村"的顽强存续究竟是一种什么机制或功能在起作用？改造"城中村"究竟应当从哪里入手？

把村落终结过程作为研究对象，比较适用的社会学研究方法可能就是参与观察了，在对历时性的"过程"研究方面，一个时点上的共时性问卷调查显然有很大的局限性。尽管利用问卷调查数据进行生命历程的研究已经取得很大的突破，但数据反映的"过程"还是欠缺"丰满"和"质感"。当然，对个案的参与观察研究，也容易囿于个案的特殊性

---

① 《在城市的夹缝中裂变》（记者评述），《南方都市报》2000年9月6日。
② 郑毅等：《广州改造"城中村"目标确定》，《南方都市报》2000年9月6日。
③ 《按照规划量力而行改造城中村》（市长专访），《南方都市报》2000年9月6日。

而失去普遍的解释力。我们的目的也许过于宏大了一点，我们试图在研究中建立一种关于中国村落终结的具有普遍解释力的理想类型（Ideal Type）。在中国改革开放后村落城市化过程的链条上，社会学已经有众多不同类型的散点研究，如周大鸣对广东都市里的村庄"南景村"的研究①，王春光②、项飙③、王汉生等④对都市外来流动民工和农民小业主聚居地北京"浙江村"的研究，折晓叶对高度工业化的东南地区超级村庄"万丰村"的研究，陆学艺等人对北方地区初步工业化的"行仁庄"的研究，⑤ 王铭铭对发达地区农业村闽南"美法村"、"塘东村"的研究⑥，黄平等人对欠发达的民工流出地 4 省 8 村的研究⑦，等等。通过对村落城市化链条每一个发展环节理想类型的建立，就可以在理论上再造中国村落城市化的生动而又丰富的全过程。

本文的经验材料来自 2001 年 10 月对广州市 7 个"城中村"的调查，它们是石牌村、棠下村、瑶台村、三元里村、同德村、冼村、杨箕村、林和村和猎德村。我们在调查中访谈了部分政府管理者、村干部、村民和居住在"城中村"的外来打工者，形成了一个更加深入细致的访谈调查的结构性框架。这是一项关于"都市里的村庄"研究课题的初步调查，所以本文也相当于此项研究的开题报告。据统计，广州市共有 139 条"城中村"，以"条"而不是以"个"为单位来计算"城中村"的数量，表现出"城中村"融入城区的特点。这 139 条

---

① 周大鸣：《城乡结合部社区的研究：广州南景村 50 年的变迁》，《社会学研究》2001年第 4 期。
② 王春光：《社会流动与社会重组：京城"浙江村"研究》，浙江人民出版社，1995。
③ 项飙：《社区何为：对北京流动人口聚居地的研究》，《社会学研究》1998 年第 6 期。
④ 王汉生等：《"浙江村"：中国农民进入城市的一种独特方式》，《社会学研究》1997年第 1 期。
⑤ 陆学艺主编《内发的村庄》，社会科学文献出版社，2001。
⑥ 王铭铭：《村落视野中的文化与权力：闽南三村调查》，三联书店，1997。
⑦ 黄平主编《寻求生存：当代中国农村外出人口的社会学研究》，云南人民出版社，1997。

"城中村"大体可以分为三种类型：一是处于繁华市区已经完全没有农用地的村落；二是处于市区周边还有少量农用地的村落；三是处于远郊还有较多农用地的村落。我们调查研究的"城中村"，基本只限于第一种类型，因为它们最突出地呈现出村落终结的特点，这个类型的村落在广州市139条"城中村"中约占1/3，本文中"城中村"概念的使用，也特指这一种类型的村落。

二　"城中村"的产生：土地和房屋租金收益的刺激

要想了解"城中村"产生和存在的原因，一般来说，应当从"城中村"本身作为城乡二元混合体的典型特征入手。如果说在市场经济和再分配经济之间存在着"混合经济"的话，那么"城中村"就是在城市和村落之间存在的"混合社区"。"城中村"的生活方式已经完全城市化了，"村民"们也都居住在市区甚至是中心市区，他们已经完全不再从事或基本上不再从事属于农业范围的职业，甚至他们的户籍也已经全部或绝大部分转为城市户口。那么根据什么还称其为"村落"和"村民"呢？难道以上这些方面不正是我们平常区别"村民"和"市民"最通行的标准吗？

"城中村"的村落特征或许显示出我们容易忽视的一些更深层的城乡差异的体制因素。这些因素可以概括为以下三个方面。一是土地制度的差异。根据法律，城市所有土地的产权归国家所有，而村落土地的产权归村落集体所有。在城市化的过程中，国家可以征用作为农民生产资料的农用地，但难以征用作为农民生活资料的宅基地，所以"城中村"嵌入市区的住宅用地和部分村集体房产用地至今还是归村集体所有，我们在随后的分析中会看到这种差异的重要性和巨大影响。二是社会管理制度的差异。根据法律，城市社区由作为基层政府派出机构的"街道办事处"管理，管理的一切费用由政府财政承担。而村落社区则由作为村民自治组织的"村民委员会"管理，管理的一切费用由村集体承担，这是形成我们在后面要分析的"村落单位制"的一个根本的因素。三是与土地制度和管理制度相联系的"村籍"制度。我们容易认为，城市化的主要阻碍是一个户籍制度问题，农民身份的转变就是从农村户籍转为城市户籍，但"城中村"的"村民"已经由于耕地的征用而几乎全部转为城市户籍，然而他们仍然保留着"村籍"，对他们来说，"村籍"比"户籍"重要得多。正是因为具有"村籍"，他们同时也是强大的村集体经济的股东，并因此与外来的村宅租客和一般市民在经济地位上有极大的差别，从这一点上来说，他们宁可为"村民"而不愿为"市民"。

问题在于，就宏观正式制度来讲，全国都是一样的，为什么唯独在珠江三角洲这样的地区出现如此密集的、把土地使用价值最大化利用的村落建筑群体？农民难道没有意识到，这种违反城市人居空间规则的异化的建筑"怪物"，从它诞生之日起就意味着"短暂的生命"和"最终的毁灭"吗？即便是从经济收益的角度看，农民为什么不能把住宅盖得更"优雅"一些，同时也把租金提高，就像房地产商开发的住宅区那样？是农民缺乏房地产商的资本实力和开发眼光吗？对这些问题，很多学者从制度变迁的角度进行分析，认为这是发达地区超高速的城市化扩张与严重滞后的村落制度变迁之间形成的巨大落差造成的，这种落差形成城市化的社会理性与农民个体非理性行动之间的矛盾和冲突，而"城中村"就是这种矛盾和冲突的"异化物"。我们在本文中则更倾向于从一个相反的个体理性选择的角度来分析"城中村"产生的原因，因为这样更能够从逻辑上推导出改造"城中村"的真正难点。

从个体理性选择的角度看，"城中村"这种特殊的建筑群体和村落体制的形成，是农民在土地和房屋租金快速增值的情况下，追求土地和房屋租金收益最大化的结果。但是，农民是否具有或能够具有追求收益最大化的经济理性，这本身就是学术界长期争议的一个问题。社会学和人类学中大部分注重"小传统""地方性知识"的实体主义学者，都认为小农是缺乏现代经济理性的，并往往陷入非理性的"深层游戏"，即使不能武断地认为他们是非理性的，小农具有的所谓"理性"也是一种不同于"功利主义"的"另类理性"，对于生活较为富裕的农民来说，这是因为农民在缺乏资本积累和增值的外部刺激情况下保持的"安逸自足"和"明哲适度"的生活态度，而对于生活艰难的农民来说，则是出于规避生活风险的"生存理性"。① 与这种小农"另类理性"的解释相反，很多经济学家和一些历史学家论证了以"经济理性"解释小农经济行为的"普适性"，认为农民的潜质其实与土地投资者没有什么差异，一旦有来自外部的新的经济刺激，农民一样可以走出支配他们的"生存逻辑"，做出追求利益最大化的选择。② 其实，从过程分析的角度看，这两种观点并不存在根本的理论冲突和差异，冲突和差异只在于我们是否能够假设会发生使农民从"生存理性"过渡到"经济理性"的"巨变"。而对于濒临"村落终结"的"城中村"的"村民"来说，这种"巨变"是真实地发生了。

我们在调查中了解到，村民每户的宅基地面积为70多平方米，用市亩制计算，也就是一分多地。农民创造的"一分地奇迹"，是最大化地利用了土地价值，把楼盖到6~8层，使拥有的住宅建筑面积增加到400~600平方米；而且建筑从2层以上探出，最大限度地挤

---

① Geertz, C., *The Interpretation of Cultures*. New York: Basic Books, 1973; Chayanov, A. V., *The Theory of Peasant Economy*. Madison: University of Wisconsin Press, 1986; Scott, J. C., *The Moral Economy of the Peasant: Rebellion and Subsistence in the South-east Asia*. New Haven, Conn: Yale University Press, 2001.

② Schultz, T. W., *Transforming Traditional Agriculture*. New Haven, Conn.: Yale University Press, 1964; Popkin, S., *The Rational Peasant: The Political Economy of rural Society in Vietnam*. Berkeley: University of California Press, 1979; 黄宗智：《长江三角洲小农家庭与乡村发展》，中华书局，2000。

占了公用街道的"空域",尽管并没有占用公用街道的"领土"。"村民"们一般是自己居住一层,而把底层的铺面和其他住房全部出租。铺面的租金要视商业位置而定,差异较大,而住房的租金一般在每平方米每月 10～15 元,这在市中心的地理位置是非常便宜的价格。每层楼一般有两个单元房,但由于租客很多是外地单身来打工的,所以一个单元也可能是几个租客合住。"城中村"里一个有趣的现象是,一个单元的租金并不是固定的。比如,一个单元如果一家人居住,租金是每月 600 元;但如果是 4 个单身合住,就是每月 800 元,每人分摊 200 元;5 个人合住每月就是 900 元,每人分摊 180 元;6 个人合住则是每月 1000 元,每人分摊 160 多元。但是这种逻辑并不会一直持续下去,因为"村民"们已有了住房折旧的概念和规避"拥挤"风险的意识,他们有一个约定俗成的符合效用最大化的房客与居住面积匹配的比例。

"城中村"的这个"故事",使我想起张五常应用于亚洲的著名的"佃农理论"。以前,西方学者一般都认为,耕地的固定租金制比收入分成制更有利于产出的最大化,因为固定的租金比随产出增加而增加的租金对佃农的劳动和资金投入具有更大的刺激力。张五常则根据理论逻辑和经验数据证明,在竞争和由于人多地少而造成的劳动力充分供给这种特殊的约束条件下,耕地的一定的收入分成制也是最有利于产出最大化的合约安排。他的论证逻辑是一个简单的假设"故事":假如一个佃主有一大块耕地,他租给一个佃农,获得的收入分成率会较高,因为规模经营的效益可以使佃农不另谋高就。但佃主并不满足于此,于是他把土地分租给两户佃农,虽然他的分成率会下降,但由于耕作规模变小后单位面积的投入增加,总产出的增加会使佃主的总收入也增加。但是,如果佃主不断地把耕地切开分租,这种分成率下降而总收入提高的逻辑不会一直持续下去,到某一点佃主再切下去,佃主的总收入就会下降,也就是说耕地分租的曲线上,只有一个点是符合收益最大化而又与竞争均衡没有冲突的。亚洲某些地区土地改革确定的佃主的分成率不能超过耕地收入的 37.5%，就是接近这个点的一种分成率，这说明依靠政府管制实行的土地改革的成功，实际上也是一种竞争合约的成功。[①]

"城中村"的"房租故事"与张五常的"地租故事"很相似。实际上，城市土地的收益率，存在着一个自由竞争的均衡价格，在某种制度约束和管制的条件下，会出现收益率降低和"租金消失"的现象，但"租金"不会真正消失，它会以别的形式得到补偿或以政府成本的形式表现出来。"城中村"的住宅建筑不是没有制度约束的，政府规定村民的住宅最高可以盖到 3 层半，否则就要罚款，但村民们都违规盖到 6 ～ 8 层，因为租金增加的收益足以超过罚款付出的成本。在市区地价高涨的情况下，一般分布状态的 6 ～ 8 层的住宅还不足以达到土地收益的均衡价格，而 6 ～ 8 层似乎是政府可以容忍"村民"违规建筑的最高极限，在此情况下，"村民"为了补偿自己的土地收益低于竞争均衡价格的差价，就只有最大化地利用可支配的面积和空间，这就是"城中村"密集建筑"怪物"产生的根本原因。所以，如果在改造"城中村"的过程中，"村民"不愿意损失租金收益，政府也不愿意付出巨额补偿，唯一的办法，就是使住宅向更高层发展，以更高层的空间收益置换目前的空间收益，这样才能基本保证达到或接近市区土地收益的竞争均衡价格。

三　从"村落单位制"到"村落公司制"的转变：共生、共有和分红

"单位制"原本是特指中国再分配经济体制下城市国有部门的组

---

① 张五常：《佃农理论：应用于亚洲的农业和台湾的土地改革》，商务印书馆，2000。

织形态，已有众多的研究。① 在"单位制"下，国家机关、国有企业和国有事业单位，不仅是一个工作或经营单位，也是一个社会生活和政治管理单位，单位成员在身份、就业、养老、医疗、福利等诸多方面，都对其所在的单位组织具有很强的依赖性。在"城中村"里，我们发现也存在着与这种组织形态很相似的"村落单位制"，尽管"村民"已经没有了耕地，也多数不在这个村落中工作，但他们在收入、生活、情感、社会交往、心理认同等诸多方面，依然对自己的"村落"具有很强的依赖关系。

"村落单位制"是两方面的原因促成的：一是村落管理制度下共同生活的社会关系网络；二是村落集体经济产权下的分红。在"村落单位制"下，"城中村"就像是镶嵌在都市的汪洋大海里的一个个孤岛，大海是一个陌生的世界，而孤岛上是一个熟人社会。

村落管理与街道管理实际上有很大的差异。在街道社区的管理中，街道办事处只负责有限的事务，而教育、卫生、治安、供水、供电、道路、环境建设、征兵等社会事务，都是由条条的相关机构直接负责的；而在村落社区的管理中，村民委员会几乎要负责与"村落生活"有关的这一切事务，村长的责任就类似于村落这个大家庭中家长的无限责任。街道社区建设和管理的费用是国家财政支付，而村落建设和管理的费用是村集体支付。棠下村里生活着6000多名原"村民"和3万多名外来打工者，为了管理村落社区生活，村集体雇用了100多个治安人员、30多个卫生保洁人员、15个市场管理人员、6个计划生育管理人员、20多个垃圾运送人员，此外村集体还要负责1000多

---

① Walder, A. G., *Communist Neo - Traditionalism：Work and Authority in Chinese Industry*. Berkeley：University of California Press，1986；李汉林等：《寻求新的协调：中国城市发展的社会学分析》，测绘出版社，1988；路风：《单位：一种特殊的社会组织形式》，《中国社会科学》1989年第1期；李培林等：《转型中的中国企业：国有企业组织创新论》，山东人民出版社，1992；李汉林：《中国单位现象与城市社区的整合机制》，《社会学研究》1993年第5期；李培林、张翼：《国有企业社会成本分析》，社会科学文献出版社，2000，第17~41页。

老年村民的养老金、村民的医疗补贴、村小学教师工资外的福利补贴及小学硬件建设、村道路和管线的建设、村民服役的补贴、献血补贴、上高等学校补贴等。该村的集体经济一年的纯利润约1亿多元，其中12%～15%要用于以上这类社区管理、建设和服务的公共支出。这种公共支出的比例关系在其他"城中村"也大体如此。如石牌村原"村民"9000多人，外来的居住者4万多人，每年村集体纯收入平均9000多万元，税收500万～800万元，日常行政支出几百万元，用于社会事务的公共支出1000多万元，剩下可供分红的利润4000万～5000万元。村集体对"城中村"社区生活的全面负责，形成了"村民"对"村落单位"的依赖，但这种依赖还有另外一个更深层的原因，这就是具有村落排他性的、社区内非村民不能分享的村落集体经济分红。

"城中村"早期的集体收入来自一些集体兴办的劳动密集产业，如纺纱、酿酒、造纸、制砖、制茶、石料加工、服装加工等，但随着城市劳动力价格和土地使用价格的升高以及城市劳动密集产业的衰落，"城中村"经历了一个"去工业化"的过程，现在村集体的收入主要来自村集体的物业收入。管理村集体经济的组织是"经济联社"，下属若干个"经济社"，它们都独立核算，与行政管理上的村委会和村民小组实际上是一体化的。在这里我们仍能看到过去农村人民公社体制下公社、大队、生产队"三级管理、队为基础"的影子。对于"城中村"来说，公社彻底解体了，但大队和生产队的组织遗产却保留下来，成为"村民"在股份合作的基础上重新组织起来的组织架构，"村民"们既是"经济社"的股东，也是"经济联社"的股东。

"经济联社"和"经济社"实行的是"股份合作制"，而它与"股份制"和"合伙制"都有区别，实际上是村行政与村经济一体化的产物。"股份制"是"一股一票"，"股份合作制"却是"一人一票"；"合伙制"的合伙者都是老板，并可退出资本，而"股份合作制"的一般村民股东谈不上有什么决策权，股份也不能退出。但也有共同点，就是按股份分红。

股份的分配依据两个原则：一是"按籍分配"，凡是村民，不分长幼，股份平等，一般每人5股，俗称"人头股"；二是在此基础上的"按工龄分配"，每1年工龄折为1股，俗称"年资股"。"人头股"加上"年资股"有一个最高限，一般是25～30股，股份可以继承，但不能转让、退股和抵债。由于"城中村"主要是物业收入而不是产业收入，所以基本上没有其他发达地区工业村出现的"资金股"、"技术股"和"关系股"等。

近两年，"城中村"发生了或即将发生两个重大的体制转变：一是经济体制从"经济联社"到"集团公司"的转变，这是"村民"主动选择的合约式转变；二是行政管理体制从"村民委员会"到"街道办事处"的转变，这是政府主导的新的制度安排。这两个转变的过程是完全不同的，前者是实质转变快于形式转变，而后者是形式转变快于实质转变。

在经济体制转变方面，1994～1995年，为了避免村民流动和迁移带来的股权纠纷，彻底解决集体经济产权内部边界不明、产权主体不清的问题，在"村民"的呼吁、推动和政府的支持下，"城中村"先后实行了"一刀断"的产权制度改革，从一个时点开始，实行"生不增、死不减、进不增、出不减"，即村落新增人口、劳动力不再增加股份，减少人口也不再减少股份，此后不论集体经济组织的资产增加或减少，都由股东按股份共有。这项"股份固定化"改革以后，"村民"获得几乎完整的产权，自己的股份不仅具有收益权，也有了自由处置权，股份不仅可以继承，也可以转让和抵押了，但退出还是有限制。这样，产权的运作不再是遵循村规民约的非正式制度，而成为遵循法律的正式制度，在此基础上进行"公司化"，也是顺理成章的了。但是，由于这种"公司"的收入主要来自几乎是"无成本"的物业收入，所以产权的占有和收益具有集体的"封闭性"，它不允许外部资金注入来改变产权结构和分享收益。

另一项转变是行政管理体制方面的。2000 年，政府为了加快城市化速度，出台了"'城中村'整治建设计划方案"，要求"城中村"逐步实行"政企分开"，村集体经济组织要进行公司化管理，原村委会及其管理社会事务的职能，由街道办事处替代。然而，截至我们调查的时候，这种管理形式的转变并没有带来实质的变化，村里除了不再负责外来人口的暂住登记，其他一切社会事务仍然是由村里负责，村"集团公司"成了"影子内阁"，因为政府很难并且也并不急于拿出巨额财政来替代原村委会管理社会事务的公共支出。原来设想的"村落"改"街道"这种结束村落体制的根本性制度变迁，似乎并没有真正改变了什么。

"村落单位制"与"国有单位制"实际上面临着同样的问题，即单位利益的排他性和对内部福利的追求，增加了其内部的凝聚力，但限制了资源的流动并加重了社会事务管理的成本。改变"单位制"的关键，不论是对"村落单位制"还是对"国有单位制"，都不是某种形式化的制度变迁，而是要找到替代或消散"单位制"的"社会事务成本"的办法。

在"城中村"从"村落单位制"到"村落公司制"的转变中，如果其"社会事务成本"真的可以由政府公共支出替代，运行的效率和效益应该是提高的。然而在调查中，"城中村"的干部似乎并没有对此前景表示乐观，不知究竟是因行政管理权力的失落还是由于村经济的发展本来就很难离开这种权力的支持。

四 "城中村"的社会分层结构：
存在的和生成的

在"城中村"社会分层结构中发挥作用的分层因素，一是身份和房产，二是组织权力，三是资本，四是知识技能。

首先是身份上"有村籍"和"无村籍"产生的分层。"无村籍"者的收入几乎全部来自经营和劳动，而"有村籍"者的收入主要来自三块：分红、房屋出租收入和经营劳动收入。分红和房屋出租的收入一般都远远高于经营劳动收入，所以"有村籍"者的经济地位，不仅高于外来"无村籍"的打工者，也远非普通的市民工薪阶层可以望其项背。不少"城中村"的"村民"完全靠分红和房屋出租收入过着悠闲的日子，成为新型的"租金食利阶层"。即便是"村民"自己住宅的铺面，一般也都租给别人经营，他们自己并不屑于从事这种劳累的"微利"生意。"村民"们自视为"城中村"里的上层，一些富裕的"村民"已经另购住宅，搬到环境幽雅的地方居住，因为他们认为与外来打工者混居，"影响了孩子的成长和素质"。

其次是"有村籍"者内部由于拥有"组织权力"的不同而产生的分层。"城中村"虽然只是一个很小的社会，但管理体系却有很多等级，"经济联社"有财务部、物业管理部、劳资人事部、行政办公室、法律顾问室等，其下属的"经济社"又有很多分属机构。此外，治安、卫生、市场管理、计划生育、教育、养老等方面的管理人员都由"本村人"担任，他们都拥有不同的组织权力资源。"本村人"担任管理工作的薪水都是不菲的，如村一级的领导年薪可达 10 万元。组织权力的分层作用还不止如此，因为拥有组织权力的人更能够使他们的房产获得较好的收入，并把他们的存款变成"活资本"。

再次是在"无村籍"的外来人员中因"有资本"和"无资本"而产生的分层。每个"城中村"居住的几万外来人口，基本上可以分为两类：一类是"有资本"的在街面上从事各种商业和服务业的小业主，即我们通常所说的"个体户"；另一类是"无资本"的完全靠打工生活的工薪阶层。不过，这种"有资本"与"无资本"之间的差异，并不像通常认为的那么大，这可能是因为在"城中村"住的小业主都是从事小本生意的，很多是家庭自雇人员，他们在缴了铺面租金和税费之后，所剩的收入其实也就是略高于普通工薪阶层而已。在这里我们看到所谓"第三产业"的复杂性。在"城中村"里，本村的"房地产主"和外来的"小业主"从事的都是第三产业，但经济地位和社会等级却有很大的差异，而这种差异甚至要大于农业和工业的差异。另外我们也观察到，在"城中村"这样的经济活跃区域，存在很大一块"隐形经济"，像"村民"租房这样的大宗经营活动，是GDP里统计不到的，所以与一些地区相反，这里的GDP不是因为有"统计水分"高于实际增加值，而是因为有"隐形经济"低于实际增加值。

最后是在"打工族"中因拥有的"知识技术"的差异而产生的分层。"打工族"都是"无资本"的工薪阶层，但由于具有"知识技术"上的不同而产生"白领"和"蓝领"之分。"城中村"居住的"白领"一般是从事企业技术员、营销人员、教师、医生、出租车司机、编辑、记者、公司文员等职业，"蓝领"一般是从事加工制造业雇工、建筑装修业雇工、餐饮商铺等服务业雇工、运输装卸工、散工等。除此之外还有"发廊小姐"之类的"粉领"以及从事非法行当的"黑领"。我们在调查中发现，近几年来流动"打工族"中出现了一个新的发展趋势，即外来打工者已经不都是来自乡村，从小城市到大城市、从欠发达地区城市到发达地区城市、从经济不景气城市到经济活跃城市的流动打工者越来越多，这也许是一种新的流动就业大潮的前兆。"城中村"的"打工族"中的"蓝领"多数过去是农民，而"白领"则多数过去就是城市职工。

以上是"城中村"里"存在的"社会分层结构，但这个结构并不是凝固不变的，在个体理性选择的机制下，正在"生成的"或"建构的"分层过程并不是原有结构的"复制"。"城中村"里的小业主和"打工族白领"，他们或者是由于具有旺盛的创业精神，或者是由于具有"知识技术"的优势,在分层体系中具有良好的社会升迁前景,从"城中村"里已经走出了一批批成功的创业者。而一些属于"城中村"上层的"租金食利者",由于"知识技术"上的劣势地位,他们难以找到自己满意的工作,安逸和无所事事的生活又销蚀了他们的进取、创业精神,所以在流动的分层体系中具有社会下滑的可能,他们中的一部分最终会成为不进则退的农业文明的守业人。

五　村落社会关系网络:分家和"富不过三代"

村落是一个以血缘、亲缘、宗缘、地缘等社会关系网络构成的生活共同体,"城中村"也不例外。在过去村落"组织起来"的过程中,人们曾试图打破这种社会关系网络,以现代法人的行政体系或经济组织来替代,但很少成功过。这些外部注入的现代构造,在嵌入村落社会关系网络之后,都被潜移默化地进行了彻底的改造。甚至进城的"流动农民",他们就像"新客家人",在进城打工以后,还会把他们的村落社会关系网络移植到城市,形成像北京"浙江村"那样的生活共同体。人们难以理解这种传统的村落社会关系网络为什么有那么大的延续力量。

地处城市中心的"城中村",虽然生活水平和生活方式非常城市化了,但原有的社会关系网络并没有因此而发生断裂。"城中村"的"村落社区"与城市的"街道社区"和"单位社区"都有很大的差异,它不是一个由陌生人构成的生活共同体(如街道和物业小区),也不是一个仅仅由业缘关系而构成的熟人社区(如单位宿舍大院),而是一个由血缘、亲缘、宗缘和地缘关系结成的互识社会。

"城中村"有一个共同的特点,在非常拥挤的建筑群中,似乎只有三类豪华建筑具有空间的"特权",可以超越"租金最大化"逻辑，这就是宗祠、小学幼儿园和老年活动中心，它们是作为村落里敬祖同宗、尊老爱幼的共同价值观象征而存在的。"城中村"一般都有3~5个大姓，不同的姓有不同的宗祠，宗祠的气派是该宗的村落地位的象征，村落权力配置一般要与其宗族结构相协调才能"摆得平"。华南村落中的宗族关系似乎远比华北农村盛行，这可能是由于整体迁移性群落对他们的"根"都有特殊的关注。

从我们访谈调查的情况来看，由于各种复杂的亲属和联姻关系，平均每户村民至少与20户村民具有血缘和亲缘关系，大的家族可以把这种关系扩展到50户甚至上百户。在宗族群体的地位划分之下，是家族之间的地位划分。宗族就像村落"集团公司"下属的"主干公司"，而家族是"主干公司"下属的"子公司"。在经济组织产权架构的下面，是深层社会关系网络的基础。

村落"大家庭"的内聚力，与村落社会关系网络的相对封闭性有重要关系，这种相对封闭性保证了村落"做蛋糕"的集体与"分蛋糕"的集体基本一致。过去村里有嫁出村的姑娘，也有娶进村的媳妇，大体保持着集体利益的平衡。但进入20世纪90年代后，这种相对封闭性下的平衡已难以保持，年青一代与城市青年的"涉外婚姻"越来越多，作为村落社会关系网络基础的集体经济利益受到威胁，因为"分蛋糕"人数的增加意味着平均分配数额的减少。所以，到90年代中期，"城中村"大多数都实行了此后任凭生死婚嫁而股份不再变动的制度。

在中国的历史上，历来有"富不过三代"的说法，这也可以被称为"家族盛衰循环定律"。对此"定律"的道德解释是，富家子弟多半是纨绔子弟，是败家子，其实这并非普遍真实的，因为人力资本的家庭再生产假设更容易得到证实。从继承制度上对此"定律"进行解释似乎更加可信：中国传统的家庭财产继承制度与欧洲国家有很大不同，也与中国的皇位继承制完全不同，它不是聚集财产和权力的"长子继承制"，而是分散财富和权力的"兄弟分家制"。这种"兄弟分家制"的功能类似于现代国家的"遗产税"，似乎是一种国家的设计，它不允许一个家族的力量无限扩大，可以与皇权和国家抗衡。对于家族的盛衰来说，创业人去世后的"分家"，往往成为产生内隙、内讧和由盛变衰的转折点。在一些家族企业悲壮的盛衰史上，我们仍可以看到这一"定律"在起作用。所以，历来大家族规避和抵御衰落风险的根本办法，就是不"分家"，因为"分家"就意味着产权和社会关系的重组。

"城中村"实际上就是一种由血缘、亲缘和宗缘等社会关系网络联结的"大家庭"。这种村落社会关系网络，具有聚集财富和资金的实际功能，村落股份制一般都有不能退股的严格规定。农民在改变职业身份以后，之所以对村落社会关系网络还有那么大的依赖性，是因为他们面对一个新的陌生社会，有着共同抵御风险和外部压力的需要。"城中村"里村落社会关系网络的顽强存在，实际上是"村民"们为了"大家庭"的持续兴旺而坚持不"分家"的结果。他们本能地按照自己的理性选择，试图保持他们"大家庭"的气脉不断。

六　改造"城中村"的逻辑：政策和产权置换资金

村落制度是"城中村"的村民们世代生活的规则，这里活跃着各种各样的为现代城市所不容的"隐形经济"，形成"城中村"的"繁荣"，"村民"们希望他们因此而获得的收益能够长期保持。但是从城市管理者角度看，"城中村"似乎有成为"新贫民窟"和"藏污纳垢"之地的可能。而且"城中村"的超密集建筑群体，在日新月异的城市发展中，的确像是一个现代社会的"异物"。这样，城市现代化的铁律和村落集体对这一铁律的"抗拒"形成了人们担忧的冲突。

实际上，"城中村"的彻底改造要比"城中村"建立街道办事处的改制艰难得多，因为改造不仅意味着搬迁和翻建，而且意味着产权的重新界定和村落社会关系网络的重组。"城中村"的改造仍然是一种历史的必然，只是时间早晚的问题。一些"城中村"的领导已经意识到这种必然性，开始进行改造自己"城中村"的经济核算。根据石牌村的测算，全村各类房产的建筑面积约100多万平方米，按"村民"可以接受的平均每平方米2000元的价格计算，买下全村的房产需要20亿元。以此粗略推算，要买下市中心40个"城中村"的房产就需要800亿元，这将是一项耗资比"三峡工程移民"还巨大的动迁（三峡移民总投资约600亿元）。不过，与三峡移民不同的是，"城中村"的土地都是可以生钱的"活资本"。在很多"城中村"村民的家里或住宅门口，都供奉着土地神，两旁的对联就是"土可生财，地能出金"。

在"城中村"改造的博弈中，存在着三方对弈者：政府、房地产商和"村民"。"城中村"的最终改造方案，将是这三方利益平衡的合约安排。"村民"们的要求是在改造中保护他们的租金收益或对损失的租金收益给予补偿，房地产商的要求是在投资改造中至少获得平均收益，而政府的希求是避免财政的压力和保证市场、社会的稳定。在这种情况下，"城中村"改造的真正难点，就是改造的资金从哪里来。政府的担忧是，拆迁过程中的利益冲突会成为社会不稳定的因素，政府自己开发因成本过于高昂难以启动，而给予优惠政策吸引房地产商介入开发，又可能造成房屋过量供给，冲击业已趋近饱和的房地产市场，使目前房地产开发中大量的国有银行贷款无法收回；房地产商的担忧是，此种拆迁开发中的利益矛盾重重，不确定的变数很多，高昂的交易成本会吞没和消散房地产开发的正常收益，政府对楼层高度的管制会使开发最终变得无利可图；"村民"们的担忧是，他们既得的房地产租金收益在开发中得不到保护，而且会损失市中心区域房地产升值前景的好处（此前的 5 年铺面租金几乎翻了 5 倍左右），他们会以几百年来祖祖辈辈居住在这里为由，对他们的既得利益寸金必争。

从纯粹开发经营的角度看，似乎问题很简单，要改变"城中村"为人们所诟病的建筑"过密化"和混乱无序状态，无非是开发高度空间来替代低度空间的拥挤。仅就资金来源来说，香港依靠土地批租获得财政收入和开发资金的做法以及珠江三角洲以房屋期权聚集建设资金的做法都是现成的成功经验。但复杂的是开发过程也是一个利益博弈的过程，必须创造一种令博弈各方共赢的合约安排才能使开发顺利和成功。政府在这种博弈中显然处于主导的地位，可以通过另辟一块住宅地来置换"城中村"的地产；可以通过放宽房地产商在改造"城中村"中建筑高度的限制和减免开发中的部分附加费用，使房地产商有能力以新建住宅的期权来置换"城中村"在一个规定时点的现有住房；还可以通过将"村民"现有村落住宅的使用证变更为城市住宅产权证，使"村民"获得新房产的完整产权，从此可以出售和抵押房产，以此来换取"村民"在住宅拆迁补偿价格上的让步。为了防止因"城中村"的改造带来房屋过量供给和房地产市场的波动，改造显然不宜大规模地进行，而要有步骤、分阶段地进行，不能奢望在短期内完成。城市建设应是百年大计，切忌在"几年大变"的冲动下一哄而起。不过，对规划中必须改造的"城中村"，要立即确定和公布改造范围以及房屋改造补偿的建筑时点，因为在我们调查时，有些改造中必然要推倒的"过密化"建筑还在进行新的翻建，这会进一步增加改造的成本。

过去多数对村落城市化的研究，都把问题的焦点放在户籍制度的改革上，以为户籍制度的彻底改革，会使城市化进程一路凯歌。然而我们从"城中村"村落终结的过程中看到，户籍制度在这里几乎已经不再发生作用，但村落的城市化并没有因此而完成，村落的终结还要经历一个艰难的产权重新界定的过程和社会关系网络的重组过程。广州"城中村"的情况，或许有其许多超阶段发展的特殊性，但它预示的村落终结过程中的各种冲突是有普遍意义的。

一个由亲缘、地缘、宗族、民间信仰、乡规民约等深层社会网络联结的村落乡土社会，其终结问题不是非农化和工业化就能解决的。村落终结过程中的裂变和新生，也并不是轻松欢快的旅行，它不仅充满利益的摩擦和文化的碰撞，而且伴随着巨变的失落和超越的艰难。

参考文献

曹锦清，2000，《黄河边的中国：一个学者对乡村社会的观察与思考》，上海文艺出版社。

科斯等，1994，《财产权利与制度变迁》，胡庄君等译，上海三联书店。

调查村文件，1988、1995，《若干个"村合作经济股份制章程"》。

杜赞奇，1994，《文化、权力与国家：1900～1942 年的华北农村》，王福明译，江苏人民出版社。

费孝通，1985，《乡土中国》，三联书店。

吉尔兹，1999，《地方性知识》，王海龙、张家瑄译，中央编译出版社。

广州天河区委文件，1994，《关于进一步完善农村股份合作制的若干规定》。

广州天河区委文件，2001，《关于农村股份合作经济组织的基本规定》。

郭于华，1996，《农村现代化过程中的传统亲缘关系》，《社会学研究》第 6 期。

柯兰君、李汉林主编，2001，《都市里的村民：中国大城市的流动人口》，中央编译出版社。

李培林，1996，《流动民工社会网络和社会地位》，《社会学研究》第 4 期。

李培林、王春光，1993，《新社会结构的生长点：乡镇企业社会交换论》，山东人民出版社。

刘梦琴，2001，《石牌流动人口聚居区研究：兼与北京"浙江村"比较》，载柯兰君、李汉林主编《都市里的村民：中国大城市的流动人口》，中央编译出版社。

麻国庆，1999，《家与中国社会结构》，文物出版社。

奥尔森，1996，《集体行动的逻辑》，陈郁等译，上海三联书店。

唐灿、冯小双，2000，《"河南村"流动农民的分化》，《社会学研究》第4期。

"外来农民工"课题组，1995，《珠江三角洲外来农民工状况》，《中国社会科学》第4期。

王沪宁，1991，《当代中国村落家族文化》，上海人民出版社。

王晓毅，1993，《血缘与地缘》，浙江人民出版社。

王颖，1996，《新集体主义：乡村社会再组织》，经济管理出版社。

魏安雄，2000，《聚焦"城中村"》，《文明导报》第10期。

张继焦，1999，《市场化中的非正式制度》，文物出版社。

张乐天，1998，《告别理想：人民公社制度研究》，东方出版中心。

周荣德，2000，《中国社会的阶层与流动：一个社区中士绅身份的研究》，学林出版社。

Polanyi, K., 1958, *The Great Transformation*. Boston：Beacon Press.

原载《中国社会科学》2002 年第 1 期

索　引

图书在版编目（CIP）数据

另一只看不见的手：社会结构转型 / 李培林著. ――
北京：社会科学文献出版社，2016.10（2022.3 重印）
（社科文献学术文库.社会政法研究系列）
ISBN 978 - 7 - 5097 - 9472 - 2

Ⅰ.①另… Ⅱ.①李… Ⅲ.①社会转型 - 中国 - 文集
Ⅳ.①D616 - 53

中国版本图书馆 CIP 数据核字（2016）第 169215 号

社科文献学术文库·社会政法研究系列
另一只看不见的手
——社会结构转型

著　　者／李培林

出 版 人／王利民
项目统筹／杨　阳
责任编辑／杨　阳　谢蕊芬
责任印制／王京美

出　　版／社会科学文献出版社·群学出版分社（010）59366453
　　　　　地址：北京市北三环中路甲 29 号院华龙大厦　邮编：100029
　　　　　网址：www. ssap. com. cn
发　　行／社会科学文献出版社（010）59367028
印　　装／三河市东方印刷有限公司

规　　格／开　本：787mm × 1092mm　1/16
　　　　　印　张：28.25　字　数：365 千字
版　　次／2016 年 10 月第 1 版　2022 年 3 月第 3 次印刷
书　　号／ISBN 978 - 7 - 5097 - 9472 - 2
定　　价／168.00 元

读者服务电话：4008918866